二十一世纪"双一流"建设系列精品教材
第七届全国高校出版社优秀畅销书奖一等奖

根据《中华人民共和国民法典》进行全面修订

经 济 法
Economic Law

（第十版）

主　编　高晋康

副主编　辜明安

西南财经大学出版社
Southwestern University of Finance & Economics Press

中国·成都

图书在版编目(CIP)数据

经济法/高晋康主编;辜明安副主编.—10 版 . —成都:西南财经大学出版社,2022.7(2025.8 重印)

ISBN 978-7-5504-5382-1

Ⅰ.①经…   Ⅱ.①高…②辜…   Ⅲ.①经济法   Ⅳ.①D912.29

中国版本图书馆 CIP 数据核字(2022)第 095808 号

经济法(第十版)

JINGJIFA

主　编　高晋康

副主编　辜明安

责任编辑:刘佳庆

责任校对:植　苗

封面设计:张姗姗

责任印制:朱曼丽

出版发行	西南财经大学出版社(四川省成都市光华村街55号)
网　　址	http://cbs. swufe. edu. cn
电子邮件	bookcj@ swufe. edu. cn
邮政编码	610074
电　　话	028-87353785
照　　排	四川胜翔数码印务设计有限公司
印　　刷	郫县犀浦印刷厂
成品尺寸	185 mm×260 mm
印　　张	26. 875
字　　数	835 千字
版　　次	2022 年 7 月第 10 版
印　　次	2025 年 8 月第 3 次印刷
印　　数	6001—8000 册
书　　号	ISBN 978-7-5504-5382-1
定　　价	49. 80 元

本书作者简介

高晋康 西南财经大学法学院原院长、教授、经济学博士、博士研究生导师，享受国务院政府特殊津贴专家，教育部新世纪优秀人才支持计划入选者，教育部高等学校法学教学指导委员会委员，四川省学术带头人，四川省有突出贡献专家，首届四川省十大优秀中青年法学家，中国法学会商法研究会常务理事，中国法学会法律教育研究会常务理事，四川省法学会副会长，四川省法学会金融法研究会会长，四川省哲学社会科学重点研究基地"中国金融法研究中心"主任，四川省高校重点实验室"法治量化与信息工程实验室"主任；主持国家社会科学基金重大招标项目等10余项国家级和省部级课题，出版《法律运行过程的经济分析》等专著10余部，主编《光华法学文丛》和《金融法前沿丛书》，主编包括教育部"十一五规划教材"《经济法律通论》在内的教材多部，在《中国法学》《现代法学》《比较法研究》《法学家》等刊物公开发表论文80余篇，获省部级以上科研成果奖10余项，所主持的教改项目获国家级教学成果二等奖、四川省教学成果一等奖。

辜明安 西南财经大学法学院教授、民商法研究所所长、法学博士、博士研究生导师，中国民法学研究会理事，四川省法学会民法学研究会会长，四川省学术和技术带头人后备人选，四川省政协立法协商专家组成员，成都仲裁委员会仲裁员。近年来发表和出版相关成果60余项，包括个人专著《物权请求权制度研究》《中国民法现代化研究导论》两部，主编《民法》教材2部，参与编著《中国经济法》《商法》《物权法》《担保法》《经济法律通论》等教材及其他著作10余部；在《中国法学》（英文版）、《社会科学研究》《当代法学》等期刊发表民商法学论文40余篇，部分论文入选《商法研究精粹》或被《北京大学学报》等期刊转载；主持或参与完成各类课题多项，获得政府哲学社会科学优秀成果奖等多项学术与教学成果奖励。

王伦刚 西南财经大学法学院教授、经济法研究所副所长、农村发展与法治研究所所长、法学博士、博士研究生导师。主持国家社科基金项目、教育部人文社科基金项目和四川省哲学社科规划项目各1项，主研教育部"劳动仲裁制度研究"等多项科研课题，独著《经济法的根基》等3部，在《法学研究》《中国法学》（海外版）、《现代法学》、*Law and Society Review*（美国）等发表论文多篇。

鲁篱 西南财经大学法学院院长、教授、法学博士、博士研究生导师，中国经济法学会理事，四川省法学会经济学研究会会长，美国华盛顿州立大学访问学者，四川省人大立法咨询委员，教育部新世纪优秀人才，首届四川省十大优秀中青年法学家。主持国家、省部级课题多项，出版个人专著《行业协会经济自治权研究》《金融公会法律制度研究》等，先后在《法学研究》《中国法学》《现代法学》《法学》等法学专业杂志上公开发表论文80余篇，有多项成果获中国民法经济法学会优秀论文三等奖、四川省哲学社会科学二等奖、司法部优秀科研成果奖等，2005年入选教育部新世纪优秀人才支持计划，2006年被评为四川省首届优秀留学回国人员。

陈素玉 西南财经大学法学院教授、法学硕士、硕士研究生导师，成都市人民政府原参事、成都仲裁委员会仲裁员。主编《法律教程》《经济法原理》《中国经济法》《国际经济法》《国际商法》等教材多部；在《中国法学》等杂志上发表文章多篇，主持多项省部级课题。

喻敏 西南财经大学法学院副教授、硕士研究生导师，中国法学会民法研究会理事，在《中国法学》《现代法学》《民商法论丛》《北大法律评论》等刊物发表文章30多篇，出版著作多部；1998年获全国青年优秀社科成果奖（中国社会科学院、共青团中央颁发），2000年获四川省第九次社会科学优秀成果三等奖，2004年获四川省教育厅第五届优秀人文科研成果一等奖。

胡启忠 西南财经大学法学院教授、金融法研究所所长、法学博士、博士研究生导师，西南政法大学金融刑法研究中心学术委员会主任，中国行为法学会金融法律行为研究会副会长，中国银行法学会理事。出版专著《契约正义论》《金融刑法适用论》《金融犯罪论》《贪污罪挪用公款罪个案研究》《杀人伤害罪个案研究》等，先后在《中国法学》《现代法学》《政治与法律》等法学专业杂志上公开发表论文60余篇，曾获四川省第五届、第六届、第十一届哲学社会科学专著三等奖，获其他各类科研成果奖10余项。

谢商华 四川省知识产权服务促进中心主任，第十一届全国政协委员，博士、教授、博士研究生导师。主持省部级课题4项，主编、参编各类著作18本，在《现代法学》《当代法学》等核心刊物上发表论文30余篇，多次获省部级以上奖励。

廖振中 西南财经大学法学院副教授、法学硕士、硕士研究生导师。主要研究方向为民商法、金融法。担任法学院民商法和MBA中心经济法教学工作。在《现代法学》《比较法研究》《财经科学》《社会科学研究》《经济法学家》《银行法年鉴（2005）》等刊物发表论文多篇。曾被评为西南财经大学优秀教师、成都市"一专多能"优秀青年教师。

刘文 西南财经大学法学院教授、法学博士，博士研究生导师，公司法研究中心副主任，四川省学术和技术带头人后备人选，四川省精品课程"商法"主持人，四川省法学会商法学研究会常务理事。主持、主研国家社科基金重点课题、国家自然科学基金课题和省部级课题多项,出版个人专著及合作专著多部;主编及参编《公司法》《商法学》《经济法》等教材多部;在《中国法学》(海外版)《法学评论》《财经科学》《社会科学》《社会科学研究》等期刊发表论文40余篇。所编教材曾荣获"第七届全国高校出版社优秀畅销书"一等奖、四川省高等教育教学成果二等奖、西南财经大学优秀科研成果奖、西南财经大学研究生教育教学优秀成果奖。

章群 西南财经大学法学院教授、法学博士、博士研究生导师。中国劳动法学研究会理事,四川省"十一五"人才规划专家,四川省人才工作领导小组专家顾问,成都市劳动争议仲裁委员会委员。主持教育部课题"劳动仲裁制度研究",四川省"十一五"人才规划基础课题"四川省人才保障体系政策研究",主研全国妇联重点课题"新时期我国女职工劳动保护立法问题研究"等多个省部级课题,参与《四川省企业技术创新条例》的起草工作。作为编委参编原四川省委书记张学忠主编的系列丛书《加快人才资源向人才资本转变》;发表论文多篇,其中有四篇在中国劳动法学研究会2002—2004年年会上分别获得二等奖、优秀奖。课题"人才资源向人才资本转变法律问题研究"成果获四川省第十一届优秀哲学社科成果奖三等奖。多项立法及政策建议被四川省委、省政府和成都市政府采纳。

王远均 西南财经大学教师教学发展中心主任、教授、经济学博士、硕士研究生导师,美国华盛顿州立大学访问学者,《四川省企业技术创新条例》起草小组成员。公开发表学术论文30余篇,出版专著《网络银行监管法律制度研究》,合编《国际经济法》《世界贸易组织(WTO)法律制度》,担任《财政金融法》《国际经济法》等教材的主编或副主编。主持或主研究成"银行准入法律制度研究"(国家社科基金项目)、"数字图书馆建设中的法律问题研究"(国家社科基金项目)、"中国金融经营体制改革与金融控股公司法律制度的构建"(教育部项目)、"经济全球化与中国法制建设——网络银行监管的法律制度研究"(校课题)等多项课题。

姜玉梅 西南财经大学国际商学院教授、法学博士、博士研究生导师,享受国务院政府特殊津贴专家,西南财经大学中国(四川)自贸试验区综合研究院执行院长,西南财经大学国际商务中心主任;教育部专业公证专家,全国国际商务专业学位指导委员会委员,中国国际贸易学会常务理事、中国服务贸易协会副理事长、专家委员会副主任委员、四川省学术和技术带头人后备人选、四川省法学会理事、成都仲裁委员会仲裁员。主持国家社科基金1项,参加并完成国家社会科学基金课题2项,主持或主研省部级课题7项,独立或合作撰写专著5部,编写教材10余部,在《法商研究》《社会科学研究》等核心刊物上公开发表论文40余篇,多篇论文获司法部优秀科研成果三等奖,全国人口科学优秀成果二等奖、三等奖,四川省人口学会优秀成果二等奖。

　　梁继红　西南财经大学法学院副教授、法学博士、硕士生导师。参与完成国家社科基金课题"中国刑事诉讼制度改革跟踪调查研究";主研达州市经济的区域定位与发展战略研究课题"达州市经济的区域定位与发展战略研究报告"。获四川省教育厅人文社科研究成果一等奖、2002—2003年度刘诗白奖励基金优秀科研成果二等奖。参编《建筑法与房地产法概论》和《农民工进城务工法律指南》等,发表论文多篇。

　　陆佳　西南财经大学法学院副教授、硕士生导师、法学博士、中国法学会财税法学研究会理事、四川省人大立法专家。研究领域:财税法学、经济法学;主持国家社会科学基金课题1项、四川省社会科学基金课题1项、参与研究国家社会科学基金课题多项,出版个人专著一部,在CSSCI来源期刊发表论文10余篇。

第十版修订说明

本书第九版出版以来，立法、司法和学术研究又有了新进展，尤其是为了配合《中华人民共和国民法典》（以下简称《民法典》）的顺利实施，最高人民法院对《民法典》所涉及的司法解释进行了清理、废止、修改，制定了相关司法解释，为此我们决定再次修订本书。

这次修订，改动幅度较大的章节主要有第四章"诉讼时效"、第五章"物权法"、第六章"知识产权法"、第八章"合同法"、第十一章"证券法"以及第十四章"税法"，其余各章均有不同程度的改动。

本教材此次修订的具体分工是：第一章由高晋康、王伦刚执笔，第二章由鲁篱执笔，第三章由陈素玉执笔，第四章由喻敏执笔，第五章由胡启忠执笔，第六章由谢商华执笔，第七章由廖振中执笔，第八章由辜明安执笔，第九章由廖振中执笔，第十章由刘文执笔，第十一章由章群、王伦刚执笔，第十二章由王远均执笔，第十三章、第十四章由姜玉梅、陆佳、梁继红执笔，第十五章由鲁篱执笔。修改稿完成后，由副主编辜明安对全书进行统纂、修改，最后由主编高晋康定稿。

尽管本书作者已竭尽全力，但水平有限，错漏之处难免，恳请读者批评指正，以便我们在下一次再版时修正和提高。

高晋康

2022 年 1 月

目录

第一章

导论

第一节 本书内容与编写目的

一、什么是经济法

谈到经济法，人们一般会想到"有关经济的法"，这种望"文"而生的义恰好解释了经济法的最初含义。无论是西欧国家还是中国，"经济法"一词最初都是这种含义。后来，"经济法"被理解为一类同质的法律规范，逐渐被界定为与民法、宪法、行政法等部门法并列的一个法律部门，使"经济法"一词增加了新含义。因此，今天的"经济法"就有了两种含义，即"有关经济的法"和部门经济法。为了对二者进行区分，学者们通常称前者为广义经济法，称后者为狭义经济法。

在我国，广义经济法一直有着深厚的实践基础。首先，中国大众甚至一些法律专业人士历来倾向于将"经济法"理解为广义经济法，在某种程度上广义经济法更贴近人们的生活；其次，更重要的是，广义经济法对于现实经济实践颇有价值，因为一个有关经济的法律问题往往不局限于严格的部门经济法领域，而需要综合的广义经济法知识才能很好地解决；最后，在教学上突破部门经济法限制，将民商法作为必备知识基础，实践证明这种安排易于为非法律专业的学生理解和接受，教学效果良好。

本书书名所指的"经济法"是广义经济法，即"有关经济的法"，它包括民法、商法和部门经济法中的重要内容，涵括了规范社会经济关系的重要基本法律。要特别指出，大学法学专业课程中有一门课也叫"经济法"，也就是所谓部门经济法或狭义经济法，它已被教育部列为大学本科法学专业主干课程之一。本书包含了部门经济法的部分内容。

二、本书的内容

本书讲解广义经济法，在内容安排上遵循民法→商法→狭义经济法的逻辑顺序来叙述，由导论、民法、商法、部门经济法四部分构成，共十五章。其中：

导论一章，即第一章，主要讲述本书逻辑以及民法、商法和部门经济法的基础理论，包括这三个部门法的历史、概念、基本精神和原则。这部分的编写目的在于让学生形成对广义经济法的总体印象。

民法八章，包括民法总论的基本理论：第二章民事法律关系、第三章民事法律行为和代理、第四章诉讼时效；以及民法分论部分：第五章物权法、第六章知识产权法、第七章债与侵权责任和第八章合同法。民法部分注重民法的基本原理，编写目的在于为学生奠定坚实的民法法律理论基础。鉴于劳动合同法在市场经济发展和构建和谐社会中的作用与影响越来越大，我们将劳动合同法的内容单独用一章，即本书第九章来讲述。

商法三章，主要讲述商法的具体内容，包括第十章公司法与破产法、第十一章证券法、第十二章票据法。这部分内容的编写目的在于让学生了解商法的基本制度及其基本原理。

部门经济法三章，包括第十三章竞争法、第十四章税法、第十五章银行法。这部分内容的编写目的在于让学生了解几个重要的经济法基本制度及其原理。需要指出的是，在逻辑上，部门经济法中的银行法只应包括金融监管和调控法，但为了让学生全面了解银行法，本书增加了商业银行法的内容并统称银行法，归为部门经济法。

三、本书的编写目的

本教材采用大众对"经济法"的通俗理解来安排内容，以满足社会主义市场经济发展对非法律专业学生掌握有关经济关系的基本法律知识的要求。通过本书的学习，我们希望学生能够有如下的收获：

（一）增加法律知识，明了法律原理

我们用通俗易懂的文字描述有关规范经济的法律基础理论，力求让学生形成一个广义的经济法的基本知识框架，了解制度背后的基本原理。在此基础上，学生就能够根据基本原理继续深入学习经济法律知识，分析现实中的经济法律问题，从而达到"授人以渔"的效果。

（二）形成法律思维习惯，增强法治观念

我们期望非法律专业的学生通过本书的学习，能增强法律意识，在从事任何经济活动时形成"合法"和"违法"的思维习惯。市场经济是法治经济。如果没有从法律视角思考问题的思维习惯，就容易只从经济角度以效率去判断某个行为，去决断某些事务，从而有可能违法甚至犯罪。因此，形成法律思维习惯，增强法治观念，对于规范经济行为具有重要意义。

第二节　民法概述

一、民法的概念

"民法"一词源于古罗马，原称"市民法"（jus civile）。在罗马法中，曾存在过市民法和万民法二元体制。市民法是仅适用于罗马市民的法律，规范罗马市民之间的关系；万民法是适用于罗马市民以外的人的法律，规范外国人之间及其与罗马市民的关系。罗马帝国扩张为横跨欧亚非三洲的大帝国之后，公元212年，卡拉敕令把罗马市民权赋予帝国境内所有的自由人，使二元制彻底消除，遂演变为市民法一元体制。近代各国立法中对于调整民事关系的法律皆沿用"市民法"的称谓，法语为 Ddroit Civil，德语为 Bürgerliches Recht，荷兰语为 Bürgerlyk Regt，英语为 civil law。清末"改制"，沿用日本学者的译法，称 jus civile 为"民法"，使用至今①。

"民法"一词具有多种含义。首先，民法可分为形式上的民法和实质上的民法。形式上的民法专指民法典。实质上的民法作为一个法律部门，是指调整民事关系的各种法律规范的总称。它不仅包括民法典，还包括其他民事法律、法规等。其次，民法还有广义和狭义之分。在民商合一的国家，广义的民法就是全部私法，民法与私法为同一含义。而在民商分立的国家，私法包括民法和商法，其广义的民法为商法以外的全部私法，狭义的民法仅为私法的一部分，但在何种内容不列入民法的认识上，存在分歧。有的不将亲属法、劳动法列入民法，也有的仅不将商事特别法列入民法②。

根据《民法典》第二条的规定，民法是调整平等主体之间的人身关系和财产关系的法律规范的总称。

"财产是对象化的经济利益"③，即特定主体享有的经济利益。财产关系就是人们以财产为媒介而形成的具有经济内容的社会关系。财产关系既包括平等主体之间的财产关系，也包括不平等主体之间的财产关系。我国民法只调整平等主体之间的财产关系。民法调整的平等主体之间的财产关系具有以下三个特点：

（1）主体法律地位平等。不论官阶、级别、财力等有何差别，主体在民事活动中都按一定的规则同等对待，相互尊重，不允许以上压下、以强凌弱、以大欺小。

（2）主体意思自治。在主体地位平等基础上，当事人可依自己的意愿设立、变更、终止民事法律关系，不允许一方把自己的意志强加于另一方。如在交易关系中未经双方协商一致，就不能缔结协议。

（3）民法调整的财产关系，一般受价值规律支配，但在赠与、借用、无息借贷、无偿保管等少数情况下例外。

民法调整的平等主体之间的财产关系，主要包括物质财产支配关系、智力成果支配利用关系、财产流转关系和财产继承关系，它们分别构成物权法、知识产权法、债权法和继承法的主要内容。

我国民法不仅调整平等主体之间的财产关系，而且也调整平等主体之间的人身关系。人身关系是与特定人身不可分离而又没有直接财产内容的社会关系，包括人格关系

---

① 徐国栋. 市民社会与市民法［J］. 法学研究, 1994（4）: 3-9.
② 郭明瑞, 房绍坤, 唐广良. 民商法原理［M］. 北京: 中国人民大学出版社, 1999: 6-7.
③ 张俊浩. 民法学原理［M］. 北京: 中国政法大学出版社, 1991: 6.

和身份关系。所谓人格关系，是指人们因具有民事主体资格要素或条件的生命、健康、姓名、名誉、肖像等而形成的社会关系；所谓身份关系，是指因血缘、婚姻等联结而形成的社会关系。由于平等主体之间的人身关系与财产关系有着各种密切联系，民法加以统一调整，在现代社会是为了更好地实现其促进市场经济发展、保障人权、维护社会公平正义、促进民主政治的功能①。

二、民法的性质

关于民法的性质，我国民法学家从不同的角度做了不完全相同的表述②。归纳起来，民法的性质主要体现在以下几个方面：

（一）民法是市民社会的法

何谓市民？何谓市民社会？从古到今，人们有不同的看法。古希腊、古罗马一直有城市国家的传统。城市的出现是古希腊、古罗马从野蛮走向文明、从部落走向国家的标志，也是其区别于周围野蛮社会的标志。以此为背景，古希腊、古罗马学者往往用"市民社会"的概念来描述城市或城邦的生活状况，其含义与"政治社会"并无不同，与之相对应的则是"自然（野蛮）社会"的概念——他们所谓的"市民"，是指在城市中生活的人。

现代市民社会的概念则是对近代欧洲政治国家和市民社会相分离的现实的反映，它是由黑格尔在吸收了众多思想家的理论成果的基础上提出并由马克思予以完善的科学概念③。黑格尔认为，市民社会是处在家庭和国家之间的阶段。他所说的"市民"，就是合理地追求自己利益最大化的"经济人"。因此，把黑格尔的市民社会理解为经济大社会亦无不可。马克思认为，自从私人利益和阶级利益产生之后，社会就分裂为市民社会和政治国家两个领域。前者是特殊的私人利益关系的总和，后者则是普遍的公共利益关系的总和。因此，社会中的每一个独立的人也都担当着双重角色，他既是市民社会的成员，也是政治国家的成员。在市民社会中，他作为私人进行活动，即是说，市民就是私人，他把别人看作工具，把自己也沦为工具；而在政治国家中，他作为"公人"进行活动，他不属于自己而属于国家。不过市民社会和政治国家这种在逻辑上的分离并不意味着它们在现实中也始终是分离的。比如，在中世纪，政治国家与市民社会在现实中是叠合的。那时，国家从市民社会中夺走了全部权力，整个社会生活高度政治化，政治权力的影响无所不及，政治国家与市民社会之间不存在明确的界限。市民社会与政治国家在

---

① 梁慧星．民法总论［M］．北京：法律出版社，1996：22-23.
② 梁慧星．民法总论［M］．北京：法律出版社，1996：25-31；彭万林．民法学［M］．北京：中国政法大学出版社，1994：10-14；李开国．民法基本问题研究［M］．北京：法律出版社，1997：18-38；郭明瑞，等．民商法原理（总论部分）［M］．北京：中国人民大学出版社，1999：15-18；余能斌，马俊驹．现代民法学［M］．武汉：武汉大学出版社，1995：8-10.
③ 何增科．市民社会概念的历史演变［J］．中国社会科学，1994（5）：67-82；俞可平．马克思的市民社会理论及其历史地位［J］．中国社会科学，1993（4）：59-74.

现实中的彻底分离是在资本主义时代完成的，这种分离是市场经济的产物①。

民法作为市民社会的法是通过规范私人的行为来建立合理的社会生活秩序，从而实现对人的关怀之目的。"民法是市民社会的法"是指市民、市民社会运行的规范不同于政治国家。市民个人自由、市民社会自治是其规范的基本理念，民法应尊重个人自由、社会自治。"民法是市民社会的法"还意味着政治国家的权力不能随便干预市民社会的自治和个人自由，权力应被关进"铁笼子"，为保障个人自由和社会自治服务。

（二）民法是私法

自罗马法出现以后，法学上就有公法与私法的划分之说，但在立法上实现公法、私法分立，则始于自由资本主义时期。尽管如此，学者们对公法与私法的区别标准一直存在不同见解。大体来讲，公法就是调整国家或由国家授予公权者与其相对方之间的关系的法律，如宪法、行政法、刑法等属于公法；而私法就是调整私人或非公权者的团体之间关系的法律，如民法和商法等就属于私法。公法主要贯彻国家意志先定的原则，国家直接干预且干预较多；私法则主要贯彻当事人意思自治的原则，国家干预较少，即主要由当事人自行协商决定他们之间的权利义务，若他们之间的私事存在纠纷不能自行解决，国家授权机关才出面解决。国家的这种干预是间接的，也称为第二次干预②。

民法是私法的命题是指民法是市民社会的法的逻辑延伸。民法是私法标志着私法与公法理念有所区别，也界定了权力运行的范围与限度，体现在法律技术上则决定着民法规范群的性质和纠纷解决方式设定的区别。强调公、私法的划分对正确适用法律和规制国家权力、促进市场经济的发展都具有重要的意义。

（三）民法是权利法

民法是权利法是指民法的规范构成主要是以规定主体的权利为内容，义务和责任是为权利享有服务的。这与刑法等部门法以规定责任和义务为主体形成鲜明对照。民法的权利法性质主要体现在以下三个方面：①民法是一个以民事权利为中心建立起来的规范体系。②民法是以权利为本位的法。民法是以授权性规范为主体的法，它不同于以禁止性规范为主体的刑法。③民法力倡民事权利神圣的法律观念，即民事权利须受法律的特别尊重和充分保护。

三、民法的基本原则

民法的基本原则是指贯穿于整个民事法律制度始终的基本准则。它主要具有以下功能：

（1）民事立法的准则。在制定各种效力不同、层次有别的民法法律法规时，都应以民法的基本原则为准则，以确保整个民事法律规范体系内部的协调性和整体功能的发挥。

（2）民事活动的准则。民事主体在民事活动中，必须以民法的基本原则作为自己的

① 俞可平. 马克思的市民社会理论及其历史地位［J］. 中国社会科学，1994（3）：59-74.
② 彭万林. 民法学［M］. 北京：中国政法大学出版社，1994：12.

行为准则，不得违反民法的基本原则，否则，就应承担相应的民事法律后果。

（3）民法解释的基准。无论是对民法进行有权解释，还是学理解释，都应该以民法的基本原则作为基准，否则都是不正确的解释。

（4）授权法院进行创造性审判活动的准则。在现行民法相应的具体规定，或者其具体规定在特殊情况下适用造成非正义的情况下，法院可直接依据民法的基本原则进行民事裁判。

根据《中华人民共和国民法典》的规定，我国民法的基本原则可以确定为八个：①权益保护原则；②平等原则；③意思自治原则（自愿原则）；④公平原则；⑤诚实信用原则；⑥合法原则；⑦公序良俗原则；⑧绿色原则。

第三节　商法概述

一、商法的概念及特点

商法是市场经济法律体系的重要内容。所谓商法，又称商事法，是对调整商事关系的法律规范的总称。法学与经济学对"商"的理解不完全相同。经济学通常把"商"理解为直接沟通生产与消费的中间环节。从法学的角度看，这种理解只是法学上"商"的一种，即"买卖商"或"固有商"（又称"第一种商"）。法学上的"商"除"买卖商"或"固有商"外，还包括"第二种商""第三种商""第四种商"。第二种商即所谓的辅助商，是指间接沟通生产与消费的行业，如居间、行纪、货物运送、仓储保管等；第三种商，是指从事金融活动或与上述商行为密切相关的活动，如银行业务、信托业务、加工承揽、制造、出版、印刷等；第四种商，是指与第三种商有连带关系的行业，如广告业、保险业、饮食业、娱乐业等。可见，法学上"商"的含义十分宽泛。在各国立法上，商的内涵与外延也不完全相同，这样对"商"的范围的认定只能依据各国商法的规定。

所谓商事，是指关于"商"的法律上的一切事项的总称。商事有广义和狭义之分。广义的商事，是指有关"商"的一切事项，如商事登记、商业组织、商业管理、商事合同、商业会计、商业课税、商事仲裁等；狭义的商事，仅指商事法上所称的商事，包括商业登记、公司、票据、保险、海商、破产等事项。商法调整对象的特殊性，决定了商法的基本特点。

（一）鼓励营利性

商事主体从事商事行为的目的是营利，商法的主旨就是保障商事主体的营利行为。民法则是侧重于保护社会公众的一般利益。

（二）专业技术性

商法规范商事主体和商事行为，其规范对象决定了商法具有较强的技术性。如票据法关于出票、背书、承兑等的规定，都明显体现了这一特征。

（三）国际开放性

商法虽然属于国内法，但随着交通和通信的发达，科技水平的突飞猛进，世界经济一体化进程的不断加快，商事交往日益国际化。与此相对应，商法也日益具有国际性。它不仅表现为各国商法日益趋同的现象，而且表现为国与国之间及国际性的组织订立了许多双边、多边乃至世界统一的商事规则。

二、民商分立与民商合一

大陆法系民法在立法体例上存在着民商分立和民商合一的现象。所谓民商分立，是指一国以商人或商行为作为确定商事关系的基本标准和立法基础，将民事关系与商事关系区分开来，分别制定民法典和商法典，如法国、德国、日本、西班牙、荷兰等。民商分立为旧制，为19世纪前这些国家进行民法编纂时所确立。民商合一，是指一国将商事关系视为民事关系的组成部分，制定民法典予以统一规定，而不再制定商法典，如瑞士、意大利、泰国等。民商合一为新制，为19世纪以后这些国家进行民法编纂时所采用。

近代的商法典最初源于商人法，即欧洲中世纪商人团体的习惯法，但在现代市场经济条件下，商人这个特殊阶层及其特殊利益已不存在，甚至特殊的商事行为亦已失去其特殊性。即使在民商分立的国家，也难以确立划分民事行为与商事行为的严格界限。换言之，商法典的立法基础发生根本动摇，民法典与商法典的并存势必引起法律适用上的困难和混乱①。

因此，民商合一适应了现代市场经济发展的需要，成为当代各国法律发展的一种趋势。在我国，不仅在立法中实行民商合一，而且学术界绝大多数学者也坚持民商合一的观点，我们认为这是符合时代潮流的正确做法。

三、商法与民法的关系

商法与民法既有联系又有区别。两者的联系主要表现在：商法与民法都属私法范畴。商法是民法的特别法，民法与商法的关系是普通法和特别法的关系。民法中的各种基本制度是商法的基础，商法是在这些基本制度基础上对民法规定的补充或变更，商法的适用优先于民法。但商法毕竟有别于民法，两者的区别主要表现在：①调整对象不完全相同。商法只调整财产关系，而且一般都是双务有偿关系；民法既调整财产关系，又调整人身关系，财产关系中既有有偿的又有无偿的，有双务的也有单务的。另外，民法只调整平等主体之间的关系，而商法除此之外，还调整特定范围内的经济管理关系。②主体不同。民法的主体主要是一般的自然人和法人，商法的主体主要是以营利为目的的商自然人和商法人。

---

① 谢怀栻. 大陆法国家民法典研究［J］. 外国法译评，1995（2）：1-8.

第四节　经济法概述

一、经济法的产生

本节所讨论的经济法，乃指前述狭义的经济法。经济法的产生，一般认为源于西方发达资本主义社会的垄断阶段。在资本主义社会之前，由于自给自足的自然经济在经济结构中居于主导地位，商品经济处于从属地位，使得奴隶制法和封建制法都不具备"诸法分立"的物质生活条件，而呈现"诸法合一"的特点。但在古代的法律中，早已出现了调整经济关系的某些法律规范。1975 年，在中国湖北省云梦县发掘出土的睡虎地秦简中，有"四律""厩苑律""仓律""金布律""工律""均工律"等经济法规，对农田水利、旱涝风灾、作物生长、牛马饲料、种子保管等都有规定。这说明奴隶制、封建制国家的统治者在"诸法合一"的法律制度中，已经重视用经济法律规范调整经济关系了。

进入资本主义社会以后，随着自然经济的解体，商品经济有了空前发展。经济的发展，使得社会经济关系日益复杂，"诸法合一"的综合法典显然已经不能适应社会经济发展的需要。与此相适应，资本主义国家先后把调整经济关系的法律规范从"诸法合一"中分立出来，制定了民法典，有的还制定了商法典。法国于 1804 年颁布的《民法典》和 1807 年颁布的《商法典》就是先例。尽管在自由资本主义时期，资本主义国家普遍颁布了一些单行的经济法规，如英国 1815 年颁布的《谷物法》和 1833 年颁布的《工厂法》，法国 1793 年颁布的《粮食限价法》，美国 1861 年颁布的《莫里尔法》和 1864 年颁布的《国家银行法》，日本 1873 年颁布的《地税改革条例》等。但在当时，资本主义国家普遍奉行亚当·斯密的经济学说，对社会经济活动采取"自由放任主义"政策，即国家无须直接干预和控制社会经济活动，只满足于扮演仲裁人的角色，"干预最少的政府是最好的政府"正是其写照。因此，各国干预经济仅限于不得已的情形和最小的范围。在这种条件下，以国家权力干预经济为主要标志的经济法与民法、商法相比，自然处于不重要的地位。

经济法是资本主义从自由竞争发展到垄断阶段以后才逐步形成的。19 世纪末 20 世纪初，资本主义自由竞争引起生产集中，生产集中发展到一定阶段引起垄断。竞争产生垄断，垄断加剧竞争。垄断和竞争同时并存，使得资本主义所固有的各种矛盾更加尖锐起来，经济危机频频发生，危及整个资产阶级的根本利益和统治。在这种情况下，以"财产私有""契约自由"和"平等对价"为调整经济关系基本原则的民法和商法已不能完全适应垄断资本主义发展的需要。为了维护整个资产阶级的统治，摆脱经济困境，资本主义国家的经济政策纷纷由"自由放任主义"转向"国家干预主义"，后来普遍采纳了凯恩斯提出的实行国家干预经济生活的主张。于是，资本主义各国政府依据经济立法干预国民经济成为普遍现象。这样，一个以国家权力干预国民经济为基础的法规群——狭义经济法就应运而生了。

二、经济法的概念

根据现有资料，最早提出经济法概念的是法国的空想社会主义者摩莱里。摩莱里在1755 年出版的《自然法典》一书中首先使用了"经济法"的概念。德萨米在1843 年出版的《公有法典》一书中也使用了这一概念。但这些概念并未与国家的立法实践结合起来，与现代经济法的概念也不同。现代经济法的概念形成于20 世纪初期的德国。德国学者把第一次世界大战时期和战后时期运用国家权力干预经济的大量法律规范概括为"经济法"，并加以系统研究。1919 年，德国颁布的《煤炭经济法》是世界上第一个以"经济法"命名的法规。

作为一个新兴的法律部门，经济法的调整对象、调整范围如何界定，一直是中外法学界争论不休的问题。换言之，在世界范围内，还没有一个统一的经济法概念。在德国有集成说、对象说、机能说、世界观说、方法论说；在日本主要有金泽良雄学说、今村成和学说、高田学说、丹宗昭信学说、正田学说等；在法国有企业法说、国家干预经济生活法说和普遍利益说；在苏联主要有纵横统一学说、综合部门学说、经济行政法学说。英美法系虽然制定和颁布了大量的经济法规，但没有形成经济法的概念及其相关学说。

在我国，从党的十一届三中全会以后就开始研究和探讨经济法的概念和调整对象，由此出现了我国经济法的几个主要流派观点：综合经济法说、学科经济法说、纵向说、经济行政法说、管理说、企业中心说、纵横统一说等。党的十四大明确指出我国经济体制改革的目标是建立社会主义市场经济体制。我国经济法学界对经济法调整对象理论做了重新探索和重大调整，并提出了以下六种新的学说：经济协调关系说、需要干预经济关系说、宏观调控经济关系说、行政隶属性经济关系说、管理-协调关系说、国家经济管理关系说①。这六种学说虽然对调整对象仍有不同见解，但与以前的学说相比，其分歧已大大缩小。绝大多数学者认为，横向经济关系不应由经济法调整，国家权力干预经济是经济法的主要基础。因此，从这个意义上讲，经济法是调整国家在干预经济过程中所形成的社会关系的法律规范的总称。

三、商法与经济法的关系

商法与狭义经济法都是规范社会经济关系的基本法律，但二者也有明显的区别：

（1）调整的对象不同。商法主要调整平等主体之间的商事关系；狭义的经济法主要调整国家权力干预经济过程中不平等主体之间所形成的经济关系。

（2）调节的机制不同。商法与民法一样，主要确认个体自我调节机制，即强调意思

---

① 许明月，张涵. 经济法学研究述评［J］. 法学研究，1995，17（1）：23-29.

自治、当事人地位平等；狭义的经济法确认社会整体调节机制，即国家以全社会的名义对国民经济整体进行调节。

（3）追求的目标不同。商法侧重于保障商事主体以合法手段实现其营利的目的；狭义的经济法则侧重于保障社会整体利益，旨在建立公平的竞争秩序，为所有商事主体创造平等进入市场和公平竞争的条件①。

本章重点

本章的重点是民法的含义、民法的性质、民法基本原则的概念及功能，商法和狭义经济法的含义及其相互关系，民法与商法的关系。

本章思考题

1. 狭义经济法产生的原因是什么？
2. 为什么说国家权力干预经济是经济法的主要基础？
3. 怎样理解民法的含义？
4. 为什么说民法是市民社会的法？
5. 划分公法与私法的标准是什么？
6. 如何理解民法的基本原则的功能？
7. 商法的含义是什么？
8. 如何理解民法与商法的相互关系？
9. 商法与狭义经济法有何区别？

本章参考书目

1. 梁慧星. 民法总论 [M]. 北京：法律出版社，2021.

2. 马俊驹，余延满. 民法原论 [M]. 北京：法律出版社，2010.

3. 王保树. 商事法论集：第 1 卷 [M]. 北京：法律出版社，1997.

4. 彭万林. 民法学 [M]. 北京：中国政法大学出版社，2018.

---

① 王保树. 商事法的理念与理念上的商事法 [M] // 商事法论集：第 1 卷. 北京：法律出版社，1997：10-11.

第二章

民事法律关系

第一节　民事法律关系概述

一、民事法律关系的概念和法律特征

（一）民事法律关系的概念

民事法律关系是指由民法确认和保护的，在平等主体之间发生的以民事权利和民事义务为内容的社会关系。

在民事活动中，主体相互间要发生各种人身关系和财产关系，法律对这种社会关系予以调整便使这些社会关系具有法律性质，即以民事权利和民事义务为内容的社会关系——民事法律关系。因此，民事法律关系是民事主体之间的人身关系和财产关系在法律上的体现。

（二）民事法律关系的法律特征

由于所调整的社会关系的性质以及与之相应的法律的不同，法律关系存在民事法律关系、经济法律关系和行政法律关系等诸多门类。民事法律关系作为其中非常重要的一个类别，其特点在于：

1. 民事法律关系具有平等性

民事法律关系是民法对平等主体间的人身关系和财产关系予以调整的结果，因而，平等性便成为民事法律关系的最本质特征。一方面，说明在民事法律关系中，当事人地位平等，不允许以大欺小、以强凌弱，任何一方不得把自己的意志强加于对方；另一方面，表明在民事法律关系中，当事人权利义务一般要求是对等的，在绝大多数情形中，双方往往都享有权利并负有义务，一方的权利往往与对方的义务相对应，反之亦然。平等性使民事法律关系与经济法律关系、行政法律关系迥然有别。

2. 民事法律关系以民事权利和民事义务为内容

民法是调整平等主体的自然人之间、法人之间、非法人组之间、法人以及非法人组

织之间的人身关系和财产关系的法律规范体系。民法对社会生活发生作用和予以调整的结果，便形成了民事法律关系，故民事法律关系便体现了当事人之间的民事权利和民事义务关系；而且民法运用国家强制力保障这种社会关系的实现，以达到调整社会关系的目的。

3. 民事法律关系的保障措施具有补偿性

民法强调社会关系的自我形成与约束以及当事人地位平等，一方无权惩罚另一方。当一方因自己的行为或物件致人损害，法律亦仅能在受害人损失限额内确定相对人的民事责任。一旦涉及惩罚，则属于其他法律责任的界域。

4. 民事法律关系是一种私法关系

自罗马法始，基于对政治国家和市民社会二元结构之确认，法律体系便有公法和私法之别。尽管学者们对公私法之分的标准存在诸多分歧，然而民法属于私法这一点却毋庸置疑，故民事法律关系是一种私法关系。明确民事法律关系是一种私法关系，有助于树立私法自治的理念以及强调民事关系的自我调节和形成。

二、民事法律关系的分类

民法调整平等主体间的人身关系和财产关系，因而可以不同的标准进行分类。常见的分类主要有：

（一）根据民法调整对象的不同，可以分为人身关系和财产关系

人身关系是指与当事人的人身不可分离，因人身利益而形成的民事法律关系，或是因人的姓名、名称、名誉而形成的社会关系。

财产关系是指因财产的归属和财产流转而形成的，以保护平等主体间的财产秩序为目的的法律关系，包括财产归属法律关系和财产流转法律关系两部分。财产关系是民事法律关系的主要构成。

将民事法律关系区分为人身关系和财产关系，其意义有二：一是有利于明确两种法律关系的权利性质，在财产关系中，权利主体一般可转让自己的权利；而人身关系主体一般不得转让自己的权利。二是有利于确定两种关系的保护手段。财产关系一旦遭到破坏，主要采用追还原物、赔偿损失等办法予以补偿；而人身关系之补救则较常采用消除影响、恢复名誉、赔偿道歉等手段，当然，亦不排除精神损害赔偿之适用。

（二）根据民事法律关系内容的不同，可以分为单一法律关系和复合法律关系

单一民事法律关系是指一方仅享有权利，而相对方负有义务的民事法律关系，如在由人格权、物权、知识产权形成的绝对权关系中，单一法律关系极为常见。复合法律关系则是指当事人互为权利、义务的义务主体间的法律关系，如买卖关系、加工承揽关系等。

将民事法律关系区分为单一法律关系和复合法律关系的意义在于：有利于正确适用民事法律规范，有利于确定当事人的义务和责任的范围。

（三）根据民事法律关系义务主体的不同，可以分为绝对法律关系和相对法律关系

绝对法律关系是指义务主体为权利主体以外的任何不特定的人的民事法律关系，如人格权法律关系、物权法律关系、知识产权法律关系等。

相对法律关系是指权利主体权利所指向的义务主体为特定人的民事法律关系，如亲属法律关系、债权法律关系、继承法律关系等。

将民事法律关系区分为绝对法律关系和相对法律关系的意义在于可确定民事法律关系的义务人及其义务，譬如，在绝对法律关系中，权利人权利之行使，无须义务人协助，义务人的义务一般仅表现为消极的不作为义务。而在相对法律关系中则与之不同，权利人权利的行使，必须有义务人的协助，而义务人的义务则反映为积极的作为义务，即实施某种积极的行为，促使权利人行使其权利。

第二节 民事法律关系的要素

民事法律关系的要素是指构成民事法律关系的必要条件。任何法律关系之构成，均必须同时具备主体、客体、内容三个要件，缺一不可。民事法律关系作为法律关系的一种当然亦不例外。

一、民事法律关系的主体

（一）民事法律关系主体的概念

民事法律关系的主体，又称民事主体，是指参与民事关系、享受民事权利和承担民事义务的人，包括自然人、法人和非法人组织。

民事法律关系之形成，必然要有多方主体参加，只有一方参加不构成关系。在参加民事法律关系的当事人中，享有权利的一方是权利主体，承担义务的一方是义务主体。在特殊情形中，一方只享受权利，另一方仅承担义务，如赠与。在绝大多数民事法律关系中，双方当事人既享有民事权利，又承担民事义务。

（二）民事法律关系主体的分类

1. 自然人

自然人是指因出生而获得生命的人类个体，包括本国公民、外国人和无国籍人。在民事法律关系中，自然人是最重要的民事主体。

2. 法人

法人是指具有民事权利能力和民事行为能力、依法独立享有民事权利和承担民事义务的组织。法人是民事法律关系重要的参与者。国家参与民事活动时，往往是以法人的形式介入其中的。根据《民法典》之规定，我国法人资格的取得，必须具备以下条件：

（1）依法成立；

（2）有必要的财产或者经费；

（3）有必要的名称、组织机构和场所；

（4）能够独立承担民事责任。

3. 非法人组织

非法人组织是指虽不具备法人资格但可以以自己的名义从事活动的组织体。确立非法人组织的主体资格，是现代各国民法的新发展。非法人组织与法人的区别在于：当这些组织体不能清偿债务时，应由其创立人或上级承担民事责任。

（三）民事主体的民事能力

民事能力是指民事主体在进行民事活动时所应具备的地位或资格。民事主体一旦欠缺民事能力，无法参加民事活动，也就无法产生民事法律关系。依《民法典》之规定，民事能力包括民事权利能力和民事行为能力。

民事权利能力，是指据以充当民事主体，享受民事权利和承担民事义务的法律地位或资格。法律赋予自然人和法人民事权利能力，是自然人和法人具有法律人格的具体体现，亦是自然人和法人享受民事权利和承担民事义务的前提。根据我国《民法典》第十四、十五条以及第五十九条规定，自然人的民事权利能力一律平等，自出生时始，至死亡时止。法人的民事能力始于注册成立之日，终于营业执照注销之日；因依法成立的法人可依其设立目的从事活动，故法人具有完全的权利能力，依法享有民事权利，承担民事义务，当然，专属于自然人的权利义务除外。

民事行为能力是民事主体据以独立参加民事法律关系，以自己的行为取得民事权利或承担民事义务的法律资格。我国民事法律根据自然人年龄或智力的不同，将自然人的民事行为能力分为无民事行为能力人、限制民事行为能力人和完全民事行为能力人，而法人则根据法律或章程设立必要的组织机构后，取得行为能力。

二、民事法律关系的客体

民事法律关系的客体，又称民事权利客体，是指民事法律关系主体所享有的民事权利和承担的民事义务共同指向的对象。一般地说，民事法律关系的客体包括物、行为和智力成果。

（一）物

1. 物的概念和构成要件

物的概念，有广义和狭义之分。广义的物，是指自然科学所指之物，如动物、矿物、植物、微生物甚至人均包括在内；而狭义的物，则专指法律上所称之物，指的是能够满足人们生活需要的，可以为人类所控制，有实用价值的物质实体。物是民事法律关系最重要的客体，必须具备以下构成要件：

（1）物能够满足人们的生活需要，即物必须对人具有价值。物对人的效用或价值，既包括物质利益，也包括精神价值。至于此种物是否是人劳动所得，还是天然生成，则不重要。

（2）物必须为人力所控制。作为民事法律关系客体的物，必须能为人力所控制和支配，否则，无法成为财产归属的标的或交易的对象。因此，日月星辰虽然对人类具有重要价值，但由于其目前尚不能为人类所控制或支配，故其仅为广义的物，而非法律意义上的物。

（3）物是人体之外的物。人是享有独立人格的民事主体，而人体与人格密不可分，因此，人体是民法上的物。但是，从人体中分离出的部分如心脏、血液等以及人的尸体，在特定情形下，可以成为民事法律关系的客体。

2. 物的分类

（1）动产和不动产。法律上关于动产与不动产的区别，是先确定不动产的范围，然后再确定不动产以外的物均为动产。所谓不动产，是指在空间上占有固定位置，移动后会影响其价值或效用，甚至物都不复存在的物，如土地、房屋以及林木等地上定着物。

动产与不动产的区分，是法律上对物最重要的分类，其意义在于：在一般情况下，动产让予依交付而生效，而不动产让予则要求除书面形式外，还必须办理相关登记手续方为生效。此外，不动产诉讼，各国以不动产所在地法院为专属管辖地，而动产诉讼则大多采用"原告就被告"的原则。

（2）主物和从物。以物与物是否有从属关系为标准，将物分为主物和从物。凡两种以上的物相互配合，其中具有独立效用的物为主物，从属于主物的物则为从物。

区分主物与从物的法律意义在于：一般情况下，法律规定主物的处分及于从物。

（3）特定物和种类物。以在交易中是否经当事人特别指定为标准，分为特定物和种类物。特定物是指经当事人特别指定之物，如一件古董、一幅字画、某座房屋；而种类物则指当事人仅指明某种类、型号、品质、数量而未特别标明之物，如 29 英寸（1 英寸 = 2.54 厘米）长虹电视机若干等。

区分种类物与特定物的意义在于：①在债的履行中，特定物之债因特定物之灭失而发生履行不能，如其灭失由不可归责于债务人的事由发生，债务人可免除责任；但在种类物之债中，则不因种类物的灭失而发生履行不能，无论何种原因造成种类物的灭失，债务人均不得免除给付该种类物的责任。②对标的物的返还要求不同。有些合同的性质决定其标的物只能是特定物，如租赁合同、借用合同等，在这些合同中，债权人享有要求债务人返还原物的权利。但在有些合同中，其标的只能是种类物，如借贷合同，在这些合同中，债权人不享有返还原物的权利，只能要求返还同等数量的种类物。

（4）流通物、限制流通物和禁止流通物。这是根据物在流通中是否受到法律的限制而作的分类。

流通物是指法律允许在民事主体之间依照民事流转秩序而自由流转的物。在我国，大多数物为流通物；限制流通物是指依法只能在特定民事主体之间流转的物，如外汇、黄金、白银等；禁止流通物是指法律禁止流转和交易的物，如铁路事业。

将物分为流通物、限制流通物和禁止流通物的法律意义在于确定人们行为的有效性。公民和法人违反有关限制流通物、禁止流通物规定的行为无效。

（5）可分物和不可分物。经过实物分割而不改变其经济效用和价值的物为可分物，如布匹、酒、油等；不可分物是指经过实物分割后，将导致物的经济用途丧失或降低的物，如一台电视机、一辆汽车等。

将物区分为可分物与不可分物的意义在于：对于可分物，可进行实物分割；对于不可分物，则只能采用变价分割或作价补偿的办法。

（6）原物与孳息。以两物的相互关系，分为原物与孳息。原物是指能使用或产生收益的物；而孳息是指原物所生的收益，包括天然孳息和法定孳息。前者如树木之果实，而后者则如利息、租金及其他因法律关系所得的收益。

区分原物与孳息的意义在于：除法律另有规定或当事人另有约定外，原物所有权人有权取得孳息之所有权，转让原物时，孳息所有权一并移转。

（二）行为

作为民事法律关系客体的行为，是指民事法律关系中权利人行使权利的活动以及义务人履行义务的活动。在某些债权关系中，其客体是行为，如承运合同的客体便是承运人的承运行为。

（三）智力成果

智力成果，是指人们脑力劳动所创造的精神财富，如著作、发明等。这些精神财富，有的需要有物质表现形式，有的不需要物质表现形式。

三、民事法律关系的内容

民事法律关系的内容，是指民事主体所享有的民事权利和承担的民事义务，是平等主体间的人身关系和财产关系在法律上的直接反映和体现。

民事权利和民事义务作为民事法律关系的内容，是相互依存、相互贯通的。其表现为民事权利和民事义务不可能孤立存在和发展，它们的存在和发展都必须以另一方的存在和发展为前提。在民事法律关系中，不可能仅存在民事权利而没有民事义务，反之亦然：一方当事人享有的民事权利，必须反映为另一方当事人所负有的民事义务。譬如：在买卖关系中，出卖人和买受人是买卖法律关系之双方主体。买受人所享有的权利是请求对方交付商品，而与之相应的出卖人则负有交付商品之义务；同时，买受人负有支付价款的义务又反映为出卖人向买受人请求支付价款的权利。

第三节 民事权利

一、民事权利的概念和法律特征

民事权利是指民事主体为实现其民事利益和享有的受法律保障的行为的界限。

民事权利具有以下特征：

（一）民事权利本质上是民事主体所享有的民事利益

民事主体享有民事权利，其目的在于实现民事权利所蕴含的民事主体的民事利益。当事人行使转让或消灭民事权利时，归根结底都在于实现自身的民事利益。因而，一旦没有相应的民事利益，民事权利也就成为无源之水。

（二）民事权利体现了权利主体的行为自由

民事主体享有民事权利，因而可以依照权利的内容实施一定行为或不实施一定行为，亦可以依法要求义务人为一定作为或不作为。权利主体在进行上述行为时，其意志不受他人侵犯或干涉。

（三）民事权利是一种受法律保障的权利

民事权利是一种受法律保障的权利，原因在于民事权利是依法而设，其所体现的民事利益是受到法律认可和支持的，法律对民事权利的保障旨在实现法律所希望建构的有序化的社会秩序和相应的价值目标。而民事权利之所以具有法律保障，关键在于法律对民事责任制度的规定。法律通过民事责任制度的设置，使民事权利和民事责任有机结合，一旦民事权利受到侵害，则启动相应的民事责任制度，从而确保实现相应的民事权利。

二、民事权利的分类

（一）以权利是否有具体内容为标准，可以将民事权利分为人身权和财产权

人身权是指与民事主体的人身不可分离，不直接体现民事主体经济利益的权利，如生命健康权、名誉权、名称权等；而财产权是以物质利益为内容，直接体现权利主体经济利益的民事权利，如物权、债权等。人身权和财产权的区分是民事权利最重要的分类。

（二）以权利的作用为标准，可以将民事权利分为支配权、请求权、抗辩权和形成权

支配权是指权利主体直接支配其标的物，并具有除他干涉的权利，如物权；请求权是指权利人得请求他人为一定行为或不为一定行为的权利，如债权。支配权与请求权不

同，前者可体现为对权利标的的直接支配，而后者则只能向义务人请求。形成权是指仅依据当事人一方的行为，便可以使行为人与相对人间的法律关系发生变动的权利，如追认权、撤销权等。抗辩权是指权利人用以对抗他人请求权的权利，如时效抗辩权、同时履行义务抗辩权等。

（三）以义务人是否特定为标准，可以将民事权利分为绝对权和相对权

绝对权又称对世权，是指义务人不确定，权利人行使权利不需要义务人的积极作为即可实现的权利，如物权、人格权；相对权又称对人权，即以特定人为义务人，权利主体行使权利必须通过义务人的积极作为才能实现的权利，如债权。

（四）以权利的相互关系为标准，可以将民事权利分为主权利和从权利

主权利是指可能独立存在，不需要依其他民事权利存在而存在的权利；而从权利则是指有赖于其他民事权利存在而存在的权利。譬如，在设立抵押的债务关系中，债权人的债权是主权利，而在该债权上设定的抵押权则为从权利。主权利与从权利区分的法律意义在于：非经法律规定或当事人特别约定，主权利的效力决定从权利的效力。

（五）以权利的成立要件是否完备为标准，可以将民事权利分为既得权与期待权

已具备全部成立要件的权利为既得权；而期待权则是指权利成立要件尚未完全具备，但将来有实现可能的权利。在民事权利体系中，一般的权利都是既得权，期待权仅存在于个别情况，如保险合同受益人的受益权。

（六）以权利是否与主体紧密结合为标准，可以将民事权利分为专属权与非专属权

专属权，是指与主体密切结合不可分离，不得转让和继承的权利，包括人格权与身份权；非专属权，则是可与主体分离，可以转让或继承的权利。财产权一般为非专属权。专属权与非专属权划分的意义在于，确定权利是否具有可移转性。

（七）以权利是否存在救济与被救济的关系为标准，可以将民事权利分为原权与救济权

原权，是指法律规定和保护的权利，它在义务人履行义务的情况下得以保持和实现，或因义务人不履行义务而受损害无法保持和实现；救济权，则是原权利受到损害时，权利人享有的救济其受损害权利的权利，目的是排除侵害、恢复受损的原权。原权与救济权划分的意义在于，明确基础性权利及其救济手段。

以上所列系根据民法理论对权利进行的一般类型划分。民事权利是一个开放的体系，随着社会的不断发展以及对权利划分标准的细化，还可能产生其他新的权利类型。

三、民事权利的行使

民事权利的行使是指权利主体为实现权利所蕴含的利益而实施一定的行为。权利的行使方式有两种：一是法律行为方式，即权利人通过实施法律行为来行使权利，如通过订立租赁合同而出租自己的房屋获得租金；二是以权利主体实施某种事实行为来行使权利，如权利主体消费其财产等。

由于民事权利的行使是在一定社会条件下实施的，需受到特定社会关系的制约，因而在行使权利时，不得侵害国家、集体或第三人的利益；否则，即构成权利滥用，应承担相应的民事责任。

伴随个人本位主义向社会本位主义的嬗变，现代民法逐渐将禁止权利滥用原则确立为民法的一项基本原则，强调权利人在行使权利时，不得逾越其正当界限。我国《民法典》第一百三十二条规定，民事主体不得滥用民事权利损害国家利益、社会利益或者他人合法权益，该规定即是对民事权利正当行使的法律规定。

四、民事权利的保护

民事权利的保护是指当民事权利受到侵害或存在被侵害的危险时，权利主体或国家所采取的保护行为。根据保护主体的不同，民事权利的保护分为私力自助和公力救济两种。

私力自助，又称自助行为，是指权利主体为保护自己的权利而对他人的自由或财产施以特别限制的行为，如正当防卫等。在现代社会，为促进社会秩序的有序化和规范化，各国法律无不规定权利保护以公力救济为原则。但是，为使民事权利能得到及时全面的保护，因而亦允许私力救济在特定情形下存在，一般仅限于侵权行为场合，而且要求权利人在实施自助行为时必须满足法律的构成要件，即：须为保护自己的权利，须时机紧迫不及请求公力救济，须不超过必要限度，以及须及时请求国家机关予以处置。

公力救济，又称民事权利的国家保护，是指民事权利遭受侵害或存在被侵害的危险时，法院因权利主体的请求而保障其民事权利的行为。根据民事权利的种类、权利受到侵害方式的不同以及权利主体诉讼目的的差异，对民事权利保护诉讼种类主要有确认之诉、给付之诉和变更之诉三种保护方式。

第四节　民事法律事实

一、民事法律事实的概念和法律意义

（一）民事法律事实的概念

民事法律事实，是指根据民事法律规范之规定而导致民事法律关系产生、变更和消灭的客观情况。

民事法律关系之产生、变更和消灭，绝非没有任何原因或理由。民事法律规范对民事主体民事权利和民事义务的规定，仅仅是对民事主体的民事权利和民事义务提供一种法律的可能性，但民事主体欲在民事生活中具体享有某种民事权利和承担民事义务，尚

取决于一个客观情况的发生。例如，只有双方当事人签订租赁房屋协议这一客观情况，才导致当事人相互间产生租赁法律关系。值得指出的是，并非一切客观情况都可能引起民事法律关系的发生、变更和消灭，如下雨、日出、打雷等自然现象一般无法产生民事法律关系，只有符合法律规定的客观情况才能称为民事法律事实。

（二）民事法律事实的法律意义

民法根据民事法律事实之不同，赋予其法律后果亦因之而千差万别，如双方当事人签订买卖合同与签订租赁合同所引起的民事法律后果是不一样的。民事法律事实所引起的法律后果主要有：

1. 民事法律关系的产生

民事法律关系的产生是指基于一定民事法律事实的发生而导致双方当事人间形成一定的民事权利和民事义务关系。譬如，双方订立买卖合同，买方便享有请求卖方交付标的物的权利以及承担支付价款的义务，而同时卖方也享有要求买方支付价款的权利以及承担给付合同设定的标的物的义务。

2. 民事法律关系的变更

民事法律关系的变更是指因某种法律事实而导致民事法律关系的主体、内容和客体的变更。譬如，债权转让或债务移转协议的达成，将导致原有合同关系主体的变更；对合同交货地点、付款方式和日期的变更，将导致民事法律关系内容的变更；对合同标的物的替代变更，则属于民事法律关系客体的变更。

3. 民事法律关系的终止

民事法律关系的终止是指因某种民事法律事实的出现而导致民事主体的权利义务关系归于消灭。如债的关系因债的履行或免除债务而消灭。

二、民事法律事实的分类

根据客观事实是否与当事人的意志有关，可以将民事法律事实分为事件和行为两大类。

（一）事件

事件又称自然事实，是指与人的意志无关的，能够引起民事法律关系变动的客观情况。如人下落不明达到法定时间期限可能因利害关系人申请宣告失踪或宣告死亡，进而导致相应民事法律关系的变动；而人的出生又标志着人的民事权利能力的开始；战争、地震等不可抗力事件导致合同关系的变更或解除等。自然事实包括两种情况：一是状态，指某种客观情况的持续；二是事件，指某种客观情况的发生。

（二）行为

行为是指人们有意识的，能够引起民事法律关系的产生、变更和消灭的活动。根据行为的性质，可将行为分为民事行为和非民事行为；根据行为是否符合法律规定，可将行为分为合法行为和违法行为；根据行为是否以人的意思表示为要素，可将行为分为表意行为和事实行为。其中，最后一种分类是最重要的法律分类。

表意行为，是指行为人主观上以发生、变更和消灭某种民事法律关系为目的而进行某种意思表示的行为。如出卖人订立买卖合同的意思表示。

事实行为，是指虽然行为人并无产生、变更和消灭民事法律关系的意思表示，但根据法律的规定能够引起一定民事法律后果的行为。如拾得遗失物、发现埋藏物等。

三、民事法律事实的构成

民事法律事实的构成，是指能够引起民事法律关系发生、变更和消灭的两个或两个以上民事法律事实的总和。

民事法律关系的产生、变更和消灭，一般仅需一个法律事实便能引起，如债务之免除行为便能引起债的关系的消灭；而在特定情形中，民事法律关系的产生、变更和消灭则需要两个或两个以上的法律事实相结合。例如，遗嘱继承关系的产生，需要被继承人死亡、被继承人留有遗嘱两个法律事实，这两个法律事实的总和，我们称之为遗嘱继承关系发生的民事法律事实构成。

本章重点

本章的重点是民事法律关系的概念、特征、分类，民事法律关系的要素，民事法律事实的概念、分类，民事权利的概念、特征、分类与行使。

本章思考题

1. 民事法律关系有哪些特征？
2. 法人有何特征？
3. 民事权利能力与民事权利的区别是什么？
4. 划分动产与不动产的法律意义何在？
5. 区分种类物与特定物有什么意义？
6. 民事法律事实有哪些类型？
7. 民事权利有哪些类型？

本章参考书目

1. 梁慧星. 民法总论 ［M］. 北京：法律出版社，2021.

2. 彭万林. 民法学 ［M］. 北京：中国政法大学出版社，2018.

3. 李开国. 民法的基本理论问题 ［M］. 北京：法律出版社，1997.

第三章

民事法律行为和代理

第一节　民事法律行为

一、民事法律行为的概念和特征

民事法律行为在传统民法中称为法律行为，这一制度及其相关的理论在现代民法和民法学中均居于重要地位。我国《民法典》总则编专章对民事法律行为进行了规制。

《民法典》第一百三十三条规定，民事法律行为是民事主体通过意思表示设立、变更、终止民事法律关系的行为。可见，法律行为是以意思表示为本质，以设立法律关系为目的的表意行为。在德国学者看来，法律行为概念是法学家通过对特殊法律概念（如契约、遗嘱等）的研究而得出的一般性法律概念。这些特殊概念反映出许多共同的特征，其中的基本特征是私人的意思表示。因此，我们将民事法律行为定义为民事主体通过意思表示而设立、变更或终止民事权利、义务的行为。其基本特征有：

（1）民事法律行为以设立、变更、终止民事权利义务关系为目的。民事法律行为是民事主体的意志行为，它不同于其他行为的特征之一，就在于它是民事主体根据生产、生活的需要，以设立、变更或终止民事法律关系为目的，有意识地实施的行为。不以设立、变更或终止民事法律关系为目的的行为，就不可能是民事法律行为。

（2）民事法律行为以意思表示为要素。这是民事法律行为的本质特征。民事法律行为是民事主体有目的、有意识地实施的行为，这种意志行为就是指通过意思表示达到预期目的。所谓意思表示，是指行为人将其期望发生某种法律效果的内心意志以一定方式表现于外部的过程。它包括两层意思：一是行为人要有设立、变更、终止民事权利义务的内心意思，这是意思表示的内容，它是内在的、主观的；二是行为人要把内心意思通过一定的方式表现于外部，这是意思表示的形式，它是外在的、客观的。因此，意思表示＝内心意思+表示行为。由于法律行为不过是私人愿望的法律表达方式，所以，意思表示是法律行为不可或缺的基本要素。而事实行为则完全不以意思表示为其必备要素，不管行为人内心意思如何，均依法产生一定的民事法律效果。

二、民事法律行为的分类

根据不同的标准，从不同的角度可对民事法律行为作如下分类：

（一）单方行为、双方行为和多方行为

以法律行为成立是由当事人一方还是双方或多方意思表示为标准，可将民事法律行为划分为单方行为、双方行为、多方行为。单方行为又称单独行为，是指由一个意思表示成立的法律行为。单方行为既可以发生在有对方当事人的情况下（如债务免除、法定代理人的同意等），也可以发生在无对方当事人的情况下（如立遗嘱、设立财团捐赠等）。双方行为是指由两个意思表示一致而成立的法律行为。合同行为是典型的双方行为。多方行为是指由多个方向一致的意思表示构成的法律行为。两个以上的合伙人订立合伙合同的行为，即为多方行为。

区别单方行为、双方行为、多方行为的原因在于，法律对行为成立的要求有所不同。

（二）有偿行为和无偿行为

有偿行为和无偿行为是以一方当事人的民事法律行为是否要求对方给予相应的对价来划分的。

有偿行为，是指一方给对方某种利益，对方得到该利益必须为此支付相应的对价的行为，如买卖行为、租赁行为等。由于民法的相当部分内容是调整市场交换关系的，因此，有偿行为是法律行为的普遍形式。无偿行为，是指一方给对方某种利益，对方得到该利益后并不支付任何对价的法律行为，如无偿为他人保管财物、无偿借用物品等。区分有偿行为、无偿行为的意义在于，关于法律行为之解释，关于责任之轻重等，可因行为之不同而有不同规定。

（三）财产行为和身份行为

以法律行为效果的种类为标准，可将民事法律行为分为财产行为与身份行为。财产行为是指以发生财产效果为目的的行为；身份行为是指以发生身份效果为目的的行为。

（四）诺成行为和实践行为

诺成行为和实践行为是根据民事法律行为的成立是否必须交付约定实物为条件来划分的。

诺成行为，是指当事人一方的意思表示一旦经对方同意便能产生法律效果的法律行为。这种法律行为的特点在于，当事人双方意思表示一致时，法律行为就成立。实践行为，是指除当事人双方意思表示一致之外，还需要交付标的物才能成立的法律行为。在这种法律行为中，仅仅只有双方当事人的意思表示一致，尚不能产生一定的权利义务关系，还必须有一方交付标的物的行为，才能产生法律效果。例如，赠与合同只有在赠与人将赠与物交付赠与人时，赠与关系才成立。区别诺成行为和实践行为的意义在于，二者的成立要件不同。

（五）要式行为和不要式行为

以民事法律行为的成立是否必须依照某种特定的形式为标准，可将民事法律行为分为要式行为和非要式行为。

要式行为，是指必须依据法律规定的方式而成立的法律行为。对有些法律行为，法律要求当事人必须采取特定的方式实施；否则，当事人实施的行为无效。不要式行为，是指当事人所实施的行为依法不需要采取特定形式，可以由当事人自由选择法律认可的形式作为法律行为的形式。换句话说，当事人既可以采用书面形式，也可以采用口头形式和其他形式。一般说来，法律行为除法律有特别规定的以外，都是不要式行为。

此外，民事法律行为还有债权行为和物权行为、有因行为和无因行为、主行为与从行为、生前行为和死因行为等分类。

三、民事法律行为的形式

《民法典》第一百三十五条规定，民事法律作为可以采用书面形式、口头形式或者其他形式。因此，民事法律行为的形式主要有以下几种：

（一）书面形式

书面形式是指用文字的方式进行意思表示。书面形式使当事人的权利义务明确，产生纠纷后进行处理有据可依。在现代技术条件下，书面形式已不再是传统意义上的"纸面形式"，还包括电报、电传、电子数据交换和电子邮件等数据电文形式。书面形式分为一般书面形式和特殊书面形式。一般书面形式只要用文字进行意思表示就够了，如书面合同、授权委托书、电报、书信等。特殊书面形式是指除用文字进行意思表示以外，还必须对书面的法律行为采取公证、鉴证、审核批准、核准登记等形式。

1. 公证

公证是指当事人将其书面的民事法律行为向国家公证机关申请，请求公证机关对其法律行为的真实性和合法性给予确认。除法律特别规定外，民事法律行为是否进行公证由当事人选择。

2. 鉴证

鉴证是指当事人将书面合同交国家工商行政管理机关和有关主管机关，对其合同的真实性和合法性进行审查并给予证明。除法律有特别规定的以外，民事法律行为是否进行鉴证，由当事人自由选择。

鉴证和公证都是对法律行为的真实性和合法性进行证明，但鉴证与公证有很多不同：一是鉴证的对象仅限于合同；而公证的对象除合同以外，还包括遗嘱、收养子女等法律行为以及其他有法律意义的事件等。二是鉴证是由国家行政机关做出的证明，是国家行政机关对合同进行监督和管理的一种手段；而公证则是由国家司法证明机关做出的证明。

3. 审核批准

审核批准是指当事人的书面法律行为必须依法经过有关主管部门审核批准才能生效。例如,《中华人民共和国专利法》(以下简称《专利法》)第十条规定:"中国单位或者个人向外国转让专利申请权或专利权的,必须经国务院有关主管部门批准。"

4. 核准登记

核准登记是指依照法律的规定,当事人必须将书面的法律文件交主管部门审核、登记后,所实施的法律行为才能有效。例如,在中国境内设立中外合资企业、中外合作企业、外资独资企业都必须经中国工商行政管理部门核准登记。

(二)口头形式

口头形式是指用语言的方式进行意思表示。它包括当面交谈、电话洽谈等。口头形式简便易行、直接迅速,但却缺乏客观记载,一旦发生争议,不容易确定当事人之间的权利和义务。

(三)其他形式

其他形式包括推定形式和沉默形式。

1. 推定形式

推定形式是指当事人并不直接用口头和书面形式进行意思表示,而是通过实施某种行为进行意思表示。例如,房屋租赁期满后,出租人仍然接受承租人继续交纳的租金,承租人就可以根据出租人的行为,推定出租人同意延长租赁合同。推定行为,实际上就是通过当事人实施的积极行为,推定出当事人已经做出要达到某种法律效果的意思表示。

2. 沉默形式

一般情况下,沉默不能作为意思表示的方式,因为当事人的内心意思不通过任何行为表示出来,他人很难了解当事人的真实意思。沉默只有在法律有特别规定、当事人约定或者符合交易习惯的情况下,才能作为意思表示的方式。

民事法律行为的形式,一般可以由当事人自由选择。但是,法律规定采取特定形式的民事法律行为,必须依照法律规定才能成立。法律对法律行为的特定形式的规定,又称为法律行为成立的形式要件。

四、民事法律行为的成立与生效

(一)民事法律行为的成立与生效的概念

民事法律行为的成立,是指某一表意行为符合民事法律行为存在的条件,从而确认其作为民事法律行为而存在的状态。当行为人的某一表意行为符合特定民事法律行为的成立要件时,其行为构成特定的民事法律行为。而当行为人的具体表意行为不符合任何民事法律行为的成立要件时,在观念上应视为民事法律行为不存在。民事法律行为的生效,是指已经成立的民事法律行为依意思表示的内容发生法律效力。

民事法律行为的成立与生效是两个不同的法律范畴，应该严格地加以区分。民事法律行为的成立是民事法律行为生效的逻辑前提，只有在民事法律行为成立之后，才谈得上进一步衡量其是否生效的问题。然而，一个已经成立的民事法律行为却不一定会生效。其原因在于，民事法律行为成立与否仅仅是一个事实判断问题，至于法律对该民事法律行为做出什么样的评价，与事实上是否存在民事行为是没有关系的；而民事法律行为生效与否属于法律的价值判断问题，是对业已成立的民事行为是否具有法律约束力的一种法律价值衡量。

（二）民事法律行为的成立要件

民事法律行为的成立要件，是指确定一项民事法律行为是否成立的标准，或衡量该民事法律行为存在或不存在的条件。依法律有无特别要求，它分为一般成立要件与特殊成立要件。

1. 民事法律行为的一般成立要件

民事法律行为的一般成立要件，是指一切民事法律行为成立所必不可少的共同要件。具备一般成立要件是构成民事法律行为的基本前提。通常认为，民事法律行为一般成立要件有三：当事人、标的、意思表示。当事人是民事法律行为的主体；标的是民事法律行为的内容；意思表示是民事法律行为的基本要素。

2. 民事法律行为的特别成立要件

民事法律行为的特别成立要件，是指成立某一具体民事法律行为，除须具备一般成立要件外，依法还须具备的其他特殊要素。它是法律对于各种民事法律行为规定的特殊构成要件。这主要体现在合同行为、要物行为与要式行为中。在合同行为的成立中，除了一般之意思表示，还要有合同当事人意思表示达成一致这一特别成立要件；在要物行为的成立中，须有交付标的物这一特别成立要件；在要式行为的成立中，须具备特别表意形式或履行特别程序的特别成立要件。

（三）民事法律行为的生效要件

1. 民事法律行为的一般生效要件

我国《民法典》第一百四十三条规定了民事法律行为的一般生效要件，即法律行为应当具备下列条件：①行为人具有相应的民事行为能力；②意思表示真实；③不违反法律法规的强制性规定和公序良俗。

（1）行为人具有相应的民事行为能力。任何民事行为，都是以当事人的意思表示为基础，并以产生一定的法律效果为目的。因此，行为人必须具备正确理解自己行为的性质和后果、独立地表达自己意思的能力，这个能力就是实施民事法律行为应具备的民事行为能力。民事行为能力与意思表示的能力是紧密相连的，不具备相应的民事行为能力，也就不能相应地独立进行意思表示。因此，各国民法都将行为人有无行为能力作为主体资格是否合格的标志。我国《民法典》也将行为人具有相应的民事行为能力作为民事法律行为成立的条件之一。

根据我国《民法典》的规定，已满8周岁的未成年人和不能完全辨认自己行为的成年人，是限制民事行为能力人。未成年人由于其尚未成年，智力发育不成熟，不能充分理解并预见自己的行为后果，因此，他们只能实施某些与其年龄、智力相适应的民事活动，其他的活动必须由其法定代理人代为行使，或在征得法定代理人同意以后才能行使。不能完全辨认自己行为的成年人，虽然已经成年，然而由于其缺乏正常的识别能力和判断能力，不能完全理解自己的行为后果，因此只有实施一些与其精神健康状况相适应的民事活动，其他民事活动由其法定代理人代为行使，或者征得法定代理人同意后才能实施。但是，限制民事行为能力人订立的纯获利益的合同，不必经法定代理人追认。根据我国《民法典》的规定，不满8周岁的未成年人和不能辨认自己行为的成年人，是无行为能力人。无行为能力人由于其年龄太小，或因为完全丧失识别能力，不能独立进行民事活动，他们所需要从事的民事活动由其法定代理人代理。对法人来说，虽然有特定经营范围的限制，但此经营范围并非其行为能力范围，因此，法人超越法律规定或章程规定的经营范围所为的法律行为，除违反国家限制经营，特许经营以及法律、行政法规禁止经营规定的以外，均为有效①。依《民法典》第五百零五条的规定，不得仅以超越经营范围确认合同无效。

（2）意思表示真实。意思表示真实是指行为人的内心效果意思与外在表示相一致或相符合，它反映了意思表示行为的典型品质。民法把意思表示真实作为民事行为的一个有效要件，是由民法实行意思自治、公平、诚实信用等项基本原则决定的。根据意思自治原则，民事行为人的意思自由应受到充分尊重，不容他人非法干涉和妨碍。根据公平原则和诚实信用原则，任何人都不得以损人利己为目的对他人之意思表示施加不正当干涉与妨碍。民法中对意思表示真实的原则主要是通过对不真实意思表示行为的效力评价规则实现的。此种效力规则较为复杂，意思表示不真实并不一律导致民事行为无效，须区别造成意思表示不真实的原因，具体对待。意思表示的不真实可分为主观原因不真实与客观原因不真实两类。前者又可分为故意的不真实和基于错误的不真实。故意的不真实是当事人明知自己的内心效果意思与外部表示不一致而为的意思表示，为了维护相对人的信赖利益，表意人皆无权主张行为无效或可撤销。基于错误的不真实是因表意人自身在认识上存在缺陷而产生，为了平衡利益，只有意思表示基于重大错误的民事行为才可撤销。客观原因不真实，是表意人因认识或意志受他人不正当干涉，在非自觉或非自愿的基础上，做出的不合其内心效果意思的表示。如表意人在受欺诈、胁迫、乘人之危等情况下做出的违背意愿的意思表示，各国立法多赋予表意人撤销权以给予其救济。

（3）不违反法律法规的强制性规定和公序良俗。民事法律行为不违反法律，是指行为人实施的行为不违反法律规定的强制性规范，才能受到法律的保护。民事法律行为还必须符合社会公序良俗，不得侵害社会公共利益。

---

① 参见《最高人民法院关于适用〈中华人民共和国合同法〉若干问题的解释（一）》[法释（1999）19号]第十条。该解释虽然已经废止，但我们以为该规定本身具有一定合理性，可资参考。

2. 民事法律行为的特别生效要件

民事法律行为的特别生效要件，是指特定法律行为所应具有的生效要件。如遗嘱行为，依照法律规定，以遗嘱人死亡为特别生效要件；当事人约定法律作为生效条件的，以当事人约定的生效的条件为其特别生效要件。

五、欠缺有效要件的民事法律行为

一般说来，具备有效要件的法律行为即为有效的法律行为，当依法产生当事人所预期的法律效果；但若欠缺有效要件，其后果可能为无效，抑或可撤销和效力未定。

（一）无效的民事法律行为

无效的民事法律行为，是指因欠缺民事法律行为的有效要件，在法律上确定的当然的完全不发生法律效力的民事法律行为。

无效的民事法律行为虽为民事法律行为，但因法律对其持否定性评价，因此不发生当事人所欲发生的法律效果。如订立买卖合同，因符合成立要件，合同已经成立，但因合同内容违反法律效力性强制性规定而无效，因此不发生买卖合同的效力。无效的民事法律行为自始不发生法律效力，同时，民事法律行为的无效还是当然和确定的无效，完全不发生当事人预期的法律效果。

1. 无行为能力人实施的法律行为

《民法典》第一百四十四条规定，无民事行为能力人实施的民事法律行为无效。依此规定，凡无行为能力者实施的法律行为均为无效。无行为能力人包括 8 周岁以下的未成年人和不能辨认自己行为的人，与其利益相关的法律行为由法定代理人代理。需注意的是，在实践中，对那些与无民事行为能力人的年龄、智力相适应的法律行为，以及纯获利益的法律行为，不宜一概否认其效力。

2. 虚假表示的民事法律行为

《民法典》第一百四十六条第 1 款规定，行为人与相对人以虚假的意思表示实施的民事法律行为无效。依该条规定，虚假意思表示的法律行为无效。所谓虚假意思表示，是指行为人与相对人共同虚假的进行意思表示实施法律行为，又称通谋虚伪表示。这种虚伪表示，一则违反诚信原则，非当事人真实意思表示，二则可能规避法律，违反某种法律秩序，因此，比较法上都将其作无效处理。

虚假的民事法律行为往往掩盖或隐藏着另一法律行为，此被隐藏的法律行为，被称为隐藏行为。日常生活中的"阴阳合同""黑白合同"等，即适其例。对隐藏行为的效力应根据具体情况来判断，即该行为如果符合法律行为有效要件，即为合法行为；如果该隐藏行为违反法律规定为非法行为，则该行为无效。所以，《民法典》第一百四十六条第 2 款规定，"以虚假的意思表示隐藏的民事法律行为的效力，依照有关法律规定处理。"

3. 违反法律法规强制性规定的法律行为

《民法典》第一百五十三条第 1 款规定："违反法律、行政法规的强制性规定的民事法律行为无效。但是，该强制性规定不导致该民事法律行为无效的除外。"根据该规定，违法行为系无效法律行为。但需注意，并非违反所有的强制性规定的行为均无效。对强制性规定可进一步分为效力性强制性规定和管理性强制性规定。所谓管理性强制性规定，即该规定对违法者加以制裁，以禁止其行为，但不否认该行为的私法效力；所谓效力性强制性规定，是违反该规定的法律行为无效。因此，《民法典》第一百五十三条第 1 款规定："该强制性规定不导致该民事法律行为无效的除外。"此除外规定，即说明"不导致该民事法律行为无效"的强制性规定不是效力性强制性规定，而是管理性规定，违反该规定并不导致法律行为无效。简言之，仅违反法律法规的效力性强制性规定的法律行为是无效法律行为。

4. 违背公序良俗的民事法律行为

《民法典》第一百五十三条第 2 款规定："违背公序良俗的民事法律行为无效。"在比较法上许多国家和地区都认可违反公序良俗行为的无效性。违反公序良俗的行为，简言之，即包括违反公共秩序的行为、违反善良风俗的行为。有学者将其归纳为以下类型：危害国家公序的行为（如以从事犯罪或帮助犯罪为内容的行为）、危害家庭关系的行为（如约定子女与父母别居的协议、约定断绝亲子关系的协议等）、违反性道德的行为（开设妓院协议、以姘居为条件的协议等）、射幸行为（如赌博等）、违反人权和人格尊重的行为（如过分限制人身自由的劳动合同、商店对顾客搜身的条款）、限制经济自由的行为（过度的竞业禁止条款等）、违反公平竞争的行为（如招投标中的"围标"行为等）、违反消费者保护的行为（如以欺诈性交易方法致消费者损害）、违反劳动者保护的行为（如"单身条款"以及"死伤概不负责"之类条款）、显失公平（暴利）行为等类型①。

5. 恶意串通损害他人合法权益的法律行为

恶意串通损害他人合法权益的法律行为，是指当事人非法串通进行法律行为，损害国家、集体或者第三人利益。此类行为具有明显的不法性，理当无效。对此，《民法典》第一百五十四条规定："行为人与相对人恶意串通，损害他人合法权益的民事法律行为无效。"

（二）可撤销的民事法律行为

可撤销的民事法律行为，是指由于民事法律行为缺乏合法性，根据法律享有撤销权的法律行为当事人，可依其自主意思使民事行为之效力归于消灭的民事法律行为。

根据《民法典》的规定，可撤销的民事法律行为有以下几种情况：

1. 行为人对行为内容有重大误解的民事法律行为

重大误解是指行为人对其所进行的民事法律行为的性质、内容在理解上有重大的错

---

① 梁慧星. 民法总论［M］. 北京：法律出版社，2017：208-210.

误。如对买卖标的物有重大误解，把复制品误认为是真品；对法律关系的权利与义务有重大误解，把租赁关系认为是买卖关系；或者看错标的物的价格或合同的重要条款等。如果行为人不发生误解就不会进行这种民事行为，因而这种民事法律行为不仅与行为人的真实意思不相符合，而且往往给行为人造成经济损失。

因重大误解而为的民事法律行为，是因行为人主观认识上的错误而造成的，它与因受欺诈等外力的影响而为的民事行为不同。但是，这种行为确与行为人的真实愿望相违背，为了维护当事人的合法权益及正常的交易关系，应当允许行为人变更或撤销其行为。《民法典》第一百四十七条规定："基于重大误解实施的民事法律行为，行为人有权请求人民法院或仲裁机构予以撤销。"

2. 欺诈、胁迫而为的民事法律行为

根据《民法典》第一百四十八至一百五十条的规定，一方或第三人以欺诈、胁迫的手段使对方在违背真实意思的情况下所为的民事法律行为是可变更和可撤销的民事法律行为。

可撤销的民事法律行为，当事人可以请求撤销，也可以不请求撤销。如不请求撤销，其行为仍然有效。为什么这些行为必须由当事人一方请求撤销呢？这是因为这些民事法律行为与确定无效民事法律行为不同，它们究竟属于重大误解还是有意毁约，是否属于显失公平，不能仅凭一方当事人的主张而必须由人民法院（仲裁机关）通过审判（仲裁程序）加以确认。被撤销的民事法律行为，从行为开始时起无效。因受欺诈而为以及显失公平的法律行为，享有撤销权的当事人应从知道或应当知道撤销事由之日起1年内行使撤销权，过期则该撤销权归于消灭；受胁迫而为的法律行为，自胁迫行为终止之日起1年内没有行使撤销权的，撤销权消灭；重大误解的当事人自知道或者应当知道撤销事由之日起3个月内没有行使撤销权的，撤销权消灭。当事人自民事法律行为发生之日起5年内没有行使撤销权的，撤销权消灭。

3. 乘人之危与显失公平的民事法律行为

《民法典》第一百五十一条规定："一方利用对方处于危困状态、缺乏判断能力等情形，致使民事法律行为成立时显失公平的，受损害方有权请求人民法院或者仲裁机构予以撤销"。由此可见，乘人之危与显失公平的民事法律行为，是指一方利用对方在紧迫或缺乏经验的情况下实施的明显对其重大不利的民事法律行为。这种行为往往使当事人双方的权利和义务极不对等，经济利益不平衡，因此违反了公平合理原则。一般说来，乘人之危与显失公平的民事法律行为具有下列特点：

（1）乘人之危与显失公平，是指基于这种民事法律行为而产生的权利和义务，严重破坏民事法律关系双方当事人权利、义务对等的原则。

（2）造成这种显失公平的原因，主要是当事人一方凭借其经济实力或者趁社会供求紧张之机提出苛刻的条件，而当事人另一方因生产或生活的急迫需要或没有经验而接受这种苛刻的条件。利用他人的急迫需要而乘人之危是发生显失公平的重要因素。

（3）乘人之危与显失公平的民事法律行为必然产生当事人一方严重侵犯当事人另一方合法权益的后果。

（三）效力未定的民事法律行为

效力未定的民事法律行为，是指其效力处于悬置状态，须取决于有确认权的人的态度而使其产生效力或归入无效的民事法律行为。

效力未定的民事法律行为，不同于无效的民事法律行为和可撤销的民事法律行为。无效的民事法律行为自始不发生效力，不因任何其他行为而再发生效力。可撤销的民事法律行为，从成立时起，已经发生一定的效力，只不过该效力仅能约束无撤销权的一方当事人，不能约束有撤销权的一方当事人。而效力未定的民事行为，其效力发生与否，处于悬而未决的状态。

效力未定的民事法律行为有以下几种：

1. 限制民事行为能力人所为的与其行为能力不相适应的民事法律行为

该种行为的效力取决于行为人的法定代理人是否同意。一经其法定代理人同意或拒绝，该行为就溯及于成立时生效或归于无效。为平衡相对人的利益，法律赋予相对人在一定期间有催告权和撤销权，即相对人在该行为成立后的合理期限内催告其法定代理人是否同意，经法定代理人同意或在合理期限内未提出异议，则该行为有效；在法定代理人同意前，相对人撤回其意思表示，则视该行为自始未成立。

2. 无权代理人以被代理人名义实施的民事法律行为

该种代理行为是否有效取决于被代理人是否予以追认，如果被代理人予以追认，无权代理就变成了有权代理，反之则代理行为一般无效。对相对人而言，民法赋予其撤销权，即在被代理人对无权代理未予追认时，相对人可以行使撤销权以消灭该无效代理行为。

3. 无权处分行为

无权处分行为，即行为人以自己的名义就他人的权利所为的处分行为。无权处分行为的效力取决于权利人是否追认或处分人是否取得处分权，如果权利人追认或处分人取得处分权，无权处分行为有效，反之则该处分行为无效。这里需要注意的是，原《中华人民共和国合同法》（以下简称《合同法》）第五十一条规定与无权处分行为并非同一个问题，依最高人民法院关于买卖合同的司法解释规定，即使缔约时当事人对标的物没有所有权或处分权也不影响合同效力①。《民法典》没有继承《合同法》的立场，而是转为司法解释的立场②。

---

① 《合同法》第五十一条规定："无处分权的人处分他人财产，经权利人追认或者无处分权的人订立合同后取得处分权的，该合同有效。"最高人民法院《关于审理买卖合同纠纷案件适用法律问题的解释》第三条规定："当事人一方以出卖人在缔约时对标的物没有所有权或者处分权为由主张合同无效的，人民法院不予支持。出卖人因未取得所有权或者处分权致使标的物所有权不能转移，买受人要求出卖人承担违约责任或者要求解除合同并主张损害赔偿的，人民法院应予支持。"

② 《民法典》第五百九十七条第1款规定："因出卖人未取得处分权致标的物所有权不能转移的，买受人可以解除合同并请求出卖人承担违约责任。"

六、民事法律行为无效的法律后果

《民法典》第一百五十五条规定："无效的或被撤销的民事法律行为自始没有法律约束力。"因此，无论是确认无效的民事法律行为，还是经当事人申请撤销的民事法律行为，除法律另有规定以外，都应认为自始无效，即从行为开始时就不发生法律效力。因为导致这些民事法律行为无效的主要原因多数是产生在民事法律行为成立时，尽管撤销的民事法律行为和确认为无效的行为与民事法律行为产生时有一段时间差，但这种确认和撤销有溯及既往的效力。所以，民事法律行为一经确认无效或者被撤销，就会产生自始无效的法律后果。

有一些民事法律行为是在成立之后才发生无效的原因，这些无效的民事法律行为便是嗣后无效的。例如，合同成立后，其标的物因政府命令而变为禁止流通物，致使合同归于无效，因而该项民事行为是从政府禁令发布之后开始无效的，并非从来就没有发生过法律效力。

无效民事法律行为的法律后果主要有：

（一）恢复原状

它是指恢复到无效民事行为发生之前的状态，借以消除其所造成的不应有的后果。依照恢复原状的要求，如果民事行为规定的义务尚未履行的，则因该项民事行为无效而不再履行了。如果当事人一方或双方已经履行了义务，依据《民法典》第一百五十七条关于"民事行为无效、被撤销或者不发生效力后，行为人因该行为取得的财产，应当予以返还；不能返还或者没有必要返还的，应当折价补偿"的规定，收受财产的一方或双方应将所取得的财产返还给对方，不能返还或者没有必要返还的，应当折价补偿。由此可见，民事行为被确认无效或被撤销之后，就会产生停止履行、单方返还、双方返还的法律后果。

（二）赔偿损失

民事行为被确认无效或变更、被撤销后，"有过错的一方应当赔偿对方由此所受到的损失；各方都有过错的，应当各自承担相应的责任"（《民法典》第一百五十七条）。这是根据过错责任原则，由有过错的一方或双方赔偿对方的经济损失。

（三）其他法律后果

当事人双方恶意串通，实施民事行为损害国家、集体、第三人利益时，应将当事人所取得的财产收归国家、集体所有或返还给第三人。如果当事人实施的无效民事行为是危害后果较严重的违法行为，有过错的当事人不仅要承担民事责任，还可能要承担相应的行政责任，甚至刑事责任。

七、附条件和附期限的民事法律行为

（一）附条件的民事法律行为

1. 附条件的民事法律行为的概念

《民法典》第一百五十八条规定："民事法律行为可以附条件……附生效条件的民事法律行为，自条件成就时生效。附解除条件的民事法律行为，自条件成就时失效。"从这一规定可以看出，附条件的民事法律行为，就是指民事主体针对民事法律行为特别设定一定的条件，而把条件的成就与否作为限制民事权利和民事义务的根据，以条件的是否成就来决定民事法律行为的效力发生或消灭的根据。

在附条件的民事法律行为中，条件是限制民事法律行为效力的法律事实，它可以是事件，也可以是行为。无论是事件还是行为，构成条件必须符合以下要求：

（1）条件必须是将来发生的事实。能够作为附条件的民事法律行为的条件，必须是当事人从事法律行为时尚未发生的事实，过去的或已经发生的事实不能作为条件。

（2）条件是不确定的事实。法律行为的条件不仅是将来发生的事实，而且是否发生当事人是不能肯定的。必然会出现或根本不可能出现的事实不能作为条件。

（3）条件必须是当事人双方协商约定的，而不是法律规定的。附条件的民事法律行为中的条件，是当事人之间协商附加的条件，也称为"附款"，它是当事人意思表示一致的一个部分。作为条件的事实必须是当事人自己选定的，是当事人意思表示一致的结果，而不是由法律规定的。

（4）条件必须合法。附条件的民事法律行为的条件，必须符合政策、法律规定，不得违背社会公共利益和社会道德。以违法或违背道德的事实作为"条件"，称为不法条件。凡是附有不法条件的，这种行为无效，并根据具体情况追究责任。

（5）条件不能与行为的主要内容相矛盾。作为附条件的民事法律行为的条件，不能与当事人之间所实施的法律行为的内容相矛盾，如果所附条件与法律行为内容矛盾，则该行为无效，因为这意味着行为人的意思表示不真实。

2. 条件的分类

在民法理论上，可以将附条件的民事法律行为做以下两种区分：

（1）附停止条件与解除条件的民事法律行为。《民法典》第一百五十八条规定："附生效条件的民事法律行为，自条件成就时生效。"符合所附条件，就是指条件成就；不符合所附条件，就是条件不成就。条件的成就或不成就，决定着法律行为效力的发生或消灭，根据法律行为所附条件对法律行为本身所起的作用，可将条件分为停止条件和解除条件。停止条件又称为延缓条件、生效条件，是指限制法律行为效力发生的条件。在附停止条件的法律行为中，法律行为已经成立，当事人之间的权利、义务明确，但权利和义务处于停止状态，待条件成就时法律行为开始生效，权利人可以请求义务人履行义务，义务人应该履行义务。

解除条件，又称为消灭条件，是指限制法律行为消灭的条件。在附解除条件的法律行为中，法律行为已经发生效力，当事人之间已经在行使权利和承担义务，当条件成就时权利和义务即可终止，条件未成就之前法律行为一直有效。应该指出，这里条件成就与不成就不能借助人为的活动促成或阻止，只能依靠事实自然发展。

（2）附积极条件和消极条件的民事法律行为。根据条件的成就是否会发生某种事实来划分，可以分为积极条件和消极条件。积极条件又称为肯定条件，是指把某一事实的发生作为条件的成就。例如，如果今年甲厂利润达到1 000万元，乙厂就为甲厂更新这套设备。甲厂利润达到1 000万元是条件，是肯定条件。在附积极条件的法律行为中，作为条件的事实未发生，视为条件未成就；作为条件的事实发生，则视为条件成就，法律行为生效。消极条件又称为否定条件，是指把某种事实不发生作为条件。例如，甲厂与乙厂约定，如果今年计划不变，明年我们继续签合同。计划不变是消极条件。在附消极条件的法律行为中，作为条件的事实不发生，视为条件成就；作为条件的事实发生，则视为条件不成就，法律行为不生效。

（二）附期限的民事法律行为

1. 附期限的民事法律行为的概念

当事人在实施法律行为时可以附条件，也可以附期限，还可以既附条件又附期限。附期限的法律行为，是指当事人以将来客观确定发生的事实作为法律行为生效和失效的依据。期限与条件不同，期限的到来是必然发生的，能够被当事人预知，所以期限是确定的事实。而条件的成就与不成就是当事人不可预知的，条件可能成就，也可能不成就。因此，条件是不确定的事实，当事人在从事法律行为时，对于确定的事实只需在法律行为中附期限，而不必附条件。

2. 期限的分类

（1）始期和终期。始期，也叫延缓期限，是使法律行为的效力发生的期限。在期限到来之前，法律行为虽然成立但不发生效力。终期，也叫解除期限，是使已发生法律效力的法律行为，待期限到来时终止其效力，解除当事人之间的权利和义务。

（2）确定期限和不确定期限。确定期限就是将来要发生的事实和日期都可以确定。不确定期限就是将来要发生的事实可以确定，但具体期限不能确定。

第二节 代 理

一、代理概述

（一）代理的概念与特征

法律上的代理是法律行为的代理，是指一个人代他人进行法律行为，由此产生的法律效果直接归属于其所代的人的法律制度。代理制度是随着经济社会发展而产生和发展的重要民事法律制度，它充分地弥补和扩充了民事主体的民事行为能力，具有重要的意义。一方面，根据民事主体制度，无民事行为能力人，不能独立实施民事法律行为；限制民事行为能力人，不能独立实施超出其行为能力范围的民事法律行为。代理制度的建立，保护了这两类意思能力不足的人，使其通过代理人亦能实施民事法律行为。另一方面，对于完全民事行为能力人，虽然能独立实施民事法律行为，但是因为在时间上、体力上、业务能力及地域上往往受到诸多限制，不可能事必躬亲，代理制度提高了民事主体的行为能力，满足了社会的需要。

在代理关系中，代他人进行法律行为的人称为代理人；为其所代并承受法律行为效果的人称为被代理人，又称为本人；与代理人进行民事法律行为的人叫第三人，又称为相对人。

《民法典》第一百六十一条规定："民事主体可以通过代理人实施民事法律行为。"代理是代理人在代理权限内，以被代理人的名义实施民事法律行为。被代理人对代理人的代理行为，承担民事责任。根据这一定义，代理人在代理权限范围内，以被代理人的名义，与相对人进行民事行为，即产生了被代理人与相对人之间的法律关系，而基于代理行为所产生的权利、义务则直接归被代理人承受。由此可见，代理关系主体包括代理人、被代理人和相对人。代理关系由三方关系构成：被代理人与代理人之间为代理基础关系，如委托、合伙、劳动等关系；代理人与相对人之间为代理行为关系；被代理人与相对人之间则为代理行为的法律后果之承受关系。代理实为这三种关系的结合，如图 3-1 所示：

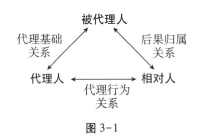

图 3-1

代理有如下特征：

1. 代理人在代理权限范围内独立实施代理行为

代理人根据代理权进行代理活动，因此代理人应在代理权限内实施代理行为。委托代理应根据被代理人的授权进行代理；法定代理和指定代理也应在法律规定或指定的权限范围内进行代理行为，这是由代理关系的本质属性所决定的。代理人不能擅自变更或扩大代理权限。

代理人实施代理行为时有独立进行意思表示的权利，这是因为代理人实施的行为属于法律行为，而意思表示又是法律行为的核心。为了更好地完成代理事务，代理人在代理的权限内可以根据代理活动的具体情况进行相应的意思表示，如决定如何向相对人进行意思表示或者决定是否接受相对人的意思表示，这样才能权衡利弊得失，争取在对被代理人最有利的情况下完成代理事务，以维护被代理人的利益。代理的这一特征，使代理人与居间人、传达人区别开来。

2. 代理人必须以被代理人的名义进行代理行为

在国际范围内，存在着对代理的不同理解。狭义的代理仅指直接代理，即以被代理人的名义所进行的代理行为，大陆法系各国采用对代理的这种理解。广义的代理不仅包括直接代理，而且包括间接代理。所谓间接代理，就是指受托人以自己的名义代他人实施法律行为。英美法系各国采用对代理的广义理解。

我国《民法典》采用直接代理概念，规定代理人在代理权限内以被代理人的名义实施法律行为，因此，我国民事生活中的代理，原则上应属于直接代理。而《民法典》对委托合同的规定，采纳了间接代理制度。由此可见，代理制度在我国的运用范围正不断扩大，代理人必须以被代理人的名义进行活动这一特征也并非代理行为的基本特征。

3. 被代理人对代理行为承担民事责任

我国《民法典》规定被代理人应对代理人的代理行为承担民事责任，就是要求被代理人承受代理行为的法律后果。从形式上看，代理行为是在代理人与相对人之间进行的，然而它却产生了被代理人与相对人之间的民事法律关系。基于这种法律关系而产生的权利和义务由被代理人承受。

被代理人对代理人的代理行为承担责任范围，包括对代理人在执行代理事务中的合法行为承担民事责任及对代理人在执行代理事务中的违法行为承担民事责任。

（二）代理的适用范围

1. 代理在主体方面的适用范围

民事主体作为被代理人无论是否具有民事行为能力都可以通过代理人进行民事活动；民事主体作为代理人就必须具有行为能力，因为有民事行为能力的民事主体才能为他人进行法律行为。

2. 代理在代理事务方面的适用范围

（1）代理民事行为。我国民法有关民事行为的规定，除当事人必须亲自实施的以外，均可通过代理人进行。

代理人根据被代理人的授权可以实施双方法律行为，如代理签订买卖、承揽、租赁等各种合同；亦可实施单方法律行为，如代理被代理人行使追认权、撤销权、解除权而为的追认行为、撤销行为和解除行为等。

（2）代理诉讼行为或某些行政行为。从广义上看，代理还包括诉讼代理和某些行政行为的代理。这是因为与民事权利、义务有关的诉讼行为和行政行为的代理成为当事人实现或保护其民事权利的另一种形式。如代理追诉财物或债权，代理向主管机关申请专利、进行商标登记等。

3. 对代理适用范围的限制

（1）依照国家法律、规定或行为的性质必须由本人亲自进行的具有人身性质的法律行为不能通过代理人进行。例如，立遗嘱的法律行为，就不适用代理，遗嘱人可以请人代写，但不能代理。又如，根据出版或上演合同的特别约定，撰稿人或表演人必须亲自进行的行为，也不适用代理。上述行为之所以不适用代理，是因为这些行为与个人的思想观点、艺术风格、工作能力等有密切的关系。

（2）被代理人无权进行的行为不能代理。例如，代理人知道被委托代理的事项违法仍然进行代理活动的，这种代理活动无效，由代理人与被代理人共同对第三人承担连带责任。

（3）依据法律的规定，只能由特定民事主体代理的行为，他人不能代理。例如，我国《企业债券管理条例》规定：企业可以自己发售债券，也可以委托银行或其他金融机构代理发售债券。但非金融机构或者公民个人不得经办企业债券的代理发售业务和转让业务。

二、代理的分类

有权代理的核心问题是代理权的产生。代理权是代理人以被代理人的名义实施法律行为的资格或地位。按不同的标准来划分，代理可分为：

（一）委托代理、法定代理与指定代理

《民法典》第一百六十三条第 1 款规定："代理包括委托代理和法定代理。"这是根据代理权产生原因的不同来划分的。

1. 委托代理

委托代理权的产生是基于被代理人的委托而发生的代理关系，被代理人以委托的意思表示将代理权授予代理人。此种授予代理权的行为被称为授权行为。它属于单方法律行为，仅凭被代理人一方授权的意思表示，代理人就取得代理权，故委托代理又称为意定代理。

委托代理一般产生于代理人与被代理人之间存在的基础法律关系之上。例如，根据委托合同关系，委托人（被代理人）依约授予受托人（代理人）以代理权；根据合伙合同关系，合伙人依约相互授予代理权；根据劳动合同，企业授予售货、采购等工作人员代理权等。在这些基础法律关系上所发生的代理均属于委托代理的范围。由此可见，委托（委任）关系是代理的内部关系，是代理产生的前提，而代理关系则是委托关系的外部表现。

被代理人授予代理权的行为，代理人也有权拒绝。这种拒绝代理的意思表示也属于单方法律行为，仅凭代理人一方的意思表示即可发生效力。这是代理人与被代理人权利、义务相互对等原则的必然表现。

委托授权行为，可用书面形式，也可以用口头形式。法律规定用书面形式的，则应当用书面形式。但一般金额较大的重要民事代理以采用书面形式为宜，否则容易发生纠纷。

被代理人的授权行为，可以针对代理人，也可以针对代理行为的相对人。被代理人向相对人进行授予代理权的意思表示，亦发生法律效力。在这种情况下，被代理人对代理权的撤销亦必须通知相对人，始能发生撤销代理权的效力；否则，从维护社会正常的经济秩序及相对人的利益出发，其代理权仍应认为有效。

2. 法定代理

法定代理是根据法律的直接规定而发生的代理关系。法定代理主要是为无民事行为能力人或限制民事行为能力人设立代理人的方式。这是因为他们没有民事行为能力，不能为自己委托代理人，法律必须对他们的代理人做出规定，从而就产生了法定代理。

《民法典》第二十三条规定："无民事行为能力人、限制民事行为能力人的监护人是其法定代理人。"因此，《民法典》关于为未成年人和精神病患者设立监护人的规定，也就是为他们设立法定代理人的法律依据。法定监护人代理被监护人实施法律行为，实现和保护被监护人的合法权益，这是法定监护人的一项重要职责。法定代理，主要是根据代理人与被代理人之间具有一定的亲属关系（血缘或配偶）而规定的。法定代理还可根据一定的行政隶属关系而发生。如《民法典》第三十二条规定，对于没有《民法典》第二十七条、第二十八条所规定的亲属担任监护人以及其他依法具有监护资格的人的情况下，监护人由被监护人住所地的居民委员会、村民委员会、法律规定的有关组织或者民政部门临时担任，这些监护人也是被监护人的法定代理人。

3. 指定代理

指定代理是指根据人民法院和有关单位的指定而发生的代理关系。在没有委托代理人和法定代理人的情况下，由人民法院在有关人员中指定代理人。这里所说的有关人员也就是《民法典》第二十七条、第二十八条所列的被监护人的一些亲属、朋友。当这些亲友因故对担任监护人发生争议时，则由无民事行为能力人或限制民事行为能力人的父母所在单位或本人所在单位或其住所地的居民委员会、村民委员会在其近亲属中指定。对指定不服提起诉讼的，由人民法院裁决。

我国《民事诉讼法》第五十七条规定：没有诉讼行为能力的人，由他的法定代理人代为诉讼；没有法定代理人的，由人民法院指定代理人；法定代理人之间互相推诿代理责任的，由人民法院指定其中一人代为诉讼。以上这些都属于指定代理的规定。被指定的人称为指定代理人，如无特殊原因不得拒绝担任。

（二）单独代理与共同代理

依代理权授予一人或数人为标准，代理可分为单独代理和共同代理。单独代理是指代理权授予一人的代理，又称独立代理。共同代理是指代理权授予二人以上的代理。在有数个代理人的情况下，各代理人的代理权限范围应在授权时明确规定，指明各代理人的代理事项及权限。如果法律或授权人（指定人）没有特别规定，则应认为数个代理人为共同代理人，对代理事项共同承担代理责任。其中，任何一个代理人未与其他共同代理人协商同意所实施的代理行为侵害了被代理人权益的，由实施行为的代理人承担民事责任。被代理人也有单独被代理人和共同被代理人之分。前者是基于一个被代理人的授权行为而成立的代理关系，后者是数个被代理人的共同授权行为而成立的代理关系。在被代理人为数人时，其中一个被代理人未经其他被代理人同意而提出解除或变更代理关系因此给其他被代理人造成损害的，由提出解除或变更代理关系的被代理人承担民事责任。

（三）本代理与再代理（复代理）

根据选择代理人的不同来划分，代理可分为本代理与再代理。本代理是指基于被代理人选任代理人而发生的代理关系。再代理是指基于代理人为本人（被代理人）选任代理人而发生的代理关系，即代理人为行使代理权，以自己的名义为本人选任代理人而发生的代理关系，故又称转委托或复代理。再代理人仍是被代理人的代理人，不是原代理人的代理人，其权限亦不得超过原代理人的权限。

我国有条件地承认再代理。《民法典》第一百六十九条第 1 款规定："代理人需要转委托他人代理的，应当取得被代理人的同意或者追认。"再代理关系的设立，必须有被代理人的事先授权或者事后对转委托表示追认。这是因为被代理人授予代理人以代理权是建立在对代理人的知识、技术、才能和信誉等信任的基础之上的，因而代理关系具有一定的人身属性，它要求代理人亲自完成代理行为。但是，在代理人患病或者因通信中断等紧急情况下，代理人自己不能办理代理事项，又不能与被代理人及时取得联系，如不及时委托他人再代理，会给被代理人造成损失或扩大损失，这时可转托他人再代理，其转托行为自始对被代理人发生法律效力。因此，《民法典》第一百六十九条规定，"转委托代理未经被代理人同意或者追认的，代理人应当对转委托的第三人的行为承担责任，但是在紧急情况下代理人为了维护被代理人的利益需要转委托第三人代理的除外。"代理人（转委托人）转委托不明给第三人造成损失的，第三人可直接要求被代理人赔偿损失；被代理人承担民事责任后，可向代理人（转委托人）追偿；再代理人有过错的，应与代理人共同承担连带责任。这样既可维护被代理人和第三人的合法权益，又可促使代理人（转委托人）谨慎从事，避免发生损害。

三、无权代理

（一）无权代理的概念和具体表现

行为人不具有代理权，但又以被代理人的名义与第三人进行民事活动的称为无权代理。行为人没有代理权就不得以他人名义进行活动，否则将破坏正常的民事活动秩序，损害他人的合法权益，这是法律所不允许的。因此，无权代理是民事活动中的违法现象。

根据《民法典》第一百七十一条第 1 款的规定，无权代理主要表现为以下三种情况：

1. 没有代理权的行为

没有代理权的人所进行的行为，行为人既未经委托授权，又没有法律上的根据，也没有经人民法院或指定单位指定，没有取得代理权而冒用他人名义进行民事活动的行为。

2. 超越代理权的行为

只有代理人在代理权限内进行的活动才受法律保护，代理人擅自超越代理权进行代理属于无权代理。

3. 代理权终止后，仍然以代理人身份进行代理的行为

《民法典》对委托代理、法定代理的终止有明确规定。代理权终止后，行为人仍以被代理人名义实施的民事行为属于无权代理。

（二）无权代理的法律后果

依据《民法典》第一百七十一条的规定，无权代理行为只有经过被代理人的追认，被代理人才承担民事责任。未经追认的行为，对被代理人不发生效力。

1. 被代理人（本人）有追认权

从原则上说，无权代理行为对被代理人不发生法律效力。但是，如果被代理人认为无权代理行为符合自己的愿望或利益时，则有权追认。经被代理人追认以后，该项代理行为便对被代理人发生法律效力。可见，无权代理行为是效力未定的民事行为，其是否有效决定于被代理人是否予以追认。被代理人的追认具有溯及力，一经追认，其代理关系即被认为自始有效。

2. 相对人有催告权和撤销权

按照权利与义务对等的原则，无权代理行为的相对人在被代理人对无权代理行为做出追认之前，亦应享有催告权和撤销权。即法律应当赋予相对人有权催告被代理人在一定期限内做出是否追认的意思表示或者主动撤销其与无权代理人所为的法律行为，而不只是被动地等待被代理人的追认。因此，《民法典》第一百七十一条第 2 款规定，相对人可以催告被代理人自收到通知之日起三十日内予以追认。被代理人未作表示的，视为拒绝追认。行为人实施的行为被追认前，善意相对人有撤销的权利。

3. 无权代理人应承担赔偿责任

按照《民法典》第一百七十一条第 3 款的规定，未经追认的行为，对被代理人不发生效力，善意相对人有权请求行为人履行债务或者就其受到的损害请求行为人赔偿，但是赔偿的范围不得超过被代理人追认时相对人所能获得的利益。

四、表见代理

（一）表见代理的概念

表见代理是指代理人虽无代理权，但善意第三人（相对人）在客观上有理由相信其有代理权，从而与其发生民事行为。该项法律行为的效果直接归属于被代理人的法律制度。《民法典》第一百七十二条明确规定，"行为人没有代理权、超越代理权或者代理权终止后，仍然实施代理行为，相对人有理由相信行为人有代理权的，代理行为有效"。表见代理制度的建立，保护了交易安全和善意第三人的利益，促进了代理制度的发展。

（二）表见代理的构成要件

1. 代理人无代理权

代理人如果有代理权，属于有权代理，不发生无权代理问题。所谓无代理权，是指在进行代理行为时无代理权或对于所实施的行为无代理权。

2. 客观上须有使第三人相信代理人有代理权的情形

无权代理人有被授予代理权的假象，或者说存在所谓的"外表授权"，在客观上使第三人相信其有代理权。存在"外表授权"是成立表见代理的根据，主要有以下三种情况：一是本人以自己的行为向第三人表示，以代理权授予他人，但实际上并未授权，这称为授权事实表示的表见代理；二是无权代理人以前曾经被授予过代理权，但实施代理行为时已经终止，这是代理权消灭后的表见代理；三是代理人实施代理行为时有代理权，但所实施行为的范围超越代理权限，这称为越权的表见代理。

3. 第三人须为善意且无过失

所谓善意且无过失，是指第三人不知无权代理人的代理行为欠缺代理权，而且第三人的这种不知情不能归咎于他的疏忽或懈怠。这是表见代理的主观要件。

如果相对人已知或应知代理人无权代理，或者由于自己的过失疏忽而不知代理人为无权代理，则不构成表见代理，本人对此概不承担责任。

无权代理人与善意第三人实施的民事行为，符合民事法律行为的一般有效要件和代理行为的表面特征即无权代理人实施的代理行为，除了欠缺代理权之外，具备民事法律行为的一般有效要件和代理的表面特征。

五、代理关系的终止

（一）委托代理关系的终止

《民法典》第一百七十三条对委托代理关系的终止规定了下列原因：

1. 代理期间届满或者代理事务完成

代理人按照被代理人的指示完成代理事务或者代理期间届满后，其与被代理人之间的代理关系即告终止。

2. 被代理人取消委托或者代理人辞去委托

在委托代理中，被代理人有权取消委托，代理人亦有权辞去委托。只要被代理人或代理人将其撤销或辞去委托的决定通知对方，即发生终止代理关系的法律效力。

代理权的撤销和辞去，都应事先通知对方，以防止给对方造成经济损失；否则，将承担由此造成他方损失的民事责任。对于在代理权撤销和辞去之前，代理人与相对人所为的代理行为，被代理人不能因代理权的撤销或辞去而拒绝承担责任。

3. 代理人丧失民事行为能力

代理人的任务就是代替被代理人为法律行为。如果代理人丧失民事行为能力，即丧失了代理他人为民事行为的能力，其代理关系应随之终止。

4. 代理人或被代理人死亡

代理关系是具有严格人身属性的法律关系，故代理人死亡，即不能行使代理行为，其代理权随其主体资格的消灭而消灭。基于代理关系的人身属性的特征，被代理人死亡，其代理关系原则上也归于终止。但是，根据《民法典》第一百七十四条的规定，被代理人死亡后有下列情况之一的，委托代理人实施的代理行为有效：①代理人不知道并且不应当知道被代理人死亡；②被代理人的继承人予以承认；③授权中明确代理权在代理事项完成时终止；④在被代理人死亡前已经实施、为了被代理人的继承人的利益继续代理。

5. 作为被代理人或者代理人的法人、非法人组织终止

法人、非法人组织一经撤销和解散，便丧失了其作为民事主体的资格，因此，它无论作为代理人还是被代理人，其代理关系均归于终止。

（二）法定代理关系的终止

《民法典》第一百七十五条对法定代理的终止规定了如下原因：

1. 被代理人取得或者恢复完全民事行为能力

法定代理或指定代理是为未成年人或丧失民事行为能力人设定的。因此，当被代理人已经成年而具有民事行为能力，或者其精神恢复正常时，被代理人便具备了处理自己事务的民事行为能力，原法定代理或指定代理关系即告终止。

2. 代理人丧失民事行为能力

代理人丧失民事行为能力是法定代理和指定代理终止的一个原因。因病无法进行代理活动的，不能成为代理关系终止的原因，因为只要他们没有丧失民事行为能力，就还可以委托第三人进行代理行为。

3. 被代理人或者代理人死亡

一般说来，法定代理人和指定代理人是因其与被代理人之间存在一定的身份关系而设立的，它具有更加严格的人身属性。所以，代理人或者被代理人死亡也是法定代理或指定代理终止的一个原因。

4. 法律规定的其他情形

除上述终止法定代理的原因外，《民法典》还规定了"法律规定的其他情形"。例如，收养关系的解除，收养人与被收养人之间的监护关系亦随之消灭，因而其法定代理人资格也随之丧失。可见，这一规定是对本条列举各项原因的必要补充。

本章重点

本章的重点是法律行为的概念、特征，意思表示；法律行为的类型；法律行为的成立与生效，法律行为的效力状态；代理的概念及其基本结构，代理的分类，代理权及其行使；无权代理与表见代理。

本章思考题

1. 民事法律行为的特征和分类有哪些?

2. 民事法律行为成立和有效的要件有哪些?

3. 无效民事法律行为的种类和法律后果有哪些?

4. 附条件和附期限的民事法律行为的构成条件是什么?

5. 代理的特征有哪些?

6. 如何认定无权代理的法律后果?

7. 如何理解代理关系的终止?

本章参考书目

1. 梁慧星. 民法总论 [M]. 北京: 法律出版社, 2021.

2. 彭万林. 民法学 [M]. 北京: 中国政法大学出版社, 2018.

3. 黄薇. 《中华人民共和国民法典》释义 [M]. 北京: 法律出版社, 2020.

第四章

诉讼时效

第一节　时效制度概述

一、时效制度的概念

一定事实状态在法定期间持续存在，从而发生权利取得或权利消灭权利效力减损的法律效果，这种法律制度就是时效制度。按时效的法律效力是取得权利或使权利消灭，时效因目的及适用对象的不同分为取得时效与诉讼时效。

时效为法律事实的一种，属于自然事实中的状态，即该事实在一定期间内持续存在而不发生变化，不像事件有发生、发展与终结的过程。其构成要件如下：

（1）须有一定事实状态的持续存在，在占有时效期间，其事实状态为以所有之意思，和平、公开、持续占有他人的动产；在诉讼时效期间，其事实状态为请求权人能够行使权利而不行使。

（2）一定事实状态的持续存在须达法定期间，即须有一定期间之经过。

具备上述要件，即为时效完成，产生权利取得、请求权消灭或减弱其效力的法律效果。

二、时效的意义

（一）稳定法律秩序

一定事实状态虽然可能与正当权利关系相反，但由于其持续存在而达一定期间，社会一般人皆信以为真，在此期间，可能以该事实状态为基础而产生新的法律关系。如果允许原权利人再推翻这种事实状态，必然推翻已被人们普遍接受的法律关系，造成法律秩序的紊乱。因此，法律设立时效制度，维持既存的事实状态，使其由可能非法变为确定合法，目的在于稳定法律秩序，这是取得时效存在的主要理由。

（二）避免举证的困难

在通常情况下，由于一定事实状态长期、持续存在，其合法性的证据大多湮灭，当事人再举证证明其合法性就甚为困难。比如，如果没有时效制度，有人以二十年前的借据起诉要求债务人清偿债务，即使该债务早已清偿，但因未保留已为清偿的证据，债务人就面临双重给付的危险。所以，法律设立时效制度，维持既存的事实状态，这样可避免当事人举证的困难。从这个意义上讲，诉讼时效制度的功能，并非在于侵夺权利人之权利，而在于给予义务人一种保护手段。当然，这也可能使正当权利人丧失其权利，但是，权利人既然长期不行使其权利，说明该权利对权利人意义不大，法律没有必要保护。这是诉讼时效制度存在的主要理由。

（三）督促权利人及时行使权利

时效制度使久不行使其权利的权利人可能丧失其权利或使其权利不受司法保护，有利于促使权利人及时行使其权利，防止权利人"躺在权利上睡大觉"，从而促进财产流转，更好地发挥财产的社会经济功能。

第二节　诉讼时效的概念及效力

一、诉讼时效的概念

在我国，诉讼时效是指权利人在一定期间内不行使权利，其权利即不受司法保护的法律制度。我国《民法典》第一百八十八条规定，"向人民法院请求保护民事权利的诉讼时效期间为三年"。

二、诉讼时效的效力

关于诉讼时效的效力，各国立法并不相同，有的规定诉讼时效直接消灭实体权利，如《日本民法典》第一百六十七条规定："债权，因 10 年间不行使而消灭，债权或所有权以外的财产权，因 20 年间不行使而消灭"；有的规定诉讼时效届满并不消灭实体权利，只是权利丧失诉权。如《法国民法典》第二千二百六十二条规定："一切物权或债权的诉权，均经 30 年时效而消灭"；有的规定诉讼时效使义务人取得拒绝权利人请求履行的抗辩权，如《德国民法典》第二百二十二条规定："消灭时效完成后，义务人有拒绝给付的权利"。此"拒绝给付"的权利，即为给付请求的抗辩权。

按我国《民法典》第一百九十二条的规定，"诉讼时效期间届满的，义务人可以提出不履行义务的抗辩"。因此，诉讼时效的效力并非消灭权利人实体权利（时效期间届满，义务人自动履行的，其履行有效），而是使义务人取得时效抗辩权。《民法典》第一百九十三条规定："人民法院不得主动运用诉讼时效的规定。"《最高人民法院关于审理民事案件适用诉讼时效制度若干问题的规定》（法释〔2020〕17 号）第二条规定，"当事人未提出诉讼时效抗辩，人民法院不应对诉讼时效问题进行释明"。因此，权利人在时效期间届满后起诉，人民法院仍然应当受理，但不得直接适用时效的规定裁判，且不得进行释明。

关于诉讼时效的效力问题，需注意：

（1）在债权让与或债权的法定转移情形诉讼时效已经届满的，债务人可以对抗原债权人的，当然可以对抗新债权人，因为债权的转让不得对债务人产生不利后果，但债权通知到达债务人时，诉讼时效中断。

（2）时效期间届满，义务人可以拒绝履行，如果诉讼时效届满前适合于抵销的，届满后债权人可以以抵销的方式行使该权利。

（3）诉讼时效仅适用于请求权，并且，下列请求权不适用诉讼时效：

①请求停止侵害、排除妨碍、消除危险的请求权；

②不动产物权和登记的动产物权的权利人请求返还财产的请求权；

③请求支付抚养费、赡养费或者扶养费的请求权；

④其他依法不适用诉讼时效规定的债权请求权。

根据最高法院法释〔2020〕17 号司法解释，支付存款本金及利息请求权；兑付国债、金融债券以及向不特定对象发行的企业债券本息请求权；基于投资关系产生的缴付出资请求权等请求权不适用诉讼时效。

三、诉讼时效与除斥期间的区别

在民法上，与诉讼时效相类似的，是除斥期间，所谓除斥期间，亦称预定期间，是指法律对于某种权利所预先设定的存续期间，除斥期间届满，权利即归于消灭，除斥期间与诉讼时效有以下区别：

（一）法律效力不同

在我国，诉讼时效届满，并不消灭实体权利，仅仅使其权利的效力减弱，即诉讼时效届满的债权，其请求权不得强制执行；而除斥期间是权利的存续期间，因此除斥期间届满，权利当然归于消灭，如我国《民法典》第五百四十条规定了债权人撤销权的存续期间，"自债务人的行为发生之日起 5 年内没有行使撤销权的，该撤销权消灭"，此 5 年即为除斥期间。

（二）起算时点不同

诉讼时效期间，按《民法典》第一百八十八条第 2 款规定，"诉讼时效期间自权利人知道或者应当知道权利受到损害以及义务人之日起计算"，即自权利人能够行使权利之时起算，而除斥期间，则一般从权利发生之时起算。

（三）适用范围不同

诉讼时效，适用于请求权，而除斥期间，主要适用于形成权，如债权人撤销权等。

（四）是否可以延长不同

诉讼时效期间可以因中断、中止事由而延长，而除斥期间则为不变期间，不存在中断、中止的问题。

（五）其利益是否可以抛弃不同

已完成的诉讼时效，其利益可以抛弃，如《民法典》第一百九十二条第 2 款规定："诉讼时效期间届满后，义务人同意履行的，不得以诉讼时效期间届满为由抗辩；义务人已经自愿履行的，不得请求返还。"最高人民法院前述司法解释也规定："诉讼时效期间届满，当事人一方向对方当事人作出同意履行义务的意思表示或者自愿履行义务后，又以诉讼时效期间届满为由进行抗辩的，人民法院不予支持。"而除斥期间，其利益则不许抛弃，从逻辑上说，某种权利既然因为除斥期间届满而消灭，自然不能因当事人意思而"复活"。

第三节　诉讼时效的种类

我国《民法典》及其他民事法律，就诉讼时效，有不同规定，现分述如下：

一、一般诉讼时效

一般诉讼时效又称普通诉讼时效，是指普遍适用于法律没有对诉讼时效期间作特别规定的请求权的诉讼时效。我国《民法典》第一百八十八条规定，"向人民法院请求保护民事权利的诉讼时效期间为三年，法律另有规定的，依照其规定"。此即为普通诉讼时效期间，除法律有特别规定外，都适用普通诉讼时效。在我国，一般诉讼时效的期间为三年。

二、特别诉讼时效

特别诉讼时效，是指法律特别规定适用于特定请求权的诉讼时效。

特别诉讼时效期间，可能比普通诉讼时效期间短，也可能比普通诉讼时效期间长，如《民法典》第四百九十三条规定："因国际货物买卖合同和技术进出口合同争议提起诉讼或者申请仲裁的期限为四年。"在《民法总则》颁行后，对《民法通则》规定的短期诉讼时效是否还可适用存在不同的认识。在《民法通则》仍然有效，且立法机关意思不明的情况下，结合短期诉讼时效规则本身的制度目的和实际价值来决定其是否适用可能更恰当[1]。《民法典》颁行后，即应按照《民法典》的规定施行。

---

[1]　王利民. 民法总则［M］. 北京：中国人民大学出版社，2017：438.

三、最长诉讼时效

我国《民法典》第一百八十八条第 2 款规定："自权利受到损害之日起超过 20 年的，人民法院不予保护。"这是我国《民法典》规定的最长时效期间，从其效力上看，是诉讼时效期间。但从其起算时点、不能变动上看，20 年的期间类似于除斥期间。

第四节　诉讼时效的计算

我国《民法典》第一百八十八条第 2 款规定："诉讼时效期间自权利人知道或应当知道权利受到损害以及义务人之日起计算。"这是原则规定，根据本规定第二句"法律另有规定的，依照其规定"。据此，根据《民法典》第一百八十九条、第一百九十条、第一百九十一条之规定：当事人约定同一债务分期履行的，诉讼时效期间自最后一期履行期限届满之日起计算；无民事行为能力人或者限制民事行为能力人对其法定代理人的请求权的诉讼时效期间，自该法定代理终止之日起计算；未成年人遭受性侵害的损害赔偿请求权的诉讼时效期间，自受害人年满十八周岁之日起计算。此外，根据最高人民法院的司法解释，其他因各种请求权根据其标的以及受到侵害的形态不同，诉讼时效期间的起算时间也不尽相同。具体言之：

（1）附条件或附始期的请求权，自条件成就或始期届至时起算。

（2）有履行期的请求权，自履行期届至时起算。

（3）返还不当得利请求权的诉讼时效期间，从当事人一方知道或者应当知道不当得利事实及对方当事人之日起计算。

（4）质物和留置物的返还请求权，自所担保债权消灭之时起算。

（5）租赁物的返还请求权，自租赁合同终止时起算。

（6）合同被撤销后的返还财产、赔偿损失的请求权，自合同被撤销时起算。

（7）以不作为为标的的请求权，自相对人作为时起算。

（8）因侵权行为而发生的损害赔偿请求权，自受害人知道有侵害行为及侵害行为人时起算。

关于未定履行期的请求权，其诉讼时效起算时间，曾是一个长期困扰司法实践的问题。最高人民法院《关于审理民事案件适用诉讼时效制度若干问题的规定》第四条对此作了明确的规定，即未约定履行期限的合同，依照《民法典》第五百一十条、第五百一十一条的规定，可以确定履行期限的，诉讼时效期间从履行期限届满之日起计算；不能确定履行期限的，诉讼时效期间从债权人要求债务人履行义务的宽限期届满之日起计算，但债务人在债权人第一次向其主张权利之时明确表示不履行义务的，诉讼时效期间从债务人明确表示不履行义务之日起计算。

第五节　诉讼时效期间的中止、中断、延长

一、诉讼时效期间的中止

（一）诉讼时效期间中止的概念

所谓诉讼时效期间的中止，又称时效期间不完成，指在时效期间将要完成之际，有使权利人无法行使其请求权的事实发生，法律为保护权利而使时效期间停止计算，待该事实消灭，权利人能够行使权利时继续计算。按照最高人民法院《全国法院贯彻实施民法典工作会议纪要》（法〔2021〕94 号）的意见，《民法典》第一百八十八条第 1 款规定的普通诉讼时效期间，可以适用民法典有关诉讼时效中止、中断的规定，不适用延长的规定。《民法典》第一百八十八条第 2 款规定的"二十年"诉讼时效期间可以适用延长的规定，不适用中止、中断的规定。因此，诉讼时效期间中止，以及后述诉讼时效期间中断只适用于普通诉讼时效，即前述一般诉讼时效、特别诉讼时效。

（二）时效期间中止的条件

《民法典》第一百九十四条规定："在诉讼时效期间的最后六个月内，因下列障碍，不能行使请求权的，诉讼时效中止。（一）不可抗力；（二）无民事行为能力人或者限制民事行为能力人没有法定代理人，或者法定代理人死亡、丧失民事行为能力、丧失代理权；（三）继承开始后未确定继承人或者遗产管理人；（四）权利人被义务人或者其他人控制；（五）其他导致权利人不能行使请求权的障碍。自中止时效的原因消除之日起满六个月，诉讼时效期间届满。"按此规定，发生时效中止应具备下列条件：

（1）有权利人行使请求权的障碍，使其不能行使请求权。障碍，包括不可抗力及其他障碍，所谓其他障碍，是指因客观原因发生而与权利人本身无关的事实，若因权利人主观原因而不能行使权利，则不包括在障碍之内。"其他障碍"主要是：

①权利被侵害的无民事行为能力人、限制民事行为能力人没有法定代理人，或者法定代理人死亡、丧失代理权、丧失行为能力；

②继承开始后未确定继承人或者遗产管理人；

③权利人被义务人或者其他人控制无法主张权利；

④其他导致权利人不能主张权利的客观情形。

（2）障碍的发生或存续应在时效完成前 6 个月内，若发生并终结在 6 个月前，则权利人仍有充分时间行使其权利，所以不必中止诉讼时效。

（三）时效期间中止的效力

时效期间中止的效力，在于使时效期间停止计算，而已进行的时效期间仍然有效，权利人行使权利的障碍消失后，时效期间继续计算。

二、诉讼时效期间中断

（一）时效期间中断的概念

所谓时效期间的中断，是指在时效期间进行中，因法定事实的发生，使已经进行的期间全归无效，待该事实消灭后，诉讼时效期间又重新计算。

（二）诉讼时效期间中断的法定事由

我国《民法典》第一百九十五条规定："有下列情形之一的，诉讼时效中断，从中断、有关程序终结时起，诉讼时效期间重新计算：（一）权利人向义务人提出履行请求；（二）义务人同意履行义务；（三）权利人提起诉讼或者申请仲裁；（四）与提起诉讼或者申请仲裁具有同等效力的其他情形。"按此规定，诉讼时效中断的法定事由有以下情形：

1. 权利人向义务人提出履行请求

指权利人请求义务人履行义务，无须特别方式，书面形式、口头形式或其他形式的请求均可中断诉讼时效，就同一法律事实，权利人对义务人产生若干权利，权利人就一个权利提出请求，则其他权利的诉讼时效也中断。

最高人民法院《关于审理民事案件适用诉讼时效制度若干问题的规定》第八条规定，具有下列情形之一的，应当认定为《民法典》第一百九十五条规定的"权利人向义务人提出履行请求"，产生诉讼时效中断的效力：

（1）当事人一方直接向对方当事人送交主张权利文书，对方当事人在文书上签字、盖章或者虽未签字、盖章但能够以其他方式证明该文书到达对方当事人的；

（2）当事人一方以发送信件或者数据电文方式主张权利，信件或者数据电文到达或者应当到达对方当事人的；

（3）当事人一方为金融机构，依照法律规定或者当事人约定从对方当事人账户中扣收欠款本息的；

（4）当事人一方下落不明，对方当事人在国家级或者下落不明的当事人一方住所地的省级有影响的媒体上刊登具有主张权利内容的公告的，但法律和司法解释另有特别规定的，适用其规定。

在第（1）项情形中，对方当事人为法人或者其他组织的，签收人可以是其法定代表人、主要负责人、负责收发信件的部门或者被授权主体；对方当事人为自然人的，签收人可以是自然人本人、同住的具有完全行为能力的亲属或者被授权主体。

此外，依照最高法院《关于审理民事案件适用诉讼时效制度若干问题的规定》第十二条、第十三条之规定，权利人向人民调解委员会以及其他依法有权解决相关民事纠纷的国家机关、事业单位、社会团体等社会组织提出保护相应民事权利的请求，诉讼时效从提出请求之日起中断。权利人向公安机关、人民检察院、人民法院报案或者控告，请求保护其民事权利的，诉讼时效从其报案或者控告之日起中断。上述机关决定不立案、撤销案件、不起诉的，诉讼时效期间从权利人知道或者应当知道不立案、撤销案件或者不起诉之日起重新计算；刑事案件进入审理阶段，诉讼时效期间从刑事裁判文书生效之日起重新计算。

2. 义务人同意履行义务

义务人明确表示同意履行，时效中断。最高法院《关于审理民事案件适用诉讼时效制度若干问题的规定》第十四条的规定，义务人作出分期履行、部分履行、提供担保、请求延期履行、制定清偿债务计划等承诺或者行为的，应当认定为当事人一方同意履行义务。

3. 权利人提起诉讼或者申请仲裁

权利人依法提起民事诉讼或者申请仲裁，可中断诉讼时效，自不待论。根据最高法院《关于审理民事案件适用诉讼时效制度若干问题的规定》第十一条规定，下列事项之一，人民法院应当认定与提起诉讼或者申请仲裁具有同等诉讼时效中断的效力：

（1）申请支付令；

（2）申请破产、申报破产债权；

（3）为主张权利而申请宣告义务人失踪或死亡；

（4）申请诉前财产保全、诉前临时禁令等诉前措施；

（5）申请强制执行；

（6）申请追加当事人或者被通知参加诉讼；

（7）在诉讼中主张抵销；

（8）其他与提起诉讼具有同等诉讼时效中断效力的事项。

（三）诉讼时效中断的效力

诉讼时效中断的效力有两个：

（1）已进行之诉讼时效期间全归无效；

（2）在中断事由存续期间不计算时效期间，从中断事由终止时，诉讼时效期间重新起算。

三、诉讼时效期间的延长

《民法典》第一百八十八条规定："有特殊情况的，人民法院可以根据权利人的申请决定延长。"这是关于时效期间延长的规定。关于时效期间延长，应注意以下几点：

（一）时效期间延长仅适用于20年最长诉讼时效期间

一般诉讼时效或特别诉讼时效，由于存在中止、中断事由，所以不存在延长的必要；否则，会使时效制度形同虚设。时效期间的延长，仅适用于20年最长时效期间[①]。

（二）是否延长，决定权在法院

20年时效期间届满后，是否延长，须由法院决定，而在一般诉讼时效或特别诉讼时

---

① 参见郭锋，等.《全国法院贯彻实施民法典工作会议纪要》理解与运用 [J]. 人民司法，2021（19）：27-32.

效，只要发生法定事由，当然发生时效中止、中断的效力。

（三）是否延长，法院有充分自由裁量权

法律未对《民法典》第一百八十八条中的"特殊情况"做出规定，立法者通过这种不确定概念，赋予了法官充分的自由裁量权。当然，就诉讼时效制度的立法目的来看，对"特殊情况"应从严解释，应排除一般所谓不可抗力或客观障碍。特殊情况应具备两个条件：

（1）该特殊情况足以使权利人在 20 年时间内无法行使权利。

（2）权利人长期不能行使权利的现象具有一定普遍性而非个别现象。

只有具备这两个条件的特殊情况发生，法院才应延长诉讼时效期间。

本章重点

本章的重点是掌握诉讼时效制度的基本问题：时效的概念与意义；诉讼时效的概念、效力与种类；诉讼时效与除斥期间的区别；诉讼时效期间的计算；诉讼时效的中止、中断、延长。

本章思考题

1. 诉讼时效的作用是什么？

2. 什么是除斥期间？诉讼时效与除斥期间有何区别？

3. 未定清偿期债权的诉讼时效期间从何时起算？

5. 诉讼时效中断的法定事由有哪些？

本章参考书目

1. 梁慧星. 民法总论［M］. 北京：中国政法大学出版社，2021.

2. 彭万林. 民法学［M］. 北京：中国人民大学出版社，2018.

3. 马俊驹，余延满. 民法原论［M］. 北京：法律出版社，2010.

第五章

物权法 ----------------------------

第一节　物权法概述

一、物权法的概念及基本原则

（一）物权法的概念

物权法是调整物的归属关系和利用关系的法律规范的总称。《民法典》第二百零五条规定："本编调整因物的归属和利用而产生的民事关系。"物的归属关系和利用关系可以总称为人对物的支配关系，而人对物支配关系的核心是支配权。因此，物权法也可以说是确认和保护民事主体对物的支配权的法律。

物权法是大陆法系中特有的概念，英美法中没有专门的物权法。从内容上看，大陆法上物权法的内容基本上被包容在英美财产法中。英美财产法的覆盖范围要比大陆法系物权法的内容广，它还包括了信托制度，甚至包括了租赁、赠与等在大陆法国家认为属于合同之债方面的内容。

在学理上一般分为广义的物权法和狭义的物权法。广义的物权法是指所有调整人对物支配关系的法律规范，故可称实质意义的物权法。狭义上的物权法仅指民法典中调整人对物支配关系的规定，故又可称形式意义上的物权法，《民法典》物权编，是形式意义上的物权法。

（二）物权法的基本原则

物权法的基本原则是指物权法制定、解释和适用应当遵循的根本准则。根据《民法典》的规定，物权法的基本原则有平等保护、物权法定、公示公信三大原则。

1. 平等保护原则

《民法典》第一百一十三条规定："民事主体的财产权利受法律平等保护。"第二百零七条规定："国家、集体、私人的物权和其他权利人的物权受法律平等保护，任何组织或者个人不得侵犯。"据此规定，平等保护各类物权应成为我国物权法的基本原则，即无论国家、集体，抑或私人的物权的物权均应受法律平等的保护。

平等保护原则，不仅是《民法典》所规定的物权法基本原则，也是我们党和国家的政策所倡导的产权保护基本原则。中共中央、国务院《关于完善产权保护制度依法保护产权的意见》明确指出，加强产权保护，要"坚持平等保护。健全以公平为核心原则的产权保护制度，毫不动摇巩固和发展公有制经济，毫不动摇鼓励、支持、引导非公有制经济发展，公有制经济财产权不可侵犯，非公有制经济财产权同样不可侵犯。"物权平等保护原则包含以下两层含义：①作为民事主体的法律地位平等，其享有的物权也应一体适用民法典的规定，即《民法典》物权编关于物权变动以及内容的规定均应适用于各类物权；②各类物权均应受到平等保护，任何组织或者个人不得侵犯。《民法典》物权编规定的物权保护的方法和手段适用于各类物权。

2. 物权法定原则

物权法定原则，是指物权的类型、内容、取得和变更，均由法律直接规定，禁止任何人创设法律没有规定的物权和超越法律的限制行使物权的法律原则。该原则的内容包括：①由法律直接规定物权的种类，禁止任何人创设法律没有规定的物权；②由法律直接规定各种物权的权能，禁止任何人超越法律规定行使物权；③由法律直接规定各种物权设立及变动的方式，非依法律规定的方式不产生物权设立及变动的法律效果。物权法定原则不仅寓于物权法的精神之中，有的国家还在其民法典物权编中开宗明义地规定这一原则。如《日本民法典》第一百七十五条（物权编第一条）规定："物权，除本法及其他法律所定者外，不得创设。"我国也如此，如《民法典》第一百一十六条规定："物权的种类和内容，由法律规定。"

物权法定原则使物权法规范具有明显的强行性，并以此区别于债权法规范。物权法实行法定原则，首先是因为物权反映的是社会的所有制关系，直接涉及统治阶级赖以生存的经济基础。如允许人们自由创设物权，会危及统治阶级的根本利益，造成社会生活的混乱。另外，物权具有排他性，物权的行使不仅直接涉及物权人自身的利益，而且也直接涉及他人利益和社会公共利益。为维护他人利益和社会公共利益，也需要实行物权法定原则。而债权所反映的是社会的商品交换关系，其一般社会功能是促进交易的发展，保护财产的安全。而且债权关系为特定当事人间的民事法律关系，一般不涉及第三人利益和社会公益。因此，债权法实行契约自由原则，给人们自由创设债的权利。这有利于鼓励人们创造更多更新的商品交易形式，促进商品经济的发展。

物权法实行物权法定原则，不会使物权成为封闭的、一成不变的体系。物权法只是禁止个人创设法律没有规定的物权，但是物权法自身可以根据社会经济发展的客观要求，规定新的物权种类，发展物权体系。

3. 公示公信原则

该原则有两个方面的基本内容：一是公示原则。公示原则即物权的变动必须按法定的方式让公众知晓的原则。物权变动，如仅有当事人的合意而不按法定的方法进行公示，或者不发生物权变动的效力，或者其物权变动不能对抗善意第三人。我国《民法典》第二百零九条第 1 款规定："不动产物权的设立、变更、转让和消灭，经依法登记，发生效力；未经登记，不发生效力，但是法律另有规定的除外。"第二百二十四条规定："动产物权的设立和转让，自交付时发生效力，但是法律另有规定的除外。"这一规定体现了公示原则。二是公信原则。公信原则即依法进行的物权公示，具有社会公信力的原则。如果公示错误，即公示的物权名义人不是真正的物权人，因相信物权公示而与公示的物权名义人进行交易的善意第三人的利益受法律的保护。比如善意第三人向登记的房屋所有人购买房屋，即使该登记名义人不是房屋的真正所有人，该购买人仍取得其购买房屋的所有权。根据我国《民法典》第三百一十一条第 1 款的规定，无处分权人将不动产或者动产转让给受让人的，如果转让的不动产或者动产依照法律规定应当登记的已经登记，不需要登记的已经交付给受让人，除法律另有规定外，受让人取得该不动产或者动产的所有权。这一规定体现了公信原则。

物权法实行公示公信原则的目的，在于维护物的占有秩序，确保交易的安全。因为物权是绝对权，任何人对物权人的物权都负有不得侵害、干涉和妨碍的义务。要使社会一般人负起这一义务，物权就必须具有可识别性。而要使物权具有可识别性，法律就必须规定物权的公示方法并要求物权人按法定方法进行公示。既然物权公示是依法进行的，法律也就应当赋予物权公示以社会的公信力，使与公示名义人进行交易的善意第三人的利益受到法律的保护。因此，通过公示使物权具有可识别性，通过赋予物权公示以公信力使与公示名义人进行交易的善意第三人的利益受到法律的保护，公示公信原则也就可以实现其维护占有秩序和交易安全的价值目标。

二、物权的概念与特征

（一）物权的概念

"物权"一词，在欧洲中世纪（11～13 世纪）前期注释法学家解释罗马法时形成，1811 年奥地利民法典最先在法律上使用（第三百零七条）。它主要用于大陆法系民法，英美法系只有与之意义相近的"产权"或"财产权"，而无"物权"这一概念。根据我国《民法典》第一百一十四条第 2 款的规定，物权是指权利人依法对特定的物享有直接支配和排他的权利。

物权在本质上是人与人之间针对物之支配而发生的权利义务关系。在这种关系中，权利主体享有以自己的意志支配某物从而取得某物利益的权利，而义务主体则负有不侵害该物，不妨碍权利主体对该物进行支配的义务。二者相辅相成，共同构成物权法律关系的内容。

（二）物权的特征

既然物权是通过特定的物而体现出来的人与人之间的法律关系，那么我们就从法律关系的三个要素去分析物权的特征，而且在物权与其他财产权（特别是与它联系最为密切的债权）的比较中分析物权的特征。物权具有以下特征：

1. 从权利主体讲，物权是对世权

所谓对世权，是指对除物权人以外的任何不特定的人的权利。物权是以不特定的任何人为义务主体的民事权利。权利主体对特定物享有进行管理支配，享受其利益的权利。物权主体以外的其他任何人员，有不予侵害、干涉和妨碍之不作为义务。

2. 从权利内容上讲，物权是物权人对特定的物享有的直接支配权和排他权

直接支配权和排他权是物权内容有机联系的两个方面：

（1）直接支配权

直接支配权即物权人有在法律规定范围按自己意愿对物进行直接支配的权利。物权人对物进行直接支配的目的在于取得物的利益，享受物的使用价值和交换价值。

所谓支配，是指权利人可以依据自己的意志对标的物进行管领控制。支配的方式包括对物进行占有、使用、收益和处分。其中所有权人对物的支配权是全面的，其他物权人只能在法定范围内进行某一方面或某些方面的支配。支配的对象可以包括"实体的支配"和"价值的支配"，前者如所有权、用益物权，后者如担保物权。支配不等于形式上自己对标的物进行管领控制，重要的是实质上依据自己的意志对标的物进行管领控制。比如对标的物进行出租，虽然权利人自己不进行事实上的管理，但权利人让他人进行使用而收取租金，同样也是权利人意志的实现。他人对标的物的使用也是权利人意思的体现，不会使权利人丧失物权。还需要指出，物权人对标的物支配的意志是独立的，无须他人（即义务人）意思的介入，也无须他人行为的协助。因此，物权是绝对权，即不需要义务人为积极行为进行协助，仅有权利人的合法支配行为就能够实现的权利。这和债权有明显的不同，由于债权人只能请求债务人履行，债权的实现与否要受到债务人的意志和履约能力的制约。因此，债权是相对权，即需要义务人为积极行为进行协助，权利人的权利才能够实现的权利。

所谓直接，是指物权一旦成立，无须经过任何媒介，权利人直接从标的物上获取利益。在所有权，所有人可以依自己的意志对标的物进行任何行为，并从其中获取利益，不需要任何人为媒介；在他物权，权利一旦成立，权利人即可直接对标的物进行使用收益，不需要标的物所有人的同意，也不需要以所有人的行为为媒介取得利益。这和以物为客体的债权有显著的不同，以物为客体的债权直接指向的是义务人的给付行为，债权人只能要求对方履行义务，而不能对标的物直接实施法律之力。

（2）排他权

排他权，即物权人享有的排斥他人干涉的权利。它是直接支配权的保障。物权为权利人直接支配标的物的权利，在对外关系上，不但不需要他人意思或者行为的介入，而且可排除他人意思或者行为的介入，所以物权属于排他性权利。物权的排他性主要表现在两个方面：一是排除他人设立与其不相容的物权。根据一物一权原则，一物之上不能有两个或两个以上互不相容的物权，如对一间房屋不能同时设定两个所有权，在同一土

地上不能设立数个同时的用益物权。因此，在特定物上已经成立的物权，对于他人对同一特定物上继后意欲成立的与其不相容的物权进行排斥，使继后意欲成立的与其不相容的物权不能成立，从而不影响先前已经成立的物权的实现。如《民法典》第三百四十六条明确规定："设立建设用地使用权，……不得损害已经设立的用益物权。"二是排除他人对自己物权的不法妨害，即物权人行使权利遇有不法妨害时，凭借物权能够直接请求妨害人排除妨害或消除可能发生妨害的因素。排除他人不法妨害的排他权具体包括排除妨害请求权、消除危险请求权、恢复原状请求权、返还原物请求权等，实际就是理论上的物上请求权。

3. 从权利客体讲，物权原则上以物为客体，但也包括法律规定的某些权利

我国《民法典》第一百一十五条规定："物包括不动产和动产。法律规定权利作为物权客体的，依照其规定。"这是我国《民法典》关于物权客体的规定，而权利客体就是物和某些权利。

我国《民法典》虽然没有对物直接给出定义，但是不动产、动产就是物，是物的具体形态。物权是权利主体对物进行支配的权利，主要以物为客体。物权意义上的物是指存在于人体之外，能够为人支配和利用，具有一定社会经济价值，能够满足人类社会生活需要的物质资料。

作为物质资料的物从形态上讲具有三个特性：

其一，一般具有有体性。即是有某种固定物资形态，人们可以直接触摸到的物，通常称为有体物，如土地、房屋、衣服等。其特点是具有特定的物质形态，占据一定空间，可为人力支配。但是，有些没有固定物资形态，人们不能直接触摸到的物，如光、热、电、气、声、波等。按照物理学原理，光、热、电、气、声、波等都是由一定质量的原子构成的物质。这些物质虽然没有固定物资形态，但是具有经济价值，并且能够为人类控制，所以也成为物权法上物的组成部分，如我国《民法典》把无线电频谱资源纳入物的范围。还有，特定的空间也可成为物。随着人类对土地的利用由平面利用转向立体利用，空间权概念应运而生。通说认为，无论是土地上的空间，还是地表以下的独立空间，如果具备独立的经济价值及排他的支配可能性两个要件，即可成为物。

其二，特定性，即必须是特定物。特定物是指具有独立特征或者由当事人主观意志决定的，实体上不能以其他物代替的物。物权是权利人支配特定物的权利，因为权利人对物进行支配，只能针对特定物，标的物不特定化，权利人也就无从支配。而且物权的移转要采取登记和交付的方式，如果标的物不能特定，则无法登记或交付。但须注意，特定物不过为一种经济的社会的观念，有时某物在物理上虽非属特定物，但依经济的、社会的观念仍承认其为同一物时，该物仍可视为有其特定性。如日本法上的企业担保，即以企业现在或将来的全部的动产、不动产、无形财产以及各种债权作为一个物（财团）而设定担保物权。虽然此种担保物权设定后，作为担保标的物的财产不免时有变动，但其仍有特定性。

其三，独立性，即必须是独立于其他物的物。物权的标的物必须具有独立性，是指具有与物权的全面的排他支配性相适宜的经济上的独立性。须注意的是，独立物不是从形式上理解的空间上能够个别地、单独地存在的物，而是从实质上理解的在经济上、法律上具有独立意义之物。如已划定界限并单独注册的地块，虽从形式上看它与其他土地连成一片，没有独立性，但由于通过涉界和登记，则可以将土地划分为各自独立的小块，并在土地登记簿上显示出来，实质上具有独立的法律意义，仍认为是独立物。所以，土地是能够成为物权的客体的。

我国《民法典》第一百一十五条规定："法律规定权利作为物权客体的，依照其规定。"据此规定，法律把权利规定为物权客体的，权利也能成为物权客体。《民法典》第三百三十四条规定："土地承包经营权人依照法律规定，有权将土地承包经营权互换、转让。"据此规定，在互换、转让等方式流转土地承包经营权的过程中，土地承包经营权就是物权客体，即权利作为物权客体。

三、物权的分类

物权可以从不同角度进行分类，不同角度的分类对于我们准确把握不同物权的特征具有重要意义。物权主要有如下几种分类：

（一）自物权与他物权

这是根据物权的权利主体是否为财物的所有人所作的分类。

自物权是财物所有人对自己所有的财物依法享有的物权。自物权有对财物进行全面支配的权利，故又称完全物权。自物权唯财物所有人享有，因而通常又称为所有权。他物权是财物非所有人根据法律的规定或所有人的意思，对他人所有的财物享有的有限支配的物权，故又称限制物权。"他"字表明，就物权的享有者而言，他物权人是财物所有人之外的其他人；就物权的来源而言，他物权是来源于他人的物权，是对他人之财物享有的权利。我国《民法典》第一百一十四条第2款规定："物权是权利人依法对特定的物享有直接支配和排他的权利，包括所有权、用益物权和担保物权。"这里规定的所有权是自物权，用益物权与担保物权是他物权。

自物权与他物权的区别表现在：

（1）自物权是自主物权，即财物所有人对自己财物享有的物权；他物权是他主物权，即非所有人对他人财物享有的物权。

（2）自物权是原始物权，他物权是派生物权，是自物权部分权能与自物权分离的结果。

（3）自物权是完全物权，他物权是限制物权。所有权是对物的全面支配，而限制物权是对物的特定范围的支配，通常情况下，限制物权人对物不享有处分权。

（4）自物权一般是无期物权，他物权一般是有期物权。

（5）自物权的行使只受法律的限制，他物权的行使不仅要受法律的限制，也要受所有权人意志的限制，特别是在基于约定而取得的他物权时，更是如此。但是需要注意，他物权是由所有权的部分权能分离后形成的，因此，同一物之上的他物权具有限制自物权的作用，其效力较自物权为强。

（二）用益物权与担保物权

这是对于他物权根据设立目的不同所作的分类。用益物权是指对他人之物依法享有的占有、使用和收益的权利（《民法典》第三百二十三条）。它是以物的使用、收益为目的而设立的物权。我国《民法典》物权编第 11~15 章分别专门规定了下列用益物权：土地承包经营权、建设用地使用权、宅基地使用权、居住权、地役权。另外，在用益物权的"一般规定"中的第三百二十八条和第三百二十九条规定了海域使用权、探矿权、采矿权、取水权以及在水域、滩涂的养殖权和捕捞权，这说明《民法典》认为这些物权在性质上是用益物权，只不过由于这些物权与传统的用益物权在客体等方面有所不同，且一般是通过特别法方式对其予以规范，所以《民法典》只做了原则性规定。对于这些用益物权，理论上称准用益物权①。除了以上物权法已经规定的用益物权外，有的学者主张还应该增加规定典权为用益物权。但是，立法未予采纳②。担保物权是指担保物权人在债务人不履行到期债务或者发生当事人约定的实现担保物权的情形，依法享有就担保财产优先受偿的权利（《民法典》第三百八十六条）。它是以保证债务的履行、债权的实现为目的而设立的物权，具体有抵押物权、质权、留置权等。用益物权与担保物权的具体内容将在第三、四节介绍。

用益物权与担保物权的主要区别是：

（1）标的物不同。用益物权标的物一般为不动产③。担保物权标的物为不动产、动产和财产权利，只要有经济价值，一般均可。

（2）目的不同。用益物权以使用收益为目的。担保物权以保证债务的履行、债权的实现为目的。

（3）两者对物进行支配的主要方面有所不同。用益物权主要就物的使用价值方面对物进行支配，担保物权主要就物的交换价值方面进行支配。所以学者将用益物权称为"利用权"或"实体权"，将担保物权称为"价值权"。

（4）用益物权具有独立性，担保物权具有从属性。用益物权不以用益物权人对财物所有人享有其他财产权利为前提，而担保物权的存在则以担保物权人对担保物的所有人或其关系人享有债权为前提，债权消失，担保物权也随之消失。

（5）用益物权的行使均须以占有标的物为前提，担保物权的行使则不一定以占有标的物为前提，有的依其性质必须占有标的物（如留置权、质权），有的不直接占有标的

---

① 江平. 中国物权法教程［M］. 北京：知识产权出版社，2007：304. 但有的称准物权，参见：马俊驹，陈本寒. 物权法［M］. 上海：复旦大学出版社，2007：284.

② 江平. 中国物权法教程［M］. 北京：知识产权出版社，2007：400-407.

③ 《民法典》在一般规定中规定用益物权的标的物包括不动产和动产（第三百二十三条），但具体规定中只规定了不动产。

物（如抵押权），只要从法律上明确主体对标的物享有担保物权即可。

（6）担保物权具有物上代位性，用益物权则不具有这一性质。物上代位性，是指担保物权物的标的物灭失后，如不能归责于担保物权人，担保物权人可以请求担保人以其他物替补。

（三）动产物权与不动产物权

这是根据作为物权客体的物能否移动所做的分类。动产物权是以能够移动的物为客体的物权，如动产所有权、动产质权、留置权等。不动产物权是以土地、房屋等不能移动的物为客体的物权。如房屋所有权、土地所有权、土地承包经营权、建设用地使用权、宅基地使用权、地役权等。

动产物权与不动产物权的主要区别：

1. 二者可设立的担保物权类型不同

动产可设立的担保物权有抵押权、质权和留置权，不动产可设立的担保物权只有抵押权。

2. 二者的公示方法及对抗第三人的效力不同

动产物权变动的公示方法为占有交付，对动产的占有交付也就具有了对抗第三人的法律效力。当然，车辆、船舶、航空器等重要动产除外。不动产物权变动的公示方法为登记，如果不进行登记，即使实际占有了不动产，也不能产生对抗善意第三人的法律效力。

3. 取得方式不同

动产可以先占、添附取得所有权，而不动产不能。

以上只是几种主要的分类，而且有比较明确的法律显示。理论上还有其他的分类，如主物权与从物权、登记物权与非登记物权、有期物权与无期物权等。

四、物权的效力

学者们对于物权效力的内涵与外延的解释不尽相同①。这里将物权的效力定义为物权在法律上对于他人的影响力或者作用力。在理论上，把凡物权均具有的效力称为共同效力，把不同物权各自具有的不同效力称为特殊效力。这里仅指共同效力，包括排他效力和优先效力。

---

① 我国《物权法》颁布以前，大致有三类观点。一是"二效力说"，认为物权具有优先效力和物上请求权效力。参见：史尚宽. 物权法论［M］. 北京：中国政法大学出版社，2000：10；钱明星. 论物权的效力［J］. 政法论坛，1998（3）. 二是"三效力说"，认为物权具有优先效力、追及效力和物上请求权效力。参见：谢在全. 民法物权论（上）［M］. 北京：中国政法大学出版社，1999：31-36；张俊浩. 民法学原理［M］. 北京：中国政法大学出版社，2000：400-402. 三是"四效力说"，认为物权具有优先效力、追及效力、物上请求权效力和排他效力。参见：王泽鉴. 民法物权通则·所有权［M］. 北京：中国政法大学出版社，2001：60；陈华彬. 物权法原理［M］. 北京：国家行政学院出版社，1998：91. 我国《物权法》颁布以后，大致有两种新的"三效力说"，有的认为物权具有排他效力、优先效力、追及效力。参见：马俊驹，陈本寒. 物权法［M］. 上海：复旦大学出版社，2007：40-44. 有的认为物权具有支配力、优先力、妨害排除力。参见：江平. 中国物权法教程［M］. 北京：知识产权出版社，2007：75-81.

（一）排他效力

排他效力是指排除他人对于自己物权妨碍的效力。前面在物权的内容时讲到物权人具有排他权，从效力上讲，排他权就是排他效力。由于物权的排他权主要表现在两个方面，相应地，排他效力也主要表现在两个方面，即：一是排除他人设立与其不相容的新物权的效力，二是排除他人对自己物权的不法妨害的效力。前者称新设物权排斥力，后者称妨害排除力。

1. 新设物权排斥力

新设物权排斥力即对于继后意欲新设立的与其不相容的物权进行排斥的效力。一物之上不能有两个或两个以上互不相容的物权，如对一间房屋不能同时设定两个所有权，在同一土地上不能设立数个同质的用益物权。这是一物一权原则的必然要求。因此，对于特定物上已经成立的物权，他人不能对同一特定物上继后成立与其不相容的物权。否则，先已成立的物权对于他人对同一特定物上继后意欲成立的与其不相容的物权进行排斥，使继后意欲成立的与其不相容的物权不能成立，从而保障先前已经成立的物权的实现。例如，先前已设立的用益物权对于继后意欲新设立的与其不相容的建设用地使用权具有排斥力（《民法典》第三百四十六条），即新设立的建设用地使用权，如果与先前已设立的用益物权发生冲突，则新设立的建设用地使用权不能成立。

2. 妨害排除力

妨害排除力是指排除他人对物权的不法妨害的效力，其意义在于回复权利人对物的圆满支配。已经成立的物权受到法律的保护，任何义务人不得非法妨害权利人对于物的直接支配的权利，如果有人非法妨害权利人对于物的直接支配权，物权人凭借物权能够直接请求妨害人排除妨害或消除可能发生妨害的因素。排除他人不法妨害的效力具体包括排除妨害的效力、消除危险的效力、恢复原状的效力、返还原物的效力等，理论上通常统称为物上请求权效力。其目的是排除他人妨害，保护物权人对物的支配权。

（1）物上请求权的内容与行使。物上请求权，是指物权人在对物的支配权受到他人不法妨害时，为回复其对物的圆满支配而享有的请求侵权人除去妨害的权利。物上请求权的内容包括请求排除妨害，请求消除危险，请求恢复原状，请求修理、重作、更换或返还原物等权利。

物上请求权行使的特点是：其一，既可针对所有权，又可针对用益物权和担保物权。其二，需存在回复支配的可能。物上请求权是依附于物之支配权的附从权利，只能在物之支配权遭受妨害时发生，也只有在回复物之支配权原状有可能时才能行使，如果物权标的物毁损灭失，回复物权人对原物的支配已无可能，则物权人不能行使物上请求权，只能依损害赔偿之债的规定请求加害人赔偿经济损失，即行使损害赔偿之债权请求权。其三，可先直接向妨害人行使。即物权人在其权利受到侵害时或侵害后直接请求侵权人为一定的行为，例如请求侵权人排除妨害、消除危险、恢复原状、返还原物等，使自己的物权恢复至完全的支配状态。物权人直接向妨害人行使物上请求权，一方面可以及时制止侵害继续发生，避免或减轻自己权利的损害，一方面又可顺利了结与侵权人之间的矛盾。在直接向妨害人行使物上请求权未果的情况下，可以通过公力救济实现物上请求权，即直接向法院提出诉讼，请求确权和其他保护措施，以排除他人妨害。人民法院则通过裁判责令侵权人承担排除妨害、消除危险、恢复原状、返还原物等民事责任，以排除他人妨害。

（2）物上请求权与债权请求权的区别。物上请求权与债权请求权存在许多差别：第一，两者发生的根据不同。债权请求权发生的根据是合同、无因管理、不当得利、侵权损害等；而物上请求权发生的根据是物之支配权受到侵害。第二，两者的目的不同，从微观上讲，债权请求权的目的在于满足债权人获得物质资料、知识产品、劳动力、服务等利益的要求；而物上请求权目的在于回复物权人对物的原有支配状态，满足物权人享受物的各种利益的要求。从宏观上讲，债权请求权的目的在于维护物的动态安全，即流通的安全；而物上请求权的目的则在于维护物的静态安全，即占有、支配上的安全。第三，两者的后果不同。债权请求权的行使产生消灭债权关系的后果，而物上请求权的行使则产生回复物之支配权，使之能继续顺利行使的后果。

（3）关于追及权效力问题。追及权，是指物权标的物无论辗转至何人之手，除法律另有规定外，物权人都可以依法向物的占有人追索，请求返还原物。设立追及权的目的是恢复物权人对物的支配权。我们认为，追及权的核心问题是向第三人请求返还原物和孳息，其实质是物权对于他人的影响力，这种影响力就是排除他人妨害的作用力（即排他力）。物权人追及物之所在，正是一种排除他人妨害，保障物权实现的表现形式。因此，追及权属于物上请求权的一种形式，具体讲是请求返还原物和孳息的一种形式，因而不是独立于物上请求权之外的一种权利。正因如此，我们没有将追及权效力作为与优先权效力和排他效力（或者物上请求权效力）并列的一种效力。

物权的追及效力主要表现在以下两种情况中：一是当标的物由无权处分人转让给第三人时，除法律另有规定外，物权人有权向第三人请求返还原物。二是当抵押人擅自转让抵押物给第三人时，如果抵押权已经登记，抵押权人得追及至抵押物之所在行使抵押权。

物权的追及效力不是绝对的，而是相对的。物权法为维护交易安全，保护善意第三人的利益，对物权的追及效力设有若干限制。第一，善意第三人对标的物的占有受善意取得制度和时效取得制度的保护。当善意第三人按善意取得制度或时效取得制度取得标的物所有权时，原所有人无权请求善意第三人返还原物，只能请求无权处分人赔偿损失。第二，物权未按法定方式公示者，不具有对抗善意第三人的法律效力，即对善意第三人不具有追及效力。例如，未经登记的抵押权，如抵押人将抵押物擅自让与第三人，抵押权人不得追及至第三人行使抵押权。第三，物权登记错误时，与登记名义人进行交易的善意第三人受登记公信力的法律保护，真权利人对善意第三人无追索力。

（二）优先效力

对于物权的优先效力的含义，理论上有不同的认识①。我们认为，物权的优先力是指物权具有的、能够比标的物上的一般债权优先行使的效力。不过，鉴于在同一物上存在两种以上物权时何者优先的问题也属于物权法上的重要问题，这里一起予以说明②。

1. 物权优先于债权

物权优先于债权的效力是指，当一个物既是物权的标的物，同时也是债权的标的物时，无论物权成立于债权之先后，物权均优先于债权实现的效力。在物权的标的物上设立了债权，或是在债权的标的物上设立了物权，两权的行使就可能发生冲突。物权是直接支配物的权利（"在手"的权利），而债权的实现则要依靠债务人的行为（"隔手"的权利），不能对物进行直接支配。基于两者在性质上的这点不同，物权具有优先的效力。法律赋予物权以优先权效力，有利于维护既存的财产占有关系，充分发挥物质财富的效用。

物权优先于债权的效力表现为以下三个方面：

（1）物权破除债权。物权破除债权是指物权和债权的客体共存于一个物上时，优先满足物权，债权无法实现。例如甲作为出卖人以自己所有的某特定物为标的物与乙订立了买卖合同，但未将该标的物交付给乙。几天后，甲又以该物为标的物与丙订立合同，并依合同将该标的物交付给了丙。在此"一物二卖"的情况下，丙取得的是该标的物的所有权，而乙取得的是该标的物的债权。由于物权的效力优先于债权，乙不能以先订立买卖合同为由，要求丙交出该标的物，只能请求甲承担不履行债务的违约责任。

（2）物权优先受偿。物权优先受偿是指有物权担保的债权就担保物价值优先于无物权担保的一般债权而获得受偿。这是基于担保物权而产生的优先权利。比如，《中华人民共和国破产法》（以下简称《破产法》）第一百零九条规定："对破产人的特定财产享有担保权的权利人，对该特定财产享有优先受偿的权利。"就是说，当企业破产时，对于特定财产享有担保物权的债权人，其债权在担保物价值内优先受偿，待其债权在担保物价值内全部获得清偿后，余额部分再由其他债权人受偿。享有担保物权的债权人行使优先受偿权利未能完全受偿的，其未受偿的债权作为普通债权（《破产法》第一百一十条）。

（3）物权优先购买。所谓物权优先购买，是指在一物的所有权人出卖该物或者物上的应有份额时，对该物享有物权的权利人，在同等条件下有权优先于其他人购买该物。这是基于原有物权关系而产生的优先权利。在民法中，享有优先购买权的权利人，包括：①在按份共有人之一转让其应有份额时，其他共有人在同等条件下享有优先购买

---

① 这些观点大致可以分为三种：第一种认为物权的优先效力仅仅存在于物权和债权之间，即同一物上既有物权，又存在债权时，物权优先于债权。参见：史尚宽. 物权法论［M］. 北京：中国政法大学出版社，2000：10. 第二种是认为物权的优先效力仅存在于物权之间，即同一物上存在两种以上物权时何者优先。参见：谢在全. 民法物权论（上）［M］. 北京：中国政法大学出版社，1999：32-33. 第三种是一种折中的观点，认为物权的优先效力兼具物权与债权之间的优先效力以及物权之间的优先效力。参见：马俊驹，陈本寒. 物权法［M］. 上海：复旦大学出版社，2007：40-44.

② 江平. 中国物权法教程［M］. 北京：知识产权出版社，2007：75-81.

权；②在某一合伙人转让其出资时，其他合伙人在同等条件下享有优先购买权；③在出租人出卖出租物时，承租人在同等条件下享有优先购买权。

物权优先效力有例外。基于社会公益或政策的缘由，法律规定某些物权不得享有优先次序。其情形主要有：

（1）先设定的抵押权不得优先于船长、船员的工资等劳动报酬、社会保险费等费用的给付请求权。

（2）破产人在《破产法》公布之日前所欠职工的工资和医疗、伤残补助、抚恤费用，所欠的应当划入职工个人账户的基本养老保险、基本医疗保险费用，以及法律、行政法规规定应当支付给职工的补偿金，依照《破产法》第一百一十三条的规定清偿后不足以清偿的部分，以《破产法》第一百零九条规定的特定财产（即设立担保的财产）清偿，并且优先于对该特定财产享有担保权的权利人受偿（《破产法》第一百三十二条）。

（3）建筑工程的承包人的优先受偿权优于抵押权。依照《民法典》第八百零七条的规定，建设工程的承包人的优先受偿权优于抵押权和其他债权。

（4）税收优先权。《中华人民共和国税收征管法》（以下简称《税收征管法》）第四十五条第1款规定："税务机关征收税款，税收优先于无担保债权，法律另有规定的除外；纳税人欠缴的税款发生在纳税人以其财产设定抵押、质押或者纳税人的财产被留置之前的，税收应当先于抵押权、质权、留置权执行。"

2. 物权间的效力问题

物权间的效力问题，指的是在同一物上存在两个以上相互之间内容相容的物权时，确定哪个物权能够优先实现的问题。对此，实践中可以考虑依照下列标准来处理：

首先，按相关规定确定。法律特别规定某些物权具有优先效力时，无论物权的性质如何，也无论物权的成立时间如何，均依法律规定处理。例如，私有房屋在租赁期内，因买卖、赠与或者继承发生房屋产权转移的，原租赁合同对承租人和新房主继续有效①。这是通常所说的"买卖不破租赁"，即租赁物交付后，成立在先的租赁权，优先于成立在后的所有权。又如，同一财产抵押权与留置权并存时，留置权优先②。

其次，按物权关系确定。在法律没有特别规定时，应考虑不同物权之间是否属于限制性物权和基础物权的关系。如果物权之间具有这样的关系，判断标准应为：同一物上的限制性物权优先于其赖以设定的基础性权利，因为限制物权的设立目的是对基础性权利进行限制，具有对抗基础性权利的效力。比如，在土地所有权上又设定土地使用权时，土地使用权应该优先于土地所有权而行使。

最后，按成立时间确定。在法律没有特别规定、也无法根据物权的性质予以判断时，判断标准应为：原则上成立在先的物权优先于成立在后的物权而实现。比如，甲以

---

① 《民法典》第七百二十五条规定："租赁物在承租人按照租赁合同占有期限内发生所有权变动的，不影响租赁合同的效力。"

② 参见《民法典》第四百五十六条。

土地使用权为乙设定抵押权后，又为丙设定承包经营权。在两权的实现相冲突时，乙的抵押权优先于丙的承包经营权而实现。

五、物权的变动

（一）物权变动的概念

《民法典》物权编第二章规定了物权的设立、变更、转让和消灭，理论上统称为物权的变动。但是，理论上把物权的转让分解归入物权的设立和消灭，所以通常把物权的变动定义为物权的设立、变更和消灭，包括所有权和他物权的设立、变更、消灭和物权共享关系的发生、变更和消灭等。

1. 物权的设立

物权的设立是指民事主体依法建立新的物权。物权的设立使一个新物权出现，所以也称物权的发生。从物权人的角度说，物权的设立就是物权取得。因此，设立与发生、取得等意义相通，只是说明的角度不同。理论上通常从物权人的角度说明物权的设立，所以惯称物权取得。

按照传统民法理论，物权取得方式主要有原始取得和继受取得。

（1）原始取得。原始取得是指不依赖他人已有的权利和意思，而是基于法律规定的特定事实而取得物权。其物可能是新物、无主物，也可能是他人之物。我国《民法典》第三百二十二条，以及第三百一十八条、第三百一十九条规定，因加工、附合、混合而取得加工物或合成物的所有权；因无主物的先占或生产劳动而取得所有权；国家取得无人认领的遗失物、漂流物、埋藏物或隐藏物的所有权等等，均为原始取得。由于原始取得乃是直接根据特定的法律事实而取得物权，并不以他人已有的权利和意思为依据，故此前存在于标的物之上的一切权利负担，均因物权的原始取得而消灭，原来的物权人不得对取得人主张任何权利。

（2）继受取得。继受取得又称传来取得或派生取得，是指基于他人已有的权利而取得物权。例如，基于买卖、互易、赠与等法律行为而从出让人处取得物权，或者基于继承而从被继承人处取得物权，均属于继受取得。因继受取得系基于他人已有的权利而取得物权，此前存在于标的物之上的一切权利负担均继续存在，由取得人承受。例如，因买卖或继承而取得房屋所有权者，亦须承受此前设定于房屋之上的抵押权。

2. 物权的变更

物权的变更，即物权法律关系的变更，从广义上说，应当包括物权主体的变更、物权客体的变更和物权内容的变更。不过，因物权主体的变更可以归入物权的取得与丧失（消灭）之中，故通常所谓物权的变更是指物权客体的变更和物权内容的变更。物权客体的变更，指物权客体在量上发生的增减变化，例如因添附导致所有权的客体范围增加，或者因毁损导致所有权、抵押权的客体范围减少。物权内容的变更，是指在物权客体不变的情况下，物权的实质内容发生了变化。例如抵押权人与抵押人协议变更被担保的债权数额，即属于物权内容的变更。

3. 物权的消灭

物权的消灭，是指物权的不复存在，分为相对消灭和绝对消灭。

物权的相对消灭，是指物权虽与原权利人分离，但客观上仍然继续存在，并与新的权利人结合。例如，在所有权被转让的场合，对原权利人而言，是物权的消灭，但对新的权利人来说，则是物权的取得。物权的相对消灭，实为物权主体的变更。

物权的绝对消灭，是指物权不但与原权利人分离，而且在客观上不复存在。物权的绝对消灭，总体上可以分为两种情形：其一，因物权的客体在客观上不复存在，导致物权本身终局归于消灭。例如以烟、酒、大米等消费物为客体的所有权，因其物被消费完毕而消灭。其二，物权的客体虽然在客观上继续存在，但物权本身终局归于消灭。例如所有权因抛弃而消灭，土地承包经营权等用益物权因存续期限届满而消灭。

（二）物权变动的原因

物权变动的原因是一定的法律事实，物权法理论一般分为法律行为和法律行为以外的法律事实。法律行为，如买卖、赠与行为等。法律行为以外的法律事实包括私法上的事实行为、事件、法律上的直接规定和公法上的行为等。事实行为是指虽然行为人无发生、变更和消灭物权关系的意图，但是根据法律能够引起物权后果的行为，如先占、添附行为。事件是指与人的意志无关，能够引起物权后果的客观情况，如作为物权主体的自然人死亡、自然灾害中的标的物灭失；国家征收行为则是公法上的行为引起物权后果的情形。

（三）物权变动公示

物权变动公示，是指以客观上可以识别的方式来显示物权的发生、变更和消灭等物权变动的情况。它区别于物权存在的公示。物权存在的公示是指以客观上可以识别的方式来显示物权的存在及其归属。物权存在的公示属于静态意义的公示，用于表现物权的客观存在和权利人对物权客体所享有的支配权利。物权变动的公示是动态意义的公示，用以揭示物权发生变动的事实。

1. 物权变动公示的方法

在现代大陆法系国家和地区的立法中，多区分动产与不动产而异其公示方法：对动产物权的变动，原则上以交付作为公示方法，对不动产物权的变动，则以登记作为其公示方法。我国《民法典》也如此。另外，我国《民法典》还规定了股权等财产权利出质的公示方法。

（1）不动产登记。不动产登记，是指由法定的登记机构依法将不动产的客观状态和不动产上的权利及其变动情况记载于专门的登记簿册中。我国《民法典》第二百零九条第1款规定："不动产物权的设立、变更、转让和消灭，经依法登记，发生效力；未经登记，不发生效力，但法律另有规定的除外。"该条第2款规定："依法属于国家所有的自然资源，所有权可以不登记。"这是"法律另有规定"的立法例。

不动产登记的效力时间为记载于不动产登记簿时（《民法典》第二百一十四条），不动产登记簿是物权归属和内容的根据（《民法典》第二百一十六条）。

（2）动产交付。动产交付，是指在设立和转让动产物权时，由出让人将其对动产的占有移转给受让人。交付包括现实交付、简易交付、指示交付和占有改定四种形态。

现实交付，是指在设立和转让动产物权时，由出让人将其直接管理支配下的动产现实地移转给受让人，使受让人取得对动产的直接占有。

简易交付，是指在设立和转让动产物权之前，受让人已经占有该动产的，则物权变动自出让人与受让人之间订立的以物权变动为内容的法律行为生效时，即发生效力。例如，乙因借用关系而占有甲的某物，后来甲乙双方约定将该物出卖给乙，那么在甲与乙之间的买卖合同生效时，物权变动即随之发生效力。我国《民法典》第二百二十六条规定："动产物权设立和转让前，权利人已经占有该动产的，物权自法律行为生效时发生效力。"此即关于简易交付的规定。

指示交付，是指在设立和转让动产物权时，如果动产尚为第三人所占有，则出让人可将其对第三人享有的返还请求权转让给受让人，以代替动产的现实交付。例如，甲把某物交给乙保管后，又转而出售给丙，则甲可将其对乙享有的该物的返还请求权转让给丙，以代替现实交付。我国《民法典》第二百二十七条规定："动产物权设立和转让前，第三人占有该动产的，负有交付义务的人可以通过转让请求第三人返还原物的权利代替交付"，此即关于指示交付的规定。

占有改定，是指在设立和转让动产物权时，出让人与受让人之间另行约定，由出让人继续占有该动产，使受让人取得对动产的间接占有，以代替现实交付。例如，甲将某物出卖给乙，但因甲尚需使用该物，故甲与乙另订一个租赁合同，约定甲继续占有该物，由乙取得对该物的间接占有。在甲与乙之间的租赁合同生效时，乙即因占有改定而取得该物的所有权。《民法典》第二百二十八条规定："动产物权转让时，当事人又约定由出让人继续占有该动产的，物权自该约定生效时发生效力。"其所谓双方"约定由出让人继续占有该动产"，就是指占有改定。

上述简易交付、指示交付、占有改定通常合称为"观念交付"。观念交付，是指在设立和转让动产物权时，出让人与受让人之间对于动产的占有关系仅仅在观念上发生移转，在外观上并未现实地发生变化。观念交付主要是为了促进交易便捷和节约交易费用而采取的变通方法，是现实交付的替代形式，故学说上又称为"交付之代替"。

（3）股权等财产权利的出质登记。我国《民法典》第四百四十三条第 1 款规定："以基金份额、股权出质的，质权自办理出质登记时设立。"第四百四十四条第 1 款规定："以注册商标专用权、专利权、著作权等知识产权中的财产权出质的，质权自办理出质登记时设立。"根据这些规定可知，在我国，以可以依法转让的股权、注册商标专用权、专利权、著作权等出质的，必须到相应的登记机构办理出质登记。换言之，登记乃是设立以股权等财产权利为客体的质权时的公示方法。

2. 物权变动公示的效力

与物权的公示包括静态意义的公示和动态意义的公示相对应,物权公示的效力也包括静态公示的效力和动态公示的效力。物权静态公示的效力,是指通过静态意义的物权公示方式,例如不动产已经登记和动产已经占有,所表现出来的法律效力,包括公示的推定力和公示的公信力。物权动态公示的效力,即物权变动公示的效力,是指在物权发生变动的情况下,通过物权变动的公示方式,例如不动产登记的变动或动产交付,表现出来的法律效力,包括公示的形成力和公示的对抗力。公示的形成力和公示的对抗力仅在因买卖合同等法律行为而引起的物权变动中出现。在因法律行为以外的其他原因(如法院判决、政府征收、继承、房屋拆建等)而发生物权变动的情况下,因为物权变动往往无需公示就可以发生效力(《民法典》第二百二十九至二百三十一条),所以公示既无形成力,也无对抗力,但有宣示已经存在的物权变动的效力和不动产的处分效力(《民法典》第二百三十二条),有学者将此称为宣示力[①]。这里只介绍物权变动公示的效力。

物权变动公示的形成力,是指登记或交付等物权变动的公示形式所具有的使物权变动得以形成并生效的效力。物权变动公示的对抗力是指登记或交付等物权变动的公示形式所具有的使物权变动得以对抗第三人的效力。我国《民法典》存在两种物权变动公示效力制度,即公示要件主义和公示对抗主义公示效力制度。在公示要件主义的公示效力制度中,公示是物权变动的必要条件(常称公示要件主义)。具备公示形式后,不仅在当事人之间发生物权变动的效力,而且一并产生对抗善意第三人的效力。即公示既有形成力,又有对抗力;未经公示,则物权既不能发生变动(无形成力),也不能对抗善意第三人(无对抗力)。在公示对抗主义的公示效力制度中,公示不是物权变动的必要条件,但是物权变动得以对抗善意第三人的要件(常称公示对抗主义)。其要义是:如果未经公示,在没有第三人的情况下,能够产生当事人之间物权变动的效力,但是在有第三人的情况下,不能对抗善意第三人;经过公示,具有对抗善意第三人的效力。因此,公示只是物权变动得以对抗善意第三人的要件,即只有对抗力(即对抗善意第三人的效力),没有形成力。由于我国《民法典》存在不动产物权变动和动产物权变动两种情形,而两种情形的物权变动都存在公示要件主义和公示对抗主义两种公示效力制度。因此对于不同物权变动情形的不同公示效力情况需分别说明。

(1)不动产物权变动的公示效力。我国《民法典》第二百零九条第1款规定,"不动产物权的设立、变更、转让和消灭,经依法登记,发生效力;未经登记,不发生效力,但法律另有规定的除外。"这说明,不动产物权变动,一般情况下需要登记公示,登记公示有形成力,也有对抗力;不登记公示则既无形成力,也无对抗力。例如建设用地使用权的设立和变更(包括转让、互换、出资或者赠与)必须登记(《民法典》第三百五十四条),其登记公示就具有形成力和对抗力,否则既无形成力,也无对抗力。这

---

① 马俊驹,陈本寒. 物权法 [M]. 上海:复旦大学出版社,2007:72.

是公示要件主义。特殊情况下，不登记公示则只有形成力，没有对抗力，登记公示才有对抗力。例如，土地承包经营权人将土地承包经营权互换、转让的，当事人要求登记的，应当登记；未经登记，不得对抗善意第三人（《民法典》第三百三十五条）；设立地役权时，当事人要求登记的，应当登记；未经登记，不得对抗善意第三人（《民法典》第三百七十四条）。这是公示对抗主义。

（2）动产物权变动的公示效力。我国《民法典》第二百二十四条规定："动产物权的设立和转让，自交付时发生效力，但法律另有规定外。"这说明，动产物权变动，在一般情况下，交付是物权变动的必要条件，交付公示有形成力和对抗力，否则既无形成力，也无对抗力。这是公示要件主义。但是在特殊情况下，只是交付公示则只有形成力，没有对抗力，登记公示才有对抗力。例如，以船舶、飞行器和机动车为客体的物权的变动，未经登记，不得对抗善意第三人（《民法典》第二百二十五条、第三百三十五条、第三百七十四条）；企业、个体工商户、农村承包经营户以机器设备、原材料、产成品等动产或者交通工具抵押的，抵押权自抵押合同生效时发生效力；未经登记，不得对抗善意第三人（《民法典》第四百零三条）。这是公示对抗主义。

上述所谓"善意第三人"，是指第三人在与权利人进行交易时，不知道其他人已经先于自己从权利人处取得了某种物权。未经公示就不得对抗的"善意第三人"的范围，主要包括从权利人处取得所有权和限制物权的第三人，以及依法对权利人的财产申请查封、扣押等强制措施的第三人，但机动车等"特殊动产"转让人的债权人不属于"善意第三人"的范围①。

六、物权的民法保护

物权是我国法律确认的权利，当它被侵害时，自然也受到法律的保护。对物权进行法律保护，是各个法律部门共同的任务，但不同的法律部门对物权的保护方法不同。如刑法通过对诸如抢劫、盗窃等侵犯物权的犯罪行为施以刑罚的方法保护物权，行政法通过行政管理手段来保护物权，民法则是通过赋予物权人以物上请求权、损害赔偿请求权及确认物权请求权的方法来保护物权。物权人当其物权遭受不法侵害时，可通过行使民法赋予的请求权来保护自己的权利。与刑法、行政法相比，民法对物权的保护更为直接，具有回复物权或给物权人所受损害以经济补偿的作用。

《民法典》规定的物权的民法保护方法具体有：

（一）请求确认物权

《民法典》第二百三十四条规定："因物权的归属、内容发生争议的，利害关系人可以请求确认权利。""请求确认权利"就是请求确认物权。请求确认物权是对民法赋予的确认物权请求权的行使，这是物权的民法保护方法的一种重要的方法。真正物权人遇有

---

① 参见《最高人民法院关于适于〈中华人民共和国民法典〉物权编的解释（一）》（法释〔2020〕24号）第六条。

非物权人与自己发生物权归属争执时，可依法请求确认物权，排除他人争执，以便正常行使自己的权利，从而达到保护自己权利的目的。物权归属争执通常无法在当事人间解决，从民法保护的角度讲，只有向人民法院提起确认物权之诉，请求人民法院确认物权。通过人民法院对物权的确认，就能排除非物权人的争执。

请求确认物权，不仅是排除非物权人争执的保护方法，而且往往是其他民法保护方法（即后述的几种保护方法）的前提。其他民法保护方法都是以物权归属无争议为前提的。然而，实际的物权纠纷往往是物权归属纠纷和物权侵权纠纷交织在一起。如果非物权人不但侵害物权人的物权，而且还提出物权归属争执，那么物权人要通过行使物上请求权或损害赔偿请求权来保护自己的权利，须首先请求确认物权。只有首先确认了物权，才能进一步认定物权是否受到侵害，进而才能实现其他民法保护方法。

（二）请求返还原物

《民法典》第二百三十五条规定："无权占有不动产或者动产的，权利人可以请求返还原物。"请求返还原物即当物权人的财物被他人非法占有时，物权人要求不法占有人将原物返还给自己。如物权人的自行车被小偷窃走，物权人要求小偷将自行车返还给自己。

（三）请求排除妨害

根据《民法典》第二百三十六条的规定，他人妨害物权行使的，权利人可以请求排除妨害。请求排除妨害，即当他人的行为非法妨害物权人行使物权时，物权人要求妨害行为人排除妨害，以便自己正常行使物权。例如，一方在过道上堆放杂物，相邻方无法正常通行，相邻方可根据相邻权的规定，要求堆放杂物的人立即将杂物从过道搬走，以保证自己通行权的行使。

（四）请求消除危险

根据《民法典》第二百三十六条的规定，他人可能妨害物权行使的，权利人可以请求消除危险。请求消除危险，即由于不法行为使物权人的物权处于危险境地，物权人将不能充分行使自己的物权时，物权人要求不法行为人消除危险。例如，物权人发现他人将易燃物品堆放在自己的房后，或紧挨自己的房屋砌造危险品仓库，置放易燃易爆物品，致使自己的房屋有被毁损的危险，房屋所有人有权要求堆放人将易燃易爆物搬走，或采取切实措施防燃防爆，以防止危险事件发生。请求消除危险与请求排除妨害的区别是：前者是针对虽然没有实际妨害但是有实际妨害危险，目的是预防可能出现的妨害；后者是针对已有的实际妨害，目的是除去已经存在的妨害。

（五）请求修理、重作、更换或者恢复原状

根据《民法典》第二百三十七条的规定，他人造成不动产或者动产毁损的，权利人可以请求修理、重作、更换或者恢复原状。修理、重作、更换或者恢复原状的目的在于回复物的价值的完好状态，当物权的标的物因他人的侵权行为而被损坏时，如果能够通过修理、重作、更换或者恢复原状以回复物的价值，物权人可以要求侵权行为人修理、重作、更换或者恢复原状。如车辆被他人砸坏，车辆所有人、合法占有人或使用人要求砸损车辆的行为人将车辆修复。如果通过修理、重作、更换或者恢复原状不能完全回复物的价值，其价值有所降低，物权人还有权请求侵权行为人赔偿损失。

（六）请求赔偿损失或承担其他民事责任

《民法典》第二百三十八条规定："侵害物权，造成权利人损害的，权利人可以请求损害赔偿，也可以依法请求承担其他民事责任。"请求赔偿损失即物权人的财物遭受他人非法侵害，致使财物损坏又不能修复，或原物因已经灭失而不能返还时，物权人要求侵权人赔偿损失。此外，当采用排除妨碍、恢复原状、返还原物等保护方法仍不能完全挽回物权人所受损失时，物权人在行使物上请求权的同时，还可要求侵权人赔偿其余损失。如轿车被盗窃分子盗走后，物权人虽追回了轿车原物，但该轿车已有部分损坏，物权人还可要求盗窃分子赔偿损失。这里的其他民事责任，应当是指非财产性责任，如赔礼道歉、具结悔过、消除影响等。

以上第二至五种保护方法是物权的保护方法，物权人行使的是物上保护请求权，目的是恢复原来的物权。请求赔偿损失是债权的保护方法，物权人行使的是债权保护请求权，目的是补偿物权人因遭受不法侵害所受的经济损失。

根据《民法典》第二百三十九条的规定，上述物权保护方式，可以单独适用，也可以根据权利被侵害的情形合并适用。此外，对于第二至六种保护方法，物权人依法可以直接向侵害人提出，也可以诉讼方式向人民法院提出，第一种保护方法则只能以诉讼方式向人民法院提出，或者向有确认权的其他国家机关提出。

第二节　所有权

一、所有权的内容与特征

（一）所有权的内容

根据《民法典》第二百四十条的规定，所有权是指权利人对自己的财物（不动产或者动产）依法享有的占有、使用、收益和处分的权利。

上述所有权的概念包含两层含义：其一，所有权的本质是归属权，它归属于财物所有人；其二，所有权的内容有占有、使用、收益和处分四种权利（权能）。所有权的本质是特定主体依法对特定标的物的支配权，而支配的形式有占有、使用、收益和处分，这些支配形式在法律上的确认就成为占有权、使用权、收益权和处分权，它们构成所有权的具体内容。

1. 占有权

占有权是指所有人对物的实际控制权利。占有是一种事实上的状态，对于动产具有所有权的推定作用。如无相反证据，动产占有人得推定为所有权人。所有权人的占有构成有权占有，在所有权内容由他人享有时，通常要包括占有权。

2. 使用权

使用权是指按照物的性质和用途对其加以利用的权利。使用权是直接在物上才能行使的权利，因此，使用权的存在必须以对物的实际占有为前提。使用权的标的物以非消费物为限，即其标的物不因使用而毁损、变更、灭失。如果标的物因使用而毁损、变更、灭失，通常称为事实上的处分。

3. 收益权

收益是指在对物的占有或者使用过程中产生的孳息，收益权则是指收取物的孳息的权利。孳息分为天然孳息与法定孳息。天然孳息，是指依物之天然属性而获取之出产物。例如，果树结的果实、母畜生的幼畜等。《民法典》第三百二十一条第 1 款规定："天然孳息，由所有权人取得；既有所有权人又有用益物权人的，由用益物权人取得。当事人另有约定的，按照约定。"法定孳息，是指依一定法律关系的存在而产生的孳息。例如，根据合同取得的租金、利息等。法定孳息按照约定或者交易习惯取得（《民法典》第三百二十一条第 2 款）。

4. 处分权

处分权是指所有人依自己的意愿对物进行事实上或法律上的处理的权利。事实上的处分，是指直接变更、消灭某物。例如，消费大米。法律上的处分，是指物理形态不变但是权利改变，如对物的抛弃、让与或者在其上设定负担，使所有权消灭、转移或者部分权利转移。《民法典》中的处分，大多指法律上的处分。

现代社会生活中，重视物的所有，同样重视利用，故所有权相关内容可以与所有权人分离（处分权除外），由所有权人以外的其他人所享有。这种分离是所有权人行使所有权的结果，它能更好地实现所有权人的意志和利益。在我国现今经济生活中，所有权与其中某些权利分离的现象大量存在。但需明确，处分权是所有权的核心，集中体现意思自治，所以，处分权基于法律的规定或合同的约定可以脱离所有人而由非所有人享有，但一般情况下不能由所有权人以外的其他人所享有。

理论上通常把上述占有权、使用权、收益权和处分权概括为所有权的积极权能，与此对应的还有所有权的消极权能。所有权的消极权能，通常认为主要指排除他人不法干涉的权利。此权能可以向任何人主张。法律赋予所有权人排除他人不法妨害的权利，其价值在于保障所有权人得以自由行使上述所有权的积极权能。

（二）所有权的特征

所有权是物权，自然具有物权的共有特征，但它又是有别于他物权的物权，所以它除具有物权的共有特征外，还具有区别于他物权的下述特征。

1. 完全性

所有权是人对物的全面支配，包括占有、使用、收益、处分以及其他所有可能的支配状态。他物权，仅限于对物占有、使用、收益、处分中某些方面的支配。

2. 整体性

所有权是人对物的全面支配，而不是占有、使用、收益和处分等内容简单相加的总和。所有权人即使将某些内容归他人享用，或者某些内容受到限制，所有权人的所有权仍然存在，其整体性仍然不受影响。他物权多以所有权的部分权利为内容，若失其某些权利可能导致全部权利丧失。例如，质权人丧失对质物的占有，即失其质权。

3. 弹力性

所有权因同一标的物设有用益物权或者担保物权而受限制，但该项限制一旦除去，所有权即回复其圆满状态。弹力性是整体性的必然延伸，因所有权某些内容从所有权分离并不影响其所有权的整体性，只是所有权因此而受到限制，一旦该限制除去，所有权的内容将重新完满，并回复其圆满状态。

4. 永久性

这是指所有权标的物不灭失，所有权即可永久存续，不因所有权人不行使其权利而消灭。所有权之外的其他物权，大多有存续期间的限制，如土地承包经营权（《民法典》第三百三十二条）、建设用地使用权（《民法典》第三百五十八条、第三百五十九条）、地役权（《民法典》第三百七十七条）等。

二、所有权的限制

迄今为止，所有权神圣仍然是物权法的基本理念，其主要内容在于尊重所有权人对其物的支配，是意思自治原则在物权法中的表现。在所有权神圣的同时，法律还从两方面对所有权行使进行了限制：其一是私法限制，其二是公法限制。

1. 所有权的私法限制

为协调个人与个人之间的关系以及个人与社会的关系，私法对所有权行使进行了适当限制，如权利滥用限制、他人自力救济行为对所有权的限制、基于不动产相邻关系的限制、期限和条件限制等。这里特别以不动产所有权基于不动产相邻关系的限制为例说明。

相邻关系，是指相邻不动产权利人之间因为客观上的不动产相邻关系而发生的法律上的权利义务关系。相邻不动产，包括相邻土地、建筑物、构造物。相邻不动产权利人包括相邻不动产所有权人、不动产他物权人及其他不动产占有人。例如房屋所有权人、建设用地使用权人、基于租赁权占有不动产的承租人。

在不动产相邻的客观情况下，相邻不动产权利人的一方依法具有为另一方（邻人）为或不为一定行为的义务（即相邻义务）。如《民法典》第二百九十至二百九十二条规定的为相邻权利人用水、排水、通行、铺设电线、电缆、水管、暖气和燃气管线等"提供必要的便利"的义务；第二百九十三至二百九十五条规定的不得违反有关规定妨碍相邻权利人的通风、采光、日照等权利，不得违反相关规定排放有害物质等义务。另一方因一方的相邻义务而获得权利（即相邻权），相邻不动产权利人之间因此而形成权利义务关系。应当看到，根据《民法典》第二百九十六条"不动产权利人因用水、排水、通行、铺设管线等利用相邻不动产的，应当尽量避免对相邻的不动产权利人造成损害"的规定，相邻权也是有限制的。

土地、房屋等不动产在自然流水、光线以及建造、使用、维修过程中，相邻不动产权利必然受到其他不动产权利的限制，相邻关系制度旨在通过对不动产权利的限制解决不动产邻人之间的关系和谐问题。从《民法典》对不动产相邻关系的规定看，强调的是相邻不动产权利人的相邻义务，宗旨是对不动产权利的限制。因此，在不动产相邻关系中，不动产权利人的权利总是受限制的，不动产所有权自然也不例外。

需要说明，他物权或者债权关系对所有权所构成的"限制"，乃是基于所有权人意思自治而产生的结果，不在上述私法限制之列。

2. 所有权的公法限制

现代国家基于社会公共利益等考虑，还从公法上对所有权的行使进行限制。所有权的公法限制主要是行政法上的限制。行政法针对所有权行使的限制有：区域规划法和建筑法上的限制（如限定居民区范围、建筑的类型等），社会环境保护法上的限制（如不可量物的排放限制），环境容貌限制（如广告设置规范等），公共卫生法限制，公共道路限制，电业、通讯、航空法限制，历史文物保护法上的限制，森林法、渔业法上的限制，治安法、消防法上的限制和国家安全法上的限制等。限制的范围涉及所有权的标的、内容、变动等方面。《民法典》专门规定了所有权的征收、征用和用途管制等制度，实际是对所有权的公法限制的重申。

三、所有权的取得与消灭

（一）所有权的取得

所有权的取得，是指主体根据一定法律事实获得某物的所有权，从而在该特定主体与其他人之间发生以该物为客体的所有权法律关系。所有权因一定法律事实的发生而取得。

1. 所有权取得的方式与公示

（1）所有权取得的方式。根据物权取得方式的一般原理，所有权取得的方式包括原始取得与继受取得。所有权的原始取得是指直接依据法律的规定，不以原所有人的所有权和意志为依据而第一次取得所有权。其具体方式主要有：生产取得、孳息取得、国家或集体依法律规定取得、先占取得、添附取得等。所有权的继受取得是指以原所有人的所有权为依据，通过一定的法律行为或法律事件取得所有权，又称派生取得、传来取得。其具体方式主要有：买卖取得、互易取得、赠与取得、继承取得、受遗赠取得等。

（2）所有权取得的公示。根据物权取得的公示原理，不动产所有权取得需要登记，否则不发生所有权转移效力。动产所有权取得需要交付，包括现实交付、简易交付、占有改定、指示交付，所有权自交付时起发生转移效力。但是，如果标的物是船舶、航空器和机动车等，只交付而未经登记，不得对抗善意第三人。

2. 所有权取得的特殊规则

（1）善意取得。根据我国《民法典》第三百一十一条的规定，善意取得是指财产的占有人无权处分其占有财产，但将该财产转让给第三人（即受让人），如果第三人在取得该财产时出于善意，且是有偿的，则第三人依法取得对该财产的所有权。这里的财产应当包括动产或不动产，但是不动产的善意取得难以发生。善意取得因其不需要时效期间经过而又称即时取得。第三人善意取得后，原所有人不得要求第三人返还财物，只能请求转让人赔偿损失。

善意取得的成立需要下列条件：其一，财产的出让人须是无处分权人；其二，财产转让已经依法公示，即应当登记的已经登记，不需要登记的已经交付；其三，转移的财产是法律不禁止流通的。其四，第三人取得财物时须出于善意。所谓善意，是指第三人不知道，也不可能知道转让人为无处分权人。其五，第三人取得财物时是有偿的，而且价格合理。

善意取得的法律后果是：受让人取得所有权，而且，如果取得的是动产，该动产上的原有权利（指他物权）消灭，但善意受让人在受让时知道或者应当知道该权利的除外。原所有权人不得要求第三人返还财物，但有权向无处分权人请求赔偿损失。

善意取得制度是适应商品交换的需要而建立的一项法律制度。这一制度虽然限制了物权的追及权效力，一定程度上损害了原所有人的利益，但是，这有利于增强人们对交易的安全感，有利于维护商品交换秩序的稳定。

（2）时效取得。时效取得，是指占有他人财产或行使他人财产权利达到一定期间，即取得该物的所有权或其他财产权利。德国、瑞士等国家的民法规定了这一制度，但我国《民法典》未作规定。

按照通说，时效取得一般应满足如下条件：其一是占有须以自己所有的意思占有；其二是须为和平占有，而不是以暴力、胁迫手段取得或者维持占有；其三是须为公然占有，即占有事实对外公开，不加以隐瞒；其四是须为善意占有，即不知且不应知道物的权利存在瑕疵而为占有；其五是须持续占有经过一定的期间，如果中断，已过的期间归于无效。至于需要持续经过多长时间，立法例不尽相同。一般的，不动产比动产期间长。

（3）征收。征收是为了公共利益的需要，依照法律规定的权限和程序，由国家强制取得集体所有的土地和组织、个人的房屋以及其他不动产，并对因此失去土地或其不动产的集体、组织和个人进行合理补偿的制度。

我国《宪法》第十条规定："国家为了公共利益的需要，可以依照法律规定对土地实行征收或者征用并给予补偿。"《民法典》第二百四十三条规定："为了公共利益的需要，依照法律规定的权限和程序可以征收集体所有的土地和组织、个人的房屋以及其他不动产。""征收集体所有的土地，应当依法及时足额支付土地补偿费、安置补助费以及农村村民住宅、其他地上附着物和青苗等的补偿费用，并安排被征地农民的社会保障费用，保障被征地农民的生活，维护被征地农民的合法权益。""征收组织、个人的房屋以及其他不动产，应当依法给予征收补偿，维护被征收人的合法权益；征收个人住宅的，还应当保障被征收人的居住条件。""任何组织或者个人不得贪污、挪用、私分、截留、拖欠征收补偿费等费用"。由此可见，征收必须以公共利益为前提，且须严格的程序限制，并给予公平合理的补偿。

（4）拾得遗失物。遗失物，顾名思义，系所有人不慎丢失之物。遗失物不是无主物，只因遗失被他人拾得并占有。遗失物的拾得，属事实行为，无需以拾得人具有民事行为能力为要件。

遗失物拾得是否可作为所有权取得方式，立法上不尽一致。多数国家和地区采纳取得所有权主义，只有少数国家采纳不能取得所有权主义[①]。《民法典》第三百一十四条规定："拾得遗失物，应当返还权利人。拾得人应当及时通知权利人领取，或者送交公安等有关部门。"可见，拾得遗失物，我国法律采纳不能取得所有权主义，即拾得人不能取得以实物所有权。"有关部门收到遗失物，知道权利人的，应当及时通知其领取；不知道的，应当及时发布招领公告"，（《民法典》第三百一十五条）"遗失物自发布招领公告之日起一年内无人认领的，归国家所有。"（《民法典》第三百一十八条）。

（5）拾得漂流物、发现埋藏物或隐藏物。漂流物是指漂流于江河湖泊或海洋水面之物；埋藏物，是指埋藏于土地之中的物；隐藏物，是指隐藏于他物之中的物。漂流物、埋藏物或隐藏物均系有主物，且拾得或发现此类物之行为亦为事实行为，不以拾得人或发现人具有行为能力为要件。

《民法典》第三百一十九条规定："拾得漂流物、发现埋藏物或者隐藏物的，参照适用拾得遗失物的有关规定。法律另有规定的，依照其规定。"据此规定，如果就漂流物、埋藏物或隐藏物的所有权归属，如果当事人能证明其为所有人或合法继承人，那么应认定该物归该权利人；漂流物、埋藏物或隐藏物的所有权归属无法查明，则依照《民法典》第三百一十八条规定，归国家所有。

（6）添附。添附，是不同所有人之物被结合在一起成为一个新物，或利用他人之物加工出一个新物的事实，包括附合、混合、加工三种形态。因为添附将不同的所有人之物结合为一体或因加工增加了物之价值，恢复原状几无可能和必要，或者极不经济，甚或不能共有，因此，确定添附物的所有权归属不但能解决权属纷争，而且有利于当事人之间的利益平衡。

按照传统理论，在附合的场合，动产与不动产附合，由不动产人取得复合物的所有权；动产与动产附合，如果附合之动产之间有主从关系之分，则由主物所有人取得附合

---

① 谭启平. 中国民法学 [M]. 北京：法律出版社. 2021：312.

物之所有权；附合之动产之间无主从关系之别，则由价值大的一方当事人取得附合物之所有权；若价值相等（相当），则各方共有附合物。在混合的场合，一般以价值大小确定混合物所有权归属；如果价值相等（相当），则由各方共有混合物。在加工场合，加工的标的物均为动产，对加工物的所有权归属，历来有材料主义与加工主义之别，但都考虑何者价值更大：若材料本身价值更大，加工附加值价值小，则加工物归材料所有人所有；反之，若材料价值不大，加工附加值大，则加工物归加工人所有。取得添附物所有权一方，应对丧失原物所有权一方所失利益进行补偿。在处理补偿时，应考虑添附人之善意或恶意。如果添附人为善意，失去原物所有权一方可要求取得添附物所有权一方按不当得利规则在其受益范围内予以补偿；如果添附人为恶意，在添附人取得添附物所有权时应对失去原物所有权一方承担侵权之赔偿责任；在非添附人取得添附物所有权时，恶意添附人只能按不当得利规则请求对方在受益范围内予以补偿。

《民法典》第三百二十二条规定："因加工、附合、混合而产生的物的归属，有约定的，按照约定；没有约定或者约定不明确的，依照法律规定；法律没有规定的，按照充分发挥物的效用以及保护无过错当事人的原则确定。因一方当事人的过错或者确定物的归属造成另一方当事人损害的，应当给予赔偿或者补偿。"

（7）先占。先占，即以所有的意思占有无主物（动产）而取得该无主物所有权的法律事实。传统民法将先占作为所有权取得的一种特殊方式予以确认，只要符合先占要件，先占之人即取得无主物所有权。我国《民法典》对先占未作规定，甚为遗憾。

（二）所有权的消灭

所有权的消灭即所有权的不复存在。所有权因一定法律事实的发生而取得，也因一定法律事实的发生而导致原所有权的不复存在。引起所有权消灭的原因主要有以下几种：

（1）因转让所有权，原所有人丧失所有权。如买卖关系中的出卖人，因出卖自己所有的物而丧失对该物的所有权；赠与关系中的赠与人，因将自己所有的物赠送给他人而丧失对该物的所有权。

（2）因标的物本身的灭失而使所有权消灭。如房屋所有人的房屋被火烧毁，房屋不复存在，原所有权自然也不复存在。

（3）因所有权人抛弃所有物而丧失所有权。

（4）因国家有关机关依法采取强制措施而丧失所有权。如国家没收犯罪分子的财物，犯罪分子对自己的财物即丧失所有权。

（5）因所有权主体消灭，原所有权终止。如公民死亡后，原公民对财物的所有权不复存在。

所有权的消灭可分为所有权的绝对消灭和所有权的相对消灭。所有权的绝对消灭是指因其客体的永远不存在（如食物原料被消费，化学品原料被生产消耗）而所有权永远不再存在。不仅原所有人丧失所有权，他人也无法取得所有权。所有权的相对消灭是指原所有人失去所有权，由新的所有人取得原物之所有权。如原所有人将物出卖给他人，原所有人丧失所有权，但原物尚存在，买受人取得原物所有权。所有权的相对消灭实质是所有权的转移，所有权主体变化。

四、所有权的类型

我国《民法典》虽然将作为所有权客体的物分为动产与不动产，但其所有权分类不是以所有权客体为根据分为动产所有权与不动产所有权，而是以所有权主体为根据分为国家所有权、集体所有权和私人所有权。

（一）国家所有权

国家所有权是指国家作为民事主体对全民所有的财产所享有的占有、使用、收益和处分的权利。国家所有权是全民所有制在法律上的表现，其实质是全民所有权，国家代表全民享有所有权。所以《民法典》第二百四十六条称"属于国家所有即全民所有"。国家所有权在权利主体、权利客体以及所有权的行使上均有其特殊性。

1. 所有权主体

国家所有权的权利主体具有唯一性，即国家是全民财产的唯一的所有人。国家所有权的权利主体只有国家，占有国家财产的国家机关、企事业单位、其他组织或个人都不是国家所有权的主体，从中央到地方的各级政府主管机关同样不是国家所有权的主体，只是在国家的授权范围内代表国家行使国家所有权。但需注意，国家所有权的权利主体只有国家，并不意味着全民财产只能由国家占有。为实现全民对全民财产的权利，国家把国家所有权客体中的各项财产按其用途分别交给国家机关、国有企事业单位、其他组织及个人占有和使用。因此，在国家所有权的结构中，所有权主体的唯一性和占有权主体的多元性密切结合在一起。

2. 所有权客体

国家所有权的客体具有统一性和无限广泛性。统一性是指国家所有的财产是一个统一的整体，无论由何人占有，都是国家财产的有机组成部分。当全民所有制单位之间转移财产时，转移的只是财产占有权而非所有权，只有全民所有制单位与非全民所有制单位或个人进行财产转移时，才是所有权转移。广泛性是指国家所有权的客体范围广泛，根据《民法典》第二百四十七至二百五十四条的规定，国家所有权的客体包括：①矿藏、水流、海域；②城市的土地和法律规定属于国家所有的农村和城市郊区的土地；③森林、山岭、草原、荒地、滩涂等自然资源，但法律规定属于集体所有的除外；④法律规定属于国家所有的野生动植物资源；⑤无线电频谱资源；⑥法律规定属于国家所有的文物；⑦国防资产；⑧依照法律规定为国家所有的铁路、公路、电力设施、电信设施和油气管道等基础设施。

3. 所有权行使

《民法典》第二百四十六条规定："国有财产由国务院代表国家行使所有权；法律另

有规定的，依照其规定。"《民法典》第二百五十五至二百五十七条的规定可以理解为"法律另有规定"的内容，即国家机关和国家举办的事业单位对其直接支配的不动产和动产，享有占有、使用以及依照法律和国务院的有关规定处分的权利；国家出资的企业，由国务院、地方人民政府依照法律、行政法规规定分别代表国家履行出资人职责，享有出资人权益。

（二）集体所有权

集体所有权是指劳动群众集体组织对其所有的财产依法享有的占有、使用、收益和处分的权利。集体所有权是集体所有制在法律上的表现。

1. 集体所有权的主体

集体所有权的主体是集体组织，而不是集体内的各成员。集体组织包括：区域性集体组织（如农村的村、社生产组织）、城镇集体企业联合经济组织、合作社组织、国家机关和全民所有制企事业单位内部的集体企业、社会团体等，数量众多。

2. 集体所有权的客体

集体所有权的客体即集体组织所有的财产。在我国，可以作为集体所有权客体的财产范围是十分广泛的，除依法只能由国家专有的财产外，其他财产，无论生产资料或生活资料，均可成为集体所有权的财产。但是，具体范围需要法律界定。根据《民法典》第二百六十条的规定，集体所有权的客体包括：①法律规定属于集体所有的土地和森林、山岭、草原、荒地、滩涂；②集体所有的建筑物、生产设施、农田水利设施；③集体所有的教育、科学、文化、卫生、体育等设施；④集体所有的其他不动产和动产。

3. 集体所有权的行使

集体所有权的行使，必须体现集体成员的意志，反映集体成员的利益，因此，具有民主化色彩。根据《民法典》第二百六十一至二百六十三条的规定，集体所有权的行使规则是：城镇集体所有的财产，依法由本集体行使。农民集体所有权，则分为本集体成员决定、集体经济组织或者村民代表行使、乡镇集体经济组织行使三种形式。具体地讲，下列事项由本集体成员决定：①土地承包方案以及将土地分发给本集体以外的组织或者个人承包；②个别土地承包经营权人之间承包地的调整；③土地补偿费等费用的使用、分配办法；④集体出资的企业的所有权变动等事项；⑤法律规定的其他事项。此外，对于集体所有的土地和森林、山岭、草原、荒地、滩涂等，依照下列规定行使所有权：①属于村农民集体所有的，由村集体经济组织或者村民委员会代表集体行使所有权；②分别属于村内两个以上农民集体所有的，由村内各该集体经济组织或者村民小组代表集体行使所有权；③属于乡镇农民集体所有的，由乡镇集体经济组织代表集体行使所有权。

集体所有权与国家所有权都是我国公有制在法律上的表现，但它们有如下区别：

其一，国家所有权主体具有唯一性，只有国家才是国有财产的所有权人，而集体所有权的主体则具有多元性，数以万计的集体组织都是其财产的所有人。

其二，国家所有权的客体具有统一性，而集体所有权的客体属于各集体组织。

其三，国家所有权的客体具有无限广泛性，而集体所有权的客体具有一定限制。

其四，国有财产之所有与占有一般是分离的，而集体财产之所有与占有则既有分离的，也有统一的。

（三）私人所有权

私人所有权是自然人对其所有的财产依法享有的占有、使用、收益和处分的权利。私人所有权是个人所有制在法律上的表现。

1. 私人所有权的主体

私人所有权的主体是自然人个人，其范围包括中国人、外国人和无国籍人。外国人和无国籍人在我国也享有对自己财产的权利主体资格。

2. 私人所有权的客体

私人所有权的客体是自然人依法取得的归个人所有的财产。根据《民法典》第二百六十六至二百六十八条的规定，其客体包括：合法的收入、房屋、生活用品、生产工具、原材料等不动产和动产；投资及其收益。

3. 私人所有权的行使

私人对所有权的行使方法通常以直接的方式进行，即以个人自己积极主动的行为直接作用于所有物的方式进行。

五、共有

（一）共有的概念与特征

1. 共有的概念

共有，是指两个或两个以上的主体对同一物共同享有所有权。共有是所有权的一种状态，对应的另一种状态是独有，即一个主体对一物享有所有权。共有的情形有：个人之间的共有，法人之间的共有，个人与法人之间的共有。基于物的共有而发生的所有权法律关系称为共有关系。共有关系具有内外两重关系，内部关系为各共有人之间的权利义务关系，义务主体具有特定性；外部关系为共有人与非所有人之间的权利义务关系，义务主体具有不特定性。

2. 共有的特征

（1）共有的权利主体是多元的。只有两人或两人以上对同一物共享所有权时，才能形成共有关系。

（2）共有的客体是一个整体的物。共有关系的客体在形式上无论是一个物还是几个物，是可分物还是不可分物，在法律关系上均表现为尚未分割的整体的物。

（3）共有的内容是共有人对共有物共享权利，共负义务。在对外关系中，权利义务是一个整体。其所有权是一项而非多项。

（4）共有是一种所有权状态，不是一种独立的所有权类型。共有区别于公有。

（二）共有的分类

《民法典》第二百九十七条确认了两种共有形式，即按份共有和共同共有。

1. 按份共有

按份共有是指共有人按照各自的份额对共有物享有和行使所有权的共有。按份共有一般是根据当事人的约定而产生，各共有人所拥有的份额的多少，由共有人约定，若各共有人的份额不明确，则推定其份额均等。按份共有强调的是共有人只能按照预先确定的份额对共有物行使和享受权利，在法律或共有协议无限制的情况下，也有权要求将自己的份额分出或转让。相应地，按份共有人只能按预定的份额承担义务。

2. 共同共有

共同共有是指共有人对共有物不分份额地享有和行使所有权的共有。共同共有一般发生在互有特殊身份关系的当事人之间，主要有夫妻共同共有、家庭共同共有。此外，因合同可以产生共同共有，遗产分割前也可能存在共同共有。

在共同共有关系存续期间，各共同共有人对共有物都没有确定的份额，故不发生共有人之一要求分出、转让自己份额的问题。共有人在权利的享有和义务的承担上也无份额之分，他们共同享有共有物的权利，亦共同负担由共有物而发生的义务，基于共有物而发生的债权债务为连带债权债务。共有人之一清偿共同债务后，不存在向其他共有人追偿的问题。共有人只有在共同共有关系终止并协商确定各自的份额后，才能确定各自的权利与义务。

（三）准共有

准共有，是指数人对于所有权以外的其他权利产生的共有关系。之所以称为"准共有"，是因为共有关系是共同所有权关系，而所有权以外的其他物权不是所有权，即使与他人共同享有，也不可称为共同所有权，而只能参照共有关系处理，即准用共有之规定。

根据我国《民法典》第三百一十条的规定，仅有用益物权和担保物权可以成为准共有的客体，债权及知识产权不属于物权法所认可的"准共有"的客体。

六、业主的建筑物区分所有权

（一）业主的建筑物区分所有权的概念与特征

1. 业主的建筑物区分所有权的概念

业主即建筑物的所有权人，具体指依法登记取得或者根据《民法典》第二编第二章第三节规定取得建筑物专有部分所有权的人。《民法典》第二编第二章第三节规定的取得方式有：因人民法院、仲裁委员会的法律文书等取得（《民法典》第二百二十九条）；因继承取得（《民法典》第二百三十条）；因合法建造等事实行为取得（《民法典》第二百三十一条）等。此外，基于与建设单位之间的商品房买卖民事法律行为，已经合法占有建筑物专有部分，但尚未依法办理所有权登记的人，可以认定为业主。

业主的建筑物区分所有权简称为建筑物区分所有权，是指由建筑物各业主享有的对专有部分的所有权、对共有部分的共有权和共同管理权（《民法典》第二百七十一条）。因此，它由专有所有权、共有所有权和成员权三部分构成。建筑物区分所有权主要是解决独栋的多层建筑物数人区分所有权的问题，但也解决多栋独立的多层建筑物以及建筑区划内的道路、绿地等的所有权问题（《民法典》第二百七十四条）。

2. 业主的建筑物区分所有权的基本特征

（1）权利内容的复合性

该权由专有所有权、共有所有权以及因所有权而享有的成员权构成，故具有复合性。在适用法律时，除涉及《民法典》第二编第六章专门规定外，还涉及所有权、共有以及主体法相关内容。与权利复合性相联系，所有权人的身份有多重性，既是专有部分的独立的所有权人，又是共有部分的共有人，还是业主大会等团体的成员。

（2）权利之间的关联性

建筑物区分所有权是一个权利的集合体，三种权利紧密结合成为一个整体，不可分割。权利人不能对建筑物区分所有权进行分割行使、分割转让、分割抵押、分割继承或分割抛弃。三种权利的关联性以专有所有权为主导，共有所有权和成员权具有从属性，即共有权和成员权的存在和权利范围由专有所有权存在和权利范围决定。如专有所有权转让时，共有所有权和成员权一并转让（《民法典》第二百七十三条）；表决时专有部分面积具有一定意义（《民法典》第二百七十八条）；建筑物共有部分及其附属设施的费用分摊、收益分配等事项，没有约定或者约定不明确的，按照业主专有部分所占建筑物总面积的比例确定（《民法典》第二百八十三条）。

（3）权利客体的多样性

该权的客体因其组成部分不同而不尽相同。业主专有所有权的客体是建筑物的专有部分，共有权的客体是建筑物的共有部分，成员权的客体乃是业主大会的成员资格。

（二）专有所有权与专有部分

1. 专有所有权的概念与内容

专有所有权，是指业主对建筑物专有部分享有的所有权。其权利内容，与其他物的所有权并无不同，包括支配权（即占有、使用、收益和处分的权利）和排除他人干涉的权利。《民法典》第二编第六章未明确规定者，适用所有权的相关规定。业主可以单独所有，也可以与其他人共同所有。由于专有部分与建筑物其他部分存在物理联系，专有所有权影响到其他业主的利益，因此权利受到限制。所以《民法典》第二百七十二条规定："业主行使权利不得危及建筑物的安全，不得损害其他业主的合法权益。"

2. 专有部分

专有部分，是指在构造上和利用上具有独立性，能够登记成为特定业主所有权客体的建筑物部分。构造上的独立性，是指建筑物在构造上能够明确区分而与建筑物其他部分隔离。利用上的独立性，是指有独立的经济效用、可以排他使用。二者均依社会观念而非物理形态进行判断，若能以人为方式加以划分，且不妨碍交易安全以及物权公示，即可认为是专有部分。用以分割不同空间的共用墙壁、地板、天花板等，一般认为自其中心计算专有部分。建筑区划内符合下列条件的房屋（包括整栋建筑物），以及车位、摊位等特定空间，应当认定为专有部分：（一）具有构造上的独立性，能够明确区分；（二）具有利用上的独立性，可以排他使用；（三）能够登记成为特定业主所有权的客体。规划上专属于特定房屋，且建设单位销售时已经根据规划列入该特定房屋买卖合同中的露台等，应当认定为专有部分的组成部分。

（三）共有所有权与共有部分

1. 共有所有权的概念与内容

共有所有权，是指业主对建筑物专有部分之外的共有部分的所有权。其内容是对共有部分的支配权和排除他人干涉的权利，由业主共同行使。

关于共有部分的性质，理论界尚有争议，分为总有、按份共有和共同共有三种观点。我们认为，兼有按份共有和共同共有的性质。从其对共有部分可确定份额和依所占份额享有收益权、承担维修费用义务的意义讲，具有按份共有的性质；从其不得按所占份额占有共有部分的某一具体的部分，也不能要求分出或转让共有部分中属于自己的份额的意义讲，具有共同共有的性质。

2. 共有部分

共有部分，是指专有部分之外具有共有所有权的部分，没有共有所有权的部分不在其内，如建筑区划内的绿地，虽然是专有部分之外的部分，但是"属于城镇公共绿地或者明示属于个人的部分"不属于共有部分（《民法典》第二百七十四条）。就与专有部分的关系而言，共有部分在法律上具有从属性和不可分割性。

《民法典》第二百七十四至二百七十五条具体明确了以下部分属于业主共有：①建筑区划内的道路，但属于城镇公共道路的除外。②建筑区划内的绿地，但属于城镇公共绿地或者明示属于个人的除外。③建筑区划内的其他公共场所、公用设施和物业服务用房。④占用业主共有的道路或者其他场地用于停放汽车的车位，即建筑区划内在规划用于停放汽车的车位之外，占用业主共有道路或者其他场地增设的车位。需要注意，建筑区划内，规划用于停放汽车的车位、车库的归属，由当事人通过出售、附赠或者出租等方式约定，因此不在业主共有范围。此外，《民法典》第二百八十一条规定"建筑物及其附属设施的维修资金，属于业主共有"，第二百八十二条规定，业主共有部分产生的收入，在扣除合理成本后属于业主共有。这是广义的业主共有。

除法律、行政法规规定的共有部分外，建筑区划内的以下部分，也应当认定为共有部分：①建筑物的基础、承重结构、外墙、屋顶等基本结构部分，通道、楼梯、大堂等公共通行部分，消防、公共照明等附属设施、设备，避难层、设备层或者设备间等结构部分；②其他不属于业主专有部分，也不属于市政公用部分或者其他权利人所有的场所及设施等。此外，建筑区划内的土地，依法由业主共同享有建设用地使用权，但属于业主专有的整栋建筑物的规划占地或者城镇公共道路、绿地占地除外。

共有部分可以分为全体业主共有部分和部分业主共有部分。这种划分的意义在于：明确不同业主因共有部分的不同，而享有不同的权利和承担不同的义务。至于究竟是全体共有还是部分共有以及哪些业主一部分共有，应当根据具体情况加以判断。例如，同一建筑区划中有若干建筑物，服务于同一建筑区划的大门即是本建筑区划内全体业主的共有部分，但其中的服务于某一建筑物的小门则只是该建筑物内的全体业主的共有部分，相较于前者，后者是部分业主共有部分。

（四）成员权

1. 成员权的概念与内容

成员权，是指业主根据共有部分的构造、权利归属以及使用上的密切联系等因素而享有的作为共有部分管理团体的成员的权利。共有部分管理团体通常指业主大会。成员权不是财产权，而是身份权，但又不能脱离业主的财产权（专有所有权、共有所有权）而独立存在，是基于业主的身份而享有的权利。

成员权的内容概括地讲是参与共有部分管理的权利，所以《民法典》称为共同管理权。具体地讲有下述权利：①订立规则权。即参与订立共同规则的权利。②表决权。即有权参加管理团体，并对有关重大事项享有表决权。③选举与解任管理者的权利。④请求召集集会的权利。⑤请求管理者正当管理共同事务的权利。⑥请求收取共有部分应得利益的权利。⑦请求停止违反共同利益行为的权利。另外，业主还有知情权，可以请求公布、查阅下列应当向业主公开的情况和资料：①建筑物及其附属设施的维修资金的筹集、使用情况；②管理规约、业主大会议事规则，以及业主大会或者业主委员会的决定及会议记录；③物业服务合同、共有部分的使用和收益情况；④建筑区划内规划用于停放汽车的车位、车库的处分情况；⑤其他应当向业主公开的情况和资料。

2. 成员权的行使

成员权通过业主大会行使。业主大会可以采用集会方式，也可以书面征求意见的方式。业主大会的事务执行机构是业主委员会，由业主大会选举产生。下列事项由业主共同决定（《民法典》第二百七十八条第1款）：①制定和修改业主大会议事规则；②制定和修改管理规约；③选举业主委员会或者更换业主委员会成员；④选聘和解聘物业服务企业或者其他管理人；⑤使用建筑物及其附属设施的维修资金；⑥筹集建筑物及其所属设施的维修基金；⑦改建、重建建筑物及其附属设施；⑧改变共有部分的用途、利用共有部分从事经营性活动；⑨有关共有和共同管理权利的其他重大事项。对于这些事项的共同决定方式通常是表决，最终表现形式是业主大会或业主委员会的决定。

业主大会和业主委员会的决定需遵守法律，决定《民法典》第二百七十八条第1款中第6项至第8项规定的事项，应当经专有部分占建筑物总面积三分之二以上的业主且占总人数三分之二以上的业主参与表决，并由参与表决专有部分面积四分之三以上的业主且参与表决人数四分之三以上的业主同意；决定第二百七十八条第1款的其他事项，应当经专有部分占建筑物总面积过半数的业主且占总人数过半数的业主同意。这里的专有部分面积，按照不动产登记簿记载的面积计算；尚未进行物权登记的，暂按测绘机构的实测面积计算；尚未进行实测的，暂按房屋买卖合同记载的面积计算。这里的业主人数，按照专有部分的数量计算，一个专有部分按一人计算。但建设单位尚未出售和虽已出售但尚未交付的部分，以及同一买受人拥有一个以上专有部分的，按一人计算。

业主大会和业主委员会的决定，对所有业主具有约束力。但是，业主大会和业主委员会的决定侵害业主合法权益的，受侵害的业主可以请求人民法院予以撤销（《民法典》第二百八十条）。

在业主有损害其他业主合法权益行为时，业主大会和业主委员会有权依照法律、法规以及管理规约，要求加害业主停止侵害、消除危险、排除妨害、赔偿损失（《民法典》第二百八十六条）。加害业主的损害行为包括《民法典》第二百八十六条第 2 款规定的"任意弃置垃圾、排放污染物或者噪声、违反规定饲养动物、违章搭建、侵占通道、拒付物业费等"行为。

（五）关于业主权利的其他特别规定

《民法典》对于业主权利还作了下列一些特别规定：

1. 业主有优先满足车位需要的权利

建筑区划内，规划用于停放汽车的车位、车库应当首先满足业主的需要（《民法典》第二百七十六条）。

2. 业主有因合理需要而无偿利用某些共有部分的权利

除违反法律、法规、管理规约，损害他人合法权益之外，业主基于对住宅、经营性用房等专有部分特定使用功能的合理需要，无偿利用屋顶以及与其专有部分相对应的外墙面等共有部分的，不认定为侵权。

3. 共有所有权受到侵害时的业主权利

业主对建设单位、物业服务企业或者其他管理人以及其他业主侵害自己合法权益的行为，有权请求其承担民事责任（《民法典》第二百八十七条）。

4. 合法权益受到其他业主侵害时的受害业主权利

（1）业主将住宅改变为经营性用房，未按照《民法典》第二百七十九条的规定经有利害关系的业主同意，有利害关系的业主可以请求排除妨害、消除危险、恢复原状或者赔偿损失。

（2）其他业主有损害业主合法权益行为的，不但业主大会和业主委员会有权依照法律、法规以及管理规约，要求加害业主停止侵害、消除危险、排除妨害、赔偿损失，而且受害业主对侵害自己合法权益的行为，可以依法向人民法院提起诉讼。加害业主的损害行为包括前述《民法典》第二百八十六条第 2 款规定的行为。

5. 业主有管理选择权

业主可以自行管理建筑物及其附属设施，也可以委托物业服务企业或者其他管理人管理。对建设单位聘请的物业服务企业或者其他管理人，业主有权依法更换（《民法典》第二百八十四条）。

6. 业主（或业主委员会）在他人管理时的权利

（1）业主有管理监督权（《民法典》第二百八十五条）。

（2）物业服务企业将物业服务区域内的全部物业服务业务一并委托他人而签订的委托合同，业主委员会或者业主有权请求确认合同无效。

（3）物业服务企业不履行或者不完全履行物业服务义务的，业主有权请求其承担违约责任。

（4）物业服务企业违约或者违规收费的，业主有权抗辩；已经收取的，业主有权请求退还。

（5）业主大会按照《民法典》第二百七十八条规定的程序作出解聘物业服务企业的决定后，业主委员会有权请求解除物业服务合同。

（6）物业服务合同终止后，物业服务企业已经预收物业费，但尚未提供物业服务的，业主有权请求退还。

（7）物业服务合同终止后，业主委员会有权请求物业服务企业退出服务区域、移交服务用房和相关设施，以及服务所必需的相关资料和由其代管的专项维修资金。物业服务企业不得拒绝退出、移交，并不得以存在事实上的物业服务关系为由，请求业主支付物业服务合同终止后的物业费。

第三节　用益物权

一、用益物权的法律特征与种类

用益物权是指权利人对他人所有的不动产或者动产，依法享有占有、使用和收益的权利（《民法典》第二百二十三条）。

（一）用益物权的法律特征

1. 以权利人直接支配他人之物的使用价值为目的

设置用益物权的目的在于对他人之物进行使用、收益，以取得物的实际利用价值，其社会功能在于增进物尽其用的经济效用。用益物权法律规范贯彻效益原则，鼓励用益物权人充分有效地利用和获取物的使用价值，以满足使用人的需要，促进社会财富的增长。用益物权以实际的占有标的物为前提，不能对物占有，用益物权就无法行使。

2. 以不动产为主要客体

所有权和担保物权的客体既包括动产，也包括不动产。用益物权的客体则以不动产为主。虽然《民法典》在一般规定中规定用益物权的标的物包括不动产和动产，但是具体规定只针对不动产而非动产。动产作为用益物权客体只是为法律解释和发展提供了空间。不动产一般是指土地及其定着物（主要是建筑物等）。我国用益物权的客体主要是土地，如土地承包经营权、建设用地使用权、宅基地使用权、居住权和地役权。

3. 标的物须于用益物权消灭后原状返回给所有权人

从我国《民法典》规定的用益物权体系上看，土地承包经营权、建设用地使用权、宅基地使用权、居住权和地役权这五种用益物权的客体都是具有非消耗性质的不动产，用益物权人对标的物的占有、使用、收益并不造成对标的物价值的减损。在用益物权消灭时，用益物权人有义务将标的物以原状返回给所有人，以恢复所有人对物的完全支配。因此，非所有权人对他人之物在利用后不能返还原物的，就无法纳入用益物权体系。

（二）用益物权的种类

我国《民法典》物权编之用益物权分编专门规定了土地承包经营权、建设用地使用权、宅基地使用权、居住权、地役权五种用益物权；在用益物权的"一般规定"中的第三百二十八条和第三百二十九条规定了海域使用权、探矿权、采矿权、取水权以及在水域、滩涂的养殖权和捕捞权六种准用益物权。准用益物权是"特许物权"，有很强的公法性与管理性，由特别法规定，《民法典》只是作了宣示性规定①。对于域外传统法律中的永佃权②、地上权③等，《民法典》未予规定。

二、土地承包经营权

土地承包经营权，是自然人或集体经济组织依法对集体所有或者国家所有由集体使用的土地所享有的占有、使用、收益的权利。我国农村集体经济组织以家庭承包经营为基础、统分结合的双层经营体制为其根本经济制度。家庭承包制是我国设立农村土地承包经营权的制度基础，土地承包经营权是实现家庭承包的手段。《民法典》专章规定了土地承包经营权。

土地承包经营权具有如下基本特征：

（1）权利主体是农业生产或经营者，包括农村集体经济组织、农户或个人，一般系集体经济组织的成员。

---

① 江平. 中国物权法教程 [M]. 北京：知识产权出版社，2007：304.
② 长期或长久对他人不动产土地行使充分权利而以每年向土地所有人给付租金为条件者，即称永佃权或永借权（见 江平，米健. 罗马法基础 [M]. 3 版. 北京：中国政法大学出版社，2004：251.）。意大利民法典、日本民法典以及我国台湾地区所谓的"民法典"都有关于永佃权的规定。但在当代台湾，永佃权"业已名存实亡"（王泽鉴. 民法物权 [M]. 第二册·用益物权·占有. 北京：中国政法大学出版社，2001：61.）。在大陆，永佃权早已成为一个历史概念。
③ 我国台湾地区所谓的"民法典"第八百三十二条规定，地上权"谓以在他人土地上有建筑物或其他工作物，或竹木为目的而使用其土地之权"。由此可见，地上权就是权利人在租用的土地上建筑工作物或者种植竹木等不动产。有人认为，建设用地使用权是一种以他人土地建造并所有建筑物和其他附着物的用益物权，与传统民法中的地上权基本类似。并认为其"可以准确体现地上权的内涵与特征，可以作为'地上权'一词的通俗而恰当的替代语"。参见：梁慧星. 中国物权法草案建议稿·条文、说明、理由与参考立法例 [M]. 北京：社会科学文献出版社，2000：448.

（2）权利客体是农村土地，即集体所有或国家所有依法由农民集体使用的耕地、林地、草地以及其他依法用于农业的土地。

（3）权利内容是从事种植业、林业、畜牧业等在内的农业生产权。由于承包经营与原来相比只是生产方式改变而本质不变，所以其权利的取得一般不以支付地租为必要条件。

土地承包经营权的性质是承包经营权人所享有的进行农业经营的用益物权，该权利是有期限的。耕地的承包期为30年，草地的承包期为30～50年，林地的承包期为30～70年；特殊林木的林地承包期，经国务院林业行政主管部门批准可以延长。期限届满，由土地承包经营权人按照国家有关规定继续承包。

土地承包经营权与土地租赁权有区别。土地租赁权，是指土地所有人或使用权人作为出租人将土地使用权租赁给承租人使用，由承租人向出租人支付租金的行为。它与土地承包经营权虽然有相似之处——都是一种土地利用方式，但是区别也很显著，主要有：其一，客体差异。一般说来，土地承包经营权的客体只能是农村土地，而土地租赁权的客体可能是农村土地也可能是城市土地。其二，存续期限不同。土地承包经营权依法不少于30年、50年、70年不等；而土地租赁权的存续期限通常由当事人协商确定，但不得超过土地使用权的剩余期限。其三，权利取得条件不同。土地承包经营权取得一般不以支付地租为必要条件，即使支付也很低。土地租赁权取得则以支付租金为条件，不可能无偿取得土地租赁权。

为落实农村土地"三权分置"政策，《民法典》规定了"土地经营权"。农村土地"三权分置"政策措施是相对于原有承包经营权之于所有权与土地承包经营权"两权分离"而言的，即在坚持农村土地集体所有的前提下，将承包权和经营权分离，形成所有权、承包权、经营权三权分置的格局。换言之，土地经营权是土地承包经营权人依法享有的对土地进行经营的权利。土地经营权既可以由承包人自主经营而行使，亦可将其向第三人流转，由受让人对土地进行经营而行使。这样，在不改变原有土地承包关系的前提下，为土地经营的流转提供了法律依据，有利于土地经营的集约化和规模化。根据《民法典》规定，土地承包经营权人可以自主决定依法采取出租、入股或者其他方式向他人流转土地经营权（第三百三十九条）；土地经营权人在合同约定的期限内占有土地，自主开展农业生产经营并取得收益（第三百四十条）；流转期限为五年以上的土地经营权，自流转合同生效时设立。当事人可以向登记机构申请土地经营权登记；未经登记，不得对抗善意第三人（第三百四十一条）。

三、建设用地使用权

建设用地使用权，是指权利人依法对国有或集体所有的土地享有的占有、使用和收益的权利。涉及建设用地使用权的概念，《物权法》施行以前的我国法律表述不一。如《民法通则》称"国有土地使用权"，《中华人民共和国土地管理法》（以下简称《土地管理法》）称"建设用地使用权"；《公司法》则称"土地使用权"。《物权法》在用益物权编使用了"建设用地使用权"这一用语以后，在理解《物权法》以前的上述概念时，既要尊重以前法律的规定，又要遵循《物权法》的含义，基本含义均应统一到物权法中"建设用地使用权"的含义上来。如《公司法》中的"土地使用权"，应仅作"建设用地使用权"理解，而不包括非建设用地使用权问题。《民法典》继续沿用《物权法》确认的"建设用地使用权"概念。

建设用地使用权的基本法律特征是：

（1）权利主体是自然人、法人或其他组织，但都是非所有人。

（2）权利客体为国家或集体所有的土地。土地的范围包括地表、地上和地下，地上和地下的界限应当不违背法律的强行性规定，亦不得损害第三人的权利。例如，国有土地上的建设用地使用权人建筑房屋的高度应当符合城建规划；集体土地上的建设用地使用权人不得对地之下埋藏的矿藏行使权利。《民法典》第三百四十四条规定了国有土地可以作为建设用地使用权的客体，而《民法典》第三百六十一条规定了集体所有的土地作为建设用地的应依照土地管理的法律规定办理。

（3）权利的基本内容为对土地的占有权、使用权和收益权。

占有权，即对土地本身进行法律上的控制权。权利主体为了实现其使用、收益的目的，必须对土地本身进行法律上的控制，即占有。法律上的占有，并不要求权利存续期间，使用权人必须始终为直接占有。同时，虽然该权利以建造建筑物或其他附属物为目的而创立，但是并不以该土地之上存在有建筑物或其他附着物为必要，所以建筑物或其他附属物灭失，并不导致建设用地使用权人权利的丧失。

使用权，即使用土地的权利，具体指利用土地建造建筑物、构筑物及其附属设施的权利（《民法典》第三百四十四条）。"建筑物"是指人可以在其中进行生活或生产活动的、固定于土地之上的房屋或其他场所，如住宅、办公楼、厂房、库房等。"构筑物"是指人不能在其中进行生产或生活的，固定于土地之上的人工修建的物，如道路、桥梁、隧道、堤坝等。"附属设施"是指附属于建筑物、构筑物的设施，如办公楼的电力设施、道路的路牌等，建筑物、构筑物周围的竹木、花卉等，也应当在附属设施的范围之内。这里应当注意两点：其一，使用权内容根据。具体的使用权内容是根据法律规定与合同约定确定的。这些规定或约定，一般包括用途限制与范围限制两方面内容，如我国《土地管理法》《中华人民共和国城市规划法》（以下简称《城市规划法》）对土地的性质与用途有明确的规定，建设用地使用权出让合同一般对土地的具体使用作了明确约定。当然，在建设用地使用权设立时未约定特定用途的，使用权人则可按通常用途使用。其二，使用权内容范围。根据我国现行法律规定，因土地所有权人不同，在土地上设定的建设用地使用权的权利内容亦存在较大差异。比较而言，在集体土地上设定的建设用地使用权，比在国有土地上设定的建设用地使用权限制要大。由于《物权法》主要规定的是国有土地建设用地使用权问题，所以，《民法典》第三百六十一条规定："集体所有的土地作为建设用地的，应当依照土地管理法等法律规定办理。"这意味着，集体土地建设用地使用权问题不适用《民法典》关于建设用地使用权的规定。

收益权，即通过使用土地获得收益的权利。建设用地使用权人当然有权获取因为使用土地而所产生的利益。权利人在取得建设用地使用权后，对在土地上自己建造的建筑物、构筑物及其附属设施拥有所有权。权利人在其建筑物或其他附着物建成后，利用建筑物或其他附着物出售或出租所取得的收益，亦应归权利人所有。需要指出，根据我国现有法律规定，建设用地使用权人只能通过使用土地获得收益，而不能单独利用建设用地使用权获得收益。比如，将建设用地使用权单独出租，则为法律所不许。

建设用地使用权除了上述基本内容外，还有其他内容，如处分权、相邻权、续期权、物上请求权等[①]。

一般情况下，建设用地使用权的取得是有偿的。但在特别法中，通过划拨方式无偿取得土地使用权的方式仍然存在。不过，通过划拨方式取得的土地使用权如进入流通领域，则仍须贯彻有偿取得原则，先缴纳出让金才得流转。另外，建设用地使用权的取得也是有期限的，具体期限因目的不同而有别，一般都比较长，最长可达 70 年。

四、宅基地使用权

宅基地使用权是指农村集体组织成员为建造住房及其附属设施的需要而使用该集体土地的权利。我国农村土地属于农村集体所有，农民个人不享有所有权，因此，宅基地使用权在本质上仍然是非所有人对他人土地的一种利用权。农民的宅基地使用权，虽然可以认为是广义的建设用地使用权，如建设用地使用权中，也包括了城市的住宅建设用地使用权和农村的非农业建设用地使用权，但是它在取得、流转等方面有其独特之处，所以《民法典》将其作为独立的一类用益物权加以规定，它是我国土地公有制和土地的城乡二元体制下的产物。在我国社会保障体系尚无法覆盖广大农村的现实下，土地承包经营权解决农民的基本衣食来源，宅基地使用权则解决农民的基本居住问题，这两项制度成为维护农业、稳定农村的重要制度。

宅基地使用权的基本法律特征是：

（1）权利主体是农村集体组织的成员，非成员不能取得宅基地使用权，也不能通过受让房屋所有权取得宅基地使用权。宅基地使用权是一种基于身份而享有的权利，失去集体经济组织成员这一身份，也就失去了取得宅基地使用权的基础。所以，要取得宅基地使用权，必须具有农村集体组织成员的身份资格。不具有农村集体组织成员身份的人，不能成为宅基地使用权主体。

（2）权利客体为农村集体组织所有的土地，并且是集体组织成员自己所在集体所有的土地。我国农村集体组织成千上万，每个集体组织都有一定量的土地供其成员耕种和

---

① 马俊驹，陈本寒. 物权法［M］. 上海：复旦大学出版社，2007：233-236.

居住，每个成员都只能在自己所属的集体组织的土地上设立宅基地使用权，而不可能在其他集体组织的土地上设立。

（3）权利的基本内容为依法利用该土地建造住宅及其附属设施。《民法典》第一百五十二条规定："宅基地使用权人依法对集体所有的土地享有占有和使用的权利，有权依法利用该土地建造住宅及其附属设施。"这说明，宅基地使用权的使用目的仅限于建造用于自家居住的住宅及其附属设施。如果是为经营目的而建造房屋及其附属设施，不能获得宅基地使用权。

宅基地使用权除了上述基本法律特征外，还有下述特点：

（1）权利取得的无偿性。在我国农村经济不发达的情况下，土地是农民安身立命的最重要资源。农村土地归集体所有，该集体的成员理应享有集体所有土地的利益。如果所有成员都向集体组织交纳宅基地使用费，那么，该费用最终仍然应回归所有成员。如此，交纳宅基地使用费就成为无意义之举。所以，农村集体组织成员的宅基地使用权可以通过分配获得，集体组织按规定的份额分配给成员宅基地使用权，成员不交纳宅基地使用费，就取得宅基地使用权。

（2）权利客体数量的有限性。在集体组织中，土地数量有限，成员众多。每个成员都有权获得宅基地使用权方才公平。如果不加数量限制，人地矛盾将无法解决。因此，每个成员只能获得一定份额的宅基地，不能超标取得或多处取得宅基地使用权。

（3）权利行使的长期性。虽然法律没有明文规定宅基地使用权期限，但是它应当随着成员身份的存在而存在，没有期限限制。

（4）权利的不可流转性。对于农村宅基地使用权能否流转的问题，理论上有争议，《民法典》也无明确规定。我们认为，从理论上讲，我国目前的宅基地使用权是一种身份性权利，担负着对农民的社会保障功能。如果允许其流转，就会带来一系列的社会问题，因此不宜流转。从法律上讲，《民法典》虽无明确规定，但从相关规定可以推定其意思是不可流转。《土地管理法》第六十二条明确规定，农村村民出卖、出租、赠与住宅后，再申请宅基地的，不予批准。《民法典》第三百九十九条第2项规定，宅基地不得抵押。这些规定意味着宅基地使用权不能处分、不可流转，目的在于维护农民生存权利。

五、居住权

居住权，是指依照合同约定，权利人对他人的住宅享有占有、使用以满足生活居住需要的用益物权。《民法典》物权编用益物权分编专章（第十三章）对此进行了规定。

依照《民法典》规定，设立居住权，当事人应当采用书面形式订立居住权合同。居住权合同一般包括下列条款：当事人的姓名或者名称和住所；住宅的位置；居住的条件和要求；居住权期限；解决争议的方法（第三百六十七条）。除当事人另有约定外，居住权应无偿设立，并应向登记机关申请居住权登记，居住权自登记时设立（第三百六十八条）。因居住权是为满足居住权人的生活居住之需，所以居住权不得转让和继承；除当事人另有约定外，设立居住权的住宅不得出租（第三百六十九条）。居住权期限届满或者居住权人死亡的，居住权消灭。居住权消灭的，应当及时办理注销登记（第三百七十条）。

此外，以遗嘱方式设立居住权的，参照适用《民法典》对居住权的有关规定。

六、地役权

地役权，是土地所有权人或土地使用权人享有的为自己土地的使用便利而使用他人土地的权利。地役权人自己的土地为需役地，被使用的他人土地为供役地。

地役权的特征是：①地役权的主体是需役地权利人；②地役权的客体是供役地（他人土地）；③地役权的内容是地役权人对于他人土地的使用权，具体可分为通行权、管线通过权、排水权、取水权、通风权、采光权、眺望权。目的是提高自己的不动产的效益。

地役权与相邻权有区别。相邻权，是指不动产所有人或使用人在行使物权时，为方便自己不动产物权的使用，在法律规定的范围和限度内利用他人的相邻不动产所有人或使用人的所有权或使用权。如被邻地包围的土地的所有人或使用人，为使用土地，有权通行邻地；高地所有人或使用人有权通过他人所有或使用的低地排放积水等。地役权与相邻权有相同之处，即实质上都是不动产权利人对相邻不动产的利用权。但是二者有如下基本区别：①相邻权是法定的权利，是法律为满足不动产权利人最低需要而设定的权利。地役权是约定权利，是当事人为满足超过不动产权利人最低需要设定的权利。②相邻权不是独立权利，地役权是独立权利。③产生相邻权基础的不动产之间一定是邻近的，产生地役权基础的不动产之间不一定是邻近的。④相邻权除权利人行使权利时给当事人造成损害而予以赔偿外，都是无偿享有。地役权享有是否有偿，由当事人商定，因此是不一定的。⑤相邻权的期限由相邻关系的期限决定，地役权的期限由当事人约定。

第四节　担保物权

一、担保物权概说

担保物权是指担保物权人在债务人不履行到期债务或者发生当事人约定的实现担保物权的情形，依法享有就担保财产优先受偿的权利（《民法典》第三百八十六条）。

（一）担保物权的性质

对于担保物权的性质，可从不同角度说明。

1. 就其对于债权的实现而言，是优先受偿权，不是平等受偿权

担保物权作为具有担保作用的物权，在与无担保物权的债权并存且都到权利行使期时，有担保物权的债权在受偿上具有优先效力。因此，与普通债权受偿权比较，担保物

权是优先受偿权，而不是平等受偿权。

2. 从其自身实现的方式讲，是支配权，不是请求权

支配权与请求权的最主要区别就在于，权利人权利的实现，是否需要得到义务人的协助或意思介入。担保物权是无须征得义务人的同意或协助就可实现的权利，因而是支配权，不是请求权。

3. 从其支配的对象讲，是对物权，不是对人权

民法上的担保，分为人的担保和物的担保。物的担保是建立在特定物（包括物化权利）之上的，是担保权人对特定物的支配权，这种权利始终追随担保物而存在，并不因担保物所有人的变动而受影响，所以，担保物权是对物权，而非对人权。

4. 从其支配的内容上，是价值权，不是实体权

担保物权是对其客体的交换价值的支配，而不是为了实现物的使用价值而对对象的物质实体进行支配，所以学者称担保物权为"价值权"，而不是实体权。正因为如此，财产权利也可以成为担保物权的客体。

（二）担保物权的特征

1. 担保物权具有从属性

担保物权是为了确保债权的实现而存在的物权，所以担保物权以债权的存在为前提。它随债权的发生而发生，债权的移转而移转，债权的消灭而消灭，这就是担保物权的从属性（也称附随性）。债权如果不确定或者不存在，是不可能产生担保物权的。当然，不同的担保物权，从属性也不完全一致。法定担保物权（如留置权）的从属性比较显著和强烈，约定担保物权因为同时具有融资的功能，所以从属性较弱。特别是最高额抵押、最高额质权等，对将来的债权发生担保作用并不以债权已经发生为必要。

2. 担保物权具有行使上的不可分性

在债权完全受偿前，债权人能够对担保物的全部行使担保物权，以保证债权的实现。不论担保的债权数额的多寡都如此。当债权人的债权因为清偿、免除、抵销、转让等原因部分消灭时，债权人依然能够就没有消灭的债权对担保物的全部行使权利；担保物的分割或者转让，均不影响担保物权人行使权利；担保物部分灭失，不影响对剩余部分的担保物行使权利。

3. 担保物权具有物上代位性

虽然担保财产改变了原来的形态或者性质，但是其交换价值继续存在，担保物权效力能够及于担保财产的代替物上；或者虽然担保财产发生了灭失，但是如果有代位物，担保物权效力能够及于代位物上，这就是担保物权的物上代位性。比如，担保期间，担保财产毁损、灭失或者被征收等，担保物权人可以就获得的保险金、赔偿金或者补偿金等优先受偿；被担保债权的履行期未届满的，也可以提存该保险金、赔偿金或者补偿金等。这里的"保险金、赔偿金或者补偿金等"即成为担保财产的代位物。担保物权的物上代位性是以担保财产的交换价值为依据的。

（三）担保物权的设立与消灭

1. 担保物权的设立

担保物权的成立方式有两种：即直接依照法律规定成立（如留置权）和通过担保合同设立（如抵押权），现实中大量的是通过担保合同设立。

《民法典》对于合同设立担保物权有若干具体规定，如：合同形式必须是书面合同；设为担保物权客体的担保财产必须是为法律允许的财产（包括不动产、动产和财产权利，不同种类担保物权法律要求不同）；担保的范围应当包括主债权及其利息、违约金、损害赔偿金、保管担保财产和实现担保物权的费用（当事人另有约定的，按照约定）。另外，在理论上，担保财产应当具有特定性和可让与性。特定性是指至少在担保物权行使时是能够确定的。可让与性是指能够通过转让而获得对价。因此，不能说债务人或者第三人的所有现有或者将有的财产或者权利均能够设立担保物权。

担保合同是主债权债务合同的从合同。除法律另有规定的外，主债权债务合同无效，担保合同无效。另外，担保合同违反相关法律规定的也无效。

2. 担保物权的消灭

担保物权有下列情形之一的消灭：主债权消灭；担保物权实现；债权人放弃担保物权；法律规定担保物权消灭的其他情形。

二、抵押权

抵押权是指债权人为确保债权的实现，对债务人或第三人的特定财产上享有的，以不转移财产占有为特征的优先受偿权。它是担保物权制度中最为重要、也是最为复杂的一种担保方式。

（一）抵押权法律关系

抵押权的权利主体是债权人，又被称为"抵押权人"，对应的义务主体是债务人或第三人，又被称为"抵押人"。

抵押权的权利客体是债务人或第三人所提供的特定财产，《民法典》称之为"抵押财产"。抵押财产的范围主要是不动产（如建筑物），还包括一些动产（如船舶、航空器）和财产权利（如土地使用权）。《民法典》第三百九十五条规定的具体范围包括：①建筑物和其他土地附着物；②建设用地使用权；③海域使用权；④生产设备、原材料、半成品、产品；⑤正在建造的建筑物、船舶、航空器；⑥交通运输工具；⑦法律、行政法规未禁止抵押的其他财产。法律、行政法规禁止抵押的财产，根据《民法典》第三百九十九条规定，包括：①土地所有权；②宅基地、自留地、自留山等集体所有的土地使用权，但法律规定可以抵押的除外；③学校、幼儿园、医疗机构等为公益为目的成立的非营利法人的教育设施、医疗卫生设施和其他社会公益设施；④所有权、使用权不明或者有争议的财产；⑤依法被查封、扣押、监管的财产；⑥法律、行政法规规定不得抵押的其他财产。

抵押权的权利内容是债权人对抵押财产享有的优先受偿权，但在债务人清偿债务前没有占有抵押财产的权利。优先受偿权即在与无担保物权的债权并存且都到权利行使期时，债权人的债权优先得到清偿的权利。不转移抵押财产的占有是抵押权与质权、留置权的显著区别。抵押合同的签订与抵押权的生效，并不以转移抵押物的占有为前提，在整个抵押合同履行期间，抵押物均不发生占有转移，抵押人依然占有、使用、收益抵押物，但是抵押人对抵押物的处分权能被限制。抵押权得以行使的前提是债务人不履行到期债务或者发生当事人约定的实现抵押权的情形。

（二）抵押权与债权的关系

对于债权而言，抵押权具有从属性和不可分性。抵押权的从属性是指根据抵押权与其担保的债权之间的关系，抵押权具有不能独立存在的属性。由于抵押权的功能是辅助债权实现，因此债权是主权利，抵押权是从权利。由于抵押权是从权利，所以抵押权必须依赖于债权的存在而存在，债权存在、变化、移转和消灭，抵押权随之存在、变化、移转和消灭。抵押权的不可分性是指在抵押权所担保的债权完全实现前，抵押权人能够就全部抵押财产行使抵押权。《民法典》第四百零七条规定："抵押权不得与债权分离而单独转让或者作为其他债权的担保。"

（三）抵押权的取得

抵押权可因法律行为和法律行为以外的原因取得。法律行为主要是指抵押合同行为和抵押权登记行为，法律行为以外的原因主要有法律的规定和继承。

1. 抵押合同

抵押合同是由债务人或者第三人与债权人之间就在债务人或者第三人的财产上设定抵押权的合意。抵押合同是要式合同，必须以书面形式缔结（《民法典》第四百条）。抵押合同一般包括下列条款：被担保债权的种类和数额；债务人履行债务的期限；抵押财产的名称、数量等情况；担保的范围。抵押合同具有诺成性，只要双方当事人协商一致并合法，合同即成立并具有约束力。《民法典》第二百一十五条规定："当事人之间订立有关设立、变更、转让和消灭不动产物权的合同，除法律另有规定或者当事人另有约定外，自合同成立时生效；未办理物权登记的，不影响合同效力。"抵押合同生效并不意味着当然取得抵押权，抵押权的取得与否还受到登记的效力影响。

需要特别指出的是，应注意抵押合同"流押条款"的效力。所谓流押条款，即当事人在抵押合同中约定的债务人届期不履行债务时抵押物直接归债权人所有。我国以往立法明确禁止流押条款。《民法典》仍不承认流押条款的效力，但明确了抵押本身的担保效果。《民法典》第四百零一条规定："抵押权人在债务履行期限届满前，与抵押人约定债务人不履行到期债务时抵押财产归债权人所有的，只能依法就抵押财产优先受偿。"依此规定，当事人不能在抵押合同中约定，债务人不履行到期债务时抵押财产归债权人所有；但是，当事人约定了此类条款，也不发生抵押财产直接归债权人所有的效力，仅发生抵押的担保效果，即债权人"只能依法就抵押财产优先受偿"。

2. 抵押权登记

对于抵押合同设立的抵押权，我国《民法典》按照不动产与动产的划分，确立了不同的抵押权登记效力规则：

不动产抵押权登记生效。根据《民法典》第四百零二条的规定，如果抵押物是建筑物和其他土地附着物，或建设用地使用权，或海域使用权，或正在建造的建筑物，抵押权自登记时设立。这称之为登记生效主义。如果不登记，则抵押合同设立的抵押权不生效，即不取得抵押权。

动产抵押权登记对抗善意第三人。根据《民法典》第四百零三条的规定，如果抵押物是动产，抵押权自抵押合同生效时设立，但是未经登记，不得对抗善意第三人。就是说，以动产抵押，在抵押合同缔结生效后，不登记也取得抵押权，但是，如果善意第三人合法地获得了该动产，则抵押权不能继续行使而追及至抵押物。如果要取得对抗善意第三人的效力，必须登记，这称之为登记对抗主义。所以，动产抵押权自抵押合同生效时取得，但只是在没有善意第三人的情况下才有保障。

3. 依据法律的规定取得抵押权

如根据《民法典》第八百零七条的规定①，建设工程承包人享有的建设工程价款优先受偿权就被认为是法定抵押权。

4. 依据继承取得抵押权

抵押权不是专属性的财产权，也能够通过继承取得。当被继承人死亡时，继承的条件发生，则继承人依法继承债权与抵押权，而无须登记，通过继承当然取得抵押权。

（四）最高额抵押权

最高额抵押权是指对于债务人或者第三人对一定期间内将要连续发生的债权提供的抵押担保财产，如果债务人不履行到期债务或者发生当事人约定的实现抵押权的情形，抵押权人享有的在最高债权额限度内就该担保财产优先受偿的权利。债务人或者第三人提供的抵押称为最高额抵押。最高额抵押权与一般抵押权相比，其特点是：被担保的债权在将来发生而且数额不确定，但是有债权额度和期间限制，抵押物只对一定期间内发生的债权在最高额度内进行担保，对期间外发生的债权或最高额度外的债权不予担保。债权数额在一定期间到来或者一定情形出现时才能确定。一般抵押是对已经确定的债权进行担保（通常而言，该债权已经发生，或者虽未发生，但是其发生的具体时间与数额是确定的），而且是对实际发生的债权全额担保。

债权确定是最高额抵押权的特殊问题，《民法典》对其有专门规定：

（1）原则上，最高额抵押权涉及的债权数额只能是最高额抵押权设立后发生的债权，但是，最高额抵押权设立前已经存在的债权，经当事人同意，可以转入最高额抵押

---

① 该条的内容为"发包人未按照约定支付价款的，承包人可以催告发包人在合理期限内支付价款。发包人逾期不支付的，除根据建设工程的性质不宜折价、拍卖的外，承包人可以与发包人协议将该工程折价，也可以请求人民法院将该工程依法拍卖。建设工程的价款就该工程折价或者拍卖的价款优先受偿"。

担保的债权范围。

（2）最高额抵押担保的债权确定前，部分债权转让的，除当事人另有约定外，最高额抵押权不得转让。

（3）最高额抵押担保的债权确定前，抵押权人与抵押人可以通过协议变更债权确定的期间、债权范围以及最高债权额，但变更的内容不得对其他抵押权人产生不利影响。

（4）最高额抵押的债权数额确定的时间为下列情形之一出现的时间：约定的债权确定期间届满；没有约定债权确定期间或者约定不明确，抵押权人或者抵押人自最高额抵押权设立之日起满二年后请求确定债权；新的债权不可能发生；抵押权人知道或应当知道抵押财产被查封、扣押；债务人、抵押人被宣告破产或者被解散；法律规定债权确定的其他情形。

最高额抵押权除适用其特别规定外，适用一般抵押权的规定。

三、质权

质权，是指债务人或第三人将其担保财产移交给债权人占有，在债务人不履行到期债务或者发生当事人约定的实现担保物权的情形时，债权人享有的依法以其占有的担保财产变价并优先受偿的权利。在质权关系中，债权人称作质权人；提供担保财产的一方为出质人，可以为债务人本人，也可以是债务人之外的第三人；担保财产，称为质物或质押财产，包括动产和财产权利。质权与抵押权的区别主要有二：一是质权客体是动产和财产权利，不包括不动产，抵押权除动产和财产权利外，还包括不动产；二是质权要转移质押客体的占有（质权人占有质押客体，但经登记的财产权利质押除外），抵押权不转移抵押客体的占有（抵押权人不占有抵押客体而仍由抵押人占有）。

我国《民法典》根据质权客体的不同性质，将质权分为动产质权和权利质权。

（一）动产质权

动产质权是以可转让的动产为标的物而设定的质权，具体是指为担保债务的履行，债务人或者第三人将其动产出质给债权人占有，债务人不履行到期债务或者发生当事人约定的实现质权的情形，债权人享有就该动产优先受偿的权利。

动产质权的法律特征是：权利主体是债权人，又称质权人，对应的义务主体是债务人或第三人，又称出质人。权利客体是债务人或者第三人的动产。权利内容是在债务人清偿债务前，有占有质押财产和收取质押财产孳息（合同另有约定的除外）的权利；在债务人清偿债务时，有对质押财产的优先受偿权。另外，质权存续期间有转质权[①]和保全质权[②]的权利。

质权可因法律行为和法律行为以外的原因取得。法律行为主要是指质权合同行为，

---

① 转质权是指在债权存续期间，质权人为了对自己的债务提供担保而将质物转移给第三人占有，从而在该质物上设定了新的质权。

② 保全质权是指出现质物可能毁损或者其价值可能降低的情形时，质权人为保护其质权，请求出质人提供担保，或者提前将质物变卖。

法律行为以外的原因主要有法律的规定、继承和善意取得。

当事人合同设立质权，应当采取书面形式订立质权合同。质权合同一般包括下列条款：①被担保债权的种类和数额；②债务人履行债务的期限；③质押财产的名称、数量等情况；④担保的范围；⑤质押财产交付的时间、方式（《民法典》第四百二十七条）。其中，质押财产不得是法律、行政法规禁止转让的动产（《民法典》第四百二十六条）。

质权合同合法签订即生效，但是并不自然取得质权，质押财产占有转移后才能取得质权。

出质人与质权人可以协议设立最高额质权。最高额质权除适用质权有关规定外，还可参照关于最高额抵押权的规定（《民法典》第四百三十九条）。

（二）权利质权

1. 权利质权的概念和特征

权利质权是以可转让的财产权利为标的物而设定的质权，具体是指为担保债务的履行，债务人或者第三人将其财产权利出质给债权人占有或履行质权登记，债务人不履行到期债务或者发生当事人约定的实现质权的情形，债权人享有就该财产权利优先受偿的权利。

与动产质权相比，权利质权具有如下特征：

其一，权利客体为财产权利。广义的财产权利包括所有具有财产利益（经济价值）的权利，但是这里的财产权利是狭义的，指除动产、不动产以外的，具有财产利益，可让与且适合出质的权利。《民法典》第四百四十条规定的具体范围包括：①汇票、本票、支票；②债券、存款单；③仓单、提单；④可以转让的基金份额、股权；⑤可以转让的注册商标专用权、专利权、著作权等知识产权中的财产权；⑥现有的以及将有的应收账款；⑦法律、行政法规规定可以出质的其他财产权利。动产质权的客体则为动产。

其二，权利质权的取得以转移质权客体的占有或履行质权登记为据，动产质权的取得则以转移质权客体的占有为据。

其三，权利质权人对财产的占有是观念的、无形的，动产质权人对财产的占有是外在的、有形的。

2. 权利质权的设定

权利质权的设定，是指出质人（债务人或第三人）与质权人约定，以其财产权利作为债权的担保而成立权利质押的法律行为。对于不同财产权利的质权设定，共同点是当事人应当订立书面合同，不同点是公示方法因客体不同而有移转和登记之异，具体是：

（1）有价证券质权（即以汇票、本票、支票、债券、存款单、仓单、提单出质）自权利凭证交付质权人时设立，没有权利凭证的，自有关部门办理出质登记时设立（《民法典》第四百四十一条）。

（2）基金份额、股权质权（即以基金份额、股权出质），自办理出质登记时设立（《民法典》第四百四十三条）。

（3）知识财产质权（即以注册商标专用权、专利权、著作权等知识产权中的财产权出质），自有关主管部门办理出质登记时设立（《民法典》第四百四十四条）。

（4）债权质权（即以应收账款出质），自办理出质登记时设立（《民法典》第四百四十五条）。

权利质权与动产质权的共同性问题，适用动产质权的规定（《民法典》第四百四十六条）。

四、留置权

留置权，是指债权人合法占有债务人的动产，在债务人逾期不履行债务时，享有的留置该动产并就该动产优先受偿的权利。债权人为留置权人，占有的动产为留置财产。

（一）留置权的特征

留置权的特征是：权利主体是债权人，又称留置权人；权利客体是债务人的动产，称留置财产；权利内容是对债务人动产实施留置行为的权利和留置以后的权利，留置以后的权利包括对留置财产的占有权、留置财产的孳息收取权、留置财产保管费用的偿还请求权、留置财产保管上的必要使用权、留置财产隐蔽瑕疵所致损害的赔偿请求权、留置财产的变价权和优先受偿权。留置财产的变价权和优先受偿权的行使应当在留置财产后的一定期间之后：留置权人与债务人有约定债务履行期间的，在期满之后；没有约定或者约定不明确的，除鲜活易腐等不易保管的动产外，在超过两个月以后。债务人逾期未履行的，留置权人可以与债务人协议以留置财产折价，也可以就拍卖、变卖留置财产所得的价款优先受偿。

（二）留置权的取得

该权利是法定担保物权，其取得具有法定性，即基于法律的直接规定而产生，无须债权人与债务人在合同中事先加以约定，也不论债权人与债务人是否有约定。但是，法律规定或者当事人约定不得留置的动产，不得留置。

留置权取得需具备三个条件：一是债权人留置之前已经合法占有留置财产（债务人的动产）；二是债务人逾期不履行债务；三是除企业之间的留置外，被留置财产应当与债权属于同一法律关系。换言之，被留置财产与债权存在于同一个法律关系之中。如加工承揽合同关系中的定作方未支付加工费，则制作方享有债权，被留置的定作物与债权存在于同一个加工承揽法律关系之中。

（三）留置权的消灭

留置权在三种情况下消灭，即债权消灭、留置权人对留置财产丧失占有、留置权人接受债务人另行提供的担保。

第五节　占有

一、占有的概念、特征与制度功能

（一）占有的概念

占有是占有人对物有事实上的管领力之事实。对物有事实上管领力的人，称为占有人，被管领的物称为占有物。

（二）占有的特征

1. 以物为客体

物包括动产和不动产，在物以外的财产权（如专利权）上只能成立准占有（我国《民法典》未规定），而不能成立占有。

2. 占有是对物事实上的控制和支配

在事实方面，占有人对物的控制和支配应该是现实的。一般认为，对物的事实上的控制与支配，并不必定要求其在物理上把持该物，而是在社会观念上，如果存在得以承认该物已属占有人事实上支配范围内的客观关系，则可认定占有人已对该物在事实上有控制和支配。具体地讲，可以根据社会观念和斟酌外部可以认识的空间关系与时间关系来判定。在空间关系上，如果人与物已存在场所上的结合关系的，则可认为该人对物有事实上的控制和支配；在时间关系上，人与物的结合关系在时间上须有相当的持续性，如果仅存在暂时的结合关系，则不能认为人对该物享有事实上的控制和支配。

3. 占有的性质为事实，而非权利

（三）占有制度的功能

在现代各国民法典中，占有制度一直是物权法的一项重要制度，因为占有制度自身具有积极功能。理论上对占有的制度功能有不同学说，我们认为，占有制度的最基本的功能是对占有现状的维护。

人类对物加以利用通常需要经由对物的事实支配方可实现，但物权因其观念化可与事实支配的状态分离，对物的支配关系也因此而区分为观念的支配关系与事实的支配关系。为维护物的正常支配秩序，法律必须对这两种支配状态予以保护。占有制度是对事实的支配关系的调整，建立对物的事实支配的法律秩序。它赋予占有以保护效力、推定效力和本权取得效力，其中，保护效力是最基本的。保护效力赋予对物进行事实支配的占有人排除侵害、保全现状的权利，功能在于维持对物的事实支配状态，也即对占有的保护。因此，占有制度的最基本的功能是对物的事实支配状态的维护。

占有制度对物的事实支配状态的维护功能，有利于维护社会秩序安宁。如小偷占有赃物，虽然不为法律所认可，但只有国家有权机关才能予以处理，除非法律另有规定，处于平等法律地位的任何他人不得任意私自处置。因为，在特定物由特定人实力支配之下时，如果允许所有人任意以私力取回其物，势必滋生纷扰，社会安宁秩序必不可保。

二、占有的分类

（一）有权占有与无权占有

这是以占有是否具有权源为标准进行的分类。有权占有，又称正权原占有，是指具有合法依据的占有，也即依据一定合法权利实施的占有，所依据的合法权利称本权。无权占有，又称无本权的占有，是指非依合法原因而施行的占有，如盗贼对于赃物的占有，拾得人对于遗失物的占有，承租人于租赁关系消灭后对于租赁物的继续占有。

这一分类的意义在于：对有权占有和无权占有给予的法律保护程度不同。有权占有因具有占有之权源，所以只要其权源继续存在，就受法律保护，若遇他人请求交付占有物的，占有人有权拒绝。且因有占有的权源，有权占有没有区分有瑕疵占有和无瑕疵占有的必要。无权占有因无占有的权源，因此在遇到有权源之人请求其交还占有物时，无权拒绝，有返还义务。且因为无占有的权源，在有瑕疵占有或无瑕疵占有的情况下，产生的法律后果不同。

（二）善意占有与恶意占有

这是对无权占有的再分类，这种分类以无权占有人是否误信有占有的权源为标准。善意占有，是指对标的物的占有虽没有本权，但占有人误信自己享有本权且无怀疑而进行的占有。恶意占有，是指占有人明知自己对标的物的占有没有本权，或者对有无占有本权存在怀疑，而仍进行的占有①。

这一分类的意义主要在于：其一，善意占有受善意取得制度的保护，而恶意占有则不。其二，在承认时效取得的立法中，善意占有可因时效而取得所有权，而恶意占有则不能。其三，本权人请求返还占有时，占有人的返还义务和责任二者有所不同。

（三）无过失占有与有过失占有

这是对无权占有中的善意占有的再分类，这种分类以善意占有人的善意是否存在过失为标准。无过失占有，是指善意占有人误信其占有为享有本权，且对其误信不存在过失的占有。有过失占有，是指善意占有人误信其占有为享有本权，但对其误信存在过失的占有。

这一分类的意义在于：时效取得的期间不同，即在善意无过失占有的场合，其取得时效期间较短。

（四）无瑕疵占有与有瑕疵占有

这也是对无权占有的再分类，这种分类以无权占有是否存在瑕疵为标准。无瑕疵占有，是指善意且无过失、和平、公然、持续的占有。有瑕疵占有，是指占有物时，具备恶意、过失、强暴、隐秘或不持续之任何一种情形下的占有。

---

① 在关于善意与恶意的概念上，通常认为，善意为不知，在仅有怀疑的场合，仍理解为善意。但是，在占有的情况下，通常认为，对有无占有的本权存在怀疑的场合，应理解为恶意。

这一分类的意义在于：无瑕疵占有是时效取得、善意取得的构成要件。有瑕疵占有不适用时效取得、善意取得。

（五）自主占有与他主占有

这是以占有人是否具有所有的意思为标准进行的分类。自主占有，是指占有人以所有的意思而进行的占有。所有的意思，是指作为所有人而占有的意思，即占有人事实上行使了与所有人能够实施的同样的排他支配的意思。他主占有，是指占有人非以所有的意思而进行的占有。如质权人、保管人、承租人、留置权人等对物的占有。

这一分类的意义在于：第一，自主占有可发生依时效取得所有权或因先占而取得所有权的效果，他主占有则不发生此效果。第二，在占有物发生毁损、灭失时，自主占有与他主占有的占有人的赔偿责任范围不同。

（六）直接占有与间接占有

这是以占有人在事实上是否直接占有标的物为标准进行的分类。直接占有，是指直接对于物有事实上的管领力。间接占有，是指不对物直接占有，但基于一定法律关系而对事实上直接占有该物的人有返还请求权，因而间接地对物有事实上的管领力。

这一分类的意义在于：第一，直接占有可独立存在，间接占有不能独立存在。第二，法律对占有的保护规定，虽然对间接占有一般也是适用的，但不排除有例外情况。

（七）单独占有与共同占有

这是以占有人主体的数量为标准进行的分类。单独占有，是指一人单独占有一物的占有。共同占有，是指数人共同占有同一物的占有。共同占有产生在共同继承、共有关系等场合。

这一分类的意义在于：在共同占有的情况下，各占有人就其占有物使用的范围，不得相互请求占有之保护。

（八）自己占有与辅助占有

这是以占有人是否亲自占有标的物为标准进行的分类。自己占有，是指占有人亲自对物为事实上的控制与支配。辅助占有，是指基于特定的从属关系，受他人指示而对标的物为事实上的控制与支配。如甲经营的商店雇乙为售货员，则甲为占有人，乙为占有辅助人。辅助占有不能独立存在，占有辅助人的占有不是独立占有，所以不是占有人。

这一分类的意义在于：占有辅助人虽然在事实上管领某物，但只是辅助他人占有，自己并不因此而取得独立的占有。因此，占有辅助人不享有或负担基于占有而产生的权利义务。

三、占有的取得和消灭

占有的取得是指占有人获得对于物的事实上的管领。占有的消灭是指占有人对于物的事实上管领力的消灭。下面分别以直接占有和间接占有说明占有的取得和消灭。

（一）直接占有的取得和消灭

1. 直接占有的取得

直接占有的取得方式包括原始取得和继受取得。

（1）直接占有的原始取得。

直接占有的原始取得，是指不基于他人既存占有的移转而取得直接占有。如对无主物的先占，对遗失物、漂流物的拾得，均为直接占有的原始取得。直接占有的原始取得纯属于事实行为，而非法律行为，故不以合法为必要，也不以行为人有行为能力为必要。窃盗者对盗赃之物的直接占有，儿童在外玩耍时拾得他人遗失的提包后的直接占有，都构成直接占有的原始取得。

（2）直接占有的继受取得。

直接占有的继受取得，是指基于他人既存占有的移转而取得直接占有，包括直接占有的让与和直接占有的继承两种方式。

直接占有的让与，是指他人以转移占有的意思将占有物交付给自己，自己因此而取得直接占有。占有物的交付方式包括现实交付、简易交付、占有改定和指示交付等四种情形。直接占有的继承，是指依继承关系，被继承人的占有物移转于继承人直接占有。依继承而取得的直接占有是权利义务概括继承的结果，因此，根据被继承人死亡时的占有状态而移转于继承人。

2. 直接占有的消灭

直接占有的消灭，是指占有人丧失了对物的事实上的管领力。它通常包括以下情况：第一，基于占有人的意思而丧失对物的直接占有。占有人的意思即占有人明确、积极表示自己不对物享有事实上的管领力，如占有人抛弃直接占有。第二，非基于占有人的意思而丧失对物的直接占有。如占有人所直接占有之物被盗。

（二）间接占有的取得和消灭

1. 间接占有的取得

间接占有以他人的直接占有为前提，是基于他人的直接占有而取得，因此在性质上属于继受取得。其取得方式包括移转取得和创设取得。

（1）间接占有的移转取得。

间接占有的移转取得，是指基于他人的间接占有的移转而取得间接占有。其取得方式包括间接占有的让与和间接占有的继承。间接占有的让与，是指间接占有人依指示交付的方式，将物的返还请求权让与他人时，他人取得间接占有。如在甲将其寄存于乙店的物品让与给丙的场合，甲将其就该物品对乙的返还请求权让与给丙，丙继受取得该物品的间接占有。该返还请求权的让与，无须通知原直接占有人。间接占有的继承，是指因为继承被继承人的间接占有而形成的间接占有。间接占有移转取得的特点是：因改变间接占有主体而形成，不改变原来的直接占有。

（2）间接占有的创设取得。

间接占有的创设取得，是指当事人通过创设一定的法律关系，直接占有人将占有物移转于他人，自己因此而取得对物的间接占有，而他人取得对物的直接占有。如机器所有权人通过设定借用关系，将直接占有的机器移转于他人，由他人对机器直接占有，而所有权人对机器间接占有。间接占有创设取得的特点是：因为移转占有物而形成，改变原来的直接占有。

2. 间接占有的消灭

间接占有人因丧失其占有的成立要件而消灭。主要包括以下情形：直接占有人丧失占有；直接占有人表示不承认间接占有；返还请求权消灭。

四、占有的效力

占有的效力，是指法律赋予占有一定的法律拘束力。它是占有制度的核心问题。各国民事立法和解释赋予占有以多种法律效力，如占有的保护效力、占有的推定效力以及占有的本权取得效力。

（一）占有的保护效力

占有的保护效力，是指法律对物进行事实支配的占有人赋予的具有排除侵害、保全现状之权利的效力。根据各国民法规定，占有的保护效力可分为物权法上的保护效力和债权法上的保护效力。物权法上的保护效力主要是赋予占有人的自力救济权和占有保护请求权，债权法上的保护效力主要是赋予占有人的不当得利返还请求权和损害赔偿请求权。

（1）自力救济权，即占有人以自我力量保护占有的权利。依各国或地区的民法立法，占有人的自力救济权主要包括自力防御权和自力取回权。自力防御权，是指占有人对于侵夺或妨害其占有的行为，可以通过自身力量进行阻止他人的侵夺或妨害的权利。该权的行使以他人的侵夺或妨害现实存在且尚未完成为前提。自力取回权，是指占有人在占有物被侵夺后，对于不动产可即时排除加害人的侵夺予以取回，或对于动产就地或追踪向加害人取回的权利。

（2）占有保护请求权，即占有人在占有被侵害时，可以请求侵害人回复其圆满状态的权利。根据我国《民法典》第四百六十二条的规定，占有保护请求权包括占有物返还请求权、占有妨害排除请求权和占有妨害防止请求权。占有物返还请求权，即占有的不动产或者动产被侵夺的，占有人有权请求侵占人或者其继受人返还占有物。占有妨害排除请求权，即对侵占以外的妨害占有的行为，占有人有权请求妨害人以其自己的费用排除妨害。这种请求权的提起以占有被妨害的事实已经发生或者正在发生为前提。比如，在占有人占有的土地上堆放垃圾、停放车辆等妨害占有人对土地的占有时，占有人可以请求排除该妨害。占有妨害防止请求权，即对可能发生的妨害占有的行为，占有人有权请求消除危险。这种请求权的提起以妨害虽然尚未发生，但是妨害的危险现实存在为前提。

根据我国《民法典》第四百六十二条的规定，占有物返还请求权的行使期间为一年（自侵占发生之日起），一年内未行使的，请求权消灭。对于其他占有保护请求权的行使期间，《民法典》未予明确。

（3）不当得利返还请求权。他人因为侵害占有而取得利益，构成不当得利，占有人有权请求其返还。

（4）损害赔偿请求权。占有属于法律所保护的财产利益，不受他人任意侵害。因侵占占有物或者妨害占有造成损害的，占有人有权请求损害赔偿。

（二）占有的推定效力

占有的推定效力是指基于占有人对占有物有占有的事实，推定其某种状态存在的效力，包括占有的权利推定效力和占有的事实推定效力。

1. 占有的权利推定

占有的权利推定，是指如果占有人对占有物有占有的事实，则其在占有物上行使的权利，推定其适法而享有此权利。至于占有人是否真正有此权利，在第三人举证推翻推定之前，在此不问。比如，占有人在其占有物上行使所有权，即推定其有所有权；占有人在其占有物上行使使用权，则推定其有使用权。如果他人就该标的物上的权利有争议，提出争议的他人负有举证责任，占有人可援用此项推定对抗对方。如盗窃人由于占有盗窃物，可推定为其对该物有所有权，而真正的所有人须对自己的权源举证。近现代各国或者地区的民法都规定了占有的权利推定制度。我国《民法典》对此未作明文规定。设定权利推定制度主要有保护占有背后的权利、维持社会秩序、促进交易安全等作用。

对占有的权利推定效力的理解需要注意以下几点：

其一，占有推定只有消极的效力，占有人不得以该推定作为其积极行使权利的证明。如占有人不得以权利推定为由，请求登记其为占有物的所有人；不得以权利推定证明自己的占有具有正当权源。

其二，占有权利推定的效力，不仅占有人可以援用，第三人也可援用，如债权人可主张债务人占有的动产为债务人所有，以请求法院查封。

其三，占有权利推定的效力，可以对占有人产生不利效果。被推定的权利，通常对占有人有利，但有时可能对占有人不利。如推定物的占有人为所有人时，则占有人应承担物上的负担（如赋税）。如占有人拒绝履行纳税义务，则须自我证明不为所有人。

其四，如果权利推定被推翻，而且占有人未能依时效取得或善意取得而获得占有物的本权，则占有人是无权占有。此时应视以下情况分别处理：权利人可以请求返还原物及其孳息，但是，应当支付善意占有人因维护该不动产或者动产支出的必要费用（《民法典》第四百六十条）；占有人因使用占有物，致使该物受到损害的，恶意占有人应当承担赔偿责任（《民法典》第四百五十九条）；占有物毁损、灭失，该物的权利人请求赔偿的，占有人应当将因毁损、灭失取得的保险金、赔偿金或者补偿金等返还给权利人；

权利人的损害未得到足够弥补的，恶意占有人还应当赔偿损失（《民法典》第四百六十一条）。

2. 占有的事实推定

占有的事实推定，是指如果占有人对占有物有占有的事实，则推定其占有具有某种事实状态。这主要有如下情形：

（1）占有意思的推定。某物在某人管领之下，则该占有人以所有的意思占有或为自己占有属常态，以为他人所有或占有属例外。所以，对于占有，一般推定为以所有的意思占有或为自己占有。

（2）占有常态的推定。善意、公然及和平占有属人之常情，而以恶意、隐秘、强暴占有属例外。所以，对于占有，一般推定为善意、公然、和平占有，占有人无须举证。若反对者欲推翻，须为之举证。

（3）占有期间的推定。前后占有，中间也恒占有，此为常态，前后两时占有而中间不占有属例外。经证明前后占有的，则推定其中间为继续占有，占有人无须举证。若反对者欲推翻，须为之举证。

（三）占有的本权取得效力

本权是物权相对于占有而言在学理上的别称，它是指对于物在法律上的支配权。占有则只强调占有人对于物在事实上的支配（管领），而不过问占有人对于物在法律上有没有支配权①。在一定条件下，民法将事实支配的占有升格为法律支配的本权，从而赋予事实支配优先取得全部或部分本权的效力。依各国或地区立法的规定，基于占有而可能使占有人取得占有物上权利的情况主要有二：其一，依取得时效取得占有物的所有权。德国、瑞士、日本民法及我国台湾地区相关规定都对此持肯定态度。我国《民法典》对此无规定。其二，依善意取得制度取得占有物所有权或占有物上的其他权利。

本章重点

在全面理解物权法基本内容的基础上，重点掌握物权法的基本原则、物权的特征与效力、物权变动公示的规则和效力、物权的民法保护方法、所有权的特征与内容、业主的建筑区分所有权、用益物权的法律特征与种类、担保物权的法律特征与种类、占有的效力。

---

① 对于本权的概念及其与占有的区别，现行教材一般未予说明，隋彭生的《论占有之本权》一文（载《法商研究》2011年第2期）可以参考。文章认为，占有与本权是两种法律现象。占有是事实判断，本权是价值判断；占有是事实状态，本权是观念状态；占有是客观事实，本权是主观事实；占有有事实支配力，本权有法律支配力。

本章思考题

1. 物权的特征与效力有哪些?

2. 如何理解物权变动公示的规则和效力?

3. 物权的民法保护方法有哪些?

4. 所有权的特征与内容有哪些?

5. 共同共有与按份共有有何区别?

6. 如何理解业主的建筑区分所有权的理解?

7. 如何理解用益物权和担保物权的法律特征?

8. 质权与抵押权的主要区别有哪些?

9. 如何理解占有的效力?

10. 区分善意占有与恶意占有有何意义?

本章参考书目

1. 史尚宽. 物权法论〔M〕. 北京: 中国政法大学出版社, 2000.

2. 尹田. 物权法理论评析与思考〔M〕. 北京: 中国人民大学出版社, 2004.

3. 江平. 中国物权法教程〔M〕. 北京: 知识产权出版社, 2007.

4. 马俊驹, 陈本寒. 物权法〔M〕. 上海: 复旦大学出版社, 2007.

5. 谭启平. 中国民法学〔M〕. 北京: 法律出版社, 2021.

第六章

知识产权法

第一节　知识产权法概述

一、知识产权的概念和范围

知识产权，是指人们对其智力创造性劳动成果和商业识别性标志所依法享有的专有权利。各国关于知识产权的范围有着不同的规定，国际上先后缔结的国际公约对知识产权的范围也作了不同的规定，其中颇具影响力的《建立世界知识产权组织公约》和《与贸易有关的知识产权协议》对知识产权范围的界定，具有导向性和一定的强制性，对各国知识产权范围的确定有着广泛影响。

1967 年 7 月 14 日在斯德哥尔摩签订的《建立世界知识产权组织公约》第二条第 8 款认为，知识产权包括：

（1）与文学、艺术及科学作品有关的权利，即主要指著作权或者版权。

（2）与表演艺术家的表演活动，与录音制品及广播有关的权利，即主要指著作邻接权。

（3）与人类创造性活动一切领域的发明有关的权利，即主要指发明专利权、实用新型专利权、非专利发明权和秘密技术权。

（4）与科学发现有关的权利，即指科学发现权。

（5）与工业品外形设计有关的权利，即指工业品外观设计专利权。

（6）与商标、服务标志、商号及其他商业标记有关的权利，即主要指商标权、商号权。

（7）与制止不正当竞争有关的权利。

（8）一切其他来自工业、科学及文学艺术领域的其他智力创作活动所产生的权利。

《建立世界知识产权组织公约》从广义上对知识产权范围作了界定，把人类一切智力创造性成果和商业识别性标记都纳入知识产权的保护范围。对这一范围的界定，在学术界至今存在较大争议。在各国的立法中，真正把公约所称的"知识产权"的内容都当作知识产权对待的国家，也并不多。但由于已经有一百多个国家（包括我国）参加了这一公约，并且该公约第十六条明文规定，"对本公约，不得作任何保留"，故应认为大多数国家原则上同意该公约为知识产权所划的范围。"关贸总协定"乌拉圭回合谈判结果于1991年年底形成并于1994年4月15日签署《与贸易有关的知识产权协议》（简称TRIPS），在世界贸易组织取代关贸总协定之后，构成了《世界贸易组织协定》的一个组成部分。在该协议的第2部分第1条中，对协议中所包含的知识产权的范围作了规定：①版权与邻接权；②商标权；③地理标记权；④工业品外观设计权；⑤专利权；⑥集成电路布图设计（拓扑图）权；⑦未披露过的信息专有权，主要指商业秘密权。

我国《民法典》第123条规定，知识产权是权利人依法就下列客体享有的专有权利：①作品；②发明、实用新型、外观设计；③商标；④地理标志；⑤商业秘密；⑥集成电路布图设计；⑦植物新品种；⑧法律规定的其他客体。

各国无论在立法上还是在理论上都把著作权、专利权和商标权作为知识产权的主要内容，也是传统知识产权或狭义知识产权的范围。

二、知识产权的特征

知识产权的对象是人们的智力创造性劳动成果和商业识别性标志，没有客观物质形态，而有形财产权的对象是有体物，具有客观物质性。由于知识产权的对象不同于有形财产权，知识产权呈现出不同于有形财产权的法律特征：

（一）知识产权具有专有性

知识产权依法取得后，法律赋予权利人在一定时间内对智力创造性劳动成果和商业识别性标记享有独占权或者垄断权，除权利人同意或法律有规定外，其他任何人不得利用享有知识产权的智力创造性劳动成果和商业识别性标记。法律之所以要对知识产权进行特殊保护，是因为知识产权对象的无形性决定了其本身不具有独占性，而智力创造性劳动成果的创造很难，一般付出的成本很高，商业识别性标记的信誉也是要付出一定成本方能取得。若不从法律上赋予知识产权专属于权利人的特性，则智力成果创造人或识别性标记使用者的劳动将得不到补偿或应得的收益，这样不利于激励人们从事创新性的智力劳动，不利于促进整个社会科学技术、经济社会和文化事业的创新发展。有形财产权也有一定专有性，但由于有形财产权的标的是物，因而，只要物权人依法享有占有权，物权人就能够独占，其他人极少可能采用"分身法"处置该物。因此，有形财产权的专有性不必在法律上强调。

（二）知识产权具有地域性

迄今为止，除知识产权一体化进程较快的地区（如西欧经济共同体、法语非洲国家）外，知识产权依照一国法律取得，因而往往局限于在取得知识产权的国家领域内有效，越出该国领域，在其他国家则失去法律效力。可见，知识产权的取得是适用权利登记地法或权利主张地法。有形财产权则不具有地域性特点，因为在国际私法中被多数国家接受的一条原则是：有形财产适用财产取得地法或物之所在地法。

（三）知识产权具有时间性

知识产权的专有性仅在法律规定期限内得到法律保护，期限届满后，知识产权则丧失专有性，其客体即有关智力成果就进入公有领域，成为社会公有财富，任何人都可以利用它而不受专有权人的限制。法律基于补偿人们的智力创造性劳动，同时又不妨碍社会的技术进步、文化传播及商品流通的考虑，各国都对知识产权专有性的时间期限作了适当的规定。而有形财产所有权具有永久性，与有形财产共始终，即只要有形财产存在，有形财产所有权就存在。

三、知识产权法及其在我国社会主义市场经济中的作用

知识产权法是指调整智力创造性劳动成果和商业识别性标志的法律过程中，即知识产权的取得、实施、转让、许可实施及法律保护过程中所产生的多种社会关系的法律规范的总称。就目前世界各国的立法而言，还没有一个国家颁布统一的知识产权法，但许多国家均制定有单行的"专利法""商标法"以及"著作权法"等法律、法规。我国知识产权法同样以单行法规的形式表现出来，可分为形式意义上的知识产权法和实质意义上的知识产权法。前者指单行知识产权法，诸如《专利法》《商标法》和《著作权法》及其实施细则；后者不仅包括形式意义上的知识产权法，还包括一切调整智力成果和商业识别性标志的过程中产生的各种社会关系的法律规范，诸如民法、刑法、经济法、反不正当竞争法、诉讼法和宪法中的有关规定以及国际私法、国际公法中的有关规范。我国的知识产权法概念通常是在实质意义上使用。

21世纪是知识经济的时代，知识经济是以科学技术为第一生产要素的知识经济。科技是否发达成为决定社会经济是否发展的决定性因素，而科技成果的无形特点决定它本身不具有独占性，需要法律制度来确定和保护其独占，使其付出的劳动能够得到补偿和获得应得的收益。在法律制度体系中，知识产权制度与科学技术文化有着特殊的联系，它在实质上解决了知识的归属和保护问题，是一种激励和调节科技创新活动和文化创作活动的法律机制。因而知识产权制度成为科技发展和文化发展的强大动力。从这一意义上说，我们所处的时代是一个知识经济时代，同时也是一个知识产权的时代。知识产权将会成为21世纪主导型的权利形态，拥有知识产权的数量多少和质量高低往往成为一个国家在竞争中能否取胜的关键因素，市场竞争的焦点将由原来物质资源的争夺与保护转向知识产权领域的竞争。因此，随着全球经济一体化、知识经济时代的到来，世贸组织成员的扩大，关税壁垒不断拆除，西方发达国家特别是美国必将高筑知识产权壁垒。当前，知识产权已经成为许多国家重要的战略和政策。

市场经济本质上就是竞争经济。市场主体为了在竞争中保持优势地位，往往不得不去关心对新技术、新产品、新方法的开发和利用，不得不注重市场营销战略策略，争创

驰名商标，著作权人及作品的传播者不得不去关心著作权的运用保护。因此，对这些智力成果的确定和保护成为社会主义市场经济条件下必须予以重视的问题。知识产权法律制度的建立对激励智力成果的创造与开发，激励驰名商标的创立，促进智力成果的转化运用，引进外国先进技术，促进对外经济技术、著作权贸易发展，推动我国市场经济的发展起到了极其重要的作用。

目前，我国的自主创新能力还较欠缺，自主知识产权数量不足和质量不高，关键技术依赖国外进口的问题仍显突出，在涉及国防安全和经济安全的关键领域，关键核心技术受制于人，这一状况与我国知识产权制度不健全和保护力度不够不无关系。因此，要发展我国市场经济，要加快经济发展方式转变，提高产业竞争力、国家竞争力，要在风起云涌的国际大市场中立于不败之地，我们必须高度重视知识产权制度，学会运用这一保护和发展现代经济的有力武器，加强对创新成果的知识产权保护和运用。

第二节　专利法

一、专利法概述

（一）科技成果与专利法

技术创新既是经济可持续发展的根本推动力量，也是提高国际竞争力和实现国家经济安全的根本保障。技术创新的成果表现为科学技术成果或技术成果，是人们在科学和技术领域内的智力创造性劳动成果，社会经济的发展对它的依赖性日益增强，科技成果将成为一切财富中最重要的一种财富，这就需要相应的法律来有效保护科技成果的研究、开发和利用，这种法律主要是专利法。此外还有商业秘密、植物新品种保护、集成电路布图设计等法律、法规也肩负着保护科技成果的任务。专利法通过授予发明创造即科技成果以专利权，保护发明创造为其拥有人在一定期限内所独占或垄断。

新中国第一部专利法诞生于 1984 年 3 月 12 日，并于 1985 年 4 月 1 日正式实施。1985 年 1 月 19 日国务院批准《中华人民共和国专利法实施细则》（以下简称《专利法实施细则》）。为了适应社会的需要和发展，专利法经过了 4 次修订，最新一次修订即第四次修订是 2020 年 10 月 17 日第十三届全国人大常委会第二十二次会议通过的专利法修订，自 2021 年 6 月 1 日起施行。新专利法实施细则正在起草中，现行的《专利法实施细则》是国务院于 2010 年 1 月 9 日公布修订的，自 2010 年 2 月 1 日起实施。

（二）专利和专利权

"专利"一词是从英语 Patent 翻译而来的，它可理解为公开的文件。在现代，专利从不同的角度理解有不同的含义。专利主要有几层不同含义：①专利是专利权的简称；②专利是指取得了专利权的发明创造；③专利还指记载着发明创造内容的专利文献。概括地说，专利就是具有独占性的、通过专利文献公开的技术。

专利权是指国家依法授予发明人、设计人或其所属单位对其发明创造在法律规定的期限内享有的专有权或独占权。各国关于专利权期限的规定各不相同，对发明专利权的保护期限自申请日起计算一般是 10~20 年；对于实用新型和外观设计专利权的期限，大部分国家规定为 5~15 年。我国《专利法》规定，发明专利权的期限为 20 年，实用新型的期限 10 年，外观设计专利权的期限为 15 年，均自专利申请日计算。自发明专利申请日起满 4 年，且自实质审查请求之日起满 3 年后授予发明专利权的，国家知识产权局应专利权人的请求，就发明专利在授权过程中的不合理延迟给予专利权期限补偿，但由申请人引起的不合理延迟除外。

为补偿新药上市审评审批占用的时间，对在中国获得上市许可的新药相关发明专利，国家知识产权局应专利权人的请求给予专利权期限补偿。补偿期限不超过 5 年，新药批准上市后总有效专利权期限不超过 14 年。

超过法定期限，专利权自行终止，专利权的客体即发明创造成为社会公有财富，人人均可自由无偿使用。专利权仅仅在授予专利的国家或地区范围内有效，只能在该国或地区法律管辖范围内受到法律强制力保护，超出该国或地区地域范围则失去效力。

二、发明人或设计人、专利申请人

（一）发明人与设计人

并非所有参加科研开发活动的人都是发明人或设计人，只有对发明创造的实质性特点做出创造性贡献的人，才能成为发明人或设计人。在完成发明创造过程中，只负责组织工作的人、为物质条件的利用提供方便的人或者从事其他辅助工作的人，不应当认为是发明人或者设计人。因此，发明人或设计人只能是自然人，而不可能是任何形式的组织。

（二）专利申请权的归属和专利申请人

专利申请权是指自然人或社会组织就某项发明创造依法享有的向国家知识产权局提出专利申请的权利。专利申请人是指依法享有就某项发明创造向国家知识产权局提出专利申请权利的自然人或社会组织，即享有专利申请权的人。

1. 职务发明创造的专利申请权的归属及专利申请人

所谓职务发明创造，我国《专利法》第六条规定，执行本单位的任务或者主要是利用本单位的物质技术条件所完成的发明创造为职务发明创造。职务发明创造申请专利的权利属于该单位，申请被批准后，该单位为专利权人。该单位可以依法处置其职务发明创造申请专利的权利和专利权，促进相关发明创造的实施和运用。根据《专利法实施细则》第十二条规定，执行本单位的任务所完成的职务发明创造是指：①在本职工作中作出的发明创造；②履行本单位交付的本职工作之外的任务所作出的发明创造；③退休、调离原单位后或者劳动、人事关系终止后 1 年内作出的，与其在原单位承担的本职工作或者原单位分配的任务有关的发明创造。我国《专利法》第六条规定，职务发明创造申请专利的权利属于该单位；利用本单位的物质技术条件所完成的发明创造，单位与发明人或者设计人订有合同，对申请专利的权利作出约定的，从其约定。

2. 非职务发明创造专利申请权的归属和专利申请人

所谓非职务发明创造，是指职务发明以外的发明创造。我国《专利法》第六、第七条规定，非职务发明创造申请专利的权利由发明人或设计人享有；对发明人或者设计人就其非职务发明创造申请专利，任何单位或者个人不得压制。发明人或设计人对专利申请权的享有，不因其年龄、性别、职业、文化程度等因素而受到限制。

3. 合作开发完成的发明创造专利申请权的归属和专利申请权人

两个以上单位或者个人合作开发完成的发明创造，除当事人另有约定的以外，申请专利的权利属于共同完成的单位或个人。

4. 委托开发完成的发明创造专利申请权归属和专利申请权人

一个单位或者个人接受其他单位或者个人委托所完成的发明创造，申请专利的权利除当事人另有约定的以外，属于研究开发人。研究开发人取得专利的，委托人可以免费实施专利。

5. 外国人在我国可以成为专利申请人

外国发明人或设计人或其所属企业、其他组织以及他们的合法继受人，在一定条件下可以向国家知识产权局申请专利。我国《专利法》在参照国际惯例的基础上，对外国人在我国享有专利申请权的条件做了如下规定：首先，在中国有经常居所或营业所的外国人在中国申请专利，享有与中国人一样的待遇，即适用国民待遇原则；其次，在中国没有经常居所或营业所的外国人在中国申请专利，必须是外国人所属国同我国共同参加了同一国际条约，或者同我国签订了双边协议，或者按互惠原则办理，同时要求在中国没有经常居所或营业所的外国人在中国申请专利和办理其他专利事务，应当委托我国国家知识产权局指定的专利代理机构办理。

三、发明创造专利申请权的转让

根据我国《专利法》第十条规定，专利申请权可以通过一定的方式转移，既可以通过买卖方式有偿转让，也可以通过赠与等方式无偿转让，非职务发明创造的专利申请权在发明人或设计人死亡后，还可由其合法继承人继承或受遗赠人取得。因此，专利申请权人还可以是发明创造的受让人、受赠人、继承人和受遗赠人。

中国单位或者个人向外国人、外国企业或者外国其他组织转让专利申请权或者专利权的，应当依照有关法律、行政法规的规定办理手续。专利申请权转让须依法进行，转让专利申请权的，当事人应当订立书面合同，并向国家知识产权局登记，由国家知识产权局予以公告。专利申请权转让自登记之日起生效。

四、专利权的归属和专利权人

什么是专利权上面已述及，专利权人是指享有专利权的人。

（一）职务发明创造的专利权的归属和专利人

职务发明创造的专利权归属于发明人或设计人所在单位，为鼓励和补偿职务发明创造的发明人或设计人的创造性劳动。《专利法》规定专利权人应当对发明创造的发明人或设计人给予奖励，发明创造专利实施后，根据其推广应用的范围和取得的经济效益，对发明人或者设计人给予合理的报酬。国家鼓励被授予专利权的单位实行产权激励，采取股权、期权、分红等方式，使发明人或者设计人合理分享创新收益。

（二）非职务发明创造的专利权的归属和专利权人

非职务发明创造的专利权归属于发明人或设计人本人，发明人或设计人就成为专利权人。

（三）共同完成的发明创造的专利权的归属和专利权人

两个或两个以上的单位或个人共同完成的发明创造，除当事人之间另有协议的以外，专利权属于共同完成的单位或个人共有。

（四）委托完成的发明创造的专利权的归属和专利权人

依照《专利法》第八条规定，当事人可以在委托研究开发合同中约定委托完成的发明创造的专利权的归属，既可以约定属于委托方，也可以规定属于双方共有，若在委托研究开发合同中没有规定专利权归属，专利权则属于完成或者共同完成发明创造的单位或个人。

（五）两个以上的申请人分别就同一发明创造申请专利的，专利权归属于最先提出专利申请的人

专利权是一种独占权或垄断权，因此，一项发明创造只能授予一项专利权，各国专利法毫无例外地遵循这一原则。我国《专利法》也规定，同样的发明创造只能被授予一项专利，但是，同一申请人同日对同样的发明创造既申请实用新型专利又申请发明专利，先获得的实用新型专利权尚未终止，且申请人声明放弃该实用新型专利权的，可以授予发明专利权。两个以上的申请人分别就同样的发明创造申请专利的，专利权授予最先申请的人。

由上述可见，在多数情况下，专利权人和专利申请人是一致的，在专利申请阶段是专利申请人，在专利权授予之后成为专利权人，仅在少数情况下，享有专利申请权的人不能成为专利权人。

五、专利权的对象和授予专利权的条件

（一）专利权的对象

专利权的对象是指依法能够申请专利并可以取得专利权的发明创造。各国对专利权

的对象规定不尽相同，归纳起来，各国法律规定以专利权来保护的有发明、实用新型、外观设计、植物品种、动物品种等，从世界各国专利法的发展来看，专利权的对象呈现不断扩大的趋势。我国《专利法》把发明、实用新型和外观设计都作为专利权的对象，这三者在我国《专利法》上统称为发明创造。

（二）授予专利权的条件

申请专利应当遵循诚实信用原则。不得滥用专利权损害公共利益或者他人合法权益。发明创造必须符合专利法规定的各项条件才能被授予专利权。我国《专利法》采取原则规定和排除规定相结合的方式规定授予专利权的条件。

1. 授予专利权的肯定条件

我国《专利法》根据不同类型的发明创造规定了不同的条件。授予专利权的发明、实用新型应具备的条件：我国《专利法》第二十二条规定，授予专利权的发明和实用新型应当具备新颖性、创造性和实用性。专利三性条件是各国专利法普遍采用的准则。

（1）新颖性。它是发明或实用新型获得专利权的首要条件，由各国专利法确定。根据我国《专利法》第二十二条的规定，新颖性是指该发明或者实用新型不属于现有技术，也没有任何单位或者个人就同样的发明或者实用新型在申请日以前向国家知识产权局提出过申请，并记载在申请日以后公布的专利申请文件或者公告的专利文件中。考虑到经济生活的实际情况，为了促进新技术的尽量公开，以及为了保护发明人、设计人或其所在单位的利益，我国《专利法》第二十四条规定，申请专利的发明创造在申请日以前6个月内，有下列情况之一的，不丧失新颖性：①在国家出现紧急状态或者非常情况时，为公共利益目的首次公开的；②在中国政府主办或者承认的国际展览会上首次展出的；③在规定的学术会议或者技术会议上首次发表的；④他人未经申请人同意而泄露其内容的。

（2）创造性。它是发明或者实用新型取得专利权的又一个重要条件。只有具备新颖性的发明或实用新型，才可能具有创造性，但并非具有新颖性的任何发明或实用新型都具有创造性。我国《专利法》第二十二条规定："创造性是指与现有技术相比，该发明具有突出的实质性特点和显著的进步；该实用新型有实质性特点和进步。"由此可见，专利法对实用新型创造性要求比发明低。"突出的实质性特点"是指发明是一种前所未有的先进技术，它所体现的技术构思、技术解决方案能够使某一领域的技术发生质的飞跃。"显著的进步"是发明与最接近的现有技术相比具有长足的进步，是对科学技术发展有益的发明。

上述所称现有技术，是指申请日以前在国内外为公众所知的技术。

（3）实用性。它是发明或者实用新型取得专利权的第三个实质条件。根据我国《专利法》第二十二条的规定，可以从以下三个方面判断发明或实用新型的实用性：①发明或实用新型能够在生产过程中制造或使用；②发明或实用新型在生产过程中能够再现，即能够反复制造或重复使用；③发明或实用新型具有有益性，即能够满足社会的需要，促进科学技术进步和经济的发展。

授予专利权的外观设计应具备的条件：

我国《专利法》第二十三条规定，授予专利权的外观设计，应当不属于现有设计；也没有任何单位或者个人就同样的外观设计在申请日以前向国家知识产权局提出过申请，并记载在申请日以后公告的专利文件中；授予专利权的外观设计与现有设计或者现有设计特征的组合相比，应当具有明显区别；授予专利权的外观设计不得与他人在申请日以前已经取得的合法权利相冲突。所称现有设计，是指申请日以前在国内外为公众所知的设计。

出现我国《专利法》第二十四条规定的四种情况之一，外观设计也不丧失新颖性：在国家出现紧急状态或者非常情况时，为公共利益目的首次公开的；在中国政府主办或者承认的国际展览会上首次展出的；在规定的学术会议或者技术会议上首次发表的；他人未经申请人同意而泄露其内容的。

2. 不授予专利权的项目

我国《专利法》第二十五条规定，对下列各项，不授予专利权：科学发现；智力活动的规则和方法；疾病的诊断和治疗方法；动物和植物品种；原子核变换方法以及用原子核变换方法获得的物质；对平面印刷品的图案、色彩或者二者的结合作出的主要起标识作用的设计。对动物和植物品种的生产方法，可以依法授予专利权。

四、专利申请和审批程序

（一）专利的申请

专利权是一项法律上的权利，按照我国《专利法》的规定，这一权利不是自动取得的，一项发明创造要取得专利权，必须提出专利申请。

1. 专利申请应遵循的原则

随着世界专利制度不断发展和完善，逐步建立和形成了专利申请的法定原则，这些原则已普遍被世界各国采用。我国《专利法》也规定，专利申请人在向国家知识产权局申请专利时，应遵循以下原则：

（1）单一性原则

单一性原则，是指一发明创造一申请的原则，我国《专利法》第三十一条规定，一件发明或者实用新型专利申请应当限于一项发明或者实用新型；一件外观设计专利申请应当限于一种产品所使用的一项外观设计，即不允许两项以上的发明创造合在一起提出专利申请。与此同时，我国《专利法》第三十一条又规定了单一性原则的例外情况，可以进行合案申请，如属于一个总的发明构思的两项以上的发明或者实用新型，可以作为一件申请提出；同一产品两项以上的相似外观设计，或者用于同一类别并且成套出售或者使用的产品的两项以上外观设计，可以作为一件申请提出。

（2）先申请原则

先申请原则是指当两个以上的专利申请人分别就同一发明创造申请专利的，专利权授予最先申请的人。先申请原则目前在国际上被绝大多数国家所接受，仅有少数国家如美国、加拿大、菲律宾等采用先发明原则，先发明原则只适用于在其国内完成的发明。先申请原则是指两个以上的申请人分别就同样的发明申请专利时，不论谁先提出专利申请，专利权授予最先完成发明的申请人。

一般以专利申请日作为确定提出专利申请的先后，也有的国家如法国是以专利申请时刻为标准确定专利申请的先后。我国《专利法》第二十八条规定，专利申请文件是直接递交的，以国家知识产权局收到专利申请文件之日为申请日；如果专利申请文件是邮寄的，以寄出的邮戳日为申请日。

（3）优先权原则

优先权原则是《保护工业产权的巴黎公约》中规定的基本原则之一。我国是《保护工业产权的巴黎公约》的成员国，应当遵循该公约的基本原则，因而将优先权问题在我国《专利法》中加以规定。我国《专利法》第二十九条规定的优先权包括外国优先权和本国优先权。所谓外国优先权是指申请人自发明或者实用新型在外国第一次提出专利申请之日起12个月内，或者自外观设计在外国第一次提出专利申请之日起6个月内，又在中国就相同主题提出专利申请的，依照该外国同中国签订的协议或者共同参加的国际条约，或者依照相互承认优先权的原则，经申请人要求，以其第一次在外国提出申请的日期为申请日。

我国《专利法》第二十九条还规定了本国优先权，即申请人自发明或者实用新型在中国第一次提出专利申请之日起十二个月内，或者自外观设计在中国第一次提出专利申请之日起六个月内，又向国家知识产权局就相同主题提出专利申请的，可以享有优先权。

我国《专利法》第三十条规定，申请人要求发明、实用新型专利优先权的，应当在申请的时候提出书面声明，并且在第一次提出申请之日起十六个月内，提交第一次提出的专利申请文件的副本。申请人要求外观设计专利优先权的，应当在申请的时候提出书面声明，并且在三个月内提交第一次提出的专利申请文件的副本。申请人未提出书面声明或者逾期未提交专利申请文件副本的，视为未要求优先权。

2. 专利申请须提交的文件

（1）申请发明或实用新型专利权应提交的文件

①请求书。请求书是申请人表示请求国家知识产权局授予专利权愿望的书面文件，应当写明发明或者实用新型的名称，发明人的姓名，申请人姓名或者名称、地址以及其他事项。

②说明书。说明书是技术性文件，是对发明内容的陈述，说明书应当对发明或实用新型作出清楚、完整的说明，以所属技术领域的技术人员能够实现为准，必要时，说明

书应当附图，用来补充说明书中的文字部分。说明书应当写明技术领域、背景技术、发明内容、附图说明、具体实施方式。

③权利要求书。权利要求书是指载明申请人要求专利保护的范围的书面文件。权利要求书应当以说明书为依据，清楚、简要地限定要求专利保护的范围。依赖遗传资源完成的发明创造，申请人应当在专利申请文件中说明该遗传资源的直接来源和原始来源；申请人无法说明原始来源的，应当陈述理由。

第四，摘要。摘要是指简要说明发明、实用新型的技术要点的书面文件。

（2）申请外观设计专利权应当提交的文件

①请求书。请求书是表明申请人请求国家知识产权局就其外观设计授予专利权愿望的书面文件，应写明使用外观设计的产品名称及该产品所属的类别。

②外观设计的图片或照片。外观设计可以是平面的图形，也可以是立体的图形。为了清晰、准确地显示请求保护的外观设计，申请人可以提交不同角度、不同侧面或者不同状态的图片或照片，申请人请求保护色彩的，应当提交彩色图片或者照片。申请人提交的有关图片或者照片应当清楚地显示要求专利保护的产品的外观设计。

③外观设计的简要说明。应当写明外观设计产品的名称、用途，外观设计的设计要点，并指定一幅最能表明设计要点的图片或者照片。省略视图或者请求保护色彩的，应当在简要说明中写明。对同一产品的多项相似外观设计提出一件外观设计专利申请的，应当在简要说明中指定其中一项作为基本设计。简要说明不得使用商业性宣传用语，也不能用来说明产品的性能。

（二）我国专利申请的审批程序

1. 发明专利申请的审查

国家知识产权局受理发明专利申请以后，必须依照《专利法》规定的程序进行审查。发明专利申请的主要审查程序有初步审查、公开专利申请、请求实质审查和实质审查。

（1）初步审查

国家知识产权局受理专利申请后，首先进行初步审查即形式审查，即对专利申请是否符合专利法及其实施细则规定的形式要求以及明显的实质缺陷进行审查。

（2）公布专利申请

公布专利申请又称早期公开。国家知识产权局对于初步审查合格的专利申请，自申请日起满18个月，有优先权的自优先权之日起，满18个月即进行公布，申请人可以请求早日公布专利申请。专利申请的公布就是把发明专利申请文件全文发表在《发明专利公报》上，允许公众自由阅读。

（3）请求实质审查和实质审查

我国《专利法》规定，自申请日起3年内申请人可随时提出实质审查请求，申请人无正当理由逾期不请求实质审查，该申请被视为撤回。国家知识产权局认为对国计民生有重大作用的发明申请也可以自行决定进行实质审查。

国家知识产权局实质审查的重点是审查发明是否具备新颖性、创造性和实用性三性。判断发明是否具有专利三性是通过审查员检索专利文献和专业期刊之后作出的评价。

2. 实用新型、外观设计专利申请的审查

我国《专利法》规定，对实用新型、外观设计专利申请只进行初步审查而不进行实质审查。国家知识产权局对实用新型、外观设计专利申请的初步审查与对发明专利申请的初步审查基本相同。

3. 复审程序

国家知识产权局经审查对不符合《专利法》规定条件的专利申请予以驳回。《专利法》第四十一条规定，专利申请人对国家知识产权局驳回申请的决定不服的，可以自收到通知之日起三个月内向国家知识产权局请求复审。国家知识产权局复审后，作出决定，并通知专利申请人。专利申请人对国家知识产权局的复审决定不服的，可以自收到通知之日起三个月内向人民法院起诉。

4. 授予专利权并予以公告

发明专利申请经实质审查没有发现驳回理由，实用新型或外观设计专利申请经初步审查没有发现驳回理由的，国家知识产权局应做出授予专利权的决定，发给专利证书，并予以登记和公告。

四、专利权的内容和终止

（一）专利权的内容

专利权的内容是指专利权人依法享有的权利和应履行的义务。各国专利法一般都规定，专利权人的权利与义务是统一的，专利权人在享受权利的同时必须履行一定的义务。我国《专利法》也规定，专利权人享有很多权利，同时又规定专利权人应承担相应的义务。

1. 专利权人的权利

专利权人的权利是指专利权人依法对其发明创造在法律规定期限内所享有的一切民事权利，包括财产权利和人身权利。

（1）独占权

独占权是指专利权人排他地利用其专利的权利，是专利权人最基本的权利。我国《专利法》第十一条规定了独占权包括以下几个方面的专利：

第一，独占制造、使用、许诺销售、销售、进口其专利产品的权利。专利产品即专利说明书和权利要求书内写明的产品，除法律有明确规定外，任何单位或者个人未经专利权人许可，不得为生产经营目的制造、使用、许诺销售、销售、进口其专利产品。

第二，独占使用专利方法以及使用、许诺销售、销售、进口依照该专利方法直接获得的产品的权利。专利方法即指专利说明书和权利要求书内写明的方法。除法律有明确规定外，任何单位或者个人未经专利权人许可，不得为生产经营目的使用其专利方法以及使用、许诺销售、销售、进口依照该专利方法直接获得的产品。

第三，独占制造、销售、进口外观设计专利产品的权利。外观设计专利产品即被指定使用已获得了专利权的外观设计的产品。任何单位或者个人未经外观设计专利权人许可，不得为生产经营目的制造、销售、进口其外观设计专利产品。

（2）转让权

转让权是指专利权人享有依法将其专利权转让给他人的权利。专利权的转让是专利权人对其专利权的处分，专利权的主体随之变更，受让方成为新的专利权人。

专利权原则上可以自由转让，但我国《专利法》规定，中国单位或者个人向外国人、外国企业或者外国其他组织转让专利申请权或者专利权的，应当依照有关法律、行政法规的规定办理手续。转让专利申请权或者专利权的，当事人应当订立书面合同，并向国家知识产权局登记，由国家知识产权局予以公告。专利申请权或者专利权的转让自登记之日起生效。

（3）许可权和开放许可权

许可权是指专利权人依法享有的允许其他单位或个人实施其全部或部分专利的权利。根据我国《专利法》规定，任何单位或个人实施他人专利的，除专利实施的特别许可外，应与专利权人订立书面实施许可合同，向专利权人支付专利使用费，非经专利权人特别授权，无权允许合同规定以外的任何单位或个人实施该专利。专利权人与被许可人订立的专利实施许可合同，依法签字、盖章后即生效，当事人应当自合同生效之日起三个月内向国家知识产权局备案。专利实施许可合同按照许可的范围和程度，可以分为普通许可合同、排他许可合同、独占许可合同、分许可合同、交叉许可合同等。

专利权人享有开放许可权。开放许可权属于特别许可的一种，即专利权人可以以书面方式向国家知识产权局声明愿意许可任何单位或者个人实施其专利，并明确许可使用费支付方式、标准的，由国家知识产权局予以公告，实行开放许可。就实用新型、外观设计专利提出开放许可声明的，应当提供专利权评价报告。任何单位或者个人有意愿实施开放许可的专利的，以书面方式通知专利权人，并依照公告的许可使用费支付方式、标准支付许可使用费后，即获得专利实施许可。开放许可实施期间，对专利权人缴纳专利年费相应给予减免。实行开放许可的专利权人可以与被许可人就许可使用费进行协商后给予普通许可，但不得就该专利给予独占或者排他许可。

（4）专利标记权

专利标记权是指专利权人依法享有的在其专利产品或该产品的包装上标明专利标记和专利号的权利。标明专利标记是指标明"专利"或者"中国专利"的字样。专利号是国家知识产权局授予专利的号码，具有固定的内涵，代表了被授予的专利权，不能自行改动。

（5）放弃专利权的权利

专利权人有权通过向国家知识产权局提出书面申请或以不交年费的方式放弃其权利。

2. 专利权人的义务

（1）缴纳专利年费的义务

我国《专利法》第四十三条规定，专利权人应当自被授予专利权的当年开始缴纳年费。未按规定交纳专利年费的，将导致专利权在其期限届满前提前终止。

（2）充分公开专利内容的义务

专利权人应当在专利申请文件中将授予专利权的发明创造内容，作出清楚、完整的说明，以使所属技术领域的技术人员能够实现。如果专利权人没有充分公开专利的内容，任何人都可以以此为由请求国家知识产权局宣告此专利权无效。

（3）履行国家有关机关颁发的强制许可的义务

专利权人有义务履行国家有关机关颁发的强制许可，允许指定的单位实施。

（二）专利权的终止

根据我国《专利法》的规定，专利权因下列原因而终止：

（1）专利权因法定的专利权有效期限届满而自然终止。

（2）专利权因专利权人没有按照专利法规定缴纳专利年费而终止。

（3）专利权因专利权人书面声明放弃专利权而终止。

（4）专利权因专利权人（自然人）死亡后无人继承而终止，或因专利权人（企业）消灭后无继受单位而终止。

（5）专利权因被国家知识产权局宣告无效而终止。

专利权终止后，由专利局登记并公告。专利权终止后，发明创造成为社会公有财富，人人都可以自由无偿使用。

五、专利权的复审及无效宣告程序

（一）专利复审程序

专利复审程序是专利审批过程中的一个法律补救程序，几乎所有的实行专利制度的国家都设置此程序。专利复审程序实质上是一种监督程序，给予专利申请人以申诉的机会，也为专利行政部门提供一个更正错误的机会。

我国《专利法》规定，国家知识产权局设立专利复审无效部，专利申请人对国家知识产权局驳回专利申请的决定不服的，可以自收到通知之日起三个月内向专利复审无效部提出复审请求。

专利复审无效部对复审请求进行审查，可能作出维持国家知识产权局的决定，驳回复审请求，或者撤销国家知识产权局的决定，批准复审请求。专利申请人对专利复审无效部作出的复审决定不服的，可以自收到通知之日起三个月内向人民法院起诉。

（二）专利权的无效宣告程序

专利权的无效宣告程序是各国专利法普遍规定的法律程序。这一程序的设置有利于纠正专利机关作出的不符合专利法的错误决定，维护公众的合法权益，保证专利法的正确执行。

我国《专利法》第四十五条规定，自国家知识产权局公告授予专利权之日起，任何单位或个人认为专利权的授予不符合专利法规定的，都可以请求国家知识产权局宣告该专利权无效。

国家知识产权局对宣告专利权无效的请求应及时审查和作出决定，并通知请求人和专利权人。宣告专利权无效的决定，由国家知识产权局登记和公告，对国家知识产权局宣告专利权无效或者维持专利权的决定不服的，可以自收到通知之日起三个月内向人民法院起诉。人民法院应当通知无效宣告请求程序的对方当事人作为第三人参加诉讼。宣告无效的专利权视为自始即不存在。宣告专利权无效的决定，对宣告专利权无效前人民法院作出并已执行的专利侵权的判决、调解书，已经履行或者强制执行的专利侵权纠纷处理决定，以及已经履行的专利实施许可合同和专利权转让合同，不具有追溯力。但因专利权人恶意给他人造成的损失，应当给予赔偿。依照上述规定不返还专利侵权赔偿金、专利使用费、专利权转让费，明显违反公平原则的，应当全部或者部分返还。

七、对专利权的限制

我国《专利法》一方面赋予和保护专利权人享有广泛的权利；另一方面，为了维护国家和社会公共利益，防止专利权人滥用专利权，也对专利权人的权利作了若干限制性规定。

（一）对专利权的限制

1. 不视为侵犯专利权的行为

我国《专利法》第七十五条规定，有下列情形之一的，不视为侵犯专利权：

（1）专利产品合法售出后的使用、许诺销售、销售、进口。专利产品或者依照专利方法直接获得的产品，由专利权人或者经其许可的单位、个人售出后，其他任何人使用、许诺销售、销售、进口该产品的，不再需要得到专利权人的许可。

（2）先用权人的使用。在专利申请日前已经制造相同产品、使用相同方法或者已经做好制造、使用的必要准备，并且仅在原有范围内继续制造、使用的，不视为侵犯专利权。

（3）临时通过的外国运输工具运行中的使用。临时通过中国领土、领水、领空的外国运输工具，依照其所属国同中国签订的协议或者共同参加的国际条约，或者依照互惠原则，为运输工具自身需要而在其装置和设备中使用有关专利的，不视为侵犯专利权。

（4）专为科学研究和实验而使用有关专利。

（5）为提供行政审批所需要的信息，制造、使用、进口专利药品或者专利医疗器械的，以及专门为其制造、进口专利药品或者专利医疗器械的。

此外，根据《专利法》第七十七条规定，为生产经营目的使用、许诺销售或者销售不知道是未经专利权人许可而制造并售出的专利侵权产品，能证明该产品合法来源的，不承担赔偿责任。

2. 行政许可对专利权的限制

行政许可是指国务院有关主管部门和省、自治区、直辖市人民政府报经国务院批准，不经专利权人同意，通过行政程序允许指定的单位实施。行政许可是我国《专利法》特有的一项对专利权的限制性规定。必须注意两点：①对外国专利权人不颁发行政许可；②并非所有的中国专利权人都负有这一义务，只有持有对国家利益或者公共利益具有重大意义的，需要推广应用的发明创造专利的中国国有企事业单位才负有履行行政许可的义务，指定实施单位在批准的范围内推广应用，应当按照国家规定向专利权人支付使用费。

3. 强制许可对专利权的限制

为了维护社会公共利益，使授予专利权的发明创造尽早得到实施，造福于社会，许多国家专利法都作了强制许可的规定，以限制专利权人滥用专利权。我国《专利法》第五十三条至第六十三条对专利实施的强制许可作了明确规定。强制许可是与自愿许可相对而言的，是指国家知识产权局不经专利权人同意，通过行政程序允许第三者利用专利发明，并向其颁发利用发明的强制许可证。我国《专利法》规定了三种情形下的强制许可：

（1）依申请给予的强制许可

根据《专利法》第五十三条规定，有下列情形之一的，国家知识产权局根据具备实施条件的单位或者个人的申请，可以给予实施发明专利或者实用新型专利的强制许可：专利权人自专利权被授予之日起满三年，且自提出专利申请之日起满四年，无正当理由未实施或者未充分实施其专利的；专利权人行使专利权的行为被依法认定为垄断行为，为消除或者减少该行为对竞争产生的不利影响的

（2）根据国家利益颁发的强制许可

我国《专利法》第五十四、第五十五条规定：在国家出现紧急状态或者非常情况时，或者为了公共利益的目的，国家知识产权局可以给予实施发明专利或者实用新型专利的强制许可；为了公共健康目的，对取得专利权的药品，国家知识产权局可以给予制造并将其出口到符合中华人民共和国参加的有关国际条约规定的国家或者地区的强制许可。

（3）从属专利的强制许可

它是指国家知识产权局根据专利之间相互依存的关系而颁发的强制许可证。我国《专利法》第五十六条规定：一项取得专利权的发明或者实用新型比前已经取得专利权的发明或者实用新型具有显著经济意义的重大技术进步，其实施又有赖于前一发明或者

实用新型的实施的，国家知识产权局根据后一专利权人的申请，可以给予实施前一发明或者实用新型的强制许可。

在依照前款规定给予实施强制许可的情形下，国家知识产权局根据前一专利权人的申请，也可以给予实施后一发明或者实用新型的强制许可。实施从属专利的强制许可必须具备三个条件：①必须有两项专利发明或实用新型，后一专利发明或实用新型比前一专利发明或者实用新型具有显著经济意义的重大技术进步；②后一项专利发明或实用新型的实施有赖于前一专利发明或实用新型的实施；③必须有相关的专利权人提出强制许可申请，除后一专利权人可提出申请外，后一项专利的被许可人应当认为可以申请强制许可，此外，前一发明或实用新型专利权人在后一发明或实用新型专利权人获得强制许可后，也可申请强制许可。强制许可涉及的发明创造为半导体技术的，其实施限于公共利益的目的和反垄断目的。

国家知识产权局作出给予强制许可的决定，应当及时通知专利权人，并予以登记和公告。给予实施强制许可的决定，应当根据强制许可的理由规定实施的范围和时间，当强制许可的理由消除并不再发生时，国家知识产权局应当根据专利权人的请求，经审查后作出终止实施强制许可的决定。实施强制许可的单位或者个人不享有独占的实施权，并且无权允许他人实施。

强制许可实施专利不是无偿的，任何取得实施强制许可的单位或个人应当向专利权人支付合理的使用费，或者依照中华人民共和国参加的有关国际条约的规定处理使用费问题。以补偿专利权人的损失。至于使用费的数额，可以由专利权人和取得强制许可的单位或个人根据专利发明或实用新型的价值和实施后的预计效益进行协商后确定，对双方不能达成协议的，由国家知识产权局裁决。我国《专利法》还规定，专利权人对国家知识产权局关于实施强制许可的决定，专利权人和取得实施强制许可的单位或者个人关于实施强制许可的使用费的裁决不服的，可以在收到通知之日起三个月内向人民法院起诉。期满不起诉或起诉后，人民法院的判决仍然维持专利局的决定或裁决的，专利权人就必须履行专利局的决定和裁决。

八、专利权的保护

对专利权给予法律保护是专利法的一项重要内容。我国《专利法》采用行政和司法手段保护专利权人依法享有的权利。

（一）专利权的保护范围

专利权的保护范围是专利权效力所及的发明创造范围。确定专利权保护范围对专利权人和其他人具有重要意义，只有划清专利保护范围才能有效地保护专利权，减少侵权行为的发生，正确处理专利侵权纠纷。我国《专利法》第六十四条规定，发明或者实用新型专利权的保护范围以其权利要求的内容为准，说明书及附图可以用于解释权利要求的内容。外观设计专利权的保护范围以表示在图片或者照片中的该产品的外观设计为准，简要说明可以用于解释图片或者照片所表示的该产品的外观设计。

2. 专利侵权行为的表现形式

未经专利权人许可，实施其专利的行为，就是侵犯专利权的行为，它主要表现在以下两个方面：

（1）未经专利权人许可，为生产经营目的制造、使用、许诺销售、销售或者进口专利产品；或者使用专利方法及使用、许诺销售、销售、进口依照该专利方法直接获得的产品；或者制造、销售、进口外观设计专利产品。

（2）假冒专利行为。我国《专利法实施细则》第八十四条规定，下列行为属于假冒专利的行为：在未被授予专利权的产品或者其包装上标注专利标识，专利权被宣告无效后或者终止后继续在产品或者其包装上标注专利标识，或者未经许可在产品或者产品包装上标注他人的专利号；销售第上述述产品；在产品说明书等材料中将未被授予专利权的技术或者设计称为专利技术或者专利设计，将专利申请称为专利，或者未经许可使用他人的专利号，使公众将所涉及的技术或者设计误认为是专利技术或者专利设计；伪造或者变造专利证书、专利文件或者专利申请文件；其他使公众混淆，将未被授予专利权的技术或者设计误认为是专利技术或者专利设计的行为。

专利权终止前依法在专利产品、依照专利方法直接获得的产品或者其包装上标注专利标识，在专利权终止后许诺销售、销售该产品的，不属于假冒专利行为。

销售不知道是假冒专利的产品，并且能够证明该产品合法来源的，由管理专利工作的部门责令停止销售，但免除罚款的处罚。

3. 专利权的法律保护

（1）专利权的行政保护

专利权的行政保护是指通过行政程序，由管理专利工作的部门运用行政手段，对专利权实行法律保护。根据我国《专利法》第六十五条和第六十八条规定，未经专利权人许可，实施其专利，即侵犯其专利权，引起纠纷的，由当事人协商解决；不愿协商或者协商不成的，专利权人或者利害关系人可以向人民法院起诉，也可以请求管理专利工作的部门处理。对专利侵权行为，专利权人或者利害关系人可以请求管理专利工作的部门进行处理，管理专利工作的部门有权责令侵权人停止侵权行为，应当事人的请求，可以就侵犯专利权的赔偿数额进行调解。假冒他人专利的，除依法承担民事责任外，假冒专利的，除依法承担民事责任外，由负责专利执法的部门责令改正并予公告，没收违法所得，可以处违法所得五倍以下的罚款；没有违法所得或者违法所得在五万元以下的，可以处二十五万元以下的罚款。

（2）专利权的行政诉讼保护

专利权的行政诉讼保护是当专利权人对国家知识产权局或管理专利工作的部门作出的决定、裁决不服的，可以向法院提起行政诉讼，通过行政诉讼程序来保护专利权。

（3）专利权的民事诉讼保护

专利权的民事诉讼保护是指通过民事诉讼程序，由人民法院对侵权者追究民事责任，实现对专利权的法律保护。根据我国《专利法》第六十五条规定，对专利侵权行为，专利权人或者利害关系人可以直接向人民法院起诉。侵犯专利权的诉讼时效为三年，自专利权人或者利害关系人知道或者应当知道侵权行为以及侵权人之日起计算。发明专利申请公布后至专利权授予前使用该发明未支付适当使用费的，专利权人要求支付使用费的诉讼时效为三年，自专利权人知道或者应当知道他人使用其发明之日起计算，但是，专利权人于专利权授予之日前即已知道或者应当知道的，自专利权授予之日起计算。

人民法院经过调查研究和开庭审理，在确认专利侵权行为成立后，可根据不同情况采取以下民事救济措施：

第一，责令侵权人停止侵权行为。

第二，诉前财产保全、临时性禁令。专利权人或者利害关系人有证据证明他人正在实施或者即将实施侵犯专利权、妨碍其实现权利的行为，如不及时制止将会使其合法权益受到难以弥补的损害的，可以在起诉前依法向人民法院申请采取财产保全、责令其作出一定行为或者禁止作出一定行为的措施。

第三，诉前证据保全。为了制止专利侵权行为，在证据可能灭失或者以后难以取得的情况下，专利权人或者利害关系人可以在起诉前依法向人民法院申请保全证据。

第四，赔偿损失。侵犯专利权的赔偿数额按照权利人因被侵权所受到的实际损失或者侵权人因侵权所获得的利益确定；权利人的损失或者侵权人获得的利益难以确定的，参照该专利许可使用费的倍数合理确定。对故意侵犯专利权，情节严重的，可以在按照上述方法确定数额的一倍以上五倍以下确定赔偿数额。权利人的损失、侵权人获得的利益和专利许可使用费均难以确定的，人民法院可以根据专利权的类型、侵权行为的性质和情节等因素，确定给予三万元以上五百万元以下的赔偿。赔偿数额还应当包括权利人为制止侵权行为所支付的合理开支。人民法院为确定赔偿数额，在权利人已经尽力举证，而与侵权行为相关的账簿、资料主要由侵权人掌握的情况下，可以责令侵权人提供与侵权行为相关的账簿、资料；侵权人不提供或者提供虚假的账簿、资料的，人民法院可以参考权利人的主张和提供的证据判定赔偿数额。

（4）专利权的刑事诉讼保护

根据《中华人民共和国刑法》（以下简称《刑法》）第二百一十六条规定：假冒他人专利，情节严重、构成犯罪的，对直接责任人处以三年以下有期徒刑或拘役，并处或单处罚金，对单位判处罚金。

第三节 商标法

一、商标和商标法概述

（一）商标的概念和功能

商标是商品或服务的标记，俗称"牌子"，其英文是 trade mark ，是生产者或经营者用以标明自己所制造、加工、拣选或经销的商品与其他自然人、法人或者其他组织同一种商品相区别而置于商品表面或商品包装上的标志，或者服务的提供者用以标明自己所提供的服务项目、质量不同于其他自然人、法人和其他组织的标记。我国商标法规定，商标包括商品商标、服务商标、集体商标和证明商标。商品商标顾名思义就是生产者或经营者使用于商品上的商标。服务商标就是服务的提供者为标示自己提供的服务所使用的商标；集体商标是指以团体、协会或者其他组织名义注册，供该组织成员在商事活动中使用，以表明使用者在该组织中的成员资格的标志。证明商标，是指由对某种商品或者服务具有监督能力的组织所控制，而由该组织以外的单位或者个人使用于其商品或者服务，用以证明该商品或者服务的原产地、原料、制造方法、质量或者其他特定品质的标志。

商标是商品经济的产物，构成商品经济社会的细胞，它指明了商品的生产者、经营者或服务的提供者，能够将一自然人、法人或者其他组织的商品或服务与其他自然人、法人或者其他组织的商品或服务区别开来，因而具有识别功能；商标标示着使用相同商标的商品或服务具有相同的质量和特色，代表着企业的信誉，因而商标具有品质保证功能；商标是企业促进产品销售和培植企业信誉的工具，因而具有广告宣传功能。总的来说，商标对促进生产经营，增强商品和服务的竞争能力，发展对外贸易，维护生产经营者和消费者的利益，从而促进商品经济的发展起着十分重要的作用。

（二）商标法的构成

商标法是调整商标在注册、使用、管理和对商标专用权的保护过程中所发生的各种社会关系的法律规范的总称。新中国第一部《商标法》是 1982 年 8 月 23 日经第五届全国人大常委会第 24 次会议通过，并从 1983 年 3 月 1 日起施行的。1983 年 3 月 10 日国务院颁布了《中华人民共和国商标法实施细则》（以下简称《商标法实施细则》）。后经过了四次修订，最新一次即第四次修订，是第十三届全国人民代表大会常务委员会第十次会议于 2019 年 4 月 23 日通过公布的《全国人民代表大会常务委员会关于修改〈中华人民共和国商标法〉的决定》，自 2019 年 11 月 1 日起施行；现行《中华人民共和国商标法实施条例》是国务院令第 651 号公布修订后的，自 2021 年 5 月 1 日起施行。我国商标法除了指《商标法》及其《商标法实施条例》外，还包括国家商标管理机关为贯彻

《商标法》所制定的一系列规范性文件，最高人民法院在适用《商标法》时所作的司法解释以及其他有关法律、法规中关于保护商标专用权的条款，也即我国《商标法》是指实质意义上的商标法。

二、商标权的取得

（一）世界各国商标权的取得方式

商标权的取得可分为原始取得和继受取得。目前，世界各国商标权的原始取得大体上采取三种不同的原则，即使用原则、注册原则和混合原则。

1. 使用原则

谁先使用商标，商标权就属于谁。只有极少数普通法国家的商标法采取使用原则。

2. 注册原则

谁最先申请商标注册，商标权就授予谁。目前，绝大多数国家的商标立法采用这一原则。

3. 混合原则

混合原则是使用原则和注册原则的折衷，无论注册还是使用都可取得商标权。商标专用权的取得，原则上属于商标的首先注册人，但商标的首先使用人可以在一定期限内提出指控，请求予以撤销。如果法定期限已过而无人提出指控，则商标的首先注册人才可以取得无可辩驳的专用权，采用这一原则的国家对提出指控的年限规定各不相同，如英国规定为7年，美国规定为5年，西班牙规定为3年，欧盟规定为5年。

继受取得是指凡商标所有人商标的取得不是最初产生的，而是以原商标的所有人的商标权、意志或法律为依据而产生的取得，有三种方式：转让、赠与和继承。

（二）我国商标注册和商标注册代理

当今世界上绝大多数国家或地区以及有关的国际条约均规定，商标注册申请人既可是自然人，也可是法人和其他组织。我国《商标法》第四条规定，自然人、法人或者其他组织在生产经营活动中，对其商品或者服务需要取得商标专用权的，应当向商标局申请商标注册。不以使用为目的的恶意商标注册申请，应当予以驳回。本法有关商品商标的规定，适用于服务商标。可见，自然人、法人和其他组织均可作为商标注册申请人。申请商标注册或者办理其他商标事宜，可以自行办理，也可以委托依法设立的商标代理机构办理。委托人申请注册的商标可能存在本法规定不得注册情形的，商标代理机构应当明确告知委托人。商标代理机构知道或者应当知道委托人申请注册的商标属于《商标法》第四条、第十五条和第三十二条规定情形的，不得接受其委托。商标代理机构除对其代理服务申请商标注册外，不得申请注册其他商标。

外国人或者外国企业也可在中国申请商标注册，但应当按其所属国和中华人民共和国签订的协议或者共同参加的国际条约办理，或者按对等原则办理。外国人或者外国企业在中国申请商标注册和办理其他商标事宜的，应当委托依法设立的商标代理机构办理。

（三）我国商标注册的条件

商标注册的条件分为积极条件和消极条件。

1. 积极条件

我国《商标法》第八条规定，任何能够将自然人、法人或者其他组织的商品与他人的商品区别开的标志，包括文字、图形、字母、数字、三维标志、颜色组合和声音等，以及上述要素的组合，均可以作为商标申请注册。可见，商标获准注册应当具备两个积极条件：其一，商标的构成须符合法定的构成要素，即商标应由文字、图形、字母、数字、三维标志、颜色组合和声音等，以及上述要素的组合构成。其二，商标具有显著特征，包括固有的显著特征和后来获得的显著特征，能够将自然人、法人或者其他组织的商品（服务）与他人的商品（服务）区别开的标志。

2. 消极条件

各国商标法和有关国际条约在商标注册问题上都作出了一些禁止性的规定，这些规定可分为两类，即绝对禁止的规定和相对禁止的规定。用绝对禁止的标记构成的商标永远不能获准注册，也不能作为未注册商标使用；用相对禁止的标记构成的商标若通过使用获得了识别性，或者获得了他人的授权，则可能取得注册。

我国《商标法》也从两个方面作了规定。我国《商标法》第十条第1款、第十二条和第十三条规定了绝对禁止用作商标的文字、图形等。

我国《商标法》第十条第1款规定：（1）同中华人民共和国的国家名称、国旗、国歌、国徽、军旗、军徽、军歌、勋章相同或者近似的，以及同中央国家机关名称、标志、所在地特定地点的名称或者标志性建筑物的名称、图形相同的；（2）同外国的国家名称、国旗、国徽、军旗等相同或者近似的，但该国政府同意的除外；（3）同政府间国际组织的名称、旗帜、徽记相同或者近似的，但经该组织同意或者不易误导公众的除外；（4）与表明实施控制、予以保证的官方标志、检验印记相同或者近似的，但经授权的除外；（5）同"红十字""红新月"的名称、标志相同或者近似的；（6）带有民族歧视性的；（7）带有欺骗性，容易使公众对商品的质量等特点或者产地产生误认的；（8）有害于社会主义道德风尚或者有其他不良影响的。

《商标法》第十二条规定："以三维标志申请注册商标的，仅由商品自身的性质产生的形状、为获得技术效果而需有的商品形状或者使商品具有实质性价值的形状，不得注册。"

《商标法》第十三条规定："就相同或者类似商品申请注册的商标是复制、摹仿或者翻译他人未在中国注册的驰名商标，容易导致混淆的，不予注册并禁止使用；就不相同或者不相类似商品申请注册的商标是复制、摹仿或者翻译他人已经在中国注册的驰名商标，误导公众，致使该驰名商标注册人的利益可能受到损害的不予注册并禁止使用。"

我国《商标法》第九条、十条第2款、十一条、十六条还规定了相对禁止用作商标的情形。第九条规定："申请注册的商标，应当有显著特征，便于识别，并不得与他人在先取得的合法权利相冲突"。第十条第 2 款规定："县级以上行政区划的地名或者公众知晓的外国地名,不得作为商标。但是,地名具有其他含义或者作为集体商标、证明商标组成部分的除外;已经注册的使用地名的商标继续有效"。第十一条规定下列标志不得作为商标注册:"(1)仅有本商品的通用名称、图形、型号的;(2)仅仅直接表示商品的质量、主要原料、功能、用途、重量、数量及其他特点的;(3)缺乏显著特征的。前款所列标志经过使用取得显著特征,并便于识别的,可以作为商标注册"。第十六条规定:"商标中有商品的地理标志,而该商品并非来源于该标志所标示的地区,误导公众的,不予注册并禁止使用;但是,已经善意取得注册的继续有效"。

(四)商标的国内注册

1. 商标注册的原则

(1)自愿注册的原则

我国《商标法》实行自愿注册的原则,法律、行政法规规定必须使用注册商标的商品,必须申请商标注册,未经核准注册的,不得在市场销售。自愿注册是指商标使用人可以将其商标申请注册,也可以不申请注册,商标注册与否取决于商标使用人的意愿,法律不予强制。商标无论是否注册均可使用,仅仅是注册商标和未注册商标的法律地位不同,注册商标受法律保护,未注册商标一般不受法律保护。

我国实行商标自愿注册原则的同时,法律、行政法规又规定某些商品(如人用药品和烟草制品)所使用的商标必须注册,未经核准注册的不得在市场上销售。

(2)诚实信用原则

商标注册申请人申请注册商标,应当遵循诚实信用原则。商标代理机构代理申请商标注册也应当遵循诚实信用原则,遵守法律、行政法规,按照被代理人的委托办理商标注册申请或者其他商标事宜;对在代理过程中知悉的被代理人的商业秘密,负有保密义务。商标法将民事活动应遵循的基本原则明确写入《商标法》,目的在于倡导市场主体从事有关商标的活动时应诚实守信,同时对当前日益猖獗的商标抢注行为予以规制。

(3)申请在先的原则

申请在先的原则是指两个或两个以上的商标注册申请人在同一种商品、服务或者类似商品、服务上,以相同或近似的商标申请注册,注册申请在先的商标。审核时以申请日期确定提出申请的先后。商标注册的申请日期,以商标局收到申请文件的日期为准。

两个或者两个以上的申请人,在同一种商品、服务或者类似商品、服务上,分别以相同或者近似的商标在同一天申请注册的,注册使用在先的商标,各申请人应当自收到商标局通知之日起 30 日内提交其申请注册前在先使用该商标的证据。同日使用或者均未使用的,各申请人可以自收到商标局通知之日起 30 日内自行协商,并将书面协议报送商标局;不愿协商或者协商不成的,商标局通知各申请人以抽签的方式确定一个申请人,驳回其他人的注册申请。商标局已经通知但申请人未参加抽签的,视为放弃申请,商标局应当书面通知未参加抽签的申请人。

但为了防止将他人已经在先使用的商标抢先进行注册，《商标法》第十五条第 2 款规定："就同一种商品或者类似商品申请注册的商标与他人在先使用的未注册商标相同或者近似，申请人与该他人具有前款规定以外的合同、业务往来关系或者其他关系而明知该他人商标存在，该他人提出异议的，不予注册。"

（4）优先权原则

商标注册申请人自商标在外国第一次提出商标注册申请之日起六个月内，又在中国就相同商品以同一商标提出商标注册申请的，依照该外国同中国签订的协议或者共同参加的国际条约，或者按照相互承认优先权的原则，可以享有优先权。商标注册申请人要求优先权的，应当在提出商标注册申请时提出书面声明，并且在三个月内提交第一次提出商标注册申请文件的副本，该副本应当经受理该申请的商标主管机关证明，并注明申请日期和申请号。未提出书面声明或者逾期未提交商标注册申请文件副本的，视为未要求优先权。商标在中国政府主办或者承认的国际展览会（在中国境内举办的除外）展出的商品上首次使用的，自该商品展出之日起六个月内，该商标的注册申请人可以享有优先权。商标注册申请人要求优先权的，应当在提出商标注册申请时提出书面声明，并且在三个月内提交展出其商品的展览会名称、在展出商品上使用该商标的证据、展出日期等证明文件，并应当经国务院主管商标的部门规定的机构认证；未提出书面声明或者逾期未提交证明文件的，视为未要求优先权。

2. 商标注册的法定程序

（1）商标注册的申请

商标的注册申请是取得商标专用权的前提。商标注册申请人应当按规定的商品分类表填报使用商标的商品类别和商品名称，提出注册申请。商标注册申请人可以通过一份申请就多个类别的商品申请注册同一商标。商标注册申请等有关文件，可以以书面方式或者数据电文方式提出。注册商标需要在核定使用范围之外的商品上取得商标专用权的，应当另行提出注册申请。

目前，世界各国商标法规定的商品分类不尽相同，许多国家采用的是 1957 年 6 月 15 日在威尼斯达成的《商标注册用商品和服务国际分类表》，即商品分为 34 类，服务项目分为 8 类。我国自 1988 年 11 月 1 日起采用国际分类表，并在国际分类的基础上增加了三类。商品名称或者服务项目未列入商品和服务分类表的，应当附送对该商品或者服务的说明。每一件商标注册申请应当向商标局提交《商标注册申请书》1 份、商标图样 5 份，指定颜色的，应当提交着色图样 5 份、黑白稿 1 份；以三维标志申请注册商标的，应当在申请书中予以声明，并提交能够确定三维形状的图样；以颜色组合申请注册商标的，应当在申请书中予以声明，并提交文字说明；申请注册集体商标、证明商标的，应当在申请书中予以声明，并提交主体资格证明文件和使用管理规则；商标为外文或者包含外文的，应当说明含义。申请商标注册的，申请人应当提交能够证明其身份的有效证件的复印件，商标注册申请人的名义应当与所提交的证件相一致。

（2）商标注册申请的审查

目前，世界各国对申请注册的商标是否都要进行审查以及如何审查，做法不一。大多数国家是实行审查制度，既进行形式审查，又进行实质审查；也有少数国家实行不审查的原则，只进行形式审查，不进行实质审查。

在我国，商标注册申请的审查一般要经过形式审查、实质审查、公告、异议阶段。

①形式审查与受理。国家商标局对送交的商标注册申请首先进行形式（或说明书式）审查，经审查合格的，登记申请日期，编定申请号，正式受理申请。

②实质审查。国家商标局受理商标注册申请后，进入实质审查程序。实质审查是指商标局就商标的合法性进行的审查，审查申请注册的商标是否符合商标获准注册的条件。

③初步审定公告、异议及异议审查和商标注册的核准。商标局对商标注册申请经实质审查，认为合格的，予以初步审定，编定初步审定号，刊登在《商标公告》上，向社会公告，公告期3个月，公告期满无异议的，予以核准注册，发给商标注册证，并予公告。

（3）商标注册申请的核准

对初步审定公告的商标，自公告之日起三个月内，在先权利人、利害关系人认为违反《商标法》第十三条第2款和第三款、第十五条、第十六条第1款、第三十条、第三十一条、第三十二条规定的，或者任何人认为违反《商标法》第四条、第十条、第十一条、第十二条、第十九条第四款规定的，可以向商标局提出异议。公告期满无异议的，予以核准注册，发给商标注册证，并予公告。

对初步审定公告的商标提出异议的，商标局应当听取异议人和被异议人陈述事实和理由，经调查核实后，自公告期满之日起十二个月内做出是否准予注册的决定，并书面通知异议人和被异议人。有特殊情况需要延长的，经国务院主管商标的部门批准，可以延长六个月。

商标局做出准予注册决定的，发给商标注册证，并予公告。异议人不服的，可以依照本法第四十四条、第四十五条的规定向商标评审委员会请求宣告该注册商标无效。

（4）复审

复审是指商标评审委员会对于再次申请进行复审审议的程序。我国《商标法》规定，在下列两种情况下可以请求复审：

①对驳回申请、不予公告的复审。我国《商标法》规定，对驳回申请、不予公告的商标，申请人不服的，可以在收到通知15天内申请复审。商标评审委员会应当自收到申请之日起九个月内做出决定，并书面通知申请人。有特殊情况需要延长的，经国务院主管商标的部门批准，可以延长三个月。商标评审委员会经审查依法可能作出两种裁定：一是评审委员会认为申请人申请复审的理由成立，就有权撤销商标局作出的驳回申请的决定，将有关申请文件移送商标局办理初步审定，并予公告，同时通知商标复审申

请人；二是评审委员会认为申请人申请复审的理由不能成立，则作出维持商标局驳回商标申请的裁定，并书面通知复审申请人。

②对商标局异议审查做出不予注册决定不服的复审。

商标局做出不予注册决定，被异议人不服的，可以自收到通知之日起十五日内向商标评审委员会申请复审。商标评审委员会应当自收到申请之日起十二个月内做出复审决定，并书面通知异议人和被异议人。有特殊情况需要延长的，经国务院主管商标的部门批准，可以延长六个月。被异议人对商标评审委员会的决定不服的，可以自收到通知之日起三十日内向人民法院起诉。人民法院应当通知异议人作为第三人参加诉讼。

商标评审委员会进行复审的过程中，所涉及的在先权利的确定必须以人民法院正在审理或者行政机关正在处理的另一案件的结果为依据的，可以中止审查。中止原因消除后，应当恢复审查程序。商标评审委员会经审查，可能作出两种裁定：一是裁定异议不能成立的，移交商标局办理商标核准注册手续，发给申请人商标注册证；如果裁定异议成立，则通知商标局撤销初步审定的商标，不予核准注册。当事人对商标评审委员会的裁定不服的，可以自收到通知之日起三十日内向人民法院起诉。

（五）商标的国外注册

商标权具有地域性，依一国或者一个地区法律获得的商标权仅在本国领域或者本地区法域内有效，若要在本国享有商标权的商标在其他国家获得法律保护，就需要在其他国家注册。在其他国家注册有以下两条途径：

1. 在马德里协定成员国申请商标国际注册，又称为国际注册

（1）商标申请国际注册的条件。其一，申请人系成员国国民或者在某一成员国内有住所或有真实有效的工商业营业所；其二，申请国际注册的商标已经在本国获得了商标注册。

（2）国际注册程序。该程序大致分为以下三个阶段：

第一阶段，本国阶段。申请人或其代理人向本国商标注册主管机关提交国际注册申请书，并缴纳国际注册申请费等；本国商标注册主管机关对国际注册申请进行形式审查，经形式审查合格的，转呈世界知识产权组织国际局。

第二阶段，国际局阶段。国际局对申请案进行形式审查，审查申请是否符合协定及其议定书的要求，如果通过了形式审查，申请案就获得了国际注册。国际局将国际注册登记并公布，通知申请人所指定的请求保护的国家。

第三阶段，指定国阶段。指定国在收到国际局通知之日起 1 年内，根据本国法律的规定，可以声明对国际注册商标不予保护。指定国于一年内未作出拒绝保护声明的，国际注册才转变为指定国的国内注册。国际注册有效期为 20 年，期满可续展。

2. 逐一国家注册

在非马德里协定成员国申请商标注册，申请人可通过代理人、经销商或者其他方式逐一提出商标注册申请。

三、商标权的内容、期限和终止

（一）商标权的内容

商标权的内容是指商标权人依法享有的权利和应履行的义务。

1. 商标权人的权利

商标权人的权利是指商标权人对其注册商标享有的专用权，包括独占使用权、禁止权、转让权、许可使用权、续展权以及注册商标标记权等。

（1）独占使用权。独占使用权是指商标权人在核定的商品、服务上独占使用注册商标的权利。这一权利是商标权中最基本的权利。任何人未经商标权人许可，不得在同一种或类似商品、服务上使用与注册商标相同或相近似的商标。否则，构成对独占使用权的侵犯。独占使用权以核准注册的商标为限。

（2）禁止权。禁止权是指商标权人有权禁止他人未经许可在同一种商品、类似商品服务上使用与注册商标相同或近似的商标；有权禁止他人销售侵犯其注册商标专用权的商品；有权禁止他人伪造、擅自制造其注册商标标识以及销售伪造、擅自制造的注册商标标识；有权禁止他人未经其同意，更换其注册商标并将该更换商标的商品又投入市场；有权禁止他人在同一种或者类似商品上，使用与其注册商标相同或者近似的标志作为商品名称或者商品装潢使用，误导公众；有权禁止他人为侵犯其商标专用权提供仓储、运输、邮寄、印制、隐匿、经营场所、网络商品交易平台等等便利条件。

（3）转让权。商标注册人既可通过合同方式有偿转让其注册商标，也可以继承方式、遗赠、赠与方式无偿转让注册商标。注册商标的转让属于要式法律行为，必须履行法定手续，自行转让注册商标的行为无效。转让注册商标的，转让人和受让人应当向商标局提交转让注册商标申请书，转让注册商标申请手续由受让人办理。商标局核准转让注册商标申请后，发给受让人相应证明，并予以公告，受让人自公告之日起享有商标专用权。受让人应当保证使用该注册商标的商品质量。商标注册人转让注册商标的，商标注册人对其在同一种或者类似商品上注册的相同或者近似的商标，应当一并转让；未一并转让的，由商标局通知其限期改正；期满不改正的，视为放弃转让该注册商标的申请，商标局应当书面通知申请人。

此外，注册商标专用权因转让以外的继承等其他事由发生移转的，接受该注册商标专用权移转的当事人应当凭有关证明文件或者法律文书到商标局办理注册商标专用权移转手续。注册商标专用权移转的，注册商标专用权人在同一种或者类似商品上注册的相同或者近似的商标，应当一并移转；未一并移转的，由商标局通知其限期改正；期满不改正的，视为放弃该移转注册商标的申请，商标局应当书面通知申请人。商标移转申请经核准的，予以公告。接受该注册商标专用权移转的当事人自公告之日起享有商标专用权。

（4）许可使用权。许可使用权是指商标权人通过签订注册商标许可使用合同形式，许可他人有偿使用其注册商标的权利。许可使用后，许可人并未丧失商标权，被许可人根据许可使用合同得到的仅是注册商标的使用权而非专用权。为了防止被许可使用人使用注册商品质量失控给消费者带来危害，我国《商标法》规定，许可人应当监督被许可人使用其注册商标的商品质量，被许可人应当保证使用该注册商标的商品质量，并且必须在使用该注册商标的商品上标明被许可人的名称和商品产地。商标使用许可合同应当报商标局备案，由商标局公告。商标使用许可未经备案不得对抗善意第三人。

（5）续展权。注册商标有效期限届满，需继续使用注册商标的，可以申请续展注册。续展经注册商标局核准后，商标权人可以继续享有商标权。商标续展的意义在于维护注册商标权的长期法律效力。我国《商标法》第四十条规定，"注册商标有效期满，需要继续使用的，商标注册人应当在期满前十二个月内按照规定办理续展手续；在此期间未办理的，可以给予六个月的宽展期。每次续展注册的有效期为十年……期满未办理续展手续的，注销其注册商标。"

（6）注册商标标记权。使用注册商标可以在商品、商品包装、说明书或者其他附着物上标明"注册商标"或者注册标记。使用注册标记，应当标注在商标的右上角或者右下角。

2．商标权人的义务

（1）有固定和连续使用注册商标的义务。即不得自行改变注册商标的文字、图形或者其组合；不得自行改变注册商标的注册人名义、地址或者其他注册事项；不得自行转让注册商标；不得连续3年停止使用注册商标。

（2）有保证使用注册商标的商品质量稳定的义务。即使用注册商标的商品不得粗制滥造、以次充好、欺骗消费者。

（3）有缴纳有关费用（如授权注册费、续展注册费、转让注册费等）的义务。

（4）禁止宣传和使用"驰名商标"：《商标法》第14条第5款规定，"生产、经营者不得将'驰名商标'字样用于商品、商品包装或者容器上，或者用于广告宣传、展览以及其他商业活动中。"

（二）商标权的期限

商标权的期限是指注册商标具有法律效力的期限。各国法律都对每次注册的商标专用权加以期限上的限制，各国对商标权的有效期规定从10年到20年不等，期满可以续展。我国《商标法》规定注册商标的有效期为10年，自核准注册之日起计算。注册商标有效期满，需要继续使用的，应当在期满前6个月内提出续展申请；在此期间未能提出申请的，可以给予6个月的宽展期。宽展期满仍未提出申请的，注销其注册商标。每次续展注册的有效期为10年。续展注册经核准后，予以公告。

（三）商标权的终止

商标权主要是因为注册商标被注销、宣告无效和撤销而终止。

1．注册商标的注销

（1）过期注销。注册商标有效期届满，且12个月宽展期内，商标权人未提出续展申请。

（2）自动申请注销。商标权人自愿申请放弃其商标权，并向商标局办理了注销手续。

2. 注册商标的无效宣告

已经注册的商标，违反《商标法》第四条、第十条、第十一条、第十二条、第十九条第四款规定的，或者是以欺骗手段或者其他不正当手段取得注册的，由商标局宣告该注册商标无效；其他单位或者个人可以请求商标评审委员会宣告该注册商标无效。宣告无效的注册商标，由商标局予以公告，该注册商标专用权视为自始即不存在。

商标局做出宣告注册商标无效的决定，应当书面通知当事人。当事人对商标局的决定不服的，可以自收到通知之日起十五日内向商标评审委员会申请复审。商标评审委员会应当自收到申请之日起九个月内做出决定，并书面通知当事人。有特殊情况需要延长的，经国务院主管商标的部门批准，可以延长三个月。当事人对商标评审委员会的决定不服的，可以自收到通知之日起三十日内向人民法院起诉。

法定期限届满，当事人对商标局宣告注册商标无效的决定不申请复审的，商标局的决定生效。宣告注册商标无效的决定或者裁定，对宣告无效前人民法院做出并已执行的商标侵权案件的判决、裁定、调解书和主管商标的部门做出并已执行的商标侵权案件的处理决定以及已经履行的商标转让或者使用许可合同不具有追溯力。但是，因商标注册人的恶意给他人造成的损失，应当给予赔偿。

依照前款规定不返还商标侵权赔偿金、商标转让费、商标使用费，明显违反公平原则的，应当全部或者部分返还。

3. 商标评审委员会的无效宣告

已经注册的商标，违反《商标法》第四条、第十条、第十一条、第十二条、第十九条第四款规定的，或者是以欺骗手段或者其他不正当手段取得注册的，其他单位或者个人可以请求商标评审委员会宣告该注册商标无效。商标评审委员会收到申请后，应当书面通知有关当事人，并限期提出答辩。商标评审委员会应当自收到申请之日起九个月内做出维持注册商标或者宣告注册商标无效的裁定，并书面通知当事人。有特殊情况需要延长的，经国务院主管商标部门批准，可以延长三个月。当事人对商标评审委员会的裁定不服的，可以自收到通知之日起三十日内向人民法院起诉。人民法院应当通知商标裁定程序的对方当事人作为第三人参加诉讼。

已经注册的商标，违反《商标法》第十三条第 2 款和第 3 款、第十五条、第十六条第 1 款、第三十条、第三十一条、第三十二条规定的，自商标注册之日起五年内，在先权利人或者利害关系人可以请求商标评审委员会宣告该注册商标无效。对恶意注册的，驰名商标所有人不受五年的时间限制。

商标评审委员会收到宣告注册商标无效的申请后，应当书面通知有关当事人，并限期提出答辩。商标评审委员会应当自收到申请之日起十二个月内做出维持注册商标或者宣告注册商标无效的裁定，并书面通知当事人。有特殊情况需要延长的，经国务院商标主管部门批准，可以延长六个月。当事人对商标评审委员会的裁定不服的，可以自收到通知之日起三十日内向人民法院起诉。人民法院应当通知商标裁定程序的对方当事人作为第三人参加诉讼。

商标评审委员会在依照前款规定对无效宣告请求进行审查的过程中，所涉及的在先权利的确定必须以人民法院正在审理或者行政机关正在处理的另一案件的结果为依据的，可以中止审查。中止原因消除后，应当恢复审查程序。

宣告注册商标无效的决定或者裁定，对宣告无效前人民法院做出并已执行的商标侵权案件的判决、裁定、调解书和主管商标的部门做出并已执行的商标侵权案件的处理决定以及已经履行的商标转让或者使用许可合同不具有追溯力。但是，因商标注册人的恶意给他人造成的损失，应当给予赔偿。依照前款规定不返还商标侵权赔偿金、商标转让费、商标使用费，明显违反公平原则的，应当全部或者部分返还。

注册商标被宣告无效的，自宣告无效之日起一年内，商标局对与该商标相同或者近似的商标注册申请，不予核准。

4. 注册商标的撤销

《商标法》第四十九条规定，商标注册人在使用注册商标的过程中，自行改变注册商标、注册人名义、地址或者其他注册事项的，由地方主管商标部门责令限期改正；期满不改正的，由商标局撤销其注册商标。注册商标成为其核定使用的商品的通用名称或者没有正当理由连续三年不使用的，任何单位或者个人可以向商标局申请撤销该注册商标。商标局应当自收到申请之日起九个月内做出决定。有特殊情况需要延长的，经国务院主管商标部门批准，可以延长三个月。

注册商标被撤销的，自撤销之日起一年内，商标局对与该商标相同或者近似的商标注册申请，不予核准。

四、注册商标专用权的保护

（一）侵犯注册商标专用权的行为

我国《商标法》第五十七条规定 有下列行为之一的，均属侵犯注册商标专用权：

（1）未经商标注册人的许可，在同一种商品上使用与其注册商标相同的商标的；

（2）未经商标注册人的许可，在同一种商品上使用与其注册商标近似的商标，或者在类似商品上使用与其注册商标相同或者近似的商标，容易导致混淆的；

（3）销售侵犯注册商标专用权的商品的；

（4）伪造、擅自制造他人注册商标标识或者销售伪造、擅自制造的注册商标标识的；

（5）未经商标注册人同意，更换其注册商标并将该更换商标的商品又投入市场的；

（6）故意为侵犯他人商标专用权行为提供便利条件，帮助他人实施侵犯商标专用权行为的；

（7）给他人的注册商标专用权造成其他损害的。

（二）商标使用的管理和注册商标专用权的行政保护

商标使用的管理，是指商标管理机关对注册商标和未注册商标的使用实行的管理。我国商标的管理实行"集中注册，分级管理"的原则，国务院主管商标的部门的商标局负责全国的商标集中注册和全面管理工作；地方各级主管商标的部门的商标处、科负责对该地区商标注册以及进行日常使用状况的监督、检查。国家商标局和地方主管商标的部门，有权对违法使用注册商标和未注册商标的行为进行处罚。

侵犯注册商标专用权的行为引起纠纷的，当事人可以协商解决；不愿协商或者协商不成的，商标注册人或者利害关系人可以向人民法院起诉，也可以请求主管商标的部门处理，主管商标的部门有权依法查处；涉嫌犯罪的，应当及时移送司法机关依法处理。主管商标的部门处理时，认定侵权行为成立的，责令立即停止侵权行为，没收、销毁侵权商品和主要用于制造侵权商品、伪造注册商标标识的工具，违法经营额五万元以上的，可以处违法经营额五倍以下的罚款，没有违法经营额或者违法经营额不足五万元的，可以处二十五万元以下的罚款。对五年内实施两次以上商标侵权行为或者有其他严重情节的，应当从重处罚。销售不知道是侵犯注册商标专用权的商品，能证明该商品是自己合法取得并说明提供者的，由主管商标的部门责令停止销售。对侵犯商标专用权的赔偿数额的争议，当事人可以请求进行处理的主管商标的部门调解，也可以依照《中华人民共和国民事诉讼法》（以下简称《民事诉讼法》）向人民法院起诉。经主管商标的部门调解，当事人未达成协议或者调解书生效后不履行的，当事人可以依照《民事诉讼法》向人民法院起诉。

我国《商标法》第六十二条规定，县级以上主管商标的部门根据已经取得的违法嫌疑证据或者举报，对涉嫌侵犯他人注册商标专用权的行为进行查处时，可以行使下列职权：①询问有关当事人，调查与侵犯他人注册商标专用权有关的情况；②查阅、复制当事人与侵权活动有关的合同、发票、账簿以及其他有关资料；③对当事人涉嫌从事侵犯他人注册商标专用权活动的场所实施现场检查；④检查与侵权活动有关的物品；对有证据证明是侵犯他人注册商标专用权的物品，可以查封或者扣押。主管商标的部门依法行使前款规定的职权时，当事人应当予以协助、配合，不得拒绝、阻挠。在查处商标侵权案件过程中，对商标权属存在争议或者权利人同时向人民法院提起商标侵权诉讼的，主管商标的部门可以中止案件的查处。中止原因消除后，应当恢复或者终结案件查处程序。

（三）注册商标专用权的司法保护

1. 注册商标专用权的民事诉讼保护

商标注册人或者利害关系人对侵犯其注册商标专用权的行为可以向人民法院提起民事诉讼，请求追究侵权者的民事责任。

注册商标专用权受到侵害的，被侵权人有权向人民法院起诉，可以请求法院：①采取诉前禁令。商标注册人或者利害关系人有证据证明他人正在实施或者即将实施侵犯其注册商标专用权的行为，如不及时制止将会使其合法权益受到难以弥补的损害的，可以依法在起诉前向人民法院申请采取责令停止有关行为的措施。②采取诉前财产和证据保全措施。商标注册人或者利害关系人有证据证明他人正在实施或者即将实施侵犯其注册商标专用权的行为，如不及时制止将会使其合法权益受到难以弥补的损害的，可以依法在起诉前向人民法院申请采取财产保全的措施。为制止侵权行为，在证据可能灭失或者以后难以取得的情况下，商标注册人或者利害关系人可以依法在起诉前向人民法院申请保全证据。③责令侵权人赔偿损失。侵犯商标专用权的赔偿数额，按照权利人因被侵权所受到的实际损失确定；实际损失难以确定的，可以按照侵权人因侵权所获得的利益确定；权利人的损失或者侵权人获得的利益难以确定的，参照该商标许可使用费的倍数合理确定。对恶意侵犯商标专用权，情节严重的，可以在按照上述方法确定数额的一倍以上五倍以下确定赔偿数额。赔偿数额应当包括权利人为制止侵权行为所支付的合理开支。

人民法院为确定赔偿数额，在权利人已经尽力举证，而与侵权行为相关的账簿、资料主要由侵权人掌握的情况下，可以责令侵权人提供与侵权行为相关的账簿、资料；侵权人不提供或者提供虚假的账簿、资料的，人民法院可以参考权利人的主张和提供的证据判定赔偿数额。

权利人因被侵权所受到的实际损失、侵权人因侵权所获得的利益、注册商标许可使用费难以确定的，由人民法院根据侵权行为的情节判决给予五百万元以下的赔偿。

人民法院接受申请后，必须在四十八小时内做出裁定；裁定采取保全措施的，应当立即开始执行。民法院可以责令申请人提供担保，申请人不提供担保的，驳回申请。申请人在人民法院采取保全措施后十五日内不起诉的，人民法院应当解除保全措施。

2. 注册商标专用权的行政诉讼保护

当事人对商标评审委员会的决定不服的，可以自收到通知之日起三十日内依照《中华人民共和国行政诉讼法》向人民法院提起行政诉讼，人民法院应当通知商标裁定程序的对方当事人作为第三人参加诉讼。当事人对主管商标的部门关于侵犯商标权行为的处理决定不服的，可以自收到处理通知之日起十五日内依照《中华人民共和国行政诉讼法》向人民法院提起行政诉讼，请求法院通过行政审判来保护其权利。

3. 注册商标专用权的刑事诉讼保护

我国《刑法》第二百一十三条至二百一十五条对侵犯注册商标的犯罪和处罚作了规定，加强了对注册商标专用权的保护，在一些方面加重了对侵犯商标权行为的处罚。

我国《刑法》第二百一十三条规定未经注册商标所有人许可，在同一种商品、服务上使用与其注册商标相同的商标，情节严重的，处三年以下有期徒刑，并处或者单处罚金；情节特别严重的，处三年以上十年以下有期徒刑，并处罚金。

我国《刑法》第二百一十四条规定销售明知是假冒注册商标的商品，违法所得数额较大或者有其他严重情节的，处三年以下有期徒刑，并处或者单处罚金；违法所得数额巨大或者有其他特别严重情节的，处三年以上十年以下有期徒刑，并处罚金。

我国《刑法》第二百一十五条规定伪造、擅自制造他人注册商标标识或者销售伪造、擅自制造的注册商标标识，情节严重的，处三年以下有期徒刑，并处或者单处罚金；情节特别严重的，处三年以上十年以下有期徒刑，并处罚金。

五、驰名商标及其特别保护

（一）驰名商标的概念及法律保护

"驰名商标"一词，是我国对于英文"well know trademarks"的对译，也称为"知名商标""周知商标"或者"世所共知商标"。在生活中，人们常常将其称之为"名牌"。对驰名商标的定义，各国立法、判例及理论研究众说纷纭，世界上没有一个公认的驰名商标的概念。我国国家工商行政管理总局在 2003 年 4 月 17 日发布的《驰名商标认定和保护规定》中给驰名商标下了定义，即驰名商标是指在中国为相关公众广为知晓并享有较高声誉的商标。相关公众包括与使用商标所标示的某类商品或者服务有关的消费者，生产商品或者提供服务的其他经营者以及经销渠道中所涉及的销售者和相关人员等。

最早对驰名商标实行特殊保护的国际公约是《保护工业产权巴黎公约》（以下简称《巴黎公约》），该公约第 6 条之 2 规定了对驰名商标实行特殊保护的原则，但没有规定什么是驰名商标，《巴黎公约》的规定是世界各国对驰名商标实行特殊保护的主要依据之一。《巴黎公约》第 6 条之 2 规定：①规定本联盟各国承诺，如本国法律允许，应依职权，或依有关当事人的请求，对商标注册或使用国主管机关认为在该国已经属于有权享受本公约利益的人所有而驰名、并且用于相同或类似商品的商标构成复制、仿制或翻译，易于产生混淆的商标，拒绝或取消注册，并禁止使用。这些规定，在商标的主要部分构成对上述驰名商标的复制或仿制，易于产生混淆时，也应运用。②自注册之日起至少五年的期间内，应允许提出取消这种商标的请求。本联盟各国可以规定一个期间，在这期间内必须提出禁止使用的请求。③对于依恶意取得注册或使用的商标提出取消注册或禁止使用的请求，不应规定时间限制。我国 1984 年正式批准加入《保护工业产权巴黎公约》。世界贸易组织《与贸易有关的知识产权协议》（以下简称《Trips 协议》）第 16 条第 2 款、第 3 款规定了驰名商标的特殊保护，是对《保护工业产权巴黎公约》1967 年文本之 2 的进一步发展。《Trips 协议》第 16 条第 2 款、第 3 款规定：巴黎公约 1967 年文本第 6 条之 2 款，原则上适用于服务。确认某商标是否系驰名商标，应顾及有关公众对其知晓程度，包括在该成员地域内因宣传该商标而使公众知晓的程度；《巴黎公约》1967 年文本，原则上适用于与注册商标所标示的商品或服务不类似的商品或服务，只要一旦在不类似的商品或服务上使用该商标，即会暗示该商品或服务与注册商标所有人存在某种联系，从而注册商标所有人的利益可能因此受损。我国于 2001 年 11 月 10 日加入世界贸易组织（world trade organization，简称 WTO），作为其成员必须全面承担作为世贸组织成员的国际义务，包括履行《Trips 协议》的规定。

我国的驰名商标保护工作始于 1992 年，但是 1993 年修改的我国《商标法》未对驰名商标的保护问题作出规定，1993 年第二次修订的我国《商标法实施细则》第二十五条只规定了对"公众熟知的商标"的保护。我国实际上是依据《保护工业产权巴黎公约》的规定对驰名商标给予保护。我国在总结保护驰名商标实践经验和借鉴国外保护驰名商标立法经验、司法经验的基础上，于 1996 年 8 月 14 日国家工商总局发布了《驰名商标认定和保护暂行规定》（以下简称《暂行规定》），《暂行规定》的颁布使我国驰名商标的认定和管理从此步入法制化、规范化的轨道。直至 2001 年 10 月我国《商标法》第三次修改，才将驰名商标保护问题写进《商标法》及《实施条例》。2003 年 4 月 17 日国家工商总局发布了《驰名商标认定与保护规定》（以下简称《保护规定》），该规定于 2003 年 6 月 1 日实施，2014 年 7 月 3 日国家工商行政管理总局对保护规定进行了修订，以第 66 号令审议通过并公布《驰名商标认定和保护规定》，自公布之日起 30 日后施行。不论是《保护规定》还是《暂行规定》，它只是国家工商管理总局自己制定的部门规章。2001 年最高人民法院通过的《最高人民法院关于审理涉及计算机网络域名民事纠纷案件适用法律若干问题的解释》（以下简称《网络域名问题的解释》）第 6 条规定，"人民法院审理域名纠纷案件，根据当事人的请求以及案件的具体情况，可以对涉及的注册商标是否驰名依法做出认定"。2002 年最高人民法院通过的《最高人民法院关于商标民事纠纷案件适用法律若干问题的解释》（以下简称《商标纠纷问题的解释》）第 22 条规定："人民法院在审理商标纠纷案件中，根据当事人的请求和案件的具体情况，可以对涉及的注册商标是否驰名依法做出认定。"两个司法解释都赋予了人民法院认定驰名商标的权利。2013 年、2019 年修订的《商标法》对驰名商标作出了新规定。《商标法》及其《实施条例》《保护规定》和《网络域名问题的解释》及《商标纠纷问题的解释》，共同构成了我国现阶段驰名商标法律保护体系。相对于西方发达国家来讲，驰名商标的法律保护实践在我国的历史较短，法律体系尚需进一步完善。

（二）驰名商标的认定

《商标法》第十三条规定，为相关公众所熟知的商标，持有人认为其权利受到侵害时，可以依照本法规定请求驰名商标保护。《驰名商标认定和保护规定》第四、第五条规定，驰名商标认定遵循个案认定、被动保护的原则；当事人依照《商标法》相关规定向商标局提出异议，并依照商标法相关规定请求驰名商标保护的，可以向商标局提出驰名商标保护的书面请求并提交其商标构成驰名商标的证据材料。"从这些规定可以看出，商标局对驰名商标的认定采取"个案处理，被动认定"方式，即只有在商标注册人认为其驰名商标受到损害并请求保护其合法权益时，才可以向国家商标局提出驰名商标的认定申请。这些规定改变了《暂行规定》所确定的"主动认定，批量认定"的方式。这与国际惯例是一致的，也符合《巴黎公约》第 6 条之 2 规定的宗旨和方式。在对于请求认定驰名商标的商标注册人而言，如果没有确切的法律诉求理由，该商标一般不会被认定为驰名商标。在现行的驰名商标法律保护体系下，驰名商标仅仅是一种法律保护的手段，基于"个案处理，被动认定"的驰名商标认定模式被认定的驰名商标效力仅仅及于案件本身，一旦案件结束，案件所作出的驰名商标认定法律效力即行终止，该商标以后是否驰名，应当由市场来评价，也即驰名商标是动态的表现，案件对驰名商标的认定仅仅作为下次保护商标权时曾经作为驰名商标被保护的记录的证据。

（三）驰名商标的特别保护

为了切实保护驰名商标所有人或者持有人的利益，根据《巴黎公约》《TRIPS 协议》的规定，我国《商标法》《商标法实施条例》《驰名商标认定与保护规定》和《最高人民法院关于商标民事纠纷案件适用法律若干问题的解释》对驰名商标作出了以下几个方面的特别保护规定：

1. 不予注册和禁止使用

《商标法》第十三条规定，就相同或者类似商品申请注册的商标是复制、摹仿或者翻译他人未在中国注册的驰名商标，容易导致混淆的，不予注册并禁止使用。就不相同或者不相类似商品申请注册的商标是复制、摹仿或者翻译他人已经在中国注册的驰名商标，误导公众，致使该驰名商标注册人的利益可能受到损害的，不予注册并禁止使用。

2. 撤销已注册的商标

按照《商标法》第四十五条第 1 款的规定，已经注册的商标，违反《商标法》第十三条第 2 款和第 3 款、第十五条、第十六条第 1 款、第三十条、第三十一条、第三十二条规定的，自商标注册之日起五年内，在先权利人或者利害关系人可以请求商标评审委员会宣告该注册商标无效。对恶意注册的，驰名商标所有人不受五年的时间限制。

3. 禁止将他人驰名商标作为其企业名称

根据《商标法》第五十八条规定，将他人注册商标、未注册的驰名商标作为企业名称中的字号使用，误导公众，构成不正当竞争行为的，依照《中华人民共和国反不正当竞争法》处理。

第四节 著作权法

一、著作权与著作权法概述

著作权又称版权，是指作者对其创作的文学、科学和艺术作品依法享有的人身权利和财产权利的总称。著作权通常有广义和狭义之分。狭义的著作权仅指著作权人对作品依法享有的权利；广义的著作权除了狭义的著作权外，还包括著作邻接权，即作品传播者依法享受的与著作权相邻相关的权利，主要指艺术表演者、录音录像制作者、广播电视组织、图书报刊出版者享有的权利。

著作权不同于专利权和商标权，著作权是依法自动产生的，即作品一经完成，不论是否发表，均依法取得著作权。

著作权法是调整著作权及相关权利的产生、行使和法律保护过程中所产生的社会关系的法律规范的总称。新中国第一部《著作权法》于 1990 年 9 月 7 日经七届人大常委会第 15 次会议通过并公布，自 1991 年 6 月 1 日起施行。《著作权法》经过 3 次修订，第三次修订是 2020 年 11 月 11 日第十三届全国人民代表大会常务委员会第二十三次会议通过公布《关于修改〈中华人民共和国著作权法〉的决定》，自 2021 年 6 月 1 日起施行。1991 年 5 月 30 日国家版权局发布了《中华人民共和国著作权法实施条例》（以下简称《著作权法实施条例》），自 1991 年 6 月 1 日起施行，后经过二次修订，最新的一次修订 2013 年 1 月 30 日《国务院关于修改〈中华人民共和国著作权法实施条例〉的决定》。我国著作权法不仅指《著作权法》及其《著作权法实施条例》，还泛指有关著作权的取得、行使、法律保护的其他法律、法规、司法解释及我国参加的国际条约，如《计算机软件保护条例》《集成电路布图设计保护条例》《保护文学艺术作品的伯尔尼公约》《世界版权公约》和 TRIPS 协议等。

二、著作权的主体和对象

（一）著作权的主体

著作权的主体是指享有著作权的人，即著作权人，包括以下几种：

1. 作者

作者即创作作品的人，是著作权的原始主体。创作是指直接产生文学、艺术和科学作品的智力活动，仅为他人创作进行组织工作，提供咨询意见、物质条件或者进行其他辅助活动，不视为创作。作者包括创作作品的自然人和视为作者的法人或非法人组织。一般情况下，在作品上署名的自然人、法人或非法人组织就是作者，有相反证明的除外。注意区分作者和著作权人是两个不同的概念，作者以外的人也可以成为著作权人。

2. 依法享有著作权的作者以外的其他公民、法人或其他非法人组织

作者以外的其他自然人、法人或非法人组织依据法律规定或基于继承、委托合同、版权转让合同、赠与合同也可成为著作权的主体。如《著作权法》第十五条规定，视听作品中的电影作品、电视剧作品的著作权由制作者享有，但编剧、导演、摄影、作词、作曲等作者享有署名权，并有权按照与制作者签订的合同获得报酬；视听作品中的剧本、音乐等可以单独使用的作品的作者有权单独行使其著作权。又如《著作权法》第十九条规定，受委托创作的作品，根据委托合同约定，委托人可以成为著作权人。

3. 在特定条件下，国家可以成为著作权人

如国家接受著作权人的捐献、遗赠，就可成为捐献、遗赠作品的著作权人。

（二）著作权的对象

著作权的对象即指受著作权法保护的文学、艺术和科学领域内具有独创性并能以一

定形式表现的智力成果。作品应符合下列条件，才能取得著作权：

（1）作品须具有独创性。作品独创性是作品取得版权的必要和重要条件，这是世界各国版权法共同性的要求。何谓独创性，各国法律未作明确规定，我国著作权法也如此，学术界也有不同的观点。比较一致的看法是，作品的独创性是指作者独立创作完成的创造性智力成果，这里的创造性并不要求作品所表达的思想内容以及作品的文学、艺术形式是前所未有的，只要求作品是作者自己独立创作完成的，而不是抄袭、剽窃他人之作。

（2）作品必须以法律允许的客观形式表现出来或固定下来，以便他人能够直接或通过仪器设备间接看到、听到或触到，仅仅是头脑中的构思不能享有著作权。

（3）作品的思想内容不得违反宪法和国家法律及社会公共利益。依法禁止出版、传播的作品不受保护。我国著作权对象的形式依《著作权法》第三条规定，有文字作品，口述作品，音乐、戏剧、曲艺、舞蹈、杂技艺术作品，美术、建筑作品，摄影作品，视听作品，工程设计图、产品设计图纸、地图、示意图等图形作品和模型作品，计算机软件，以及符合作品特征的其他智力成果。

三、著作权的内容和保护期限

（一）著作权的内容
著作权由著作人身权和著作财产权组成。

1. 著作人身权

著作人身权是指作者对其创作的作品依法所享有的以人身利益为内容的权利。著作人身权不同于一般人身权，作品表现的虽然是作者的思想、感情、观点，但作品一旦被创作出来，即与作者的人身分离。基于作品产生的人身权也就与人身分离，作者的死亡并不导致著作人身权的丧失，即著作人身权（除发表权外）无限期地受到法律保护。著作人身权包括发表权、署名权、修改权和保护作品完整的权利。发表权是指作者决定作品是否公之于众的权利；署名权是指表明作者身份、在作品上署名的权利，作者有权决定在自己的作品上是署名还是不署名，是署真名还是署假名；修改权是指作者修改或者授权他人修改作品的权利；保护作品完整权是指保护作品不受歪曲、篡改的权利。

2. 著作财产权

著作财产权是指著作权人依法使用作品、许可他人使用作品、转让著作权并因此获得经济利益的权利，因而，著作财产权包括使用权、许可使用权、转让权和获得报酬权。

（1）使用权

使用权是指著作权人使用作品的权利，使用权包含的内容十分广泛，我国《著作权法》既采用了列举式规定，又采用了概括式规定，在其第十条列举了十六种作品使用权，同时又作了兜底规定即规定应当由著作权人享有的其他权利。按照著作权法第十条的规定，著作权人享有以复制、发行、出租、展览、表演、放映、广播、信息网络传播、摄制、改编、翻译、汇编等方式使用作品的权利。复制权，即以印刷、复印、拓印、录音、录像、翻录、翻拍、数字化等方式将作品制作一份或者多份的权利；发行权，即以出售或者赠与方式向公众提供作品的原件或者复制件的权利；出租权，即有偿许可他人临时使用视听作品、计算机软件的原件或者复制件的权利，计算机软件不是出租的主要标的的除外；展览权，即公开陈列美术作品、摄影作品的原件或者复制件的权利；表演权，即公开表演作品，以及用各种手段公开播送作品的表演的权利；放映权，放映权，即通过放映机、幻灯机等技术设备公开再现美术、摄影、视听作品等的权利；广播权，即以有线或者无线方式公开传播或者转播作品，以及通过扩音器或者其他传送符号、声音、图像的类似工具向公众传播广播的作品的权利，但不包括本款第十二项规定的权利；信息网络传播权，即以有线或者无线方式向公众提供、使公众可以在选定的时间和地点获得作品的权利；摄制权，即以摄制视听作品的方法将作品固定在载体上的权利；改编权，即改变作品，创作出具有独创性的新作品的权利；翻译权，即将作品从一种语言文字转换成另一种语言文字的权利；汇编权，即将作品或者作品的片段通过选择或者编排，汇集成新作品的权利。

（2）许可使用权

著作权人享有许可他人以复制、发行、出租、展览、表演、放映、广播、信息网络传播、摄制、改编、翻译、汇编等一种或者多种方式，在一定的时期和一定的地域范围内使用其作品，并依照约定或者我国《著作权法》有关规定获得报酬的权利。

（3）转让权

转让权是指著作权人全部或者部分转让著作权各项财产权的权利。我国《著作权法》第十条第3款规定，著作权人可以全部或者部分转让以复制、发行、出租、展览、表演、放映、广播、信息网络传播、摄制、改编、翻译、汇编等方式使用作品的权利，并依照约定或者我国著作权法有关规定获得报酬。

（4）获酬权

获酬权是指著作权人享有因使用作品、许可他人使用作品、转让著作权而获得经济利益的权利。世界上大多数国家的著作权法对获酬权都作出了规定。

（二）著作权的保护期限

著作权的保护期限是指著作权受法律保护的期限。因著作人身权和财产权两种权利的性质不同，法律对它们规定了不同的保护期限。

我国《著作权法》第二十二条规定，著作人身权除发表权外，其他的署名权、修改权、保护作品完整权的保护期不受限制。

各国著作权法和有关版权的国际公约对著作财产权都规定了一定的保护期限，通常是作者有生之年加去世后若干年，或者作品发表后若干年。我国著作权法分别对自然人作品和非自然人作品中著作财产权和发表权的保护期限作出了不同的规定。著作权属于自然人的，自然人死亡后，其本法第十条第一款第（五）项至第（十七）项规定的权利在本法规定的保护期内，依法转移。

著作权属于法人或者非法人组织的，法人或者非法人组织变更、终止后，其本法第十条第一款第（五）项至第（十七）项规定的权利在本法规定的保护期内，由承受其权利义务的法人或者非法人组织享有；没有承受其权利义务的法人或者非法人组织的，由国家享有。

我国《著作权法》第二十三条规定，自然人的作品，其发表权、本法第十条第一款第（五）项至第（十七）项规定的权利的保护期为作者终生及其死亡后五十年，截止于作者死亡后第五十年的 12 月 31 日；如果是合作作品，截止于最后死亡的作者死亡后第五十年的 12 月 31 日。

法人或者非法人组织的作品、著作权（署名权除外）由法人或者非法人组织享有的职务作品，其发表权的保护期为五十年，截止于作品创作完成后第五十年的 12 月 31 日；本法第十条第一款第五项至第十七项规定的权利的保护期为五十年，截止于作品首次发表后第五十年的 12 月 31 日，但作品自创作完成后五十年内未发表的，本法不再保护。视听作品，其发表权的保护期为五十年，截止于作品创作完成后第五十年的 12 月 31 日；本法第十条第一款第五项至第十七项规定的权利的保护期为五十年，截止于作品首次发表后第五十年的 12 月 31 日，但作品自创作完成后五十年内未发表的，本法不再保护。自然人的作品，其发表权和著作财产权的保护期为作者终生及其死亡后 50 年，截止于作者死亡后第 50 年的 12 月 31 日；如果是合作作品，截止于最后死亡的作者死亡后第 50 年的 12 月 31 日。法人或非法人组织的作品和著作权（署名权除外）由法人或非法人单位享有的职务作品，其发表权的保护期为五十年，截止于作品创作完成后第五十年的 12 月 31 日；著作惨产权的保护期为五十年，截止于作品首次发表后第五十年的 12 月 31 日，但作品自创作完成后五十年内未发表的，本法不再保护。视听作品，其发表权的保护期为五十年，截止于作品创作完成后第五十年的 12 月 31 日；视听作品财产权的保护期为五十年，截止于作品首次发表后第五十年的 12 月 31 日，但作品自创作完成后五十年内未发表的，本法不再保护。

著作权的保护期届满，著作权即告终止，作品成为社会公有财富，人人都可以无偿使用。

四、著作权的归属

著作权属于作者是著作权归属的一般原则，当今世界上大多数国家采用这一原则。但享有著作权的人不一定是作者，在著作权归属的一般原则的指导下，具体确定下列作品著作权的归属：

（一）演绎作品著作权的归属

改编、翻译、注释、整理、汇编已有作品而产生的作品，称为演绎作品，演绎作品是演绎作者在已有作品的基础上创作出的相对独立的新作品，演绎作者对演绎作品付出了创造性劳动，因此，演绎作者对演绎作品应享有著作权。演绎作者对演绎作品行使著作权时，不得损害原作品的著作权，如翻译他人享有著作权的作品，除法律另有规定外，翻译人应事先取得原作品著作权人同意，并支付相应费用，否则，便侵犯原作品著作权人的权利。使用改编、翻译、注释、整理、汇编已有作品而产生的作品进行出版、演出和制作录音录像制品，应当取得该作品的著作权人和原作品的著作权人许可，并支付报酬。

（二）合作作品著作权的归属

合作作品是指两个以上合作创作的作品。我国《著作权法》第十四条规定，合作作品的著作权由合作作者共同享有，没有参加创作的人，不能成为合作作者。合作作品的著作权由合作作者通过协商一致行使；不能协商一致，又无正当理由的，任何一方不得阻止他方行使除转让、许可他人专有使用、出质以外的其他权利，但是所得收益应当合理分配给所有合作作者。合作作品可以分割使用的，作者对各自创作的部分可以单独享有著作权，但行使著作权时不得侵犯合作作品的整体著作权

（三）职务作品著作权的归属

职务作品是指自然人为完成法人或者非法人组织工作任务所创作的作品。我国《著作权法》第十八条规定，分别对不同职务作品，规定了其著作权的归属。

（1）有下列情况之一的职务作品，作者享有署名权，著作权的其他权利由法人或者非法人组织享有，法人或者非法人组织可以给予作者奖励：①主要是利用法人或者非法人组织的物质技术条件创作，并由法人或者非法人组织承担责任的工程设计图、产品设计图、地图、示意图计算机软件等职务作品；②报社、期刊社、通讯社、广播电台、电视台的工作人员创作的职务作品；③法律、行政法规规定或者合同约定著作权由法人或者非法人组织享有的职务作品。

（2）除上述职务作品外，其他职务作品著作权由作者享有，但法人或其他非法人组织有权在其业务范围内优先使用。作品完成两年内，未经单位同意，作者不得许可第三人以与单位使用的相同方式使用该作品。

（四）委托作品著作权的归属

委托作品是指受托人按照委托人的委托而创作的作品。我国《著作权法》第十九条规定，受委托创作的作品，著作权的归属由委托人和受托人通过合同约定。合同未作明确约定或者没有订立合同的，著作权属于受托人。

（五）汇编作品著作权的归属

汇编作品是指汇编若干作品、作品的片段或者不构成作品的数据或者其他材料，对其内容的选择或者编排体现独创性的作品，汇编人对汇编作品享有著作权，但行使著作权时，不得侵犯原作品的著作权。

（六）视听作品中的电影作品、电视剧作品著作权的归属

视听作品中的电影作品、电视剧作品由制作者享有，但编剧、导演、摄影、作词、

作曲等作者享有署名权，并有权按照与制作者签订的合同获得报酬。前款规定以外的视听作品的著作权归属由当事人约定；没有约定或者约定不明确的，由制作者享有，但作者享有署名权和获得报酬的权利。视听作品中的剧本、音乐等可以单独使用的作品的作者有权单独行使其著作权。

（七）作品原件的所有权与美术作品原件展览权的归属

我国《著作权法》第二十条规定，作品原件所有权的转移，不改变作品著作权的归属，但美术、摄影作品原件的展览权由原件所有人享有。作者将未发表的美术、摄影作品的原件所有权转让给他人，受让人展览该原件不构成对作者发表权的侵犯。

五、邻接权

（一）邻接权的概念

邻接权或者著作邻接权（Neighboring Rights），是指作品传播者享有的与著作权相邻、相近或者相关的权利。各国对邻接权的规定不同，大都承认表演人对其表演、录音录像制作者对其制作的录音录像制品以及广播电视组织对其播放的广播电视节目的权利这三项邻接权。由于出版也是作品赖以传播的重要媒介，因而我国《著作权法》将出版者权利列入邻接权的范围。我国《著作权法实施条例》第二十六条规定，著作权法和本条例所称与著作权有关的权益，是指出版者对其出版的图书和期刊的版式设计享有的权利，表演者对其表演享有的权利，录音录像制作者对其制作的录音录像制品享有的权利，广播电台、电视台对其播放的广播、电视节目享有的权利。

作品传播者在传播作品的过程中要付出高度技能、艺术性等智力创作劳动，给予这种劳动成果以法律保护，能够补偿作品传播者的劳动，保护作品传播者的权利，促进作品的传播。英国早在1911年就开始制定保护邻接权的法律，奥地利、意大利、德国、日本、法国、美国等国相继对邻接权的保护作出了规定。从1951年起，在伯尔尼联盟、国际劳工组织和联合国教科文组织的努力下，于1961年10月通过《保护表演者、录音制品制作者和广播组织罗马公约》（简称《罗马公约》），从而形成了对邻接权保护的多边国际保护条约。

（二）邻接权的种类

1. 出版者权

出版者权是指书刊出版者与著作权人通过订立出版合同约定，在一定的期限内，对交付出版的作品所享有的专有出版权。

（1）图书出版者的权利和义务

图书出版者对著作权人交付出版的作品，在图书出版合同约定期限内享有专有出版权。图书出版合同中约定图书出版者享有专有出版权但没有明确其具体内容的，视为图书出版者享有在合同有效期限内和在合同约定的地域范围内以同种文字的原版、修订版出版图书的专有权利。图书出版者对其出版的图书的版式设计享有专有权利，图书出版者经作者许可，还可以对作品进行修改、删节。

报社、期刊社可以对作品作文字性修改、删节。对内容的修改，应当经作者许可。

（2）期刊出版者的权利和义务

期刊出版者依法享有下列权利：①在法定期限内禁止一稿多投权。我国《著作权法》第35规定，著作权人向报社、期刊社投稿的，自稿件发出之日起15日内未收到报社通知决定刊登的，或者自稿件发出之日起30内未收到期刊社通知决定刊登的，可以将同一作品向其他报社、期刊社投稿。在15日或30日内禁止向其他报社、杂志社投稿，双方另有约定的除外；②转载权。著作权人可以声明禁止其他报刊转载、摘编，未作声明的，其他报刊可以转载或者作为文摘、资料刊登，但应当按照规定向著作权人支付报酬；③文字性修改、删节权。报社、杂志社可以对作品进行文字性修改、删节，对内容的修改，应当经作者许可。④版式设计权。

2. 表演者权

表演者权是指表演者对他人作品的艺术表演依法享有的专有权利。表演者对其表演享有下列权利：①表明表演者身份；②保护表演形象不受歪曲；③许可他人从现场直播和公开传送其现场表演，并获得报酬；④许可他人录音录像，并获得报酬；⑤许可他人复制、发行、出租录有其表演的录音录像制品，并获得报酬；⑥许可他人通过信息网络向公众传播其表演，并获得报酬。

依《著作权法》第三十八条规定，使用他人作品演出，表演者应当取得著作权人许可，并支付报酬。演出组织者组织演出，由该组织者取得著作权人许可，并支付报酬。

3. 音像制作者权

音像制作者权是指录音录像制作者对其制作的录音录像制品享有许可他人复制、发行、出租、通过信息网络向公众传播并获得报酬的权利。

4. 广播电视节目制作者权

广播电视节目制作者权是指广播电视组织对其播放的广播电视节目，依法享有允许或禁止他人进行营利性的转播、录制和复制的权利，以及获得经济利益的权利。广播电视节目是指广播电台、电视台通过载有声音、图像的信号传播的节目。

（三）邻接权的保护期

出版者权的保护期是由著作权人与出版者在图书出版合同中加以约定，但版式设计权的保护期为十年，截止于使用该版式设计的图书、期刊首次出版后第十年的12月31日。

表演者对其表演所享有的人身权（即表明表演者身份、保护表演形象不受歪曲），著作权法永久保护。表演者享有的财产权保护期为50年，截止于该表演发生后第五十年的12月31日。

录音录像制作者享有的财产权保护期为50年，截止于该制品首次制作完成后第五十年的12月31日。

广播电台、电视台对其制作的广播、电视节目的财产权保护期为 50 年，截止于该广播、电视首次播放后第五十年的 12 月 31 日。

六、对著作权和著作权相关权利的限制

任何权利都不是绝对的、无限制的，著作权人对其作品的支配利用权同样如此，为了促进整个社会科学文化艺术事业的进步与发展，在保护著作权人利益的同时，也要注意协调著作权人的利益和社会公众利益，为此，我国《著作权法》采用世界上的普遍作法，对著作权（主要是著作财产权）作了若干限制性规定，包括"合理使用""法定许可使用"。

（一）合理使用

合理使用是指根据著作权法的规定，在一定范围内使用他人的作品，不经著作权人同意，不向著作权人支付报酬，不构成对著作权的侵害，而是一种合法行为。但使用者应当指明作者姓名、作品名称，并且不得侵犯著作权人依照本法享有的其他权利。我国《著作权法》第二十二条对合理使用的范围和具体方式作了规定。我国《著作权法》第二十四条规定，在下列情况下使用作品，可以不经著作权人许可，不向其支付报酬，但应当指明作者姓名或者名称、作品名称，并且不得影响该作品的正常使用，也不得不合理地损害著作权人的合法权益：①为个人学习、研究或者欣赏，使用他人已经发表的作品；②为介绍、评论某一作品或者说明某一问题，在作品中适当引用他人已经发表的作品；③为报道新闻，在报纸、期刊、广播电台、电视台等媒体中不可避免地再现或者引用已经发表的作品；④报纸、期刊、广播电台、电视台等媒体刊登或者播放其他报纸、期刊、广播电台、电视台等媒体已经发表的关于政治、经济、宗教问题的时事性文章，但著作权人声明不许刊登、播放的除外；⑤报纸、期刊、广播电台、电视台等媒体刊登或者播放在公众集会上发表的讲话，但作者声明不许刊登、播放的除外；⑥为学校课堂教学或者科学研究，翻译、改编、汇编、播放或者少量复制已经发表的作品，供教学或者科研人员使用，但不得出版发行；⑦国家机关为执行公务在合理范围内使用已经发表的作品；⑧图书馆、档案馆、纪念馆、博物馆、美术馆、文化馆等为陈列或者保存版本的需要，复制本馆收藏的作品；⑨免费表演已经发表的作品，该表演未向公众收取费用，也未向表演者支付报酬，且不以营利为目的；⑩对设置或者陈列在公共场所的艺术作品进行临摹、绘画、摄影、录像；⑪将中国公民、法人或者非法人组织已经发表的以国家通用语言文字创作的作品翻译成少数民族语言文字作品在国内出版发行；⑫以阅读障碍者能够感知的无障碍方式向其提供已经发表的作品；⑬法律、行政法规规定的其他情形。

（二）法定许可使用

法定许可使用是指根据著作法的规定，以特定的方式使用他人已经发表的作品，可以不经著作权人的许可，但应当向著作权人支付使用费的制度。我国《著作权法》关于法定许可使用制度的规定体现在：

（1）《著作权法》第三十五条规定，著作权人向报社、期刊社投稿，作品刊登后，除著作权人声明不得转载、摘编的外，其他报刊可以转载或者作为文摘、资料刊登，但应当按照规定向著作权人支付报酬。

（2）《著作权法》第四十二条规定，录音制作者使用他人已经合法录制为录音制品的音乐作品制作录音制品，可以不经著作权人许可，但应当按照规定支付报酬，著作权人声明不许使用的不得使用。

（3）《著作权法》第四十六条第 2 款规定，广播电台、电视台播放他人已发表的作品，可以不经著作权人许可，但应当按照规定支付报酬。

（三）避开技术措施的限制

为保护著作权和与著作权有关的权利，权利人可以采取技术措施。但是，法律、行政法规规定可以避开的情形除外。我国《著作权法》第五十条规定，下列情形可以避开技术措施，但不得向他人提供避开技术措施的技术、装置或者部件，不得侵犯权利人依法享有的其他权利：

（1）为学校课堂教学或者科学研究，提供少量已经发表的作品，供教学或者科研人员使用，而该作品无法通过正常途径获取；

（2）不以营利为目的，以阅读障碍者能够感知的无障碍方式向其提供已经发表的作品，而该作品无法通过正常途径获取；

（3）国家机关依照行政、监察、司法程序执行公务；

（4）对计算机及其系统或者网络的安全性能进行测试；

（5）进行加密研究或者计算机软件反向工程研究。

五、著作权的法律保护

著作权受到我国《著作权法》的保护，禁止任何单位或个人侵犯他人的著作权。对侵犯他人著作权的行为，可以依法追究行政责任、民事责任甚至刑事责任。著作人在其著作权受到侵犯时，可请求主管著作权的部门处理，也可向人民法院起诉。

（一）侵犯著作权的行为

未经著作权人的许可，又无法律上的依据，对享有著作权的作品进行使用的行为，构成侵犯著作权的违法、犯罪行为。

我国《著作权》第五十二条规定，下列行为属于侵犯著作权的侵权行为，应当根据情况，承担停止侵害、消除影响、赔礼道歉、赔偿损失等民事责任：

（1）未经著作权人许可，发表其作品的；

（2）未经合作作者许可，将与他人合作创作的作品当作自己单独创作的作品发表的；

（3）没有参加创作，为谋取个人名利，在他人作品上署名的；

（4）歪曲、篡改他人作品的；

（5）剽窃他人作品的；

（6）未经著作权人许可，以展览、摄制视听作品的方法使用作品，或者以改编、翻译、注释等方式使用作品的，本法另有规定的除外；

（7）使用他人作品，应当支付报酬而未支付的；

（8）未经视听作品、计算机软件、录音录像制品的著作权人、表演者或者录音录像制作者许可，出租其作品或者录音录像制品的原件或者复制件的，本法另有规定的除外；

（9）未经出版者许可，使用其出版的图书、期刊的版式设计的；

（10）未经表演者许可，从现场直播或者公开传送其现场表演，或者录制其表演的；

（11）其他侵犯著作权以及与著作权有关的权利的行为。

我国《著作权法》第五十三条规定有下列侵权行为的，应当根据情况，承担本法第五十二条规定的民事责任；侵权行为同时损害公共利益的，由主管著作权的部门责令停止侵权行为，予以警告，没收违法所得，没收、无害化销毁处理侵权复制品以及主要用于制作侵权复制品的材料、工具、设备等，违法经营额五万元以上的，可以并处违法经营额一倍以上五倍以下的罚款；没有违法经营额、违法经营额难以计算或者不足五万元的，可以并处二十五万元以下的罚款；构成犯罪的，依法追究刑事责任：

（1）未经著作权人许可，复制、发行、表演、放映、广播、汇编、通过信息网络向公众传播其作品的，本法另有规定的除外；

（2）出版他人享有专有出版权的图书的；

（3）未经表演者许可，复制、发行录有其表演的录音录像制品，或者通过信息网络向公众传播其表演的，本法另有规定的除外；

（4）未经录音录像制作者许可，复制、发行、通过信息网络向公众传播其制作的录音录像制品的，本法另有规定的除外；

（5）经许可，播放、复制或者通过信息网络向公众传播广播、电视的，本法另有规定的除外；

（6）未经著作权人或者与著作权有关的权利人许可，故意避开或者破坏技术措施的，故意制造、进口或者向他人提供主要用于避开、破坏技术措施的装置或者部件的，或者故意为他人避开或者破坏技术措施提供技术服务的，法律、行政法规另有规定的除外；

（7）未经著作权人或者与著作权有关的权利人许可，故意删除或者改变作品、版式设计、表演、录音录像制品或者广播、电视上的权利管理信息的，知道或者应当知道作品、版式设计、表演、录音录像制品或者广播、电视上的权利管理信息未经许可被删除或者改变，仍然向公众提供的，法律、行政法规另有规定的除外；

（8）制作、出售假冒他人署名的作品的。

（二）技术措施保护

著作权人可以采取技术措施保护著作权和与著作权有关的权利。著作权法所称的技术措施，是指用于防止、限制未经权利人许可浏览、欣赏作品、表演、录音录像制品或者通过信息网络向公众提供作品、表演、录音录像制品的有效技术、装置或者部件。未经权利人许可，任何组织或者个人不得故意避开或者破坏技术措施，不得以避开或者破坏技术措施为目的制造、进口或者向公众提供有关装置或者部件，不得故意为他人避开或者破坏技术措施提供技术服务。但是，法律、行政法规规定可以避开的情形除外。

（三）著作权的行政保护

侵权行为同时损害公共利益的，由主管著作权的部门责令停止侵权行为，予以警告，没收违法所得，没收、无害化销毁处理侵权复制品以及主要用于制作侵权复制品的材料、工具、设备等，违法经营额五万元以上的，可以并处违法经营额一倍以上五倍以下的罚款；没有违法经营额、违法经营额难以计算或者不足五万元的，可以并处二十五万元以下的罚款。

（四）著作权的司法保护

1. 著作权的民事诉讼保护

著作权人或者与著作权有关的权利人对侵犯其著作权的行为可以向人民法院提起民事诉讼，请求追究侵权者的民事责任。

著作权和著作权相关权利受到侵害的，被侵权人有权向人民法院起诉，可以请求法院：①采取诉前禁令。著作权人或者与著作权有关的权利人有证据证明他人正在实施或者即将实施侵犯其权利、妨碍其实现权利的行为，如不及时制止将会使其合法权益受到难以弥补的损害的，可以在起诉前依法向人民法院申请采取财产保全、责令作出一定行为或者禁止作出一定行为等措施。②采取诉前财产保全。著作权人或者与著作权有关的权利人有证据证明他人正在实施或者即将实施侵犯其权利、妨碍其实现权利的行为，如不及时制止将会使其合法权益受到难以弥补的损害的，可以在起诉前依法向人民法院申请采取财产保全措施。③采取诉前证据保全。为制止侵权行为，在证据可能灭失或者以后难以取得的情况下，著作权人或者与著作权有关的权利人可以在起诉前依法向人民法院申请保全证据。④责令侵权人赔偿损失。侵犯著作权或者与著作权有关的权利的，侵权人应当按照权利人因此受到的实际损失或者侵权人的违法所得给予赔偿；权利人的实际损失或者侵权人的违法所得难以计算的，可以参照该权利使用费给予赔偿。对故意侵犯著作权或者与著作权有关的权利，情节严重的，可以在按照上述方法确定数额的一倍以上五倍以下给予赔偿。权利人的实际损失、侵权人的违法所得、权利使用费难以计算的，由人民法院根据侵权行为的情节，判决给予五百元以上五百万元以下的赔偿。赔偿数额还应当包括权利人为制止侵权行为所支付的合理开支。人民法院为确定赔偿数额，在权利人已经尽了必要举证责任，而与侵权行为相关的账簿、资料等主要由侵权人掌握的，可以责令侵权人提供与侵权行为相关的账簿、资料等；侵权人不提供，或者提供虚假的账簿、资料等的，人民法院可以参考权利人的主张和提供的证据确定赔偿数额。

人民法院审理著作权纠纷案件，应权利人请求，对侵权复制品，除特殊情况外，责令销毁；对主要用于制造侵权复制品的材料、工具、设备等，责令销毁，且不予补偿；或者在特殊情况下，责令禁止前述材料、工具、设备等进入商业渠道，且不予补偿。

2. 著作权的刑事诉讼保护

著作权侵权行为构成犯罪的，还要追究其刑事责任，我国《刑法》第二百一十七条和第二百一十八条规定了七种侵犯著作权的犯罪行为。我国《刑法》第二百一十七条规定，以营利为目的，有下列侵犯著作权或者与著作权有关的权利的情形之一，违法所得数额较大或者有其他严重情节的，处三年以下有期徒刑，并处或者单处罚金；违法所得数额巨大或者有其他特别严重情节的，处三年以上十年以下有期徒刑，并处罚金：①未经著作权人许可，复制发行、通过信息网络向公众传播其文字作品、音乐、美术、视听作品、计算机软件及法律、行政法规规定的其他作品的；②出版他人享有专有出版权的图书的；③未经录音录像制作者许可，复制发行、通过信息网络向公众传播其制作的录音录像的；④未经表演者许可，复制发行录有其表演的录音录像制品，或者通过信息网络向公众传播其表演的；⑤制作、出售假冒他人署名的美术作品的；⑥未经著作权人或者与著作权有关的权利人许可，故意避开或者破坏权利人为其作品、录音录像制品等采取的保护著作权或者与著作权有关的权利的技术措施的。

我国《刑法》第二百一十八条规定，以营利为目的，销售明知是本法第二百一十七条规定的侵权复制品，违法所得数额巨大或者有其他严重情节的，处五年以下有期徒刑，并处或者单处罚金。

第五节　其他知识产权

按照我国《民法典》规定，知识产权除了专利权、商标权和著作权外，还有商业秘密权、地理标志权、集成电路布图设计权、植物新品种权等。鉴于篇幅的限制，仅对商业秘密权和地理标志权作简要介绍。

一、商业秘密权

《与贸易有关的知识产权协议》第三十九条将未披露过的信息专有权（即商业秘密权）列入其保护的范围，因此，商业秘密这个问题已与专利、商标、著作权等知识产权一样，成为知识产权法保护的重要组成部分。目前我国已基本建立了商业秘密法律保护体系，从民事、行政、刑事各个角度为商业秘密提供法律保护，在商业秘密的保护范围、构成条件、侵权行为等方面的内容与世贸组织知识产权协议的规定基本一致。商业秘密是目前国际上通用的法律术语，有的国家称之为工商秘密。对于商业秘密这一概念的含义和构成条件，国内外学者说法不一，尚未形成一致的见解。我国《反不正当竞争法》第九条规定，商业秘密是指不为公众所知悉、具有商业价值并经权利人采取相应保密措施的技术信息、经营信息等商业信息。《与贸易有关的知识产权协议》第三十九条第2款对商业秘密的构成条件作出了规定；结合美国、日本、德国、加拿大等国有关商业秘密的法律规定，我们认为商业秘密应当具备以下条件：

1. 秘密性

商业秘密必须是不为公众所知悉、处于秘密状态的技术信息或经营信息等。商业秘密不同于专利技术，专利技术是通过专利说明书向社会公开的技术，若技术未公开，则不能获得专利保护；商业秘密则相反，商业秘密的价值在于它的秘密性，未获得专利的信息若已向社会公开，已为公众所知，那么该信息就成为社会共同财富，任何人均可使用，法律不再保护最初获取人的独占权。

2. 新颖性

从国内外现有的各类资料中或公开使用的技术、方法、情报中或经济生活流传的经验中查找不到的，或从已有的知识、经济、技能中不容易推导出来的信息。若从国内外公知公用的信息或从一般的知识、经验、技能中可轻易获取的信息，则不具有新颖性，不构成商业秘密。

3. 价值性

具有独立的实际或者潜在的商业价值。商业秘密可能是市场主体发明创造的，也可能是市场主体在长期的实践中积累的，无论是哪种方式获得的，都耗费了市场主体的人力、物力、财力、智力，凝结了市场主体的一般劳动，具有一定的价值。不论商业秘密为其所有人自己利用，还是转让或许可他人使用，都能给权利人带来经济利益，帮助权利人在竞争中取得优势地位。若商业秘密被泄露，将导致权利人遭受巨大损失或失去竞争优势。

4. 实用性

要求商业秘密能够在工商业实践中应用，并能够满足社会需要，促进技术进步或经济发展。对社会无益甚至给社会带来危害或不利后果的信息，不构成商业秘密。

5. 采取了保密措施

商业秘密拥有人对其技术信息或经营信息等商业信息采取了合理的保密措施，如果商业秘密拥有人（包括商业秘密被许可人）对其技术信息或经营信息等商业信息未采取保密措施或者拥有人不能证明自己已采取了合理的保密措施，那么，拥有人持有的商业信息不受法律保护。保密措施既是商业信息拥有人自我保护的手段，也是法律对商业秘密予以保护的条件。商业信息的持有人可以采取多种方式和措施保护所掌握的信息不被公众所知所用，诸如在资料上注明保密标记，限制接触资料的人，设置警卫禁止非工作人员出入关键车间，限制知道产品配方生产工艺的人，订立保密合同（如企业与职工、许可人与被许可人、委托人与受托人等订立保密合同）等措施。

我们可以根据商业秘密的上述五个条件来判断某种技术信息或经营信息等商业信息

是否属于商业秘密，以确定法律是否应予商业秘密保护。

依我国《反不正当竞争法》第九条规定商业秘密包括技术信息和经营信息等商业信息，国家工商总局又在《关于禁止侵犯商业秘密行为的若干规定》中对之作出了如下解释：技术信息和经营信息包括设计、程序、产品配方、制作工艺、产销策略、招投标中的标底及标书内容等信息。

商业秘密权是指商业秘密所有人对商业秘密依法享有的专有权利。它是一种无形产权，具有财产权的性质，受到法律保护。

我国现行《反不正当竞争法》第九条规定，经营者不得实施下列侵犯商业秘密的行为：①以盗窃、贿赂、欺诈、胁迫、电子侵入或者其他不正当手段获取权利人的商业秘密；②披露、使用或者允许他人使用以前项手段获取的权利人的商业秘密；③违反保密义务或者违反权利人有关保守商业秘密的要求，披露、使用或者允许他人使用其所掌握的商业秘密；④教唆、引诱、帮助他人违反保密义务或者违反权利人有关保守商业秘密的要求，获取、披露、使用或者允许他人使用权利人的商业秘密。经营者以外的其他自然人、法人和非法人组织实施前款所列违法行为的，视为侵犯商业秘密。

第三人明知或者应知商业秘密权利人的员工、前员工或者其他单位、个人实施本条第一款所列违法行为，仍获取、披露、使用或者允许他人使用该商业秘密的，视为侵犯商业秘密。

二、地理标志权

我国《商标法》第十六条第 2 款规定，地理标志是指标示某商品来源于某地区，该商品的特定质量、信誉或者其他特征，主要由该地区的自然因素或者人文因素所决定的标志。因此，地理标志不是一般意义的地理名称，而是某种特产上使用的指明该商品产于何地的一种标志。所谓特产是指其质量和特性是除原产地以外的其他地方所不可能达到的。在特产上使用地理标志，实际上是产品质量和特性的一种说明和标志，也是这种质量和特性的保证，有利于消费者认地方购买，有利于宣传商品，促进产品销售。因此，地理标志具有财产权性质，应该受到法律保护。《保护工业产权的巴黎公约》和《与贸易有关的知识产权分协议》均把地理标志列入其保护范围。地理标志是货源标记和原产地名称的统称，是指用来表示该商品来源于某国、某地区或某地的一种产品标志，如金华火腿、郫县豆瓣、涪陵榨菜、景德镇瓷器、巴黎香水等。地理标志除了具有识别商品来源的功能，还有向消费者表明该特产具有某种特定质量或特殊性能的作用，因为一些商品的质量或特性主要取决于当地地理环境如水质、土质、气候等自然因素或者当地的传统技术、传统工艺、人文、历史等人文因素。

当今世界各国，都已认识到地理标记的重要性，都先后采取国内立法和加入国际条约、缔结双边条约的方式保护地理标志。

我国法律对地理标志没有作专门规定，在商标法中有个别条款涉及地理标志的法律保护。我国《商标法》第十六条第1款规定，商标中有商品的地理标志，而该商品并非来源于该标志所标示的地区，误导公众的，不予注册并禁止使用；但是，已经善意取得注册的继续有效。

《商标法实施条例》第四条规定，可以依照商标法和其实施条例的规定，作为证明商标或者集体商标申请注册。以地理标志作为证明商标注册的，其商品符合使用该地理标志条件的自然人、法人或者其他组织可以要求使用该证明商标，控制该证明商标的组织应当允许。以地理标志作为集体商标注册的，其商品符合使用该地理标志条件的自然人、法人或者其他组织，可以要求参加以该地理标志作为集体商标注册的团体、协会或者其他组织，该团体、协会或者其他组织应当依据其章程接纳为会员；不要求参加以该地理标志作为集体商标注册的团体、协会或者其他组织的，也可以正当使用该地理标志，该团体、协会或者其他组织无权禁止。

本章重点

通过本章学习，应着重掌握知识产权的概念、范围和特征；专利申请权和专利权的归属；授予专利权的条件；专利权的内容、期限和终止的原因；专利权无效宣告的理由和法律效力；对专利权有哪些限制；专利权侵权行为的构成及应承担的法律责任；商标注册的条件、原则；商标权的内容及撤销原因；商标侵权行为的构成及应承担的法律责任；著作权的主体和客体应具备的条件；著作权和著作邻接权的内容；著作权的归属；著作权的限制制度；著作权侵权行为的构成及应承担的法律责任；商业秘密的范围、条件和侵权行为。

本章思考题

1. 知识产权与有形财产权相比有什么不同？
2. 如何界定专利申请权和专利权的归属？
3. 商标获准注册应具备什么条件？
4. 商标局和商标评审委员会可以因什么原因而撤销注册商标？
5. 作品享有著作权的条件有哪些？
6. 著作权侵权行为构成要件和表现形式及如何追究著作权侵权人的法律责任？
7. 如何加强商业秘密保护？

本章参考书目

1. 吴汉东. 知识产权法〔M〕. 北京：中国政法大学出版社，2019.

2. 王迁. 知识产权法〔M〕. 北京：中国人民大学出版社，2016.

3. 刘春田. 知识产权法〔M〕. 北京：高等教育出版社、北京大学出版社，2019.

4. 崔国斌. 专利法：原理与案例〔M〕. 北京：北京大学出版社，2016.

5. 李扬. 著作权法基本原理〔M〕. 北京：知识产权出版社，2019.

6. 杜颖. 商标法〔M〕. 北京：北京大学出版社，2016.

第七章

债与侵权责任

第一节　债的一般原理

一、债的概念和特征

债是特定的当事人之间的民事权利义务关系。我国《民法典》第一百一十八条第2款规定："债权是因合同、侵权行为、无因管理、不当得利以及法律的其他规定，权利人请求特定义务人为或者不为一定行为的权利。"享有权利的人是债权人，负有义务的人是债务人。债权人有权请求债务人为一定的行为或不为一定的行为，其权利即为债权；债务人有义务为满足债权人的请求而为一定的行为或不为一定的行为，其义务即为债务。通常债权和债务是相互对应的，当事人双方都享有债权，也都负有债务。有些债只有一方当事人享有债权而不承担债务，另一方当事人只负有债务而不享有债权。

民法调整的财产关系，主要是所有权关系和债权关系。所有权关系解决的是财产的归属和利用问题，调整的主要是静态的财产关系；而债权关系重点是流通或交易的财产关系，调整的是动态的财产关系。两者的关系极为密切，但又都有各自的特征：

（1）主体不同。在所有权关系中，权利主体是所有权人，所有权人总是特定人。所有权的归属只能是归属于特定的公民或法人，才能表明所有权的权属确定。而所有权关系的义务主体则是除所有权人之外的一切人，即除所有权人之外，任何人均有义务绝对不得侵犯所有权人的权利，因而所有权又被称为绝对权或对世权。在债权关系中，债权人和债务人都是特定的，债权人只能向负有义务的特定人主张其权利，债务人也只对享有权利的特定人承担其义务，因而债权又被称为相对权或对人权。

（2）客体不同。所有权是物权。所有权关系的客体是物，也只能是物。债的客体则不同，在我国，通说认为债的客体是行为，不包括物。

（3）内容不同。在所有权关系中，所有权人可以直接对其所有物行使权利，包括占有、使用、收益和处分的权利，所有权人以外的一切人作为义务主体，不得干涉、妨碍或侵犯所有权人行使其权利，这是法定的义务。但是，义务主体并不负有积极协助所有权人行使其权利的义务。而在债权关系中，债权人虽享有权利，但其权利却只能通过特定的义务主体的行为（为一定的行为或不为一定的行为）的协助才能实现，即权利主体须通过行使请求权，由义务主体协助，其权利才能实现。因而债权又被称为请求权（请求权是债权内容之一，请求权不等同于债权），所有权又被称为支配权。

（4）设定不同。所有权除具有可直接支配的支配权，拒绝他人干涉、侵犯的绝对权之外，还有排他性。即在一物上只有一个所有权，不能同时并存两个或两个以上的所有权，共有也只共有一个所有权。债权关系则不同，在同一物上可以容许设定几个债权，可以先后设定，也可以同时设定。可先后履行，也可以同时履行。若债务人不能实际履行，债权人可以行使赔偿的请求权。

由此可见，债作为调整交易关系和财产变动的法律形式，不仅体现为特定当事人之间的民事法律关系，而且是以债权债务为内容的财产法律关系，更体现为以给付为标的的动态财产法律关系。需要特别指出的是，正是基于债权与物权的财产权利二元划分，大陆法系各国基本上都将债的一般规则规定为"债法总则"，在此基础上再专门规定特别规则，由此形成总分结构的债权立法结构。在我国《民法典》立法过程中对于是否设立债法总则一直存在较大争议。由于我国 1999 年《合同法》在统一原来三部合同法的基础上形成了内容完整、体系严谨的合同法律体系，与传统大陆法系诸国将合同作为债的发生依据的规定形成明显的区别；2009 年《侵权责任法》构建了完整的侵权责任法体系，且因《民法总则》规定的民事权利和法律行为制度均涉及债权债务关系，因此，在编纂《民法典》就没有依照传统立法模式设立债法总则，而是保持了合同法的完整体系和丰富内容，使合同总则发挥债法总则的功能，确立了具有中国特色的合同中心主义的立法体例[①]。

二、债的发生根据

债的发生，是指一项债权债务关系的产生。债的发生根据，是指能够引起债发生的法律事实。债权关系是一种民事法律关系，它的产生同其他民事法律关系一样，也需要一定法律事实的出现。在我国，债的发生根据通常有如下几类：

（一）合同

合同，是当事人之间设定、变更、终止民事关系的协议。依法成立的合同受法律保护。当事人通过合同设定民事法律关系，合同中约定的权利和义务，就是当事人间特定的权利和义务，就是合同之债。合同是债的发生中最常见、最主要的根据。

（二）侵权行为

侵权行为，是指侵害他人财产或人身权利的不法行为。实施侵权行为的不法行为人

---

① 参见谭启平. 中国民法学［M］. 北京：法律出版社 . 2021：409-410，429-430.

有义务赔偿给他人造成的损害，受害人有权利请求侵害人赔偿。因此，侵权行为也能引起债的发生。因侵权行为发生的债称为侵权行为之债。受到损害的受害人是债权人，实施侵害的侵害人是债务人。债权行为之债因给他人造成伤害而发生，故又称致人损害之债。因有损害而须赔偿，故又称损害赔偿之债。但应注意，损害赔偿之债不等同于侵权行为之债。在我国，侵权行为也是债发生较为普遍的根据。

（三）不当得利

不当得利，是指没有合法根据获得利益而使他人利益受到损害。它可能表现为得利人的财产增加，致使他人不应减少的财产减少；也可能表现为得利人应支付的费用没有支付，致使他应增加的财产没有增加。由于这种获利没有合法的根据（法律的规定或当事人间的约定），并有损于他人，因而，受损害的人有权请求不当得利人返还其不应得的利益，不当得利人有义务返还其不应得的利益。当事人间的这种权利义务关系，正是债权债务关系。所以，不当得利也是债发生的根据之一。因不当得利发生的债权债务关系称为不当得利之债。

不当得利和侵权行为的性质是不同的。侵权行为是侵害人以自己的不法行为损害了他人利益；而不当得利人得利并不是由于自己的不法行为，而是由于自己或第三人的误解或过错造成的，还可能是由自然事件造成的。

（四）无因管理

无因管理，是指没有法定的或约定的义务，为避免他人利益受损失，而自愿为他人管理事务或服务的行为。为他人管理事务或服务的人称管理人。其事务受管理或受服务的人称本人，也称受益人。管理人为管理或服务所支付的必要的费用，依法有权要求本人（受益人）偿还。本人（受益人）依法负有支付该费用的义务。这也就构成了当事人之间的债权债务关系，因而也是债的发生根据之一，这种债称为无因管理之债。

无因管理是管理人自愿实施的合法行为，因而不同于侵权行为；无因管理的目的在于避免他人的利益损失，因而不同于不当得利。

（五）其他

债的发生除以上原因外还可能由其他法律事实引起。如缔约过失、单方允诺等都是债的发生原因。又如抢救公共财产而受伤，抢救人虽出于高度社会责任而为，但该项财产的所有人或国家授权经管人应对抢救人的治疗费用及相应费用承担支付义务，抢救人或其亲属也有请求支付的权利，因而这类行为也是债的发生根据之一。

鉴于合同法在民法中的重要地位及其丰富内容，本书将合同法专列一章论述。

三、债的分类

债的分类是按照一定的标准把债分为若干类，以便于理论研究和实践运用。通常，按债的发生根据、债的主体、债的标的等进行分类。现分述几种常见类别：

（一）合同之债和非合同之债

按债的发生的根据不同，可把债分为合同之债和非合同之债。合同之债，又称意定之债，是双方或多方当事人间因签订合同而发生的债，这是最普遍最广泛的债。非合同之债，是指不是因当事人的协议而是因法律规定发生的债，包括前述侵权之债、不当得利之债、无因管理之债等，因而又称法定之债。

这种划分的法律意义在于：不同的债适用不同的法律。合同之债适用合同法调整；侵权之债适用侵权法调整；其他的债也都只能适用相关的法律调整。

（二）特定物之债和种类物之债

按债成立时标的是否特定化，可把债分为特定物之债和种类物之债。特定物之债，是以特定物为标的之债；种类物之债，是不以特定物为标的之债。特定物之债发生时，其标的物不仅存在并已特定化，具有不可替代性；种类物之债发生时，其标的物并未特定化，有时甚至标的物尚不存在。

这种划分的法律意义在于：首先，在债的履行中，特定物之债的债务人只能交付约定的特定物，若特定物不存在，则发生债的履行不能。债务人对特定物灭失有过错的，应负赔偿责任；种类物之债的债务人则以种类物的一定量履行即可，通常不会发生履行不能，除非该种类物全部灭失毁损。其次，对标的物所有权的转移，通常自交付标的物时起转移，而对于特定物之债，当事人在法律无特别规定的情况下，可以约定自债的成立时起所有权即转移。最后，对标的物的意外风险，除有特别约定外，标的物交付的同时其责任转移。

（三）单一之债和多数人之债

按债的主体数量多少的不同，可把债分为单一之债和多数人之债。单一之债，是债权人债务人各为一人之债。多数人之债，是债权人、债务人一方或双方是二人或二人以上之债。

这种划分的意义在于：单一之债和多数人之债的复杂程度不同。单一之债的债权人、债务人都是单一的，其债的关系单纯而明确。多数人之债，其债的关系比较复杂，不仅有债权人和债务之间的权利义务关系，而且在债权人、债务人内部还有权利义务关系，还有一方个别主体与对方整体之间的权利义务关系等，因而只有正确地认定这些关系，才能正确地处理好这些权利义务关系。

（四）按份之债和连带之债

按多数人为一方的当事人之间各自权利义务的范围和相互关系的不同，可分为按份之债和连带之债。

按份之债，是几个债权人或债务人各自按确定的份额享有权利或承担义务的债。在按份之债中，债权人为多数人时，债权人享有的债权称按份债权，每一个债权人只能就自己的债权份额享有请求清偿的权利，无权就整个债权请求清偿。未经委托，也不能代表其他债权人受偿。在债务人为多数人时，每一个债务人也只就自己的债务份额承担清偿的义务，称按份债务。按份债务人也无清偿整个债务的义务。未经债务转移，也无义务清偿其他债务人的债务。我国《民法典》第五百一十七条规定的"债权人为二人以上的，标的可分，按照份额各自享有债权的，为按份债权。债务人为二人以上，标的可分，按照份额各自负担债务的，为按份债务"，就是对按份之债的规定。

连带之债，是债的主体一方内部有连带责任或者双方内部都有连带责任之债。如多数债权人中任何一个债权人都有权请求债务人清偿整个债务的，称连带债权。如多数债务人中任何一个债权人都有义务向债权人清偿整个债务的，称连带债务。连带债权和连带债务可以同时并存。在连带之债中，从连带债权人和连带债务人的角度看，连带债权人与连带债务人之间的关系为外部关系，一经全部清偿，债权债务关系即归消灭。连带债权人之间或连带债务人之间的关系为内部关系。当外部的权利义务关系消灭后，内部的权利义务关系依然存在，即受领了全部清偿的少数债权人，负有偿还其他债权人各自应得份额的义务；履行了全部债务的少数债务人，享有请求其他债务人偿付各自应承担份额的权利。我国《民法典》第五百一十八条规定："债权人为二人以上，部分或者全部债权人均可以请求债务人履行债务的，为连带债权；债务人为二人以上，债权人可以请求部分或者全部债务人履行全部债务的，为连带债务。"

（五）简单之债和选择之债

按债的给付是否可由当事人选择，可把债分为简单之债和选择之债。简单之债，是债的给付只有一种，当事人无选择余地的债。简单之债又称不可选择之债。选择之债，是当事人可以从两种以上的给付中选择一种的债。选择权归债权人的，称选择债权；选择权归债务人的，称选择债务；选择权未明确归属的，通常认为是选择债务。选择的内容包括债的客体、履行的时间、地点、方式以及不适当履行的方式等。选择之债在选择后方能履行。一经选定，选择之债即转化为简单之债。

除以上几类债的划分外，债还可以分为总债和分债、主债和从债、可分之债和不可分之债、金钱（财物）之债和劳务之债等。

四、债的履行

（一）债的履行的含义

债的履行，是指债务人按照合同的约定或法律的规定全面履行自己的义务，债权人从而实现自己的权利。债在当事人之间产生特定的权利与义务关系。债务人履行自己的义务，债权人的权利得到实现，债的关系也就消灭，因而，债的履行也就是债的内容的全部实现。

债权与所有权制度不同，所有权关系一旦成立，所有权人就对所有物享有绝对权，可以占有、使用、收益并处分所有物，而不需要他人的任何协助，他人也不得随意侵犯所有权人的权利。债权则不同，债权关系的成立，是当事人为实现一定的经济目的，该目的能否达到，需视债的内容能否实现而定。债的履行正是实现债的目的的必经途径。而在债的履行中，债权和债务是相互对应的。债权人权利的实现以债务人履行自己的义务为前提，债务人不履行其义务，债权人无法实现其权利，也无法达到其经济目的。但若仅有债务人履行义务，而无债权人接受履行，债的内容仍无法实现，债的目的同样不能达到。所以，全面地讲，债的履行是债务人实施法律规定或合同约定的一定行为和债权人接受债务人对义务的履行。其中，债务人的履行是主要的。

债的履行，即债务人按照合同的约定或者依照法律的规定全面履行自己所承担的义务。债的履行，又称给付。如交付标的物、提供劳务或工作成果等。

（二）债的履行原则

债的履行原则，是当事人在履行债的过程中必须遵循的基本准则。在我国，债的履行原则有以下几项：

1. 实际履行原则

实际履行原则是指当事人应当按照债的标的履行，不能以其他标的代替。对于实物也不得以货币代替。在当事人未能实际履行时，应承担未履行的责任。对方有权要求其继续按标的履行，因而也称为实物履行或标的履行。

实际履行原则是债的本质和目的决定的，是商品经济的要求在法律上的表现。债是调整财产流转关系的，是商品交换的法律表现。商品交换的正常流通关系，如果以违约金、赔偿金来代替实物履行，就将使人们正常的生产和生活需要无法满足，使商品经济的发展受到阻碍。因此，不能认为实际履行原则仅仅是计划经济的要求。在市场经济的条件下，实际履行原则仍然是需要的。

只有在发生以下情况之一时，实际履行原则才成为不必要。一是债的实际履行已无必要，如因迟延履行而使季节性销售的商品过了销售季节，实际履行已无必要；二是债的实际履行已无可能，如标的物为特定物已毁损灭失；三是法律有规定，当事人一方违约后只承担违约责任而不再实际履行，如货物运输合同履行中，因承运方的过错而使货物灭失、短少、变质等；四是当事人双方有不违法的约定，允许不实际履行时只负赔偿责任等。

2. 正确履行原则

正确履行原则是指当事人除按债规定的标的履行外，还要按债所约定的数量和质量、价金和结算办法、履行时间、履行地点、履行方式等履行。这个原则是为了督促当事人认真履行债务，防止违约情况的发生，确保双方当事人的合法权益，稳定社会经济秩序，促进社会的健康发展。

正确履行原则，也称适当履行原则，还有的称为适约履行原则。它补充了实际履行的不足，督促当事人按时、按质、按量地履行义务，是判断债务人是否履行债和是否承担违约责任的全面的标准。

此外，我国学者对债的履行原则，有的认为应有公平和诚实信用原则、协作履行原则，还有的认为应有经济原则及节约合理、增进效益原则等[①]。

---

① 王利明，郭明瑞，方流芳. 民法新论(下)[M]. 北京：中国政法大学出版社，1991：281.

（三）债的正确履行

债的正确履行，包括履行主体、履行标的、履行期限、履行地点、履行方式都应是正确的。

1. 履行主体

履行主体不一定是债的主体。债的主体是债权人和债务人，履行主体是指清偿债务和接受清偿债务的人。债是特定人之间特定的权利义务关系，通常情况下，由债务人向债权人履行其义务，债权人向债务人请求并接受其履行义务。但在有的情况下，只要法律没有直接规定必须由债务人亲自履行，或者双方当事人没有约定必须由债务人亲自履行，或者义务的性质要求必须由债务人亲自履行，在不影响双方当事人的合法权益的条件下，债是可以由第三人代为履行或接受履行的，即可以由第三人代为履行义务，也可以由第三人代为接受履行。第三人代为履行义务而履行不当时，由债务人承担债不履行的民事责任；第三人代为接受履行而不适当或因此给债务人造成损失时，由债权人承担民事责任。

2. 履行标的

履行标的是债务人应给付给债权人的对象，包括物、劳务或智力成果。履行标的是在合同中约定或由法律直接规定的。债务人按约定或规定将标的给付债权人，就是正确履行；否则，就是不正确履行。所谓按约定或规定，是全面的。如标的为物时，包括规格、型号、数量和质量。数量在约定或规定的合理尾差、超欠幅度内的即为正确履行。质量如有国家标准或行业标准的，按标准履行。没有的，按通常标准或者符合合同目的的特定标准履行。

3. 履行期限

履行期限是债务人向债权人履行义务和债权人接受债务人履行的时间。履行期限一般都有明确的规定。债的主体应依照规定的期限履行义务和接受履行。任何一方都不应无故迟延履行或迟延接受；否则，就是不正确履行。对于履行期限不明确的债，债务人可以随时向债权人履行，债权人也可以随时要求债务人履行，但都应给对方留有必要的准备时间。对于履行的期限明确，债务人要求提前履行的，只要法律没有明文禁止的规定，又为债权人同意的，应视为正确履行。债权人请求提前履行的，取决于债务人是否同意，如同意也应视为正确履行。

4. 履行地点

履行地点是债务人履行债务和债权人接受履行的地方。债的履行地点按照法律规定、双方约定或债的性质确定。凡履行地点明确的，应在确定的地点履行；履行地点不明确的，"给付货币的，在接受货币一方所在地履行；交付不动产的，在不动产所在地履行；其他标的，在履行义务一方所在地履行"（《民法典》第五百一十一条第3项）。

5. 履行方式

履行方式是指债务人履行债务的具体方法。履行方式也因法律规定、双方约定及债的性质的不同而有不同，只要按已明确的方式履行的，就是正确履行；否则，就是不正确履行。如将一次履行改为分期分批履行等。履行方式包括时间方式和行为方式。交货方式中的送货制、提货制、代办运输制等即为不同的行为方式，在合同约定时均须明确，以免产生歧义。"履行方式不明确的，按照有利于实现合同目的的方式履行。"（《民法典》第五百一十一条第 5 项）

（四）债的不履行和法律后果

债的不履行，是债的主体没有按照债的规定全面地正确地履行其义务。通常表现为债务人没有全面地正确地履行其义务，有时也表现为债权人没有全面地正确地履行其义务。债的不履行通常有下列三类：

1. 全部不履行

债的主体对自己所负的义务根本没有履行的，是债的全部不履行。全部不履行可分为拒不履行和不能履行两种。拒不履行是指债务人到了履行期限能够履行而不履行；不能履行是指债的内容在客观上根本不可能履行，又称履行不能或给付不能。从不能发生的时间又可分为自始不能和嗣后不能。自始不能是指从债的关系设定时起就不能履行；嗣后不能是指债的关系设定后，由于客观情况的变化而导致不能履行。

对于全部不履行的法律后果，应区别情况对待。拒不履行的，应承担违约责任，支付违约金或支付赔偿金。对方要求继续履行的，还应按法律规定继续履行，以维护正常的经济秩序。对于自始不能履行的，违约的一方应承担赔偿的责任；对于嗣后不能的，除不可抗力外，应由违约的一方承担违约责任。

2. 部分不履行

部分不履行是指债的主体虽然履行义务，但没有完全按照规定或约定的条件履行。部分不履行可分为不适当履行和不完全履行。不适当履行通常表现为有瑕疵，尤其是质量上不符合双方商定的标准或条件；不完全履行通常表现为标的物数量不足。

部分不履行的主体，应承担违约责任。对不适当履行，债权人可以请求债务人以修理、退换、重做等方式补救。由此而导致履行迟延的，按履行迟延处理。但如采取补救措施仍无法适当履行，或债权人认为实际履行已无必要，则应由债务人赔偿损失。对不完全履行，如债权人请求继续履行，债务人又有履行能力，应由债务人继续履行，直至申请强制履行。由此而导致履行迟延的，也按迟延履行处理。如债权人认为实际履行已无必要，则应由债务人承担违约责任，并依法赔偿债权人的损失。

3. 履行迟延

履行迟延是迟于规定或约定期限的履行，又称逾期履行。可能是债务人迟延，也可能是债权人迟延。以债务人迟延的居多。对债务人迟延，又有履行能力，视债权人是否请求继续履行而有区别地处理。但无论是否继续履行，债务人均应承担违约责任。对债权人迟延，也应承担违约责任。如因受领迟延导致债务人不能履行的，应免除债务人的民事责任。

债的不履行应承担责任。在追究责任时应区分：对于一般侵权责任之债，适用过错责任原则；对特殊侵权责任之债，适用无过错责任原则；对合同之债，适用严格责任原则。

五、债的转移

债的转移，是指债的标的和内容不变更，债的主体发生变更的法律行为。即新的债权人代替原债权人，或者新的债务人代替原债务人，或者债权人债务人都发生变更。变更债权人的称为债权转移或债权让与；变更债务人的，称为债务转移或债务承担。债权债务同时转移的称为概括转移。

债的转移的原因，既可基于法律行为而发生，如遗赠、签订合同等，也可基于法律的直接规定而发生，如依法继承、法院判决等。前者称约定的债的转移，后者称法定的债的转移。

（一）债权转移

债权转移，即债权让与，是基于当事人的协议或法律的规定，在不变更债的标的和内容的前提下，由债权人将债权转移给第三人，第三人取代原债权人的地位成为新债权人的法律行为。其中，原债权人称让与人，接受让与的人称受让人。

引起债权转移的原因有法律的直接规定，如财产继承生效后，继承人取代被继承人成为债权人；保证人代被保证人履行债务或承担损害赔偿责任后，取代债权人的地位，享有向被保证人的追偿权；连带债务人中的一人或数人清偿全部债务后，取代原债权人的地位，享有向其他债务人请求偿付应承担份额的权利；保险人理赔后，取代投保人有向第三人追索损害赔偿的权利；出租人将财产所有权转让给第三人后，新的所有权人享有原出租人对承租人的权利等。

引起债权转移的原因还有因为法律行为而发生的，如因合同的约定就是大量的债权转移的情况。

债权转移须具有让与性。通常认为，下列情况不能转移债权：①具有人身性质的债权不能转移，包括基于债权人与债务人间特殊信任关系的债权，如委托人对受托人的债权；以特定身份为基础的债权，如抚养请求权；以特定债权人为基础的债权，如因名誉、身体被侵害所产生的接受赔偿的请求权。②法律有直接规定的不得转移。③当事人有特别约定的不得转移。同时，债权的转移不得违反法律和损害债务人的权益。

债权转移须符合下列条件，才能产生法律效力：①债权转移须告知债务人。未经通知，转让对债务人不发生效力。转让的通知不得撤销，但经受让人同意的除外。②法律规定须经国家有关机关批准的，应报经批准。③让与人对受让人负有交付证明债务文件的义务，如合同文本、提货单、结算凭证等有关单证，并应将有关主张债权的必要情况告知受让人；否则，由此而给受让人造成损失的，应负赔偿责任。④债权转移时，如有从债权，也随之转移。如抵押权、定金债权、保证以及利息、违约金、赔偿损失的请求权等。但保证应征得保证人的同意，否则不能一并转移。从权利专属于债权人自身的不能转移。同时，转移的债权还须事实上仍然存在。

（二）债务转移

债务转移即债务承担，是基于当事人的协议或法律的规定，在不变更债的标的和内容的前提下，由债务人将债务转给第三人，第三人取代原债务人的地位成为新债务人的法律行为。全部或部分愿意接受债务的人称承担人。

引起债务转移的原因有法律的直接规定（如合同签订后，当事人一方发生合并、分立时，由变更后的当事人承担或分别承担履行合同的义务）；也可因为法律行为引起债务转移，主要是合同；也有单方法律行为（如附有义务的遗赠，在遗赠生效时，同时发生债务承担）。

债务转移的成立，须符合下列条件：①必须有有效成立的债务，已经消灭的债务或不能成立的债务不发生债务转移问题。②必须是可以转移的债务。法律有规定、双方有特别约定或债的性质决定必须由债务人亲自履行的债务不能转移。③必须符合法律规定或原债务人与承担人之间有债务转移合同。④约定的债务转移必须经债权人同意。由于承担债务的第三人的履约能力如何、资信是否可靠都直接关系债权人的债权能否实现，因而变更债务人由第三人为新债务人，必须得到债权人的认可。

债务转移后，承担人享有原债务人基于该债的关系所享有的抗辩权。从属于主债的债务，如支付利息、赔偿损失等也随之转移。同时，《民法典》第五百五十四条规定："债务人转移债务的，新债务人应当承担与主债务有关的债务，但是该从债务专属于原债务人自身的除外。"

对债权转移与债务承担须注意法律、行政法规规定应批准、登记手续的，应按规定办理才有效。

（三）概括转移

当事人一方经对方同意，也可以将自己在合同中的权利义务一并转让给第三人，学理上称为概括转移，其转移须遵守权利转让和义务承担的有关规定。

六、债的担保

债的担保是保证债务人履行其债务，使债务人的权利得以实现的法律制度。

自有债的制度以来，就有债的担保制度，但在不同的社会制度下，担保方式有所不同。在社会主义社会，债的担保是维护社会主义经济秩序、发展社会主义商品经济的法律工具。

债受法律的保护，债务人必须履行债务，以满足债务人的债权；否则，债务人须承担不履行的民事责任。法律赋予债权人以代位权和撤销权，以保证债权人的权利。债权人的代位权和撤销权是债的担保手段，是债的一般担保，又称债的保全。由于可及于第三人，又称为债的对外效力。

但是，仅有债的一般担保并不能保证债权人的债权得以实现。因为债务人的财产可能减少而不足以清偿原有债务，也可能发生债务人的财产虽未减少但债务增加，使原有财产不足以清偿各债权人的债务或使各债权人受偿比例降低的情况。因此，在法律上设定特殊担保制度，以确保债权人债权的实现。

债的担保包括人的担保（保证）、物的担保（抵押权、留置权）、金钱担保（定金）等。从债的担保的发生原因，可区分为法定担保和约定担保。法定担保是法律为某种债权直接规定的担保，如货运单位对未交付货运费的货物可以留置。约定担保是当事人为保证债的履行而相互约定设立的担保。约定担保大量存在。《民法典》规定的我国的典型担保方式有保证、抵押、质押、留置和定金以及非典型担保，包括让与担保、债务加入等。

七、债的终止

债的终止，是指债权人和债务人之间的债权债务关系因一定的法律事实的出现而不复存在的现象。债权关系是因一定目的而设立的，当设立的目的已经达到或者因特殊情况的出现使债权关系已经无须继续存续时，在一定条件下，债权关系即可归于消灭。因此，债的终止，又称债的消灭。能引起债的终止的原因主要有：

（一）履行

债因一定目的而设立。当债务人按债的规定全面正确地履行了自己的义务，使债权人的权利得以实现，设定债的目的已经达到，债就丧失了存在的必要性，债权债务关系即行终止。债的终止，通常为债务人履行其义务，使债权人的权利得以实现而终止，也可以由债务人的代理人或第三人（如保证人、合伙人）代为履行而终止。但第三人代为履行后，原有债的关系终止，又产生第三人与债务人之间新的债权债务关系。债的履行如不是全面正确履行，仅为部分履行或不适当履行，则不能为债的终止，往往转化为损害赔偿之债。

（二）抵销

抵销是指双方当事人间相互负有债务，将各自债务相互充抵的现象。抵销使双方债务同时消灭。就实质而言，抵销为债的履行方式之一。债可因单方的请求，也可因双方的协商而抵销。但抵销必须符合以下条件：

（1）当事人双方互负债务。即双方互为债务人，对对方负有债务，因此也互有相应的债权。债权应是自有的有效债权。他人的债权不能抵销。无效债权、自然债权不能抵销。附停止条件的债权，条件成就前不能抵销。

（2）双方债务的标的物种类、品质相同的，任何一方都可以将自己的债务与对方的债务相抵销，但法律规定或者合同明确不得抵销的除外。当事人互负债务，标的物种类、品质不相同的，经双方协商一致，也可抵销。

（3）双方债务都已到履行期。在债务定有履行期，且双方债务均已届履行期时，可以抵销。如果双方债务均未规定履行期，因债权人可以随时要求债务人履行，可以抵销。如果一项债务规定有履行期且已经到期，另一项债务未规定履行期，则其债权已到受偿期的一方可以主张抵销。如果两项债务都规定有履行期，一项已到履行期，另一项未到履行期，则在未到期的债务人同意时，可以抵销。但破产债权人对其享有的债权，无论是否已到履行期，无论是否附期限或解除条件，均不得抵销。

（4）债务的性质可以抵销；反之，则不可抵销。如果有人身性质的债务不能抵销，抚恤金、退休金等属不可抵销之列。相互提供劳务的债务，通常认为也不能抵销。

（5）抵销不得违反法律的规定或双方的约定。

（三）提存

提存是指债务履行期已届满，债务人无法履行，而将应履行的标的物提交给提存机关，以消灭其债务的制度。提存有效成立，债务即行终止。

提存须具备的条件：

（1）提存的原因合法。提存必须是债务清偿期届至，债权人无正当理由拒绝或迟延受领债之标的物的；债权人不在债务履行地又不能到履行地受领的；债权人不清、地址不详或失踪死亡（法人消灭）其继承人不清，或继承人为无行为能力人其法定代理人不清的；或者债的双方在合同中约定以提存方式给付的；或者为了保护债权人的利益，保证人、抵押人或质权人请求将担保物（金）或其替代物提存的。

（2）提存的标的物符合要求。可以提存的标的物有：货币、有价证券、提单、权利证书、贵重物品、担保物（金）或其替代物及其他适宜提存的标的物。对易腐烂易燃易爆等物品，应当在保全证据后，由债务人拍卖或变卖，提存其价款。

（3）提存须依法定程序。我国已有《提存公证规则》，凡提交债务履行地公证处提存的都应按该规则规定的程序办理。

在提存关系中，为履行清偿义务或担保义务而申请提存的人为提存人，提存之债的债权人为提存受领人。

提存后，提存人应将提存事实通知提存受领人。以清偿为目的的提存或提存人通知有困难的，由提存的公证处以书面通知；无法送达通知的，应公告通知。

提存之债从提存之日起即告清偿。公证处有保管提存标的物的权利和义务。提存受领人领取提存标的物时，应承担因提存所支出的费用。

（四）免除

免除是指债权人放弃其债权的，债务人因而不再承担债务的行为。债权人可以免除全部债务，也可以免除部分债务。如免除部分债务，仅该部分债务终止。债权人做出免除的意思表示后，不得撤回。

免除是单方法律行为抑或双方法律行为，各国立法和学说存在两种观点：有认为是单方法律行为者，即一经债权人做出免除的意思表示，免除即行生效，无须债务人同意；有认为是双方法律行为者，即经债权人做出免除的意思表示后，尚需债务人表示接受，免除方能生效。通说为单方法律行为，我国《合同法》第一百零五条关于免除的规定也未涉及债务人的同意。

（五）混同

混同是指由于某种法律事实的出现，使一项债的债权与债务同归于一个主体，致使债的关系终止的现象。债权人与债务人本为债的关系双方当事人，双方当事人既已同为一体，难以再区分债权人与债务人，故债应归于终止。如甲乙公司合并为一个公司，甲公司与乙公司间原有的债权债务关系即归于终止。

（六）其他原因

债的终止除以上原因外，还可因当事人的协议、法人破产、不可抗力、法院或仲裁机关的裁决、法律的直接规定等原因而终止。具有人身性质的债务，也可因当事人丧失行为能力或死亡而终止债的关系。

第二节　侵权责任

一、侵权责任的概念和侵权行为的分类

（一）侵权民事责任的概念

民事责任，是指民事主体因违反合同或者不履行其他义务，侵害国家、集体财产，侵害他人人身或财产而依法承担的民事法律后果。

民事责任是民法保护民事权利的重要措施，是民法的重要组成部分。民法保护公民、法人的民事权利体现在两个方面：一方面是赋予民事主体以广泛的民事权利，如财产所有权、债权、人身权和知识产权，权利人可以依法行使自己的权利。当权利受到侵害时，有权采取自救措施或者请求有关机关和人民法院予以保护。另一方面是法律规定侵害者承担一定的法律后果，以恢复被侵害者的权利。

民事责任是法律责任的一种，它不同于刑事责任和行政责任。它们之间的区别主要是：

（1）责任的性质不同。刑事责任、行政责任具有惩罚性，是对违法行为的行为人实施惩处。民事责任一般不具有惩罚性。在刑事责任、行政责任中有罚金、罚款等财产方面的惩罚措施。民事责任中有大量的财产责任，但一般都是补偿损失的性质，不具有惩罚性。

（2）责任的内容不同。刑事责任、行政责任的内容是以人身刑事和行政纪律处分为主。民事责任以财产责任为主。

（3）责任的原则不同。刑事责任、行政责任以罪错与处罚相当为原则，在适用经济制裁时，不以造成的损失为标准。民事责任以恢复原状和等价赔偿为原则，赔偿数额应

与损失大小相当。同时，刑事责任和行政责任中的追缴财产须收归国库所有，而民事责任中给付或赔偿的财产归受害人所有。

（4）责任的强制不同。刑事责任只能由司法机关追究，行政责任由有关行政机关决定，它们的生效决定做出后必须执行。而民事责任则可由当事人双方在法律规定的范围内协商，受害人也有权要求对方承担责任。在法院或仲裁机构做出裁决后，受害人还可放弃自己的权利，使对方免除应承担的责任。

由此可见，刑事责任、行政责任与民事责任有很大的区别。据此，民事责任的法律特征体现为：

（1）民事责任是自然人、法人违反民事义务所应承担的责任。民事义务或是由法律直接规定，或是由当事人在法律允许的范围内自行约定。一经确定生效，当事人即应自觉履行。对应当履行的义务不履行，必将损害权利人的权利，进而影响正常的社会关系和社会秩序。违反民事义务必须承担相应的法律责任，即承担民事责任。

（2）民事责任主要是财产责任。民法主要是调整平等主体间的财产关系，民事法律关系也多以财产利益为内容。不履行民事义务多数情况下会对他人的财产利益造成侵害。弥补财产利益的损失则为财产补偿，因而民事责任以财产责任为主。民法还调整平等主体之间的人身关系。对侵害公民、法人的人格权和身份权的保护，就不能完全依靠财产上的补偿。因此，民事责任除财产责任外还有非财产责任。

（3）民事责任以补救被侵害人的民事权益为目的。民事责任一般不具有惩罚性，但并不是完全不具有惩罚性。民事责任的主要目的和功能在于补救被害人的权益。补救的方式，一是通过承担民事责任，使受侵害的合法权益恢复到被侵害前的状态，如通过恢复原状、返还原物等责任方式使合法权益恢复到被侵害前的状态；二是通过承担民事责任，使受到侵害而又不能恢复到原有状态的受害人，得到合理的补偿以弥补其损失。后一种方式在实践中运用更广泛。

（4）民事责任在一定程度上体现意思自治原则。民事责任发生在平等的民事主体之间，一般而言不危害国家利益和社会公共利益，在承担责任时通常无须发生强制承担责任的问题。在法律规定的范围内，当事人可以自行协商决定责任的形式和内容，如果受害人愿意，还可以放弃请求侵害人承担责任的权利。

民事责任按当事人违反义务的性质，可以分为违反合同的民事责任、缔约过失责任和侵权的民事责任。违反合同的民事责任是指公民、法人不履行合同或不完全履行合同应承担的责任，又称合同责任。缔约过失责任是合同成立前在订立合同过程中有过错而给相对人造成损失应承担的责任。侵权的民事责任，即侵权责任，是指自然人、法人侵害国家、集体财产，侵害他人人身、财产权利应承担的民事责任。《民法典》第一百二十条规定："民事权益受到侵害的，被侵权人有权请求侵权人承担侵权责任。"

需要指出的是，在我国民法理论中，民事权利、义务与责任是不同的概念，民事主体可依法享有权利，或承担相应的民事义务，义务人对义务的违反或不履行将承担相应的民事责任。我国《民法典》在立法体例上对债权债务与民事责任分别作了规定。前文已经指出，根据《民法典》第一百一十八条规定，侵权行为是债权的发生原因之一。第一百七十六条："民事主体依照法律规定或者按照当事人约定，履行民事义务，承担民事责任。"因此，从逻辑上讲，侵权行为的后果应该是在当事人之间产生债权债务关系，即因侵权行为在当事人之间产生侵权之债。由此可见，《民法典》第一百二十条所规定的"民事权益受到侵害的，被侵权人有权请求侵权人承担侵权责任"，其中的"侵权责任"可以理解为"侵权之债"，此处的责任，实际上是义务或债务，相当于"obligation"。[①] 申言之，即便《民法典》将"侵权责任"独立成编，也不改变其作为传统民法中债的性质，只不过是以已有的民事权利义务关系为前提，因侵权而形成的一种新的民事关系而已。

（二）侵权行为的分类

不同的侵权行为所承担的民事责任是有区别的。根据不同的标准，侵权行为有不同的分类。

1. 一般侵权行为与特殊侵权行为

根据侵权行为的成立要件及归责原则的不同，可以把侵权行为分成一般侵权行为和特殊侵权行为。一般侵权行为是指必须同时具备侵权行为全部构成要件才能成立的行为，通常适用过错原则，受害人一方负有举证责任。特殊侵权行为是指行为人对与自己有关的他人行为、事件或其他特别原因致人损害，适用民法特殊规定的侵权行为。《民法典》对特殊侵权行为给予了列举规定。包括网络服务提供者（ISP）侵权行为（《民法典》第一千一百九十四条）、公共经营场所侵权行为（《民法典》第一千一百九十八条）、教育机构侵权行为（《民法典》第一千一百九十九条）、产品侵权行为（《民法典》第一千二百零二条）、机动车交通事故侵权行为（《民法典》第一千二百零八条）、医疗事故侵权行为（《民法典》第一千二百一十八条）、环境污染和破坏生态致人损害侵权行为（《民法典》第一千二百二十九条）、高度危险作业侵权行为（《民法典》第一千二百三十六条）、饲养动物致损侵权行为（《民法典》第一千二百四十五条）以及建筑物物件致人损害侵权行为（《民法典》第一千二百五十二条、第一千二百五十三条）。

2. 侵害财产所有权、知识产权、人身权的行为

根据侵害对象的不同，侵权行为可以分为侵害财产所有权的行为、侵害知识产权的行为、侵害人身权的行为。侵害财产所有权的行为，是指侵害国家、集体或公民个人的财产所有权，具体方式可能是侵占，也可能是损坏；侵害知识产权的行为，是指以剽窃、篡改、假冒等方式侵害公民、法人的专利权、商标专用权、著作权和其他科技成果权的行为；侵害人身权的行为，是指侵害他人生命健康权、姓名权、肖像权、名誉权等与人身不可分割的权利的行为，其中也包括由此而引起的损害赔偿。

---

① 梁慧星. 民法总论［M］. 北京：法律出版社. 2017：82.

3. 单独侵权行为、数人分别实施的侵权行为、共同侵权行为、共同危险行为、教唆帮助行为

根据行为人的多少可将侵权行为分为单独侵权行为、数人分别实施的侵权行为、共同侵权行为、共同危险行为、教唆帮助行为。

单独侵权行为是指一人不法侵害他人权利的行为。

共同侵权行为要求"意思联络"为构成要件。《民法典》第一千一百六十八条规定，二人以上共同实施侵权行为，造成他人损害的，应当承担连带责任。

无意思联络的数人分别实施侵权行为。《民法典》第一千一百七十一条规定，"二人以上分别实施侵权行为造成同一损害，每个人的侵权行为都足以造成全部损害的，行为人承担连带责任"；第一千一百七十二条规定，"二人以上分别实施侵权行为造成同一损害，能够确定责任大小的，各自承担相应的责任；难以确定责任大小的，平均承担赔偿责任"。

教唆、帮助他人实施侵权行为的，应当与行为人承担连带责任。

共同危险行为，即二人以上实施危及他人人身、财产安全的行为。《民法典》第一千一百七十条规定，"二人以上实施危及他人人身、财产安全的行为，其中一人或者数人的行为造成他人损害，能够确定具体侵权人的，由侵权人承担责任；不能确定具体侵权人的，行为人承担连带责任"。如数个猎人向同一方向开枪，结果原告被其中一颗子弹击中而死亡，但无法确定究竟是谁的子弹，则法律要求上述所有猎人承担连带责任。

4. 积极侵权行为和消极侵权行为

根据侵权行为的性质不同，侵权行为可以分为积极侵权行为和消极侵权行为。积极侵权行为，是指行为人以一定的作为致人损害的行为，如故意毁损他人的财物。消极侵权行为，是指行为人以一定的不作为致人损害的行为，如仓库管理人擅离职守致使国有财产被盗。

二、侵权民事责任的一般构成要件

侵权民事责任的一般构成要求，是指在一般情况下，构成侵权民事责任所必须具备的条件。不具备这些条件，就不能让行为为人承担民事责任。这些条件可概括为客观要件和主观要件两个方面。

（一）侵权民事责任的客观要件

行为人要承担侵权的民事责任，在客观要件上须具备以下三个条件：

1. 侵权损害的事实

损害的存在，是构成侵权民事责任的首要条件，也是前提。无损害的存在就谈不上承担侵权民事责任。所谓损害，是指由一定行为或事件造成人身或财产上的不良状态或不良后果。前者如财产物被侵占、环境被污染、行为受限制等，后者如财物被损毁、利益遭丧失、名誉受玷污等。

损害可以是财产的损害，也可以是非财产的损害。非财产的损害是指对受害人人身、人格的损害，精神损害属非财产损害。各国的立法对非财产损害可以要求致害人从物质上进行一定的补偿。

财产损害按损失的物质利益的现实性程度，可分为直接损失和间接损失。直接损失是指既得利益的丧失，或者现有财产的减损，又称积极损失或实际损失；间接损失是指可得利益的损失，即如不发生侵权损害，本来可以得到的财产的减损，又称消极损失。间接损失不可任意扩大。

2. 行为的违法性

造成损害事实的行为，必须具有违法性质，行为人才负民事责任。所谓违法性，是指行为人的行为违反了法律规定的义务。违法行为的表现形式，可以是作为，也可以是不作为。作为的违法行为，是指行为人实施了法律所禁止的行为。如毁损他人财产，侵害他人人身自由等。不作为的违法行为，是指行为人没有实施法律要求必须实施的行为。如在公共场所或道路上挖坑，应设置明显标志和采取安全措施而未做到，致使行人受伤。造成他人损害的违法行为，不论是作为还是不作为，都具有违法性。但造成他人损害的行为，如果属于正确执行职务、正当防卫、紧急避险等的正当范围内的，则不是违法行为。

3. 违法行为与损害结果之间有因果关系

确定行为人承担侵权的民事责任，必须确定该损害结果与行为人的违法行为之间存在因果关系。行为人虽有违法的侵权行为，但其行为与损害结果之间不存在因果关系，则不能由行为人承担损害赔偿的责任。

所谓因果关系，是指自然界和社会中客观现象之间的关联性。即一种现象在一定条件下必然引起另一种现象的发生，前一种现象为原因，后一种现象为结果。因果关系是客观存在的，不以人的主观意志为转移。由于客观事物的多样性，因果关系也是错综复杂的。除了一因一果的情况外，还有多因一果的情况。在多因一果的情况下，还必须从多种原因中区分主要原因和次要原因，才能确定各个侵权人应分担的赔偿责任的大小。由于客观事物的复杂性，原因和条件往往交织在一起，因此必须注意区分。一般说来，原因对结果有必然性，起决定性的作用，而条件对结果仅是一般联系，不起决定性的作用。

（二）侵权的民事责任的主观要件

确定行为是否应负侵权的民事责任，必须看行为人在客观上是否有违法行为，是否给他人造成损害，违法行为与损害结果之间是否有因果关系。但仅凭客观方面的三个要件还不能确定行为人必须承担赔偿的责任。确定侵权的民事责任还必须有主观方面的要件，即包括行为人需有行为能力和行为人主观上有过错。

1. 行为人需有行为能力

"无责任能力者无责任"是各国立法和司法中的普遍原则。即在民法上，无责任能力的人不能承担民事责任。所谓责任能力，是指行为人能够辨认和控制自己的行为和后果的能力。行为人具有了解自己行为的性质、意义和法律上的后果，并能自觉地控制自己的行为，对自己的行为负责并承担法律上的责任，即是有责任能力人。各国立法上都明确规定责任能力，凡有责任能力的人对其违法行为的后果都应承担民事责任。我国《民法典》按公民的年龄和神智状态，把公民分为完全行为能力人、限制行为能力人和无行为能力人。完全行为能力人对其违法行为的后果承担全部民事责任；限制行为能力人对与其年龄和神智状态相适应的违法行为的后果承担相应的民事责任；无行为能力人对其违法行为的后果不承担民事责任。

2. 行为人有过错

过错，是行为人决定其行为的心理状态。过错包括故意和过失。所谓故意，是指行为人已预见到自己行为的结果，并希望其发生或放任其到来的心理状态；所谓过失，是指行为人对自己行为的结果应预见到或能预见到，但疏忽大意而没有预见到，或者虽然预见到但轻信其结果不会发生的心理状态。行为人在客观上虽有违法行为，有损害事实，违法行为与损害事实之间也有因果关系，但主观上没有故意或过失，仍不能构成侵权的民事责任。

一般情况下，行为人主观上有无过错，对于确定他应承担的民事责任具有决定性的意义，但其过错是故意或过失，过错的程度如何，对确定民事责任则无实际意义。因为确定侵权的民事责任的范围，通常取决于损害的有无或大小，而不是故意或过失。只有在特定情况下，如混合过错、共同致人损害等，区分行为人是故意或过失，考虑其过错的程度，对确定其承担赔偿责任的大小才具有实际意义。

三、特殊侵权的民事责任

一般情况下，侵权的民事责任的构成必须同时具备上述几个条件，缺少任何一个条件，都不能构成侵权的民事责任。但是，在特殊情况下，侵权行为虽不同时具备以上几个条件，法律规定应承担民事责任的，仍须承担民事责任。这类侵权的民事责任，法理上称特殊侵权的民事责任。但其范围则各说不一。我们认为，按我国《侵权行为法》等法律的规定，在我国，属于特殊的侵权责任的为以下几项：

（一）国家机关及其工作人员因执行职务致人损害的民事责任

我国《宪法》第四十一条第 3 款规定："由于国家机关和国家工作人员侵犯公民权利而受到损失的人，有依照法律规定取得赔偿的权利。"第八届全国人大常委会第七次会议于 1994 年 5 月 12 日通过并颁布，自 1995 年 1 月 1 日起施行的《中华人民共和国国家赔偿法》（以下简称《国家赔偿法》），正是根据上述规定制定的，其目的在于保障公民、法人的合法权益，促进国家机关工作人员依法行使职权。

发生职务侵权行为，必须是损害确由国家机关或其工作人员所造成，损害是执行职务所造成，损害是由于执行职务中的违法或不当行为所造成。受害人只要能证明该职务行为违法，或者欠缺正当理由和合法依据，不论行为人主观上有无过错（故意或过失），都可以成立侵权的民事责任。执行职务的侵权责任成立，应由该国家机关或工作人员所在的国家机关负责赔偿。国家机关赔偿后，应责令有过错的工作人员承担部分或全部赔偿费用。所谓国家机关，是指国家权力机关、行政机关、审判机关、检察机关和军事机关。

（二）产品质量不合格致人损害的民事责任

产品质量不合格致人损害的民事责任，简称产品责任。《民法典》第一千二百零三条规定："因产品存在缺陷造成他人损害的，被侵权人可以向产品的生产者请求赔偿，也可以向产品的销售者请求赔偿。产品缺陷由生产者造成的，销售者赔偿后，有权向生产者追偿。因销售者的过错使产品存在缺陷的，生产者赔偿后，有权向销售者追偿。"为加强对产品质量的监督管理，明确产品质量责任，保护用户、消费者的合法权益，维护社会经济秩序，1993 年 2 月 22 日，第七届全国人大常委会第三十次会议通过了《中华人民共和国产品质量法》（以下简称《产品质量法》），对产品责任作了较全面、具体的规范。从立法上看，我国把产品责任是作为特殊的侵权责任加以规定的。《民法典》侵权责任编第四章专门规定了产品责任。第一千二百零二条规定，因产品存在缺陷造成他人损害的，生产者应当承担侵权责任。第一千二百零三条规定，因产品存在缺陷造成他人损害的，被侵权人可以向产品的生产者请求赔偿，也可以向产品的销售者请求赔偿。产品缺陷由生产者造成的，销售者赔偿后，有权向生产者追偿。因销售者的过错使产品存在缺陷的，生产者赔偿后，有权向销售者追偿。第一千二百零四条规定，因运输者、仓储者等第三人的过错使产品存在缺陷，造成他人损害的，产品的生产者、销售者赔偿后，有权向第三人追偿。

产品责任适用无过错责任原则。用户、消费者与产品的生产者、销售者之间并不要求必须有合同关系，受害人要求赔偿损失也不以生产者、销售者有过错为前提。产品责任的成立必须符合以下的条件：①产品存在缺陷（或称瑕疵），即产品有"不合理危险"的状态或者"缺乏应有安全"的状态，可能危及人身、财产的安全。这种缺陷应是当时的科技水平能发现其存在，并在该产品投入流通时即已存在的缺陷。②损害事实的客观存在，没有损害事实的存在即无从追究产品侵权的民事责任。③缺陷与损害事实之间存在因果关系，即损害事实确系由该产品缺陷造成的，受害人即可要求赔偿。因产品质量不合格而致损害的受害人，在这三个条件都有符合时，既可以直接请求产品的生产者承担责任，也可以请求产品的销售者承担责任。生产者或销售者都应首先承担责任，然后再向造成产品缺陷者追偿。如产品销售者有过错使产品存在缺陷，或产品的运输者、仓储者对产品缺陷负有责任的，已经承担民事责任者可以追偿。

对产品实行严格责任制，使生产者、销售者不能以自己没有过错而免除责任，这有利于保护用户、消费者的权益。但是，如果生产者能证明未将产品投入流通的，产品投入流通时引起损害的缺陷尚不存在的，或将产品投入流通时的科技水平尚不能发现缺陷存在的，不承担赔偿责任。

（三）机动车交通事故的民事责任

《民法典》侵权责任编第五章规定了"机动车交通事故责任"，其中第一千二百零八条规定，机动车发生交通事故造成损害的，依照道路交通安全法和本法的有关规定承担赔偿责任。第一千二百零九条规定，因租赁、借用等情形机动车所有人与使用人不是同一人时，发生交通事故后属于该机动车一方责任的，由机动车使用人承担赔偿责任；机动车所有人对损害的发生有过错的，承担相应的赔偿责任。

（四）医疗损害的民事责任

《民法典》侵权责任编第六章规定"医疗损害责任"，其中第一千二百一十八条规定，患者在诊疗活动中受到损害，医疗机构或者其医务人员有过错的，由医疗机构承担赔偿责任。第一千二百一十九条规定，医务人员在诊疗活动中应当向患者说明病情和医疗措施。需要实施手术、特殊检查、特殊治疗的，医务人员应当及时向患者说明医疗风险、替代医疗方案等情况，并取得其明确同意；不能或者不宜向患者说明的，应当向患者的近亲属说明，并取得其明确同意。医务人员未尽到前款义务，造成患者损害的，医疗机构应当承担赔偿责任。

同时，《民法典》第一千二百二十二条规定：患者在诊疗活动中受到损害，有下列情形之一的，推定医疗机构有过错：①违反法律、行政法规、规章以及其他有关诊疗规范的规定；②隐匿或者拒绝提供与纠纷有关的病历资料；③遗失、伪造、篡改或者违法销毁病历资料。

（五）污染环境和生态破坏致人损害的民事责任

《民法典》侵权责任编第七章规定"环境污染和生态破坏责任"，其中第一千二百二十九条规定，因污染环境、破坏生态造成他人损害的，侵权人应当承担侵权责任。第一千二百三十条规定，因污染环境、破坏生态发生纠纷，行为人应当就法律规定的不承担责任或者减轻责任的情形及其行为与损害之间不存在因果关系承担举证责任。

环境污染和生态破坏是当今全球性的重要问题，各个国家都很重视，都在设法控制人类生存空间由于废水、废气、废渣、粉尘、垃圾、放射性物质、有毒物质等有害物的排放以及噪声、震动、恶臭等的增加而造成的环境的恶化。通过各种措施控制、减少直至净化环境，以避免和减少对人的生命、健康、财产的损害，使人类生产、生活环境保持正常状态。在这些方面，加强立法上的规定，已成为一项重要的措施。各国在立法上对环境污染致人损害，多采用无过错责任原则，即任何公民或法人违反国家规定造成环境污染，造成他人人身、财产损害的，不问主观过错有无或大小，都应承担侵权的民事责任。这样做的目的，在于加强污染源控制者的责任感，促使他们切实履行环境保护的义务，积极采取措施防治环境污染。同时，也以此加强对受害人的保护。在我国民法中，环境污染致人损害也属特殊的侵权的民事责任，适用无过错责任原则。

构成环境污染和生态破坏致人损害的民事责任需具备的条件：一是有环境污染、破坏生态的损害事实。即必须有被告从事的某项活动致使环境被污染、破坏生态，造成原告遭受损害的事实。二是污染环境、破坏生态的行为违反国家保护环境防止污染的规定。三是被告违法污染环境、破坏生态的行为与原告所受损害之间有因果关系。只要具备了以上三个条件，被告就应承担环境污染、破坏生态致人损害的民事责任。

（六）从事高度危险作业致人损害的民事责任

科学技术的高度发展，工业化程度的极大提高，为人类创造了丰富的物质文明。但是，即使科学水平已经很高的现代社会，社会生活中仍然难以避免某些作业即使作业者极其谨慎，也可能给他人的人身、财产造成损害。对于这类作业，称之为高度危险作业。对于高度危险作业，各国立法上多采用特殊对待的原则，即在发生致人损害时，即使作业者无过错，也应承担损害赔偿的责任，而不再适用过错责任原则。这样做的目的在于促使从事高度危险作业的公民和法人必须具有高度的责任感，尽可能避免危险的发生而造成人身、财产的损害，同时，还应不断改进技术措施，以增加安全保障。

《民法典》侵权责任编第八章规定了"高度危险责任"，其中第一千二百三十六条规定，从事高度危险作业造成他人损害的，应当承担侵权责任。高度危险作业致人损害的侵权民事责任的成立，须有三个条件：一是从事对周围环境有高度危险的作业。高度危险是指即使尽到现有科技水平下所能尽到的高度谨慎，仍不能避免致人损害之事的发生。"周围环境"是指处于危险作业及其发生事故所能危及范围内的一切人和物。二是原告人受到损害。三是被告所从事的高度危险作业与原告所受损害之间有因果关系。

（七）被监护人致人损害的民事责任

被监护人即无行为能力人和限制行为能力人。无行为能力人和限制行为能力人对其行为或不能独立进行的行为不承担民事责任，但法律对其行为所造成的损害却不能听之任之。设置监护人制度对被监护人的权益可以依法维护，对于被监护人致人损害的民事责任承担问题也好解决。《民法典》第一千一百八十八条规定，无民事行为能力人、限制民事行为能力人造成他人损害的，由监护人承担侵权责任。监护人尽到监护责任的，可以减轻其侵权责任。有财产的无民事行为能力人、限制民事行为能力人造成他人损害的，从本人财产中支付赔偿费用。不足部分，由监护人赔偿。

被监护人致人损害的民事责任的构成须具备两个条件：一是须证明损害是无民事行为能力人、限制民事行为能力人的违法行为造成的；二是应证明被告与行为人之间监护关系的存在。

（八）其他原因致人损害的民事责任

1. 饲养动物致人损害的民事责任

《民法典》侵权责任编第九章规定了"饲养动物损害责任"，其中第一千二百四十五条规定，饲养的动物造成他人损害的，动物饲养人或者管理人应当承担侵权责任，但是，能够证明损害是因被侵权人故意或者重大过失造成的，可以不承担或者减轻责任。第一千二百五十条规定，因第三人的过错致使动物造成他人损害的，被侵权人可以向动物饲养人或者管理人请求赔偿，也可以向第三人请求赔偿。动物饲养人或者管理人赔偿后，有权向第三人追偿。

构成饲养动物致人损害的民事责任应具备的条件：一是为饲养的动物所加害。非饲养的动物所加害的不能构成。动物在人的驾驭、支配下造成的损害，如主人唆使其狗扑咬他人也不能构成。二是原告受到损害。三是原告所受损害与饲养动物的加害之间有因果关系。

法律明确规定了由于受害人的过错，如故意挑逗他人饲养的狗而被咬伤，或者由于第三人的过错，如唆使邻居之狗咬伤他人，动物饲养人或管理人不承担责任。除此之外，法律并未指明动物饲养人或管理人必须有过错才承担民事责任。有观点认为这种情况应适用无过错责任原则。我们认为，动物饲养人或管理人理应知道动物本性，即虽是饲养的动物，但在一定条件下也可致人损害，因而有妥善管束之义务，以防致人损害。在非受害人的过错或第三人过错的情况下，饲养动物致人损害归属于过错推定较为妥当。

2. 建筑物和物件致人损害的民事责任

《民法典》侵权责任编第十章规定了"建筑物和物件损害责任"，其中第一千二百五十二条规定，建筑物、构筑物或者其他设施倒塌、塌陷造成他人损害的，由建设单位与施工单位承担连带责任，但是建设单位与施工单位能够证明不存在质量缺陷的除外。建设单位、施工单位赔偿后，有其他责任人的，有权向其他责任人追偿。因所有人、管理人、使用人或者第三人的原因，建筑物、构筑物或者其他设施倒塌、塌陷造成他人损害的，由所有人、管理人、使用人或者第三人承担侵权责任。第一千二百五十三条规定，建筑物、构筑物或者其他设施及其搁置物、悬挂物发生脱落、坠落造成他人损害，所有人、管理人或者使用人不能证明自己没有过错的，应当承担侵权责任。所有人、管理人或者使用人赔偿后，有其他责任人的，有权向其他责任人追偿。

构成建筑物致人损害的民事责任须具备的条件：一是被告是致人损害的建筑物的所有人、施工人或管理人；二是存在条文所述的致人损害的事实，即建筑物或其他设施以及建筑物上的搁置物、悬挂物发生倒塌、脱落、坠落等事实；三是原告受到损害；四是发生的事实与原告所受损害之间有因果关系。

法律规定了建筑物致人损害可以免责的条件是建筑物或其他设施的所有人或管理人能够证明自己没有过错。须注意的是，不该发生的事实已经发生，发生该事实本身在一般情况下只能说明所有人或管理人主观上有过错，即推定过错；否则，该事实就不能发生。除非是不可抗力，如地震引起建筑物倒塌、建筑物上的搁置物脱落，或者受害人自身的故意，或者第三人的过错等原因，可以证明所有人或管理人无过错。其他情况下通常是难以证明的。

本章重点

学习本章应着重理解债的一般原则中债的概念和特征、债的履行、债的转移、债的终止，侵权民事责任中民事责任与刑事、行政责任的区别，民事责任的法律特征，侵权民事责任的一般构成要件等。

本章思考题

1. 什么是债？债的发生根据有哪些？
2. 试述债的履行的原则有哪些？债的正确履行应注意哪些问题？
3. 试述债的转移。
4. 债的终止有哪些原因？
5. 试述民事责任和刑事责任、行政责任的区别。
6. 试述侵权的民事责任的一般构成要件。
7. 试述特殊侵权的民事责任。

本章参考书目

1. 张广兴. 债法总论 ［M］. 北京：法律出版社，2004.
2. 杨立新. 债法总论 ［M］. 北京：高等教育出版社，2009.
3. 程啸. 侵权责任法 ［M］. 北京：中国人民大学出版社，2020.

第八章

合同法

第一节 合同法概述

一、合同的概念、特征和种类

（一）合同的概念

在社会生活中，合同的大量应用形成各种合同关系，以至于我们的社会就是一个"合同的社会"，因此，合同在现代法上居于优越地位①。在我国民法上，合同是指当事人之间设立、变更、终止民事权利义务关系的协议。

在法律语义上，合同的所指是有差异的。广义而言，合同泛指当事人之间确立一定权利义务关系的协议，可以表现财产关系、行政关系、劳动关系、身份关系等法律关系；狭义的合同，是指民事合同，即当事人之间确立、变更、终止民事权利义务关系的协议，是发生私法上效果的法律行为，包括债权合同、物权合同和身份合同（如婚姻合同）；最狭义上的合同仅指发生债权债务关系的协议②。《民法典》第四百六十四条规定："合同是民事主体之间设立、变更、终止民事法律关系的协议"。"婚姻、收养、监护等有关身份关系的协议，适用其他法律的规定；没有规定的，可以根据其性质参照适用本编规定"。从文字上看，"民事法律关系"不同于"债权债务关系"，只有这样也才能理解其《民法典》第四百六十四条第2款的限制，因此，"合同"似乎应理解为狭义之民事合同。但是，整部合同编实际上是以债权合同为预想模式从交易规范的角度对合同进行规制的，即便在表述上有差异，其所指主要还是债权合同。因此，本章从最狭义的意义上对合同与合同关系进行探讨③。

---

① 我妻荣．债权在近代法中的优越地位［M］．王书江，张雷，译．北京：中国大百科全书出版社，1999．
② 王利明，崔建远．合同法新论·总则［M］．北京：中国政法大学出版社，2000：4-5．
③ 韩世远．合同法总论［M］．北京：法律出版社，2004：5-6．

（二）合同的法律特征

1. 合同是一种民事法律行为

民事法律行为是以意思表示为要素旨在发生一定民事法律后果的行为。当事人订立合同，是为设立、变更、终止民事法律关系。

2. 合同是双方或多方当事人意思表示一致的法律行为

合同的成立不仅要有双方或多方当事人的意思表示，而且须各意思表示达到一致，合同才能成立。两个或两个以上的意思表示一致（合意），表明双方或多方当事人通过协商，对合同的内容最后取得共识。这是合同区别于单方法律行为的主要标志。单方民事法律行为如立遗嘱、放弃债权等，虽也有行为人的意思表示，但其仅依单方的意思表示而发生效力，非二人以上意思表示一致的行为，不是合同。

3. 合同是以设立、变更、终止民事权利义务为目的民事法律行为

合同的目的是在当事人之间设立、变更、终止民事权利义务关系。这种关系受法律保护。任何一方当事人都应按约履行合同义务，从而使对方的权利得以实现。违反合同义务，就要承担法律责任。所谓"设立"民事权利义务关系，是指依有效成立的合同，在当事人之间产生民事权利义务关系；所谓"变更"民事权利义务关系，是指依有效成立的合同，使当事人之间的原来的民事权利义务关系发生变化，形成新的权利义务关系；所谓"终止"民事权利义务关系，是指依有效成立的合同，使当事人之间既有的民事权利义务关系归于消灭。

（三）合同的种类

基于不同的标准，可以将合同区分为不同的类别。对合同的类型化，便于人们识别不同合同的特征。同时，法律对不同合同在其成立与生效要件及其法律效力上的要求，有助于合同立法的科学化以及其妥当适用，也有助于当事人订立和履行合同，更有助于合同理论的完善①。对合同大体可作如下分类：

1. 典型合同（有名合同）与非典型合同（无名合同）

这是根据合同是否由法律设有规范并赋予其名称来划分的。凡法律设有规范并赋予其一定名称的合同，称为典型合同或有名合同，如《民法典》分则所规定的 19 种合同，以及如《中华人民共和国保险法》所规定的保险合同等。反之，凡法律未作规定也未赋予一定名称的合同，称为非典型合同或无名合同。区分典型合同与非典型合同的实意在于，两种合同适用法律规则不同。有名合同直接适用合同法的规则，对于无名合同则采合同法的一般规则，其内容涉及有名合同的规定时，可采类推适用有名合同规则并参照当事人的意思进行处理②。

2. 双务合同和单务合同

这是根据双方当事人是否互负具有对价意义的义务来划分的。凡双方当事人互负有

① 崔建远. 合同法 ［M］. 3 版. 北京：法律出版社，2003：22.
② 王利明，崔建远. 合同法新论·总则 ［M］. 北京：中国政法大学出版社，2000：39—40.

对价意义的合同，称为双务合同，如买卖、租赁、承揽合同等均为典型的双务合同。只有一方当事人负有给付义务的合同，称为单务合同，如赠与、无偿保管、无偿委托合同等即为单务合同。这里尤需注意的是，"具有对价意义"是指相互之间所为给付具有依存关系，而非指双方之给付具有客观上之相同价值。区分双务合同与单务合同的意义在于，确定合同履行中是否适用同时履行的抗辩规则与风险负担，以及因一方当事人的过错致合同不履行的不同后果等。

3. 有偿合同与无偿合同

这是根据双方当事人是否因给付而取得对价来划分的。凡当事人双方都享有权利并支付相应代价的，称为有偿合同，如买卖、互易、租赁、承揽合同等均为有偿合同；凡一方当事人作出给付而不取得对价的，称为无偿合同，如赠与、使用借贷合同等即为无偿合同。区分有偿合同与无偿合同的实益除了便于确定某些合同的性质外，还可根据对主体的要求、责任的轻重以及债权人撤销权的构成要件等的不同，有效地确定权利义务和适用法律。

4. 诺成性合同与实践性合同

这是根据是否以交付标的物作为合同成立的要件所作的划分。诺成性合同又称为不要物合同，是指只要双方当事人意思表示一致，不需交付标的物即成立的合同。在现代法上，大多数合同都属诺成性合同。实践性合同，又称要物合同，是指除双方当事人意思表示一致之外，还须交付标的物才能成立的合同。传统民法上，消费借贷、使用借贷合同等属于典型的实践性合同，另外，设定质权与定金的合同，也是实践性合同。对二者进行区分的意义在于，明确合同成立的要件以及对当事人义务的确定不同。

5. 主合同与从合同

这是根据两个或多个合同间的关系来划分的。不依赖他合同而独立存在的合同，称为主合同。而需以主合同的有效存在为存在前提的合同，称为从合同或附属合同。区分二者的意义在于，明确二者之间的制约关系。

6. 要式合同与非要式合同

这是根据合同成立是否有法定的特定要求为标准来划分的。要式合同是指须按法定的特定要求才能成立的合同；而非要式合同的成立没有法定的特定要求。区分二者的意义在于，要式合同如不符合法定的"形式要件"时会发生一些特定的法律后果，如合同不成立、无效等，而不要式合同通常不存在这些问题。

7. 一时性合同和继续性合同

这是根据合同的给付形态所作的划分。一时性合同，是指因一次性给付，合同义务即履行完毕，从而使合同关系归于消灭的合同，如买卖合同即为其典型。继续性合同，是指合同内容非因一次给付即可完结，而需持续进行给付的合同，如合伙合同、供用电（水、气、热力）合同即属典型继续性合同。二者区分的意义在于：第一，一时性合同的解除或撤销具有溯及力，而继续性合同的解除或撤销则不具溯及力；第二，在当事人已为履行的情形，合同被确认不成立、无效，被撤销或确定不发生效力时，一时性合同当事人可请求恢复原状，而继续性合同则不能恢复原状。

8. 预备合同（预约）和本合同（本约）

这是以两个合同之间存在的手段和目的的关系为标准进行的区分。预备合同或预约是指约定将来订立一定合同的合同；而基于该预约而订立的合同称为本合同或本约。区分二者的意义主要在于，明确预备合同的担保功能以及其对当事人的约束和不履行预备合同的法律后果。

除上述合同类型外，根据合同的内容不同，合同还可分为转移财产的合同、交付工作成果的合同、提供劳务的合同、合伙合同，以及根据当事人订约是为自己的利益还是为第三人利益将合同分为束己合同与涉他合同等。

二、合同法的概念和基本原则

（一）合同法的概念

合同法，即有关合同的法律规范的总称，是调整平等主体之间在订立、履行、变更和终止合同过程中所发生的社会关系的法律。我国合同法从法源上讲，是由各种合同法律规范组成的有机整体，包括《民法典》合同编和一系列有关合同的法律法规、地方性法规，以及我国缔结参加和承认的有关合同的双边条约、国际公约和国际惯例等。

（二）合同法的基本原则

合同法的基本原则是适用于合同立法、司法、执法和当事人合同活动中的根本准则。合同法是民法的组成部分，因此民法的基本原则当然为合同法的基本原则，所以，诸如平等、诚实信用、公序良俗等适用于民法各领域的原则，当然也是合同法的基本原则。本书从适应市场经济发展的需要，结合我国合同法的基本规定，着重介绍合同（契约）自由原则与合同正义原则。

1. 合同自由原则

合同自由反映了商品经济的基本要求，是近代以来的一条重要法律原则。学者认为合同自由不仅对合同法至关重要，而且"在整个私法领域具有重要的核心作用"[①]。按英国学者阿狄亚的论述，合同自由的基本含义包含两层意思：第一，它强调合同基于双方合意；第二，强调合同的产生是自由选择的结果，没有外部妨碍，如政府或立法的干预[②]。通俗地说，合同自由是指当事人在订立、履行、变更和终止合同的过程中，享有充分的自主、自愿的权利。双方当事人的法律地位平等，他们在自愿的基础上协商，任何一方不得把自己的意志强加给对方，任何单位或个人不得非法干预。对于是否订立合同，和谁订立合同，合同的具体条款如何确定，合同采用什么形式，在合同成立后是否

---

① 罗伯特·霍恩，海因·科茨，汉斯·G. 来塞. 德国民商法导论［M］. 楚建，译. 北京：中国大百科全书出版社，1995：13.
② P. S. 阿狄亚. 合同法导论［M］. 5 版. 赵旭东，等译. 北京：法律出版社，2002：9.

需要变更或解除合同，所有这些问题，都由当事人在法律规定的范围内，自主决定。简言之，合同自由包括以下基本内容：

（1）缔约自由，即当事人有权自由决定是否与他人缔结合同；

（2）选择相对人自由，即当事人可以自由决定与何人缔结合同；

（3）合同内容自由，即当事人双方可以自由决定合同的内容；

（4）合同方式自由，即当事人可以选择以何种形式订立合同；

（5）变更或解约自由，即当事人可以协商变更或解除合同，或依约定行使解除权解除合同。

我国《民法典》第五条规定，民事主体从事民事活动，应当遵循自愿原则，按照自己的意见设立、变更、终止民事法律关系。尽管其未直接使用自由而是使用了"自愿"的文字表述，但通常认为其实际上就是"自由"地进行民事活动，合同即典型的民事活动。因此，在合同关系上，即可理解为"合同自由"。

2. 合同正义原则

合同正义以双务合同为适用对象，强调一方的给付与他方的对待给付之间应具有等值性以及合同上负担与风险的合理分配①。简言之，合同正义的内容之一即给付与对待给付之间的等值，当然，由于两种给付在客观上等值与否缺乏明确标准，故合同法上应采主观标准，以当事人自愿以此给付换取对待给付即为合理。但在有胁迫、欺诈、乘人之危等情形使当事人违背其真实意思而定约时，应以客观等值原则予以处理。适用情势变更原则调整显失公平的情形亦属必然②。

合同正义的内容之另一方面，即合同上负担与风险的合理分配。在合同上，除当事人约定的权利义务外，尚有附随义务、损害赔偿等负担及各种风险，从正义与公平的角度讲，均应合理配置。在风险负担上，《民法典》对买卖合同之标的物的损毁灭失等采交付主义，这比原理论及实务中采所有人主义更为合理；在其他合同如承揽、仓储、保管、货运等合同中的风险负担，《民法典》也给予关注并设计相对合理的风险分担机制。是为合同正义之体现。

三、合同法的作用

按英国法史学者梅因的观点，人类社会的发展是由身份到契约的运动，合同制度"乃在肯定个人自主及自由选择的权利，期能促进经济发展及社会进步"③。我国《民法

---

① 王泽鉴. 债法原理［M］. 北京：中国政法大学出版社，2001：74-76.

② 我国原《合同法》并未明确规定合同履行的情事变更原则，但《最高人民法院关于适用〈中华人民共和国合同法〉若干问题的解释（二）》（以下简称《合同法司法解释（二）》）第二十六条规定，合同成立以后客观情况发生了当事人在订立合同时无法预见的、非不可抗力造成的不属于商业风险的重大变化，继续履行合同对于一方当事人明显不公平或者不能实现合同目的，当事人请求人民法院变更或者解除合同的，人民法院应当根据公平原则，并结合案件的实际情况确定是否变更或者解除。该规定以司法解释的形式确认情事变更原则，甚为可取。《民法典》第五百三十三条在立法上正式确定了这一原则。

③ 王泽鉴. 债法原理［M］. 北京：中国政法大学出版社，2001：61.

典》第一条规定："为了保护民事主体合法权益，……维护社会经济秩序，……制定本法"。正是从立法目的的角度概括了合同法的作用。因此，合同法律制度应有以下作用：

（一）维护当事人的合法权益

在市场持续不断的交易中，当事人通过订立和实施合同，实现自己的经济目的。合同法以其任意性规范，"以补当事人意思之不备，提供当事人谈判上的基础，而降低交易的不确定性"。同时以强行规定"在程序及实质上保障交易的公平性，并使当事人得经由法院实现其契约上的请求权"[①]。合同当事人为了实现自己的权利，就必须履行自己的义务，一旦违约，就要依法承担相应的违约责任。在符合法定条件的情况下，变更、解除合同，可以免除或部分免除违约责任。如果双方发生合同纠纷，可以由人民法院或仲裁机构依法追究违约方的责任，使正当的权利得到法律的保护；反之，如果没有合法有效的合同，当事人就不可能获得法律的有效保护，也就无法实现自己预期的利益目标。

（二）维护市场秩序

市场经济是以交易为内容的，因此，交易秩序有特别重要的意义。在市场运作中，合同可以把不同主体联系起来，通过签订合同并认真严肃地履行合同，能够有效地保证市场行为的规范化和市场秩序的有序化，促进社会经济的发展。同时，对违约行为的追究以及对无效合同的处理，也有利于规范市场行为和维护良好的市场秩序。《合同法》就是为交易的安全与秩序而设定的。

（三）促进经济效益

在市场交易中，当事人的行为都是围绕效益进行的。《民法典》通过对当事人自由的维护和合同权利的保障，以及鼓励交易，规范交易行为以降低交易费用等多种方式促进经济效益的提高。在当事人依法签订合同后，不履行或不完全履行合同，都将承担违约责任，这直接关系到当事人自身的经济利益。因此，为了提高效益，当事人必须注重提高自身的履约能力。换言之，合同是有效利用资源，实现资源合理与优化配置的有效手段。合同法设置的众多规则，从不同角度体现了经济效益原则。

第二节　合同的订立

一、合同的订立与合同成立

合同的订立是指两个或两个以上的当事人为意思表示并达成合意的过程。合同订立描述了当事人就合同从接触、协商到达成合意的过程和状态。双方当事人依法就合同的主要条款协商一致，合同成立。合同的成立包括以下三个条件：有双方当事人，具备必

[①]　王泽鉴. 债法原理［M］. 北京：中国政法大学出版社，2001：72.

要条款，当事人的合意或当事人双方的意思表示一致。可见，合同订立是一个动态过程，合同成立是合同订立的结果。

合同成立需以一定方式表征，在书面合同的场合，签字或盖章即具有重要的标示意义。根据《民法典》第四百九十条、第四百九十一条之规定，当事人采用合同书形式订立合同的，自双方当事人签名、盖章或者按指印时合同成立；在签名、盖章或者按指印之前，当事人一方已经履行主要义务，对方接受的，该合同成立。当事人采用信件、数据电文等形式订立合同签订确认书的，签订确认书时合同成立。法律、行政法规规定或者当事人约定采用书面形式订立合同，当事人未采用书面形式但一方已经履行主要义务，对方接受的，该合同亦告成立。当事人一方通过互联网等信息网络发布产品或者服务信息符合要约条件的，对方选择该产品或服务并提高订单成功时合同成立，但当事人另有约定的除外。

合同成立与合同有效从法理上讲是有区别的，合同成立是合同订立阶段的完成，说明的是合同是否形成；合同有效说明的是合同形成后是否具有法律的约束力。因此，合同的成立不一定有效。但即使合同尚未生效也不意味着当事人不受其拘束，除非对方当事人同意或有解除原因，当事人一方不得任意反悔、请求解除或无故撤销合同，此被称为合同的拘束力。

二、合同订立的程序

合同订立的程序，也就是双方当事人的意思表示达成一致的过程。通常认为要约和承诺是合同成立的两个基本阶段或程序。《民法典》第四百七十一条规定："当事人订立合同，可以采取要约、承诺方式或其他方式。"

（一）要约

1. 要约的概念与构成

要约，又称发盘、出盘、发价、出价或报价，是指一方当事人以订立合同为目的向对方当事人所作的意思表示。发出要约的人称为要约人，接受要约的人称为受要约人。

《民法典》第四百七十二条的规定："要约是希望与他人订立合同的意思表示，该意思表示应当符合下列条件：（一）内容具体确定；（二）表明经受要约人承诺，要约人即受该意思表示约束。"据此规定，一项有效的要约应具有如下要件：①要约必须是特定的当事人所为的意思表示；②要约人须具有与对方签订合同的主观愿望并表明一经承诺即受拘束的意旨；③内容须为具体确定；④须为向要约人希望与之订立合同的特定相对人发出。

要约若为受要约人承诺合同即成立，因此，在实践中需注意区分要约与要约邀请。所谓要约邀请或要约引诱，是希望他人向自己发出要约的意思表示。要约邀请只是一方当事人邀请对方向自己发出要约，它既不能因相对人同意而成立合同，也不因自己做成某种承诺而产生拘束力，是处于缔约准备阶段的当事人的预备行为①。根据《民法典》第四百七十三条的规定，下列行为属于典型的要约邀请：①拍卖公告；②招标公告；③招股说明书；④债券募集办法；⑤基金招募说明书；⑥商业广告和宣传；⑦寄送价目表等。但若商业广告和宣传的内容符合要约条件的，构成要约。

2. 要约的形式

我国《民法典》对要约的形式未作特别规定。按通常的理解，要约可以采取口头形式和书面形式。前者指要约人以直接对话或电话等方式向受要约人进行的要约；后者是采取信函、电报、电传、电子数据交换或电子邮件等方式进行的要约。

3. 要约的效力

要约的效力，是指要约的生效及其对要约人和受要约人所具有的拘束力。

（1）要约的生效。当事人直接以对话的方式所做出的要约，原则上即时生效。非以对话方式所做出的要约，按《民法典》第四百七十四条规定，要约生效的时间运用《民法典》第一百三十七条关于法律行为生效的规定。即要约到达受要约人时生效。以对话方式做出的要约，相对人知道其内容时生效。以非对话方式做出的要约，到达相对人时生效。以非对话方式作出的采用数据电文形式的要约，相对人指定特定系统接收数据电文的，该要约的数据电文进入该特定系统时生效；未指定特定系统的，相对人知道或者应当知道该要约数据电文进入其系统时生效。当事人对采用数据电文形式的要约的生效时间另有约定的，按照其约定。

（2）要约的存续期间。要约发出以后，在受要约人为承诺以前的时间即为要约的存续期间。定有承诺期限的要约，相对人须于此期间作出承诺；此期间届满，受要约人未为承诺的，要约失效，此期间即为要约的存续期间。未定承诺期间的要约，要约的存续期间应依法律的规定：要约以对话方式作出的，除当事人另有约定的以外，应当即时承诺；要约以非对话方式作出的，承诺应在合理期限内到达，此合理期限即为要约的存续期间。关于合理期限，通常应考虑要约与承诺达到对方的在途所需时间、受要约人考虑权衡的时间、行业习惯等。

（3）要约的拘束力。对要约人来说，要约一经生效，即不得随意撤销、变更要约；对受要约人来说，在要约生效时即取得依其承诺而成立合同的法律地位，亦即，受要约人取得承诺权。

（4）要约的撤回与撤销。要约的撤回，是指要约人在要约生效前，取消要约从而使其不发生法律效力的行为。要约的撤回，既尊重了要约人的意志，又未损及受要约人的利益，是故，《民法典》第四百七十五条规定，要约可以撤回。撤回要约适用第一百四十一条关于意思表示撤回的规定，即撤回要约的通知应当在要约到达受要约人之前或者与要约同时到达受要约人。要约的撤销，是指要约人在要约生效以后，在受要约人作出

---

① 王利明，崔建远. 合同法新论·总则［M］. 北京：中国政法大学出版社，2000：136.

承诺之前，将该要约取消，使要约的法律效力归于消灭的行为。因该行为是在要约已经生效后，因而有可能对受要约人不利，因此，对于要约的撤销总是有比较严格的法律限制。对此，《民法典》第四百七十六条规定，要约可以撤销。但有下列情形之一的，要约不得撤销：（一）要约人确定以承诺期限或者其他形式明示要约不可撤销；（二）受要约人有理由认为要约是不可撤销的，并已经为履行合同做了合理准备工作。根据第四百七十七条的规定，撤销要约的意思表示以对话方式作出的，该意思表示的内容应当在受要约人作出承诺之前为受要约人所知道；撤销要约的意思表示以非对话方式作出的，应当在受要约人作出承诺之前到达受要约人。

4. 要约的失效

要约的失效，即要约丧失其法律效力，不再对要约人和受要约人产生拘束力。根据《民法典》第四百七十八条的规定，要约失效的主要原因有：

（1）要约被拒绝；

（2）要约被依法撤销；

（3）承诺期限届满，受要约人未作出承诺；

（4）受要约人对要约的内容作出实质性变更。

（二）承诺

1. 承诺的概念与构成

承诺，是指受要约人同意要约的内容，并向要约人明确表示愿意与要约人签订合同的意思表示。《民法典》第四百七十九条规定："承诺是受要约人自愿要约的意思表示。"承诺的法律效力在于，一经承诺并送达要约人合同即告成立。一项有效的承诺应具有以下要件：

（1）承诺必须由受要约人作出。

（2）承诺应当向要约人作出。

（3）承诺的内容应当与要约的内容一致。根据《民法典》第四百八十八条的规定，受要约人对要约的内容作出实质性变更的，为新要约。有关合同标的、数量、质量、价款或者报酬、履行期限、履行地点和方式、违约责任和解决争议方法等的变更，是对要约内容的实质性变更。同时，《民法典》第四百八十九条规定："承诺对要约的内容作出非实质性变更的，除要约人及时表示反对或者要约表明承诺不得对要约的内容作出任何变更的以外，该承诺有效，合同的内容以承诺的内容为准。"

（4）承诺应当在承诺期限内到达要约人。根据《民法典》第四百八十六条、第四百八十七条规定：受要约人超过承诺期发出承诺的，或者在承诺期限内发出承诺，按照通常情形不能及时到达要约人的，为新要约；但是，要约人及时通知受要约人承诺有效的除外。受要约人在承诺期限内发出承诺，按照通常情形能够及时到达要约人，但是因其他原因致使承诺到达要约人时超过承诺期限的，除要约人及时通知因承诺超过期限不接受承诺，否则该承诺有效。

2. 承诺的方式

承诺方式，是指承诺人以何种方式将其承诺的意思传达给要约人。《民法典》第四百八十条规定，"承诺应当以通知的方式作出，但是，根据交易习惯或者要约表明可以通过行为作出承诺的除外。"这是对承诺方式的原则规定。一般来说，承诺可以有以下方式：

（1）明示的承诺。所谓明示的承诺，即承诺人以某种明确的方法让要约人知道其承诺的意思。"承诺应当以通知的方式作出"，即以一种明确的方式告知对方。至于何种通知方式，依一般理解，书面、口头均无不可。

（2）默示的承诺。所谓默示的承诺，是指虽非明确表示但以可推断的行为作出的承诺。如商家虽未将接受要约的意思通知要约人，却按要约人的要约实际送货上门。

（3）沉默。沉默原则上不具有法律效力，不构成承诺，但若当事人约定不为反对的意思表示即为承诺或法律直接规定沉默为承诺的除外。后者如《民法典》第六百三十八条对试用买卖合同试用期届满试用人未作表示视为购买的规定[①]。

3. 承诺的撤回

承诺的撤回，是指受要约人在发出承诺通知以后阻止承诺发生法律效力的行为。承诺生效，合同即告成立，显然，承诺不能像要约一样撤销。亦即，撤回承诺的通知须在承诺生效之前到达要约人。依《民法典》第四百八十五条之规定，承诺撤回适用第十四条规定，撤回承诺的通知须先于或同时与承诺通知到达要约人，才能发生撤回承诺的效力。

4. 承诺的生效时间和地点

承诺生效，则合同成立，因此，承诺生效极具意义。《民法典》第四百八十四条规定，承诺通知到达要约人时生效。承诺不需要通知的，根据交易习惯或者要约的要求作出承诺的行为时生效。《民法典》第四百九十二条、第四百九十三条规定，承诺生效的地点为合同成立的地点。采用数据电文形式订立合同的，收件人的主营业地为合同成立的地点；没有主营业地的，其住所地为合同成立的地点。当事人另有约定的，按照其约定。当事人采用合同书形式订立合同的，签名、盖章或者按指印的地点为合同成立的地点，但是当事人另有规定的除外。

三、合同的形式与内容

（一）合同的形式

合同的形式或合同的方式，是合同双方当事人意思表示一致的法律行为的外在表现。《民法典》从当事人意思自治的原则出发，对合同形式的规定以不要式为原则，以要式为例外。除法律、行政法规规定采用书面形式的，应当采用书面形式外，当事人都可自行选择合同形式。依《民法典》第四百六十九条的规定，当事人订立合同可采取书

---

① 韩世远. 合同法总论 [M]. 北京：法律出版社，2004：113-114.

面形式、口头形式或其他形式。

1. 书面形式

书面形式，是指合同双方当事人将达成合意的内容用文字表述出来的形式。《民法典》第四百六十九条规定，书面形式是合同书、信件、电报、电传、传真等可以有形地表现所载内容的形式。以电子数据交换、电子邮件等方式能够有形地表现所载内容，并可以随时调取查用的数据电文，视为书面形式。书面合同的优点在于，发生纠纷时有据可查，易于举证。因此，对于较为复杂又非及时结清的合同或对当事人关系较为重大的合同，以书面形式为宜。

2. 口头形式

口头形式是指合同双方当事人以语言表达的方式订立合同，而不以书面文字表达合意的合同形式。由于口头合同简便易行，因而生活中被大量使用，通常对即时结清的合同采用口头形式。但其缺点是在发生纠纷时难以举证。

3. 其他形式

合同的其他形式是指除书面和口头形式之外的合同形式。如推定形式，当事人虽未用语言、文字表达其意思，仅用行为向对方发出要约，对方接受要约，作出一定或指定的行为作为承诺，合同即成立[1]。诸如商店安装自动售货机，顾客将规定的货币投入机内，即在商家与顾客之间成立合同关系。

（二）合同的内容

合同的内容，是指订立合同的双方当事人达成合意所形成的合同条款。这些条款反映了当事人的目的和要求，确定了当事人双方的权利义务和违约责任。合同究竟应有那些条款，这是当事人意思自治的问题。《民法典》第四百七十条规定的提示性合同条款有：当事人的姓名或者名称和住所；标的；数量；质量；价款或报酬；履行的期限、地点和方式；违约责任；解决争议的方法等。

当事人订立合同除通常的内容与条款外，还时常"遭遇"格式条款。因格式条款有其特殊性，这里对其做专门探讨。

1. 格式条款的概念与特征

格式条款，是当事人为了重复使用而预先拟定，并在订立合同时未与对方协商的条款（《民法典》第四百九十六条第 1 款）。以格式条款订立的合同称为格式合同、标准合同或定型化合同。这类合同的特征是：

（1）其要约的广泛性、持续性及细节性。格式条款由一方当事人预先拟定并重复使用，因而其要约是面向不特定的多数人，具有适用的广泛性；其在较长时间内发生效力，具有存在的持续性；要约中包含了合同的全部条款，无须补充和修订，是为细节性。

---

[1] 最高法院原《合同法司法解释（二）》第二条规定，当事人未以书面形式或者口头形式订立合同，但从双方从事的民事行为能够推定双方有订立合同意愿的，人民法院可以认定是以《合同法》第十条第 1 款中的"其他形式"订立的合同。但法律另有规定的除外。该规定仍有参考价值。

（2）承诺的附和性。因其在订立合同时不与对方协商，相对人"要么接受，要么走开"（take it or leave it），不能有别的选择。

（3）当事人经济地位的非对等性（或不平衡性）。格式条款的使用者多为工商企业，其在经济上处于明显优势或垄断地位，它可以将自己的意志强加于人（如消费者），因而，格式条款在事实上剥夺了相对人表达其自由意志的权利。

（4）缔约的低成本与高效率。因其可重复使用且不单独磋商，较一般之缔约过程而言，显然成本更低，效率更高①。

2. 格式条款的法律规制

格式合同随社会化大生产和公用型企业的出现而开始使用和推广。其优点为可节约大量商谈合同的时间和人力，大大提高效率；其缺点为合同另一方当事人的权利和利益易受侵犯，合同内容难以符合公平原则。因此，各国在法律上都有专门规定来解决这个问题。按照我国《民法典》第四百九十六条、第四百九十七条、第四百九十八条的规定，对其规制的要点主要是：

（1）提供格式条款的一方应当遵循公平原则确定当事人之间的权利和义务，并采取合理的方式提请对方注意免除或者减轻其责任等与对方有重大利害关系的条款，按照对方的要求，对该条款予以说明，即提供格式条款的一方所应尽之提示和说明义务。而所谓"采取合理的方式"之提示，按最高法院原《合同法司法解释（二）》第六条之规定，须在合同订立时采用足以引起对方注意的文字、符号、字体等特别标识。在对是否"合理"的提示或说明发生争议时，提供格式条款一方应对已尽合理提示及说明义务承担举证责任。提供格式条款的一方未履行提示或者说明义务，致使对方没有注意或理解与其有重大关系的条款的，对方可以主张该条款不成为合同的内容。

（2）格式条款含有合同无效和免责条款无效的情形的，或者提供格式条款一方免除或者减轻其责任、加重对方责任、限制对方主要权利的，该条款无效。

（3）对格式条款的理解发生争议，应当按照通常理解予以解释。对格式条款有两种以上解释的，应当做出不利于提供格式条款一方的解释。格式条款和非格式条款不一致的，应当采用非格式条款。

四、缔约过失责任

（一）缔约过失责任的意义

1. 缔约过失责任的概念

缔约过失责任，是指在缔约过程中，一方当事人过失地违反根据诚实信用原则应负担的先合同义务，在合同不成立、无效或被撤销而给对方造成损害时，应当承担的损害

---

① 李永军. 合同法 [M]. 2版. 北京：法律出版社，2005：283-285；王利明，崔建远. 合同法新论·总则 [M]. 北京：中国政法大学出版社，2000：189-190；孙鹏. 合同法热点问题研究 [M]. 北京：群众出版社，2001：221-222.

赔偿责任。其法律特征主要有：

（1）此责任发生在缔约阶段。与合同责任的不同之处在于，缔约过失责任不是发生在合同有效成立之后，而是发生在合同缔结过程中。

（2）此责任是因一方当事人违反诚实信用原则而产生的先合同义务所致。因合同尚未成立，当事人未及负担合同义务，但此时，因为缔约使当事人相互接触，基于诚实信用使当事人应负有忠实、保密等义务，是为先合同义务。为防止当事人对此义务的违背而造成对方的损失而设此责任，是对缔约过程中当事人利益的保护。

（3）须有行为人的过错和相对人的信赖利益的损失。此过错即不守先合同义务。基于此过错而致相对人损失，有过错的当事人应承担此责任。此损失非指一切损失，是指无过错一方基于对过错行为所产生的信赖之损害，即所谓信赖利益的损害。

2. 缔约过失责任的构成

按我国《民法典》的规定，缔约过失责任的构成应具备三个要件：

（1）违反先合同义务。即一方当事人违反了法定的依诚实信用原则应承担的义务，并且该义务是发生在合同的缔结过程中。

（2）造成损失。在缔约过程中因一方过错违反先合同义务造成对方损失时，应对损失承担责任。通常认为，这里的损失为信赖利益的损失，即当事人因信赖合同成立和有效，但合同未成立或无效而遭受的损失。

（3）存在有缔约过失。在这里，过失是承担责任的前提，它既包括当事人之故意或恶意，也包含疏忽大意等造成的过失。

3. 缔约过失责任的类型

按学者观点，缔约过失责任大致有如下类型[①]：

（1）合同未成立型的缔约过失责任。

（2）合同无效型的缔约过失责任。

（3）合同有效性型的缔约过错责任。

对前述两种缔约过失责任应无疑义，但很多人对合同有效情形的缔约过失责任很多时候尚不够重视。其实，在因一方当事人违反情报提供义务或当事人基于法定事由变更（而非撤销）合同的下情形以及可撤销的合同因撤销权的消灭而为有效的情形下，合同均为有效。但由于一方当事人违背相应义务而致相对人的损害，其承担的损害赔偿责任，无疑应归属缔约过失责任。

（二）我国《民法典》上的缔约过失责任

诚实信用原则既是我国民法的基本原则，也是合同法的基本原则。这在《民法典》合同编有明确规定，《民法典》第七条规定，民事主体从事民事活动，应当遵守诚实信用原则，秉持诚实，恪守承诺；第五百零九条规定，当事人应当遵循诚信原则，根据合

---

① 韩世远. 合同法总论［M］. 北京：法律出版社，2004：139-146.

同的性质、目的和交易习惯履行通知、协助、保密等义务。这是先合同义务的法律依据，也是承担缔约过失责任的前提。

根据我国《民法典》的规定，在下列情形下当事人应承担缔约过失责任①：

（1）恶意磋商而致对方损害。《民法典》第五百条规定，假借订立合同，恶意进行磋商，应承担损害赔偿责任的情形。

（2）故意隐瞒与订立合同有关的重要事实或提供虚假情况而致相对人损害。已如前述此即违背《民法典》第五百条规定之情报提供（或说明）义务之损害赔偿问题。

（3）泄露或不正当使用商业秘密而致相对人损害。这是对《民法典》第五百零一条规定"当事人在订立合同过程中知悉的商业秘密，无论合同是否成立，不得泄露或者不正当使用"义务的违反所承担的责任。当然，这里的损害赔偿责任似乎也可通过侵权法得到救济。

（4）因无权代理发生的损害。《民法典》第一百七十一条第1款规定，无权代理对被代理人不发生效力，由行为人承担责任。这里的责任除履行责任外，还可能包括赔偿责任，而赔偿责任，就包括缔约过失责任。

（5）因合同无效或被撤销而致对方损害。《民法典》第一百五十七条规定，在合同无效或被撤销后，除返还财产外，有过错的一方应赔偿对方因此而受到的损失，双方都有过错的，应各自承担相应的责任。这种赔偿责任实际上也是缔约过失责任。

（6）其他违背诚实信用原则而致他方损害时发生的损害。这是《民法典》第五百条第3项规定的兜底条款，当然，此处之"其他违背诚实信用原则"之行为范围的界定，宜结合具体情况进行解释②。

第三节　合同的效力

一、合同的效力概述

（一）合同效力的界定

所谓合同效力，又称合同的法律效力，是指合同在法律上所具有的债的效果，即法律赋予依法成立的合同所具有的对当事人乃至第三人的强制力。

通常所称合同具有法律效力，并非指合同有法律的效力，而是指法律赋予合同的拘

---

① 李永军. 合同法 [M]. 2版. 北京：法律出版社，2005：178-179.
② 最高人民法院原《合同法司法解释（二）》第八条规定，依照法律、行政法规的规定经批准或者登记才能生效的合同成立后，有义务办理申请批准或者申请登记等手续的一方当事人未按照法律规定或者合同约定办理申请批准或者未申请登记的，属于《合同法》第四十二条第（三）项规定的"其他违背诚实信用原则的行为"，人民法院可以根据案件的具体情况和相对人的请求，判决相对人自己办理有关手续；对方当事人对由此产生的费用和给相对人造成的实际损失，应当承担损害赔偿责任。

束力，反映了法律对当事人合意的评价。一般情况下，合同效力仅对当事人发生，但合同对第三人有时亦具拘束力，如第三人不可侵犯合同债权，合同债权人依法行使代位权和撤销权时都会涉及第三人。

（二）合同的效力状态

合同的效力是法律对业已成立的合同的评价。换言之，一项合同虽在法律上已经成立但其并非当然有效，基于法律的规定，它可能为有效或无效等确定的状态，亦可能以当事人的意思予以补正或确定，即在法律上呈效力未定、可撤销等状态。合同是典型的法律行为，因此，合同的有效要件，无效合同的类别，以及可撤的合同、效力待定的合同的法律规范，适用《民法典》第一编第六章关于"民事法律行为的效力"的规定。

二、合同效力的特别规定

因《民法典》总则编对法律行为效力的规定作为合同效力的一般规则适用，因此，在这里我们根据《民法典》合同编对合同效力的特别规定，就以下几点简要说明：

（一）合同的生效时间及未办理批准手续的处理规则

《民法典》第五百零二条规定："依法成立的合同，自成立时生效，但是法律另有规定或者当事人另有约定的除外。""依照法律、行政法规的规定，合同应当办理批准等手续的，依照其规定。未办理批准等手续影响合同生效的，不影响合同中履行报批等义务条款以及相关条款的效力。应当办理申请批准等手续的当事人未履行义务的，对方可以请求其承担违反该义务的责任。""依照法律、行政法规的规定，合同的变更、转让、解除等情形应当办理批准等手续的，适用前款规定。"

依此规定不难发现，通常情况下，合同成立即生效。但是，如果法律另有规定，如需经批准生效者，需完善批准手续方能生效；或者当事人另有约定，如附条件或附期限的合同，需条件成就或期限届至，合同才生效力。

依法须办理批准手续的，当事人应依法办理批准手续，合同才能生效，否则，此合同尚未生效，即所谓"未生效合同"。倘应办理批准手续而因未办理批准手续影响合同效力的，不影响合同中履行报批等义务条款以及相关条款的效力，即该类条款对当事人有约束力；应当办理申请批准等手续的当事人未履行义务的，是为对批准义务的违反，对方可以请求其承担违反该义务的责任。

依照法律、行政法规的规定，合同的变更、转让、解除等情形应当办理批准等手续的，适用前述关于批准手续的规则。

（二）无权代理人订立合同的法律后果

《民法典》第五百零三条规定："无权代理人以被代理人的名义订立合同，被代理人已经开始履行合同义务或者接受相对人履行的，视为对合同的追认。"

据此规定，无权代理人订立合同乃无权代理。如果被代理人对该合同不予追认，则该合同对被代理人不发生法律效力；反之，如果被代理人对该合同予以追认，则该合同对被代理人发生法律效力。被代理人对无权代理人所订立的合同的追认，既可明示追认，亦可默示追认。因此，如果被代理人已经开始履行合同义务或者接受相对人履行的，视为对合同的追认，即默示的追认，该合同对被代理人发生效力。

（三）法定代表人越权订立合同的效力

《民法典》第五百零四条规定："法人的法定代表人或者非法人组织的负责人超越权限订立的合同，除相对人知道或者应当知道其超越权限外，该代表行为有效，订立的合同对法人或者非法人组织发生效力。"法人的法定代表人的行为通常即为法人的行为，对法人有约束力。但是，法定代表人应在其权限范围内活动，超越其权限范围即为越权活动，越权行为应为法定代表人的个人行为，由于法定代表人之外观第三人很难判断，因此，法人的法定代表人超越权限订立的合同，除相对人知道或者应当知道其超越权限外，该代表行为有效，订立的合同对法人发生效力。同样的道理，非法人组织的负责人超越权限订立的合同其效力亦同。

（四）超越经营范围订立的合同效力

《民法典》第五百零五条规定："当事人超越经营范围订立的合同的效力，应当依照本法第一编第六章第三节和本编的有关规定确定，不得仅以超越经营范围确认合同无效。"经营范围，又称目的范围或业务范围，通常是法律法规和章程以及当事人（法人和非法人组织）的性质等决定的活动范围，因此，当事人应当在自己的目的事业（经营范围）内进行活动。但是，不能把经营范围简单地理解为当事人的能力范围。因此，当事人超越经营范围订立的合同的效力，不得仅以超越经营范围确认合同无效。

（五）合同免责条款无效的情形

《民法典》第五百零六条规定："合同中的下列免责条款无效：（一）造成对方人身损害的；（二）因故意或者重大过失造成对方财产损失的。"合同当事人可在合同中约定免责条款，但免责条款不得害及对方当事人的人身，不得为自己故意或重大过失免责。这是基于当事人基本权利保障和利益平衡所作的考量。因此，《民法典》延续了《合同法》对免责条款无效情形的规定，对免责条款适当限制。

（六）合同争议解决条款的独立性

《民法典》第五百零七条规定："合同不生效、无效、被撤销或者终止的，不影响合同中有关解决争议方法的条款的效力。"合同因不生效、无效、被撤销或者终止而不对当事人产生约束力，但是，当事人可能因此产生纠纷，为解决纠纷计，合同约定的有关解决争议方法的条款仍应具有约束力。

第四节　合同的履行

一、合同的履行概述

（一）合同履行的意义

合同的履行是指债务人或者第三人做出作为合同债务的给付，实现合同债权并使合同归于消灭的过程和结果。即合同的履行首先体现为当事人或第三人的给付行为，同时该种给付是全面履行合同义务的动态过程；从结果来说，则使合同之债权得以实现而消灭合同关系。

依大陆法，合同履行与合同给付、合同清偿是相联系但不同的概念。合同给付是从债务人履行合同内容的角度所作的概括，清偿主要是从合同履行的法律后果进行的表述①。合同履行是合同制度的核心，没有合同的履行，当事人的订约目的将难以实现。

（二）合同的履行原则

合同履行的原则，是指双方当事人在履行合同的过程中必须遵守的基本准则。合同法作为民法的组成部分，民法的基本原则，如诚实信用等当然对合同的履行具有指导意义，这里所讲的合同履行原则，是指除此之外的一些专门指导合同履行的原则。一般认为，这些原则主要是：

1. 全面履行原则

全面履行是指当事人必须按照合同约定的内容履行，具体表现在履行主体、履行时间、履行内容、履行地点等，均应符合合同的约定。《民法典》第五百零九条第1款规定，"当事人应当按照约定全面履行自己的义务"。如果当事人的履行在某一方面不符合约定，严格意义上说，应为不完全履行。当事人履行合同通常是指合同当事人亲自履行债务，只有例外场合，方允许有第三人代为履行。

2. 诚信履行原则

《民法典》第五百零九条第2款规定："当事人应当遵循诚信原则，根据合同的性质、目的和交易习惯履行通知、协助、保密等义务。"这就要求当事人不仅要约定履行义务，而且还要按诚实信用的原则，根据合同的性质、目的和交易习惯，履行通知、协助、保密等义务，以及其他附随义务。另外，义务人履行义务时，权利人应当受领给付；义务人履行义务时，权利人应当创造必要的条件，提供必要的方便；履行中发生不能履行或不能完全履行的情况时，应积极采取措施，避免或减少损失；一旦发生纠纷，应各自主动承担责任，不得推诿拖延；从订立合同开始，当事人就应注意通知相关事项

---

① 吴弘. 合同法教程 [M]. 修订版. 北京：中国政法大学出版社，1999：79.

及为对方保密等。

3. 绿色履行原则

《民法典》第五百零九条第 3 款规定："当事人在履行合同过程中，应当避免浪费资源、污染环境和破坏生态。"这是民法绿色原则在合同履行中的体现。据此规定，当事人在履行合同过程中，不仅要节约资源，避免资源浪费——如不得对标的物过度包装，厉行节约等，而且不得污染环境和破坏生态。该规定对当事人绿色环保的要求是法定义务而非合同义务，对此义务的违反虽不必承担违约责任，但可能承担其他法律责任。

二、约定不明的合同的履行

当事人订立合同当然应当尽量详尽、具体、明确，但由于种种原因，在实践中，合同总有各种未尽事宜。在当事人对有关事项未予约定或约定不明的场合，在履行时将会有矛盾和问题出现。对此，《民法典》第五百一十条规定，"合同生效后，当事人就质量、价款或者报酬、履行地点等内容没有约定或者约定不明确的，可以协议补充；不能达成补充协议的，按照合同的有关条款或者交易习惯确定"。按上述办法仍不能确定的，依《民法典》第五百一十一条，适用下列规定：

（1）质量要求不明确的，按照强制性国家标准履行；没有强制性国家标准的，按照推荐性国家标准履行；没有推荐性国家标准的，按照行业标准履行；没有国家标准、行业标准的，按照通常标准或者符合合同目的的特定标准履行。

（2）价款或者报酬不明确的，按照订立合同时履行地的市场价格履行；依法应当执行政府定价或者政府指导价的，依照规定履行。

（3）履行地点不明确，给付货币的，在接受货币一方所在地履行；交付不动产的，在不动产所在地履行；其他标的，在履行义务一方所在地履行。

（4）履行期限不明确的，债务人可以随时履行，债权人也可以随时请求履行，但是应当给对方必要的准备时间。

（5）履行方式不明确的，按照有利于实现合同目的的方式履行。

（6）履行费用的负担不明确的，由履行义务一方负担；因债权人原因增加的履行费用，由债权人负担。

三、双务合同履行中的抗辩权

（一）双务合同履行中的抗辩权的概念和类型

双务合同履行中的抗辩权，是指在符合法律规定的条件下，当事人一方的对抗对方当事人的履行请求权，暂时拒绝履行自己义务的权利。《民法典》虽未规定抗辩权的概念，但规定了抗辩权的实质内容，根据《民法典》规定，包括同时履行抗辩权、后履行抗辩权、不安抗辩权。

（二）同时履行抗辩权

1. 同时履行抗辩权的意义

同时履行抗辩权，即在双务合同得为同时履行时，一方当事人在对方未为对待给付前，有拒绝履行自己的债务的权利。

同时履行抗辩权，以诚实信用为基础，具有担保实现自己债权和迫使对方履行合同义务之双重功效，对实现当事人之间的利益平衡具有积极意义。

2. 同时履行抗辩权的构成

《民法典》第五百二十五条规定："当事人互负债务，没有先后履行顺序的，应当同时履行。一方在对方履行之前有权拒绝其履行请求。一方在对方履行债务不符合约定时，有权拒绝其相应的履行请求。"据此规定，同时履行抗辩权须具有以下要件：

（1）双方当事人于同一双务合同互负债务。同时履行抗辩权只适用于双务合同。所谓互负债务，是指基于同一双务合同产生双方当事人相互负担之债务。

（2）双方当事人所负债务没有先后履行顺序。如果当事人之间的债务有履行顺序，当事人应按顺序履行，无抗辩的必要和可能。因此，无法律规定或合同约定当事人履行顺序，是同时履行抗辩权的适用前提。

（3）双方所互负之债务均已届清偿期。此抗辩权的目的在于双方之同时履行从而实现双方之债权。只有双方之债务均已届清偿期，双方的债权才有实现的现实可能。

（4）对方当事人在没有履行其所负债务或履行不符合约定的情况下请求履行。如果对方已然履行了合同，其合同债务消灭，不发生同时履行之抗辩。只有对方未为履行或履行不符合约定时方发生同时履行的抗辩。

3. 同时履行抗辩权的效力

同时履行抗辩权的直接效力即当事人之拒绝履行，但拒绝履行并不导致其为自动债权而主张抵销，也不因同时履行之抗辩而致债务人于迟延。

（三）后履行抗辩权

1. 后履行抗辩权的意义

后履行抗辩权，是指双方当事人互负之债务有先后履行之顺序，在先行履行一方未为履行之前，后履行一方有权拒绝其履行请求并可请求其履行之权利。

后履行抗辩权适用于当事人有先后履行合同义务之场合，是后履行一方维护其利益并要求对方予以履行的手段。

2. 后履行抗辩权的构成

《民法典》第五百二十六条规定："当事人互负债务，有先后履行顺序，应当先履行债务一方未履行的，后履行一方有权拒绝其履行请求。先履行一方履行债务不符合约定的，后履行一方有权拒绝其相应的履行请求。"据此规定，后履行抗辩权须具有以下要件：

（1）须为双方当事人于同一双务合同互负债务。这是后履行抗辩权的行使基础。

（2）双方所负债务有履行期限的先后顺序。这是其区别于同时履行抗辩权的关键。

（3）须为双方所负之债务已届清偿期。若债务未届清偿期则无要求其履行的可能。

（4）须为先履行一方未履行或履行不符合约定。这是其实质条件。

3. 后履行抗辩权的效力

后履行抗辩权及其行使，使后履行一方得中止履行其义务以对抗对方的履行请求，但其只是暂时阻止先履行一方之履行请求，在先履行一方已然履行合同义务后，后履行一方抗辩权消失，而得为履行。因此而致履行迟延，先履行一方应承担迟延之责任。

（四）不安抗辩权

1. 不安抗辩权的意义

不安抗辩权，是指在双务合同中负担债务并应先为给付者，发现他方当事人于缔约后有丧失或可能丧失履行债务能力，因而有可能危及其债权实现的情形，在他方未为给付或提供有效担保之前，该先为给付者可以拒绝他方之履行请求的权利。

不安抗辩权是大陆法系的制度。我国合同法对其做了部分改造后予以吸收，意在保护当事人的合法权利，维护社会经济秩序，防范合同欺诈①。

2. 不安抗辩权的构成

（1）须为双方当事人于同一双务合同互负债务。

（2）当事人约定一方应先履行债务。不安抗辩权是后履行一方享有的权利，其适用条件是异时履行的合同，而非同时履行的合同。因此，当事人之间债务履行有先后顺序之分是不安抗辩权适用的基本前提。

（3）先履行义务一方有证据证明后履行义务一方有丧失或可能丧失履约能力的情形。《民法典》第五百二十七条规定："应当先履行债务的当事人，有确切证据证明对方有下列情形之一的，可以中止履行：（一）经营状况严重恶化；（二）转移财产、抽逃资金，以逃避债务；（三）丧失商业信誉；（四）有丧失或可能丧失履行债务能力的其他情形。"这些情况均可构成不安事由。行使不安抗辩权的先履行义务一方不应负举证责任，如没有确切证据中止履行，应承担违约责任。

（4）不安事由危及后履行债务一方债权的实现。这是不安抗辩权之必要的直接根据。

3. 不安抗辩权的效力

不安抗辩权使先为给付一方有中止或拒绝自己之给付的权利。同时，《民法典》第五百二十八条规定，"当事人依据前条规定中止履行的，应当及时通知对方。对方提供适当担保的，应当恢复履行。中止履行后，对方在合理期限内未恢复履行能力并且未提供适当担保的，视为以自己的行为表明不履行主要债务，中止履行的一方可以解除合同并可以请求对方承担违约责任"，亦即，此时可以发生违约之后果。如果"对方提供适当担保的，应当恢复履行"，即发生不安抗辩权之消灭。

---

① 顾昂然：《关于〈中华人民共和国合同法〉（草案）的说明》（1999 年 3 月 9 日第九届全国人大第二次会议），转引自：韩世远. 合同法总论［M］. 北京：法律出版社，2004：352.

第五节 合同的担保与保全

一、概述

在民法上，担保有一般担保和特别担保。所谓一般担保，是指债务人以其全部财产对其债务负责，以实现债权人权利。从这个意义上说，任何债务人都对其债务有担保义务，任何债权人都从债务人处获得了担保。但是，此担保不是针对特别的债权人而成立，而是对所有债权人均为有效，因此，当债务人的清偿能力下降或没有清偿能力时，债权人将面临债权不能得到清偿或不能得到全部清偿的风险。在这种担保制度下，为了防止债务人的财产减少而影响其履行能力，《民法典》特别设计了债权人的代位权和撤销权，以维持债务人财产，这被称为合同之保全。当然，这也只能在一定程度维持债务人的履约能力。为从根本上保障债权人利益的实现，法律规定了特别担保。所谓特别担保，是指在一般担保基础上，以债务人或第三人的特定财产或第三人之信誉对债权人之债权提供的担保，当债务人不履行义务时，将通过执行担保财产或由第三人承担责任的方式实现债权。这对于促进债务人履行债务，实现债权人权利有重要意义。我们这里所谈的合同的担保，就是合同之债的特别担保。

二、合同的担保

《民法典》所规定的担保方式有：保证、抵押、质押、留置和定金，其中抵押、质押、留置等属于物的担保，这在本书《物权法》一章已做介绍。保证为人的担保，定金乃金钱担保，这里仅介绍这两种担保。

（一）保证

1. 保证的含义

保证，是指债务人以外的第三人作为保证人与债权人约定，当债务人届期不履行合同债务或者发生当事人约定的情形时，保证人按照约定履行债务或者承担责任的担保方式（《民法典》第六百八十一条）。

2. 保证方式

根据《民法典》的规定，保证方式分为一般保证和连带责任保证。所谓一般保证，是指当事人在保证合同中约定，债务人不能履行债务时，由保证人承担保证责任的保证（《民法典》第六百八十七条）。一般保证的保证人对债权人享有先诉抗辩权，即债权人在被担保的债权未经审判或者仲裁，并就债务人财产依法强制执行仍不能履行债务前，保证人对债权人可以拒绝承担保证责任。先诉抗辩权使保证人成为第二顺序的债务人，他只承担债务人所不能清偿的补充责任，是对保证人责任的限制。但是，根据我国《民法典》第六百八十七条规定，有下列情形之一的先诉抗辩权的行使将受到限制：

（1）债务人下落不明，且无财产可供执行；

（2）人民法院受理债务人破产案件；

（3）债权人有证据证明债务人的财产不足以履行全部债务或者丧失履行债务能力；

（4）保证人以书面表示放弃先诉抗辩权。

连带责任保证，是指当事人在保证合同中约定，保证人与债务人对债务承担连带责任的保证（《民法典》第六百八十八条）。连带责任保证一般以当事人约定而成立，当事人对保证方式没有约定或约定不明时，则依法按照一般保证承担责任保证（《民法典》第六百八十六条第 2 款）。连带责任保证的债务人在主合同规定的债务履行期届满没有履行债务的，债权人可以要求债务人履行其债务，也可以要求保证人在其保证范围内承担保证责任。连带责任保证的保证人对债权人没有先诉抗辩权。

3. 保证人的资格

保证人向债权人提供保证的目的是保障债权的实现，因而保证人具有清偿能力是保证人应具备的基本条件。但是，不具有完全清偿能力的法人、其他组织或者自然人，以保证人身份订立保证合同后，不得以自己没有清偿能力要求免除保证责任。

根据《民法典》第六百八十三条规定：机关法人不得为保证人，但是经国务院批准为使用外国政府或者国际经济组织贷款进行转贷的除外；学校、幼儿园、医院等以公益为目的的事业单位、社会团体等非营利法人不得为保证人；非法人组织不得为保证人；此外，企业法人职能部门不得为保证人，企业法人的分支机构有法人书面授权的，可以在授权范围内提供保证。

对于同一债务，允许两个以上的保证人保证。保证人应当按照合同约定的保证份额承担保证责任；没有约定份额的，保证人承担连带责任。债权人可以要求任何一个保证人承担全部保证责任，保证人都负有担保全部债权实现的义务。已经承担保证责任的保证人，有权向债务人追偿，或者要求承担连带责任的其他保证人清偿其应承担的份额。

4. 保证合同的形式与内容

保证合同可以以多种形式订立。既可在主债权合同之外单独订立保证合同，也可以保证条款的形式在主债权合同中一并订立，还可以保证人身份在主合同上签章承保或者单独出具保证承诺书等。以这些形式均可成立保证合同。在通常情况，保证应当订立书面保证合同，以口头形式订立保证合同的，应视其未成立。此外，根据《民法典》第六百八十五条第 2 款的规定，第三人单方以书面形式向债权人作出保证，债权人接收且未提出异议的，保证合同成立。

保证合同的内容包括：

（1）被保证的主债权种类、数额；

（2）债务人履行债务的期限；

（3）保证的方式、范围和期间；

（4）双方认为需要约定的其他事项。

5. 保证担保的范围

保证担保的范围，依保证合同当事人的约定确定。没有约定或约定不明的，按担保制度的基本制度应当对全部债务承担保证责任，包括主债权及利息、违约金、损害赔偿金和实现债权的费用。有人认为，在借款合同中，利息和违约金合二为一，故只能算一项[①]。

6. 保证期间与保证责任

保证期间，是债权人对保证人行使保证债权的期间。根据《民法典》第六百九十二条规定，法律允许当事人约定保证期间，但是约定的保证期间早于主债务履行期限或者与主债务履行期限同时届满的，视为没有约定；保证人与债权人未约定或约定不明的，保证期间为主债务履行期届满之日起 6 个月；债权人与债务人对主债务履行期限没有约定或约定不明的，保证期间自债权人请求债务人履行债务的宽限期届满之日起计算。按照《民法典》第六百九十三条规定，在保证期间内，一般保证的债权人未对债务人提起诉讼或申请仲裁，或者连带保证的债权人未要求保证人承担保证责任的，保证人免除保证责任。

保证期间是确定保证人承担保证责任的期间。因此，只要在保证期间内确定了保证人的保证责任，实际上就在保证人和债权人之间确定了保证之债。债权人享有的保证之债当然应在其诉讼时效期间内行使。对于保证之债的诉讼时效期间的起算时间，《民法典》第六百九十四条规定："一般保证的债权人在保证期间届满前对债务人提起诉讼或者申请仲裁的，从保证人拒绝承担保证责任的权利消灭之日起，开始计算保证债务的诉讼时效。""连带责任保证的债权人在保证期间届满前请求保证人承担保证责任的，从债权人请求保证人承担保证责任之日起，开始计算保证债务的诉讼时效。"

保证既是对主债权的保障，又是作为主债权债务关系第三人的保证人承受的负担。主合同变更将改变主债权债务人之间的权利义务，对保证责任产生直接影响。因此，应在尊重意思自治的前提下合理平衡当事人之间的利益。在通常情况下，主债权债务合同变更，如果经保证人书面同意，意味着保证人愿意对变更后的债务承担保证责任，法律不加干预；如果未经保证人同意，在增加主债务的数额或强度的情况下将增加保证人的负担，对保证人不公，法律当然应加干预。《民法典》第六百九十五条规定："债权人和债务人未经保证人书面同意，协商变更主债权债务合同内容，减轻债务的，保证人仍对变更后的债务承担保证责任；加重债务的，保证人对加重的部分不承担保证责任。""债权人和债务人变更主债权债务合同的履行期限，未经保证人书面同意的，保证期间不受影响。"

主债权债务转让亦会对保证责任产生影响。在债权转让的场合，通常不会增加保证

① 崔建远. 合同法［M］. 修订版. 北京：法律出版社，2000：150.

人负担，作为从权利的担保权也一并转让（《民法典》第五百四十七条第 1 款），但应通知保证人。因此，债权人转让全部或者部分债权，未通知保证人的，该转让对保证人不发生效力。保证人与债权人约定禁止债权转让，债权人未经保证人书面同意转让债权的，保证人对受让人不再承担保证责任（《民法典》第六百九十六条）。在主债务转让的场合，涉及主债务履行主体的变化，债务承担人的履行能力如何非保证人所能左右，可能增加保证人的负担和风险。因此，债务转让非经保证人同意，保证人不在承担保证责任。对此，《民法典》第六百九十七条规定："债权人未经保证人书面同意，允许债务人转移全部或者部分债务，保证人对未经其同意转移的债务不再承担保证责任，但是债权人和保证人另有约定的除外。""第三人加入债务的，保证人的保证责任不受影响。"

《民法典》第六百九十八条规定："一般保证的保证人在主债务履行期限届满后，向债权人提供债务人可供执行财产的真实情况，债权人放弃或者怠于行使权利致使该财产不能被执行的，保证人在其提供可供执行财产的价值范围内不再承担保证责任。"此规定是一般保证人的特定免责事由。

在共同保证的情况下，即同一债务有两个以上保证人的，保证人应当按照保证合同约定的保证份额，承担保证责任；没有约定保证份额的，债权人可以请求任何一个保证人在其保证范围内承担保证责任（《民法典》第六百九十九条）。

保证人承担保证责任后，除当事人另有约定外，有权在其承担保证责任的范围内向债务人追偿，享有债权人对债务人的权利，但是不得损害债权人的利益（《民法典》第七百条）。

此外，保证人可以主张债务人对债权人的抗辩。债务人放弃抗辩的，保证人仍有权向债权人主张抗辩。（《民法典》第七百零一条）债务人对债权人享有抵销权或者撤销权的，保证人可以在相应范围内拒绝承担保证责任（《民法典》第七百零二条）。

需要特别指出的是，在混合担保的即被担保的债权既有物的担保又有人的担保的情形，债务人不履行到期债务或者发生当事人约定的实现担保物权的情形，债权人应当按照约定实现债权；没有约定或者约定不明确，债务人自己提供物的担保的，债权人应当先就该物的担保实现债权；第三人提供物的担保的，债权人可以就物的担保实现债权，也可以请求保证人承担保证责任。提供担保的第三人承担担保责任后，有权向债务人追偿（《民法典》第三百九十二条）。

（二）定金

定金，是指当事人为确保合同的履行，由当事人一方在合同尚未订立或合同订立后、履行前，按合同标的的一定比例先行给付对方的货币。

定金合同是实践性合同，定金合同从实际交付定金之日起生效。其种类有：订约定金、成约定金、证约定金、违约定金和解约定金之分。《民法典》所指的定金为违约定金。合同履行后，定金应当抵作价款或者收回。给付定金的一方不履行义务的，无权要求返还定金；接受定金的一方不履行或者不完全履行义务的，应当双倍返还不履行部分的定金。因定金具有证据的性质和作用,因此,其又具有证约定金的意义。

定金与预付款不同。预付款是一方当事人在合同履行前给付对方一定数额的货币,是一种支付手段,不具有担保作用。预付款的给付属于债务人履行债务的行为,如果合同履行了,预付款就抵作价款;如果合同没有履行,则接受预付款的一方应将预付款返还给对方。订立合同时,应明确定金的性质,不可随意写为订约金、订金、押金等,它们与定金在法律上是不等同的。定金的数额由当事人约定,但不得超过主合同标的额的 20%。

三、合同的保全

如前文所述,《民法典》规定了债权人的代位权和撤销权作为合同债权的保全制度。

（一）债权人代位权

1. 债权人代位权的意义

债权人代位权,是指债权人为了保全自己的债权,以自己的名义行使债务人对第三人权利的权利。《民法典》第五百三十五条规定:"因债务人怠于行使其到期债权或者与该债权有关的从权利,影响债权人的到期债权实现的,债权人可以向人民法院请求以自己的名义代位行使债务人对相对人的权利,但是该债权专属于债务人自身的除外。""代位权的行使范围以债权人的债权为限。债权人行使代位权的必要费用,由债务人负担。"

债权人的代位权,因其是债权人行使的债务人对第三人的权利,已突破合同的相对性,是债的对外效力的体现。同时,此权利是实体上的权利而非程序上的权利。

2. 债权人代位权行使的要件

根据代位权的制度价值,债权人依《民法典》第五百三十五条的规定,提起代位权诉讼,通常应符合以下条件:

（1）债权人对债务人的债权合法;

（2）债务人怠于行使其到期债权,对债权人造成损害;

（3）债务人的债权已到期;

（4）债务人的债权不是专属于债务人自身的债权。所谓专属于债务人自身的债权,是指基于扶养关系、抚养关系、赡养关系、继承关系产生的给付请求权和劳动报酬、退休金、养老金、抚恤金、安置费、人寿保险、人身伤害赔偿请求权等权利。

3. 债权人代位权的行使

根据《民法典》的规定,债权人行使代位权应以债权人自己的名义以诉讼的方式进行。

（二）债权人的撤销权

1. 债权人的撤销权的意义

债权人的撤销权,是指在债务人实施处分财产或权利的行为危害债权的实现时,债权人可以请求人民法院对该行为予以撤销的权利。《民法典》第五百三十八条、第五百三十九条、第五百四十条规定："债务人以放弃其债权、放弃债权担保、无偿转让财产等方式无偿处分财产权益，或恶意延长其到期债权的履行期限，影响债权人的债权实现，债权人可以请求人民法院撤销债务人的行为。""债务人以明显不合理的低价转让财产、以明显不合理的高价受让他人财产或者为他人债务提供担保，影响债权人债权实现，债务人的相对人知道或者应当知道该情形的，债权人也可以请求人民法院撤销债务人的行为。""撤销权的行使范围以债权人的债权为限。债权人行使撤销权的必要费用，由债务人负担。"

债权人行使撤销权的目的在于保全债务人的责任财产，因此，行使该权利所获利益应归全体债权人共享。

2. 撤销权的构成要件

根据《民法典》第五百三十八条和第五百三十九条之规定，撤销权的成立要件因债务人处分行为之有偿抑或无偿而有所差异。对于无偿行为，即所谓"债务人放弃期债权、放弃债权担保、无偿转让财产等方式无偿处分财产权益，或恶意延长其到期债权的履行期限，影响债权人的债权实现"，仅要求具有客观要件即可；而对于有偿行为，即所谓"债务人以明显不合理的低价转让财产、以明显不合理的高价受让他人财产或者为他人债务提供担保，影响债权人债权实现，债务人的相对人知道或者应当知道该情形的"，除要求具有客观要件外，还要求具有主观要件，才能发生撤销权。因为，对于无偿之处分行为而言，第三人完全不付代价，即便撤销，不会对其利益有所损害，与债权人利益衡量，显然以保护债权人为必要；反之，对于有偿之处分行为而言，第三人取得利益负有代价，对该行为予以撤销，则显然对第三人造成损害，何况，一旦撤销还涉及交易安全问题。故有必要加重有偿行为之撤销要件[①]。简言之，对无偿之处分行为的撤销，其要件是：

（1）债权有效成立并继续存在；

（2）有债务人以财产或债权为标的的处分行为；

（3）债务人的行为须危及债权。

对于有偿之处分行为的撤销，除上述客观要件外，还须具有受让人知道债务人之行为有损债权人之债权这一主观要件。至于对债务人而言，是否要求其主观方面有恶意，《民法典》未作规定，但在解释上，应作有恶意之要求。

需要说明的是，《民法典》中所谓"明显不合理的低价"，人民法院应当以交易当地一般经营者的判断，并参考交易当时交易地的物价部门指导价或者市场交易价，结合其他相关因素综合考虑予以确认。

3. 债权人的撤销权的行使

根据《民法典》的规定，债权人行使撤销权应以债权人自己的名义以诉讼方式进行。

---

① 郑玉波. 民法债编总论［M］. 台北：三民书局，1996：321-322；史尚宽. 债法总论［M］. 北京：中国政法大学出版社，2000：491.

第六节 合同的变更和转让

一、概述

合同一经有效成立，就具有法律效力，当事人之间就构成了合同法律关系。但这种法律关系自合同成立到履行完毕以前可能发生变化，包括主体和内容的变化，这被称之为广义的合同变更。而狭义的合同变更仅指合同内容上发生的变化。我国《民法典》规定的合同变更就是这种狭义的合同变更；而主体的变化，在我国合同法上称之为合同的转让。

二、合同的变更

（一）合同变更的含义

合同的变更，是指在合同成立后，尚未履行或尚未履行完毕以前，基于法律的规定、当事人的行为或裁判行为，在不改变合同的主体的情况下改变合同内容的情形。

多数情况下，合同的变更是基于当事人协商一致。《民法典》第五百四十三条规定，"当事人协商一致，可以变更合同"。当然，根据《民法典》第五百三十三条的规定，也可基于裁判而变更合同。此外，在债务人履行不能情况下的损害赔偿等，则可视为法定的合同内容的变更。

合同的变更是合同内容的部分变化，保持了原合同的同一性，不同于合同的更新。如当事人订立房屋买卖合同后，因买受人经济条件发生变化，不能一次性给付房款，遂约定将原定一次性给付购房款改为分期付款，付款方式的改变并不影响买卖合同的同一性，属于合同变更；如果买卖双方约定原买卖合同不再履行，并将买卖合同变更为租赁合同，双方按约履行租赁合同，这就改变了合同类型，致双方当事人之间买卖合同的同一性丧失，此即合同的更新。

（二）合同变更的要件

合同变更需具有以下要件：

（1）须存在有效的合同关系；

（2）须有合同内容的变化，包括合同标的、履行条件、价款或报酬、所附的条件或期限及其他内容等的变化；

（3）须变更本身有效，即须有当事人的协商一致或法律的规定等；

（4）变更本身的明确性。《民法典》第五百四十四条规定，当事人对合同变更的内容约定不明确的，推定为未变更。

此外，须遵守法律规定的程序和方式，《民法典》第五百零二条第 3 款规定，依照法律、行政法规规定，合同变更应办理批准等手续的，应依照其规定。

（三）合同变更的效力

合同变更，原则上仅指向将来发生效力，除非法律、法规另有规定或当事人另有约定，不具有溯及力；合同变更使合同内容发生变化，其变化后的内容对当事人有约束力，成为债务履行的新的依据。

需注意的是，合同生效后，当事人不得因姓名、名称的变更或者法定代表人、负责人、承办人的变更而不履行合同义务。

三、合同的转让

（一）合同的转让的含义

合同的转让，是指在不改变合同内容的前提下，合同一方当事人将其合同权利、义务全部或部分转让给第三人的情形。

合同的转让的方式，包括合同权利的转让（合同债权让与）、合同义务的转移（合同债务承担）和合同权利义务一并转让（合同债权债务的概括移转）。

（二）合同债权让与

1. 合同债权让与的意义

合同债权让与，是指不改变合同内容的情况下，债权人将其合同债权全部或部分转让给第三人的法律行为。

在权利全部转让的场合，受让人取代原债权人成为合同关系的新的债权人；而在权利部分转让的场合，受让人加入合同关系，与原债权人共享债权，形成多数人之债。

2. 合同债权让与自由及其限制

合同权利让与，是市场经济条件下市场主体自主性的要求和体现，按照我国《民法典》第五百四十五条之规定，合同债权原则上得自由转让。

但是，有的合同或基于当事人之间的人身信赖关系，或基于特定社会政策考虑，合同债权转让自由原则得受限制。我国《民法典》第五百四十五条规定，不得转让的债权有：

（1）根据债权性质不得转让；

（2）按照当事人约定不得转让；

（3）依照法律规定不得转让。

3. 债权让与的效力

依《民法典》第五百四十六条规定，债权人转让债权，应当通知债务人。未经通知，该转让对债务人不发生效力。转让权利的通知不得撤销，但经受让人同意的除外。

按《民法典》第五百四十七条规定，债权转让时，受让人取得债权及其与债权有关的从权利，成为新的债权人。但该权利专属于债权人自身的除外。受让人取得从权利不因为该从权利未办理转移登记或者未转移占有而受到影响。此外，让与人须履行交付债权证明文件等附随义务。

据《民法典》第五百四十八条规定，债务人接到转让通知后，债务人对让与人的抗辩，可以向受让人主张。此外，根据《民法典》第五百四十九条的规定，有下列情形之一的，债务人可以向受让人主张抵销：①债务人接到债权转让通知时，债务人对让与人享有债权，且债务人的债权先于转让的债权到期或者同时到期；②债务人的债权与转让的债权是基于同一合同产生。此外，因债权转让增加的履行费用，由让与人负担。

（三）合同债务承担

1. 合同债务承担的意义

合同义务的转移，又称债务承担，是指不改变合同内容的情况下，合同债务人经债权人同意将其合同义务全部或部分转让给第三人的法律行为。

我国《民法典》第五百五十一条规定："债务人将债务的全部或者部分转移给第三人的，应当经债权人同意。""债务人或者第三人可以催告债权人在合理期限内予以同意，债权人未作表示的，视为不同意。"在债务全部转移的场合，原债务人即脱离原合同债务，这被称为免责的债务承担；在债务部分转移的场合，债务的受让人加入合同关系，与原债务人共担债务，此被称为并存的债务承担。

2. 合同债务承担的要件

根据债务承担的特性，通常认为其应具有以下要件：

（1）须有有效债务存在；

（2）须债务人与第三人达成债务承担的协议；

（3）须经债权人同意。

3. 合同债务承担的法律效力

免责的债务承担后，原合同之债务人脱离合同债务关系，债权人向承担人主张权利；并存的债务承担时，原合同债务人与债务承担人共担债务，其承担连带责任抑或按份责任须在承担合同中明确；新债务人可以主张原债务人对债权人的抗辩；新债务人应当承担与主债务有关的从债务，但该从债务专属于原债务人自身的除外。

当然，无论权利的转让抑或义务的转移，法律、行政法规规定应当办理批准手续的，应依照其规定办理。

（四）合同债权债务的概括移转

合同债权债务的概括移转，是指合同当事人一方经对方同意将其合同的权利义务一并转让给第三人，由第三人取而代之成为合同当事人的现象。

合同债权债务的概括移转既可依法律行为而产生，也可依法律规定而产生。

1. 合同承受

合同承受，又叫合同移转，即依《民法典》第五百五十五条之规定，当事人之间意定的权利义务的概括移转。此时，承受人完全取代原合同一方当事人地位，取得其一切权利义务。

概括转移须经合同对方当事人同意，其余适用前述权利转让和义务转移的有关规定。

2. 当事人（法人或其他组织）合并、分立导致的合同债权债务的概括移转

根据《民法典》第六十七条的规定，法人分立、合并，它的权利义务由变更后的法人享有和承担。当事人订立合同后合并的，由合并后的法人或者其他组织行使合同权利，履行合同义务。当事人订立合同后分立的，除债权人和债务人另有约定的以外，由分立的法人或者其他组织对合同的权利和义务享有连带债权，承担连带债务。此类债权债务的移转属于法定移转，无须取得对方当事人同意，依合并或分立的企业的通知或公告发生法律效力。

第七节　合同权利与义务的终止

一、概述

（一）合同权利与义务终止的含义与法律效果

合同权利与义务终止，又称合同终止或合同消灭，是基于一定的法律事实，导致原合同法律关系的消灭，合同中的权利义务也因此而终止。

合同的终止，意味着原合同权利义务关系不复存在，并因此使合同的担保及其他权利义务也归于消灭。但这并不意味着当事人之间就没有任何关系，《民法典》第五百五十八条规定，依诚实信用原则，当事人应根据交易习惯履行通知、协助、保密、旧物回收等义务。此即所谓后合同义务。另外，"合同的权利义务终止，不影响合同中结算和清理条款的效力"（《民法典》第五百六十七条）。

（二）合同权利与义务终止的原因

对于合同终止的原因，《民法典》第五百五十七条规定了下列情形：

（1）债务已经履行；

（2）债务相互抵销；

（3）债务人依法将标的物提存；

（4）债权人免除债务；

（5）债权债务同归于一人；

（6）法律规定或者当事人约定终止的其他情形。

合同解除的，该合同的权利义务终止。

二、合同解除

（一）合同解除的含义

合同解除，是指合同成立后履行完毕之前，因一方意思表示或双方当事人协议，使基于合同而发生的债权债务关系归于消灭的行为。

对此，我们可从如下几方面理解：

（1）合同解除适用于有效成立的合同，无效合同和可撤销合同，以合同法规定的相关制度处理；

（2）合同解除非自动实现，是由双方当事人协商或有解除权的当事人为意思表示即解除行为而实现；

（3）合同解除使合同效力归于消灭，既可溯及地使合同效力自订立时起归于消灭，也可仅指向将来而消灭。尽管对此法律规定不明，但有学者认为，合同的协议解除和约定解除，其有无溯及力是当事人之间的意思自治的问题，若当事人无约定时，应由法院或仲裁机构根据具体情况处理；在法定解除的情形，因不可抗力而不能实现合同目的解除合同，原则上无溯及力，除非如此会造成不公正后果；因违约而解除合同，是否有溯及力应具体分析，非继续性合同的解除原则上有溯及力，继续性合同解除原则上无溯及力[①]。

（二）合同解除的种类

合同的解除分为协议解除、约定解除和法定解除。

协议解除，即当事人在无法定解除权和约定解除权时，基于双方合意而使合同效力归于消灭。亦即，在当事人之间成立一个以解除原合同为内容的新的合同关系。这个新的合同被称为反对合同。《民法典》第五百六十二条第 1 款规定："当事人协商一致，可以解除合同。"

约定解除，是订立合同时，双方基于合意（订立合同时或在其后另订合同）设定合同解除条款，一旦约定的解除条件成就时，合同便归于终止或一方取得解除权。《民法典》第五百六十二条第 2 款规定："当事人可以约定一方解除合同的事由。解除合同的事由发生时，解除权人可以解除合同。"当事人约定的事由发生合同即解除，称为"失权约款"，此时无须当事人再为意思表示，其往往是当事人为限制合同效力所加的附款；而当事人约定，某种事由发生一方或双方即享有合同解除权，此即为约定解除权，约定解除权并不使合同当然解除，必须由解除权人行使解除权方能解除合同。

法定解除，则是合同成立后履行完毕之前，合同一方当事人行使法定解除权，而使合同效力归于消灭的行为。《民法典》第五百六十三条规定："有下列情形之一的，当事人可以解除合同：（一）因不可抗力致使不能实现合同目的；（二）在履行期限届满前，

---

① 崔建远. 合同法［M］. 修订版. 北京：法律出版社，2000：207.

当事人一方明确表示或者以自己的行为表明不履行主要债务；（三）当事人一方迟延履行主要债务，经催告后在合理期限内仍未履行；（四）当事人一方迟延履行债务或者有其他违约行为致使不能实现合同目的；（五）法律规定的其他情形。""以持续履行的债务为内容的不定期合同，当事人可以随时解除合同，但是应当在合理期限之前通知对方。"此外，《民法典》第五百三十三条规定，情势变更亦为当事人解除合同的事由。

从上述可见，协议解除、约定解除与法定解除之间的异同：双方合意使合同归于消灭是协议解除和约定解除的共同点。但约定解除不同于协议解除之处在于，前者是在合同解除事由出现前双方即约定了解除权，且往往由解除权人行使解除权使合同解除；而协议解除则是在出现了当事人不欲使合同继续存在的情形时，基于双方的合意使合同消灭。当事人行使解除权使合同消灭则是约定解除与法定解除的共同点，但二者的差异则表现在解除权的基础不同，法定解除是基于法律的规定，约定解除则是基于当事人的约定。

（三）行使解除权的程序与期限

《民法典》第五百六十五条规定，当事人一方依法主张解除合同的，应当通知对方。合同自通知到达对方时解除；通知载明债务人在一定期限内不履行债务则合同自动解除，债务人在该期限内未履行债务的，合同自通知载明的期限届满时解除。对方对解除合同有异议的，任何一方当事人均可以请求人民法院或者仲裁机构确认解除行为的效力。当事人一方未通知对方，直接以提起诉讼或者申请仲裁的方式依法主张解除合同，人民法院或者仲裁机构确认该主张的，合同自起诉状副本或者仲裁申请书副本送达对方时解除。

据《民法典》第五百六十四条的规定，法律规定或者当事人约定解除权行使期限，期限届满当事人不行使的，该权利消灭。法律没有规定或者当事人没有约定解除权行使期限，自解除权人知道或应当知道解除事由之日起一年内不行使，或者经对方催告后在合理期限内不行使的，该解除权消灭。

（四）合同解除的后果

按《民法典》第五百六十六条的规定，合同解除后，尚未履行的，终止履行；已经履行的，根据履行情况和合同性质，当事人可以要求恢复原状或者采取其他补救措施，并有权请求赔偿损失。合同因违约解除的，解除权人可以请求违约方承担违约责任，但是当事人另有约定的除外。主合同解除后，担保人对债务人应当承担的民事责任仍然应当承担担保责任，但是当事人另有约定的除外。

三、抵销

（一）概述

抵销，是指合同双方当事人互负债务时，各自用其债权来充当债务的清偿，从而使其债务与对方的债务在对等数额内相互消灭。

抵销基于其根据的不同，可分为法定抵销和约定（合意）抵销。

法定抵销，是指合同当事人就法律规定的条件依法行使抵销权，从而发生的抵销。

约定抵销，是指合同当事人双方经过协商一致而发生的抵销。约定抵销可以不受法定抵销条件的限制，其实质是在当事人之间成立一个以抵销合同之债为内容的新的合同。但是，根据债务性质、按照当事人约定或者依照法律规定不得抵销的除外。

（二）法定抵销的要件

约定抵销属于当事人意思自治的范畴，故无规定其要件之必要，抵销的要件是就法定抵销而言的。按《民法典》第五百六十八条的规定，法定抵销的要件是：

（1）当事人双方互负债务，互享债权；

（2）当事人双方互负债务的标的物种类与品质相同；

（3）当事人双方所负债务已届清偿期；

（4）当事人双方所负债务非为不能抵销的债务。

（三）抵销的方法和效力

按《民法典》第五百六十八条第 2 款的规定，抵销应当通知对方，通知自到达对方时生效。抵销不得附条件或者附期限。

抵销使双方的债权按照抵销之数额溯及得为抵销时消灭。抵销也使从权利随抵销之债的消灭而消灭。

四、提存

（一）提存的概念

提存是指由于债权人的原因使债务人无法向其交付合同标的物时，债务人将该标的物提交提存机关从而消灭债务的制度。依据《民法典》第五百七十一条的规定，债务人将标的物或者标的物拍卖、变卖所得价款交付提存部门时，提存成立。

（二）提存的原因

根据《民法典》第五百七十条的规定，在下列情形下，债务人可以将标的物提存：

（1）债权人无正当理由拒绝受领；

（2）债权人下落不明；

（3）债权人死亡未确定继承人、遗产管理人，或者丧失民事行为能力未确定监护人；

（4）法律规定的其他情形。

（三）提存的效力

因提存涉及提存人（债务人）、提存机关、债权人三方，故其效力在三方之间的表现是：

（1）在债权人和债务人之间，自提存之日起债权债务归于消灭。依据《民法典》第五百七十一条的规定，提存成立的，视为债务人在其提存范围内已经交付标的物。《民法典》第五百七十二条、第五百七十三条规定，标的物提存后，债务人应当及时通知债权人或者债权人的继承人、遗产管理人、监护人、财产代管人。标的物提存后，毁损、灭失的风险由债权人承担。提存期间，标的物的孳息归债权人所有。提存费用由债权人负担。

（2）提存人和提存机关之间，提存人可依据法院的生效判决、裁定或提存之债业已清偿的证明取回提存物；提存机关有妥善保管提存物的义务。

（3）提存机关和债权人之间，根据《民法典》第五百七十四条规定，债权人可以随时领取提存物，但是，债权人对债务人负有到期债务的，在债权人未履行债务或者提供担保之前，提存部门根据债务人的要求应当拒绝其领取提存物。债权人领取提存物的权利，自提存之日起五年内不行使而消灭，提存物扣除提存费用后归国家所有。

五、免除

免除是债权人抛弃其全部或部分债权，从而全部或部分消灭合同权利义务的单方法律行为。换言之，免除必须有意思表示，并且必须向债务人作出，其内容为抛弃债权而消灭债权债务关系。免除可以附条件，也可以附期限。

根据《民法典》第五百七十五条的规定，免除发生债权债务全部或部分的绝对消灭之效果。

六、混同

根据《民法典》第五百七十六条的规定，混同是指债权债务同归于一人而导致债权债务消灭的事实。亦即，混同乃一种事实，其本身并非行为，无须意思表示，只要有债权债务同归于一人的情形，即发生债权债务消灭的后果。

混同使债权债务产生绝对消灭之效果。同时，消灭的效力及于债权人和债务人的抗辩权，也及于债权的从权利。但在法律另有规定或合同标的涉及第三人利益时，混同不发生债权债务消灭的效力。涉及第三人利益，是指债权债务的标的上设有他人的权利，或债权系他人权利之标的的。

第八节　违约责任

一、违约责任概述

（一）违约责任的概念、特征

违约责任，即"违反合同的民事责任"，是指合同当事人不履行合同义务或者履行合同义务不符合约定而应承担的民事责任。

违约责任具有下列特征：

（1）违约责任的承担主体是合同当事人；

（2）违约责任是当事人违反合同义务的法律后果。一方面，它与合同债务有密切的关系，合同债务是违约责任的前提；另一方面，违约责任的产生是由于当事人不履行合同义务或履行义务不符合约定；

（3）违约责任是违约方向相对方所承担的具有补偿性的财产责任，即违约责任不能对债务人的人身予以实施，是违约方向相对方所承担的财产责任，同时，其乃填补行为人之违约所造成的对方当事人的损失。

（二）违约责任的归责原则

归责原则乃基于一定事由而确定当事人是否承担责任的法律原则。我国对违约责任的归责原则的法律规定有一个发展过程：

原《经济合同法》中，对违约责任的追究除须有违约事实外，还强调违约方应有过错，即贯彻了民事归责原则中的过错责任原则。其第三十二条规定，由于当事人一方的过错，造成经济合同不能履行或者不能完全履行，由有过错的一方承担违约责任。

《民法通则》第一百零六条规定："公民、法人违反合同或者不履行其他义务的，应当承担民事责任。"第一百一十一条规定："当事人一方不履行合同义务或者履行合同义务不符合约定条件的，另一方有权要求履行或者采取补救措施，并有权要求赔偿损失。"虽其对违约责任的规定没有"过错"的字样出现，学界也多有争议，但主流观点认为其仍属过错责任[①]。

《合同法》第一百零七条对违约责任的规定，被认为采用了严格责任原则[②]，即只要不履行合同义务或履行合同义务不符合约定的，一般就要承担违约责任，不再追究违约方在主观上是否有过错。当然，《合同法》分则第三百零三条、第三百二十条、第四百零六条及相关条文的规定，也充分考虑了当事人行为之过错。《民法典》继承了《合同法》的立场，在第五百七十七条规定，"当事人一方不履行合同义务或者履行合同义务不符合约定的，应当承担继续履行，采取补助措施或者赔偿损失等违约责任"。因此，《民法典》对违约责任的规定，是以无过错责任为原则，以过错责任为补充的多元归责原则。

（三）违约责任的构成要件

按通常的观点，违约责任的一般构成要件有：①合同当事人的违约行为；②损害事实；③违约行为与损害之间的因果关系；④违约行为人有过错。但是现行法对过错的否定以及损害与违约责任的非必然性，使得传统的四要件说存在商榷之处。其实，依照《民法典》的规定我们可以直接得出结论，违约责任的一般构成要件是：

（1）违约行为。合同当事人不履行合同或履行合同不符合约定，这是承担违约责任的前提，无违约行为，便无违约责任。

---

① 韩世远. 合同法总论 [M]. 北京：法律出版社，2004：688-690.

② 梁慧星. 从过错责任到严格责任//民商法论丛：第8卷 [M]. 北京：法律出版社，1997.

（2）无免责事由。倘有法定或约定的免责事由，即使有违约行为也不承担违约责任。确立免责事由，主要是基于建立风险合理分配机制及有效防止风险的激励制度①。

当然，若为法定适用过错责任的合同，其违约责任的构成要件还应加上过错。

（四）违约形态

作为违约责任构成要件的违约行为呈多种样态。根据《民法典》的规定，我们可将违约分为不履行合同和履行合同不符合约定。其中不履行合同，根据其不履行的时间在合同履行期限是否届满，又可分为预期违约（又称为期前违约）和不履行（包括履行期限届满后的拒绝履行和根本违约）；履行合同不符合约定的形态主要有迟延履行（债权人迟延和债务人迟延）、不适当履行（包括瑕疵给付和加害给付）、不完全履行等。这里仅就预期违约略作说明。

所谓预期违约（anticipatory breach），即在合同履行期限届满之前，当事人一方无正当理由而明确地向对方当事人表示或以自己的行为表明其将不履行合同的主要义务。明确表示不履行合同的主要义务的情形称为明示毁约；以自己的行为表明其不履行合同的主要义务称为默示毁约。这一制度源于英美法，后被《联合国国际货物销售合同公约》予以采纳。我国《民法典》第五百七十八条规定："当事人一方明确表示或以自己的行为表明不履行合同义务的，对方可以在履行期限届满前请求其承担违约责任。"显然是对预期违约两种情形的规定。同时，《民法典》第五百六十三条第2项也规定，"在履行期限届满前，当事人一方明确表示或者以自己的行为表明不履行主要债务"，对方可以解除合同。

预期违约是发生在合同履行期限到来之前，其与实际违约相比具有以下特点②：

（1）预期违约表现为将来不履行义务；

（2）预期违约违反的是不危害给付实现的不作为义务；

（3）预期违约侵害的是期待的债权而不是现实的债权；

（4）预期违约是一种可能的违约，可能转化为实际违约；

（5）预期违约在补救措施上具有其特点，既可要求违约方承担责任，也可等到履行期届满其不履行义务时再要求其承担实际违约责任。

二、违约责任形式

（一）继续履行

继续履行，又叫强制实际履行或依约履行、特定履行等，是承担违约责任的一种基本方式。当事人一方不履行合同义务或者履行合同义务不符合约定的，另一方有权请求法院强制违约方按合同的约定继续履行义务。《民法典》第五百七十九条规定："当事人

---

① 李永军. 合同法［M］. 2版. 北京：法律出版社，2005：758.

② 王利明. 违约责任论［M］. 修订版. 北京：中国政法大学出版社，2000；孙鹏. 合同法热点问题研究［M］. 北京：群众出版社，2001：360-361.

一方未支付价款、报酬、租金、利息，或者不履行其他金钱债务的，对方可以请求其支付。"它是关于金钱债务的继续履行。由于当事人一方未支付价款或者酬金等，已经构成违约，对方可要求支付违约金或者逾期利息。一般认为，继续履行除须有违约行为以及非违约方的请求外，还须以违约方能够履行且该合同标的适于强制履行为要件。《民法典》第五百八十条规定的是非金钱债务的继续履行，但作了下列限制，即有下列情形之一的除外：①法律上或者事实上不能履行；②债的标的不适于强制履行或者履行费用过高；③债权人在合理期限内未请求履行。有以上情形之一致使合同目的不能实现的，人民法院或仲裁机构可以根据当事人的请求终止合同权利义务关系，但不影响违约责任承担。

（二）采取补救措施

补救措施，是指履行合同不符合约定，当事人得采取措施予以补救使其尽可能符合约定。《民法典》第五百八十二条规定："履行不符合约定的，应当按照当事人的约定承担违约责任。对违约责任没有约定或者约定不明确，依据本法第五百一十条的规定仍然不能确定的，受损害方根据标的的性质以及损失的大小，可以合理选择请求对方承担修理、重作、更换、退货、减少价款或者报酬等违约责任。"

根据该条的规定，补救措施的适用前提是合同对质量不符合约定的违约责任没有约定或者约定不明确，且依《民法典》第五百一十条的规定仍然不能确定。在具体适用时，还要根据标的性质和损害的大小，再合理选择适当的方式。由于债务人的不当履行给债权人造成损失的，如果采取修理、重作、更换、退货等方式仍不能弥补全部损失的，债权人还有权请求债务人赔偿其不足部分的损失。

（三）赔偿损失

赔偿损失，也称损害赔偿，它是指债务人因违约行为赔偿对方当事人所受的损失。

我国《民法典》第五百八十四条规定："当事人一方不履行合同义务或者履行合同义务不符合约定，造成对方损失的，损失赔偿额应当相当于因违约所造成的损失，包括合同履行后可以获得的利益；但是，不得超过违约一方订立合同时预见到或者应当预见到的因违约可能造成的损失。"这是对当事人违约损失赔偿责任认定的基本规定。这里明确了所谓损失，不仅包括积极的损失，即现有财产的灭失、损坏和费用的支出，还包括消极的损失，即合同履行后可以获得的利益，通常简称为可得利益如利润。同时，对损失赔偿额又做了最高额的限制，即不得超过违约方在订立合同时预见到或应预见到的损失程度，此即合理预见规则，这是对违约赔偿范围的限制，违约方对超过合理预见的损失不应赔偿，体现了公平原则。

为方便合同争议的处理，当事人可以相互约定因违约产生的损失赔偿额的计算方法。当事人在订立合同时有此约定的，在发生争议时即按其约定的计算方法计算损失赔偿额，以减少收集证据、确定损失额的麻烦。

需要指出的是，经营者对消费者提供商品或者服务有欺诈行为的，依照《中华人民共和国消费者权益保护法》的规定承担损害赔偿的责任。

（四）违约金

违约金是由当事人约定或法律规定，违约方向对方支付的一定数额的金钱或其他给付。违约金有法定违约金和约定违约金。由法律直接规定数额和条件的是法定违约金；由当事人约定数额和支付条件的是约定违约金。有法定违约金的应执行法定违约金。法律在规定法定违约金时，又允许当事人约定违约金的，当事人的约定优先。《民法典》规定的违约金以补偿因违约所造成的损失为原则，基本上是补偿性的，因而，《民法典》第五百八十五条第 2 款规定了对违约金的调整和干预，即如果约定的违约金低于造成的损失，当事人可以请求人民法院或者仲裁机构予以增加；如果约定的违约金过分高于造成的损失，当事人可以请求人民法院或者仲裁机构予以适当减少。

此外，当事人还可以约定一方向对方给付定金作为债权的担保。按照《民法典》第五百八十八条的规定，当事人既约定违约金，又约定定金的，一方违约时，对方可以选择适用违约金或者定金条款。但违约金和定金，二者能否并用，不无疑问。定金不仅有违约定金，还有立约定金、成约定金及解约定金等。在违约定金与违约金二者并存时，二者具有相同功能，宜择一适用而不并用；而对解约定金与违约金并存时，基于解约定金解除合同时，理论上不同于违约时之合同解除，不存在二者并用问题，除非当事人另有约定，若另有约定则从约定；至于立约定金，可理解为预约的违约金，可准用违约定金的规定①；成约定金与违约金并无关系。

当事人一方因第三人的原因造成违约的，应当向对方承担违约责任。当事人一方和第三人之间的纠纷，应当依照法律规定或者按照约定另行解决。

因当事人一方的违约行为，侵害对方人身、财产权益的，受损害方有权依照《合同法》要求违约方承担违约责任，或者依照其他法律规定要求其承担侵权责任。这种情况称为责任竞合。当事人可在违约责任和侵权责任中选择其一追究对方责任。

三、免责条件

违约者应承担违约责任，但并不是一切违约行为都应承担民事责任。在法律明确规定或当事人另有约定时，不履行合同或履行合同不符合约定也不承担责任。这种不承担责任的法定或约定的条件，即为免责条件。《民法典》第五百九十条规定："当事人一方因不可抗力不能履行合同的，根据不可抗力的影响，部分或者全部免除责任，但是法律另有规定的除外。当事人迟延履行后发生不可抗力的，不能免除其违约责任。"可见，《民法典》明确规定了要依据不可抗力的影响来确定是部分免除还是全部免除当事人的责任。法律另有规定的除外，是指法律有特别规定的。

当事人一方因不可抗力不能履行合同的，应当及时通知对方，以减轻可能给对方造

---

① 史尚宽. 债法总论 [M]. 北京：中国政法大学出版社，2000：512.

成的损失，并且应当在合理的期限内提供有关不可抗力的证明。此外，当事人约定免责条款，依照其约定，但约定不得违反法律和社会公共利益。

本章重点

本章主要以《民法典》合同编第一分编为重点介绍了合同法律制度。学习本章时，应着重理解合同的概念、特征，合同订立的基本程序，合同的效力，合同履行的原则与抗辩规则，合同履行中的保全与担保，合同的变更和转让，缔约过失和违约责任等。除在理论上正确理解本章内容外，还须注意紧密联系实际，力求学以致用，能运用所学合同法知识妥善解决生活中的合同纠纷等法律问题。

本章思考题

1. 契约自由的基本含义是什么？

2. 何谓要约？要约与要约邀请有何区别？

3. 什么是格式条款？《民法典》对其做了何种规定？

4. 双务合同中不安抗辩权如何行使？

5. 如何理解债的保全中的代位权和撤销权？

6. 试述违约责任及其承担方式。

本章参考书目

1. 王利明，崔建远. 合同法新论·总则［M］. 北京：中国政法大学出版社，2000.

2. 韩世远. 合同法总论［M］. 北京：法律出版社，2018.

3. 崔建远. 合同法［M］. 7 版. 北京：法律出版社，2021.

4. P. S. 阿狄亚. 合同法导论［M］. 5 版. 赵旭东，等译. 北京：法律出版社，2002.

5. 李永军. 合同法［M］. 2 版. 北京：法律出版社，2005.

6. 王利明. 违约责任论［M］. 修订版. 北京：中国政法大学出版社，2000.

7. 史尚宽. 债法总论［M］. 北京：中国政法大学出版社，2000.

8. 黄薇. 中华人民共和国民法典释义（中）［M］. 北京：法律出版社，2020.

第九章

劳动合同法

第一节 概 述

一、劳动关系与劳动合同

劳动关系是指劳动者与用人单位（包括各类企业、个体工商户、事业单位等）在实现劳动过程中建立的社会经济关系。劳动关系的一方（劳动者）必须加入某一个用人单位，成为该单位的一员，并参加单位的生产劳动，遵守单位内部的劳动规则；而另一方（用人单位）则必须按照劳动者的劳动数量或质量给付其报酬，提供工作条件，并不断改进劳动者的物质文化生活。

劳动合同是指用人单位与被招聘录用的劳动者依法确立劳动关系，明确双方权利义务的协议。《中华人民共和国劳动合同法》（以下简称《劳动合同法》）第二条规定，中华人民共和国境内的企业、个体经济组织、民办非企业单位等组织（以下称用人单位）与劳动者建立劳动关系，订立、履行、变更、解除或者终止劳动合同，适用本法。

（一）劳动关系的建立以国家强制法规为前提

现实经济生活中的劳动关系中的内容，如用人单位，劳动者的界定、劳动关系的种类、劳动时间、劳动保护、劳动保障、劳动者的基本权利等，都必须依照国家劳动法律、行政法规事前加以规范。换言之，国家公权力对劳动关系领域的事项要进行主动干预，并成立专门的劳动保障部门——人力资源和社会保障部。

（二）建立劳动关系必须订立书面形式的劳动合同

劳动合同是劳动者与用人单位确立劳动关系、明确双方权利和义务的协议。在用人单位与劳动者建立劳动关系的同时，应当订立劳动合同。劳动合同应当以书面形式订立。用书面形式订立劳动合同严肃慎重、准确可靠、有据可查，在发生争议时，便于查清事实，分清是非，也有利于主管部门和劳动行政部门进行监督检查。现实中某些用人单位利用其优势地位，违反法律规定，故意拖延或者拒绝与劳动者签订书面劳动合同，逃避应当履行的劳动合同义务，任意解除劳动关系，极大地损害了劳动者的合法权益。《劳动合同法》规定：①用人单位和劳动者之间建立劳动关系，应当订立书面劳动合同（第十条）；②如果双方没有订立书面劳动合同，但存在实际用工事实的，用人单位自用工之日即与劳动者建立劳动关系（第七条）[①]；③用人单位自用工之日起超过一个月但不满一年未与劳动者订立书面劳动合同的，应当向劳动者支付二倍的月工资；用人单位自用工之日起满一年不与劳动者订立书面劳动合同的，视为用人单位与劳动者已订立无固定期限劳动合同；用人单位未在用工的同时订立书面劳动合同，与劳动者约定的劳动报酬不明确的，新招用的劳动者的劳动报酬应当按照企业的或者行业的集体合同规定的标准执行；没有集体合同或者集体合同未作规定的，用人单位应当对劳动者实行同工同酬。另外，劳动者不与用人单位签订劳动合同的，用人单位应当书面通知劳动者终止劳动关系。

（三）劳动关系（劳动合同）的适用范围

我国劳动法律对适用范围实行"双重界定"，先界定"用人单位"的范围，再界定"劳动者"的范围，劳动者要得到相关劳动法规的保护，必须满足"双重界定"的标准。《劳动合同法》第二条规定，中华人民共和国境内的企业、个体经济组织、民办非企业单位等组织（以下简称"用人单位"），与劳动者建立劳动关系，订立、履行、变更、解除或者终止劳动合同，适用本法。国家机关、事业单位、社会团体和与其建立劳动关系的劳动者，订立、履行、变更、解除或者终止劳动合同，依照本法执行。

根据上述规定，我国劳动法及劳动合同法的直接适用范围包括：

（1）企业是以营利为目的经济性组织，包括法人企业和非法人企业，是用人单位的主要组成部分，是本法的主要调整对象。

（2）个体经济组织，如《民法典》第五十四条规定，自然人从事工商经营，经依法登记，为个体工商户。个体工商户可以起字号。

（3）民办非企业单位是指企业事业单位、社会团体和其他社会力量以及公民个人利用非国有资产举办的，从事非营利性社会服务活动的组织。如民办学校、民办医院、民办图书馆、民办博物馆、民办科技馆等，目前民办非企业单位超过30万家。

同时，劳动合同法在劳动法的基础上，扩大了劳动关系的适用范围，将事业单位聘用制工作人员也纳入本法调整。该法第二条第2款规定，国家机关、事业单位、社会团体和与其建立劳动关系，订立、履行、变更、解除或者终止劳动关系，依照本法执行。第九十六条规定，事业单位与实行聘用制的工作人员订立、履行、变更、解除和终止劳动合同，法律、行政法规或者国务院另有规定的，依照其规定；未作规定的，依照本法

---

① 根据原劳动与社会保障部2005年5月25日颁布的《关于确立劳动关系有关事项的通知》，用人单位未与劳动者签订劳动合同，认定双方存在劳动关系时可参照下列凭证：（一）工资支付凭证或记录（职工工资发放花名册）、缴纳各项社会保险费的记录；（二）用人单位向劳动者发放的"工作证""服务证"等能够证明身份的证件；（三）劳动者填写的用人单位招工招聘"登记表""报名表"等招用记录；（四）考勤记录；（五）其他劳动者的证言等。其中，（一）、（三）、（四）项的有关凭证由用人单位负举证责任。

有关规定执行①。

此外，上述组织以外的组织如会计师事务所、律师事务所、基金会等组织，也属于劳动法律关系的适用范围②。但公务员、军人、家庭雇工（如保姆）、兼职人员、返聘的离退休人员、在校学生等不属于劳动关系范围，可以签订劳务协议。

（四）建立劳动关系，应当遵循合法、公平、平等自愿、协商一致、诚实信用的原则

劳动合同是作为合同的一种，具有合同的一般特征，即使当事人之间确立、变更、终止一定权利义务关系的协议。《劳动合同法》第三条规定，订立劳动合同，应当遵循合法、公平、平等自愿、协商一致、诚实信用的原则。

二、劳动合同的特点

相比一般民事合同，劳动合同具有以下特征：

（一）劳动合同具有人身性

用人单位与劳动者建立劳动合同关系，目的是为了使用劳动力。马克思说过："我们把劳动力或劳动能力，理解为人的身体即活的人体中存在的、每当人生产某种使用价值时就运用的体力和智力的总和。"因此可以说，劳动力是蕴涵在劳动者的肌肉和大脑里，与劳动者人身密不可分。因此，劳动合同对于劳动者一方，不具有强制执行的效力。

（二）合同双方当事人强弱对比悬殊

在民事合同中，当事人之间一般没有强弱之分，而劳动合同的双方当事人之间强弱对比则比较悬殊。在劳动合同当事人中，一方当事人即劳动者是非常弱小的个体；而另一方即用人单位是无论从资本实力还是其他方面来看都是较强大的组织。针对这一特点，《劳动合同法》应是一部着重保护劳动者权益的"倾斜法"，因为在劳资双方不对等的条件下，只有倾斜于弱势群体才能达到公平。

（三）劳动合同奉行国家强力干预下的当事人意思自治

一般而言，民事合同优先体现当事人意思自治，只要合同的内容不侵犯国家利益、公共利益，也不侵害第三者的利益，基本上都不受国家的干预。但劳动合同由于缔约双方主体强弱对比悬殊，必须要受到国家的主动强力干涉，用人单位和劳动者之间的约定必须首先符合法律的安排。例如，用人单位在与劳动者约定工资条款时，必须在法律规定的最低工资额之上协商约定。

（四）劳动合同具有一定的隶属性

劳动合同双方各自遵守自己的权利与义务，发生争议时法律地位平等。但其具有人

---

① 事业单位实行聘用合同制依据 2000 年中央组织部、人事部关于印发《关于加快推进事业单位人事制度改革的意见》的通知及其他相关规定执行。

② 2008 年实行的《中华人民共和国劳动合同法实施条例》第四条规定，依法成立的会计师事务所、律师事务所、基金会等组织，属于《劳动合同法》第二条第 1 款规定的用人单位。

身让渡的特征，劳动者同用人单位签订劳动合同，缔结劳动关系之后，就有义务在工作场所接受用人单位的管理和监督，按照用人单位所规定的纪律或要求付出劳动。《劳动合同法》第四条规定，"用人单位应当依法建立和完善劳动规章制度"；《劳动法》第三条中规定，劳动者应当遵守劳动纪律和职业道德。换言之，企业依法制定的规章制度和劳动纪律，劳动者应当遵守和执行，这就形成了所谓的隶属性，也就是不平等性。

三、劳动合同法的立法背景及重要意义

我国的劳动合同制度是随着经济体制改革不断深化而逐步建立发展起来的。1986 年以前，劳动合同制度开始试行时，只适用于国有企业招用的临时工；20 世纪 90 年代，各种企业开始实行"全员劳动合同制"。1994 年 7 月，全国人大常委会制定的《中华人民共和国劳动法》（以下简称《劳动法》）第三章确立了现行的劳动合同制度。进入 21 世纪后，随着经济结构调整进程加快，企业制度改革不断深化，市场主体和利益关系日趋多元化，原有劳动合同制度逐步不能适应新形势的要求。为建立和谐的劳动合同关系，我国立法机关于 2005 年开始对劳动合同制度进行了重新研究。

2007 年 6 月 29 日，《劳动合同法》经第十届全国人大第二十八次会议通过，并自2008 年 1 月 1 日实施。《劳动合同法》是自《劳动法》颁布实施以来，我国劳动和社会保障法建设中的又一个里程碑。《劳动合同法》的颁布实施，对于更好地保护劳动者合法权益，构建和发展和谐稳定的劳动关系，促进社会主义和谐社会建设，有十分重要的意义。2008 年《劳动合同法》《劳动合同法实施条例》的实施，与《劳动法》和我国之前在劳动、社会保障领域颁布的有关法律、行政法规、部门规章、地方性法规以及相关司法解释一起，形成了一整套以劳动合同为核心的劳动和社会保障法律制度体系。具体包括：

（1）劳动合同的订立、变更、解除、终止及相关法律责任制度。

（2）工资法、工时休假法、职业安全卫生法、女工、未成年工特殊保障法、职业训练与职业资格标准法、职工训练与职业资格标准法、职工奖惩规则等劳动标准法律制度。

（3）生育保险法、养老保险法、失业保险法、工伤保险法、医疗保险法、遗嘱津贴等社会保险法律制度。

（4）违反劳动法的法律责任、劳动保障监察机构设置及其职权等劳动管理法律制度。

（5）劳动争议调解、仲裁等法律制度①。

本章主要介绍《劳动合同法》的主要内容，即劳动合同的订立、变更、解除、终止及相应的法律责任。

---

① 在实施《劳动合同法》的同时，我国于 2008 年 1 月 1 日起实施《中华人民共和国就业促进法》，2008 年5 月 1 日起实施《中华人民共和国劳动争议调解仲裁法》。最高人民法院于 2010 的 9 月 14 日出台了《最高人民法院关于审理劳动争议案件适用法律若干问题的解释（三）》。

四、劳动合同法的立法宗旨

劳动合同法的立法宗旨是保护劳动者的合法权益，还是同时保护劳动者和用人单位的合法权益，也就是说是"单保护"还是"双保护"是劳动合同立法争论中的一个"焦点"问题①。劳动合同法作为一部规范劳动关系的法律，其立法价值在于追求劳资双方关系的平衡。由于我国目前的现实状况是劳动力相对过剩，资本处于强势，劳动力处于弱势，劳动者与用人单位力量对比严重不平衡，实践中侵害劳动者合法权益的现象比较普遍。如果对用人单位和劳动者进行同等保护，必然导致劳资双方关系不平衡，背离劳动合同法应有的价值取向。规定平等自愿订立劳动合同的原则并不能改变劳动关系实际上不平等的状况，要使劳动合同制度真正在保持我国劳动关系的和谐稳定方面发挥更积极的作用，就要向劳动者倾斜。同时，劳动合同法是一部社会法，所以从构建和谐稳定的劳动关系的目标出发，立法还是定位于向劳动者倾斜。

《劳动合同法》第一条规定，为了完善劳动合同制度，明确劳动合同双方当事人的权利和义务，保护劳动者的合法权益，构建和发展和谐稳定的劳动关系，制定本法。根据该条规定，我国劳动立法采取了"倾斜立法"的思想，明确提出"单向"保护劳动者。这一"单向保护"的思路贯穿于《劳动合同法》的始终，相关法条针对现实劳动关系中用人单位不签订劳动合同、拖欠工资、劳动合同短期化等诸多侵害劳动者利益的问题进行了相应的法律保护措施，保护劳动者合法权益②。2016 年，人社部发布了《企业年金规定（征求意见稿）》，为建立多层次养老保险制度迈出重要一步。

第二节　劳动合同的订立

一、劳动合同的种类

根据劳动合同的期限，劳动合同分为固定期限劳动合同、无固定期限劳动合同、以完成一定工作任务为期限劳动合同、非全日制用工劳动合同四种。

（一）固定期限劳动合同

固定期限劳动合同，是指用人单位与劳动者约定合同终止时间的劳动合同。《劳动

---

① 王全兴. 劳动合同立法争论中需要澄清的几个基本问题［J］. 法学，2006（9）：19-28.

② 如《劳动合同法》第九条规定，用人单位招用劳动者，不得要求劳动者提供担保或者以其他名义向劳动者收取财物，不得扣押劳动者的居民身份证或者其他证件。本法第八十四条也规定了向劳动者收取财物或者扣押劳动者证件的法律责任，即：用人单位违反本法规定，扣押劳动者身份证等证件的，由劳动行政部门责令限期退还劳动者本人；依照有关法律规定给予处罚。用人单位违反本法规定，要求劳动者提供担保、向劳动者收取物物的，由劳动行政部门责令限期退还劳动者本人，按每一名劳动者 500 元以上 2 000 元以下的标准处以罚款；给劳动者造成损害的，用人单位应当承担赔偿责任。

合同法》第十三条规定，固定期限劳动合同，是指用人单位与劳动者约定合同终止时间的劳动合同，具体是指劳动合同双方当事人在劳动合同中明确规定了合同效力的起始和终止的时间。劳动合同期限届满，劳动关系即告终止。如果双方协商一致，还可以续订劳动合同，延长期限。固定期限的劳动合同可以是较短时间的，如半年、2 年，也可以是较长时间的，如 5 年、10 年，甚至更长时间。不管时间长短，劳动合同的起始和终止日期都是固定的。具体期限由当事人双方根据工作需要和实际情况确定。

（二）无固定期限劳动合同

《劳动合同法》第十四条规定，无固定期限劳动合同，是指用人单位与劳动者约定，无确定终止时间的劳动合同。这里所说的无确定终止时间，是指劳动合同没有一个确切的终止时间，劳动合同的期限长短不能确定，但并不是没有终止时间。只要没有出现法律规定的条件或者双方约定的条件，双方当事人就要继续履行劳动合同规定的义务。一旦出现了法律规定的情形，无固定期限劳动合同也同样能够解除。

根据《劳动合同法》第十四条的规定，订立无固定期限劳动合同有两种情形：

（1）用人单位与劳动者协商一致，可以订立无固定期限劳动合同。

（2）在法律规定的情形出现时，劳动者提出或者同意续订劳动合同的，应当订立无固定期限劳动合同：①劳动者已在该用人单位连续工作满 10 年的；②用人单位初次实行劳动合同制度或者国有企业改制重新订立劳动合同时，劳动者在该用人单位连续工作满 10 年且距法定退休年龄不足 10 年的；③2008 年 1 月 1 日后，连续订立二次固定期限劳动合同且劳动者没有本法第三十九条和第四十条第 1 款、第 2 款规定的情形，续订劳动合同的[①]。

（三）以完成一定工作任务为期限的劳动合同

以完成一定工作任务为期限的劳动合同，是指用人单位与劳动者约定以某项工作的完成为合同期限的劳动合同。

用人单位与劳动者协商一致，可以订立以完成一定工作任务为期限的劳动合同。某一项工作或工程开始之日，即为合同开始之时，此项工作或工作完毕，合同即告终止，如以完成某项科研以及带有临时性、季节性的劳动合同。合同双方当事人在合同存续期间建立的是劳动关系，劳动者要加入用人单位集体，参加用人单位工会，遵守用人单位内部规章制度，享受工资福利、社会保险等待遇。这种劳动合同实际上属于固定期限的劳动合同，只不过表现形式不同。同时根据本法第十九条的规定，以完成一定工作任务为期限的劳动合同或者劳动合同期限不满 3 个月的，不得约定试用期。

（四）非全日制用工的劳动合同

根据《劳动合同法》第六十八条的规定，非全日制用工，是指以小时计酬为主，劳

---

① 《劳动合同法》第九十七条规定，本法第十四条第 2 款第 3 项规定连续订立固定期限劳动合同的次数，自本法施行后续订固定期限劳动合同时开始计算。《劳动合同法实施条例》第九条规定，《劳动合同法》第十四条第 2 款规定的连续工作满 10 年的起始时间，应当自用人单位用工之日起计算，包括劳动合同法实施之前的工作年限。一般司法实践认为，在第二次的固定期限劳动合同到期时，用人单位无权以合同到期为由终止双方劳动关系。参见：薛琴、朱俊康. 用人单位终止与劳动者已连续签订三次固定期限劳动合同的法律责任［J］. 人民司法·案例，2013（4）.

动者在同一用人单位一般平均每日工作时间不超过 4 小时，每周工作时间累计不超过 24 小时的用工形式。这实际上就是法律对一般"临时工"的定义。非全日制用工依法应当注意以下几点：

（1）非全日制用工可以订立口头协议。

（2）非全日制用工的劳动者可以与一个或者一个以上的用人单位订立劳动合同，即允许从事非全日制用工的劳动者建立双重或多重劳动关系。

（3）非全日制用工不得约定试用期。

（4）非全日制用工双方当事人任何一方都可以随时通知对方终止用工。终止用工，用人单位不向劳动者支付经济补偿。

（5）非全日制用工小时计酬标准不得低于用人单位所在地人民政府规定的最低小时工资标准。非全日制用工劳动报酬结算支付周期最长不得超过 15 日。

二、劳动合同的必备条款

（一）劳动合同必备条款的定义

劳动合同的必备条款是指法律规定的劳动合同必须具备的内容。在法律规定了必备条款的情况下，如果劳动合同缺少此类条款，劳动合同就不能成立。具体理解如下：

（1）劳动合同不具有上述条款的属于违法。《劳动合同法》第八十一条规定，用人单位提供的劳动合同文本未载明本法规定的劳动合同必备条款或者用人单位未将劳动合同文本交付劳动者的，由劳动行政部门责令改正；给劳动者造成损害的，应当承担赔偿责任。

（2）《劳动合同法》在劳动法的基础上，删去了劳动纪律、劳动合同约定终止条件、违反劳动合同的责任等内容，同时增加了工作时间、工作地点、职业病危害防护等内容，以加强对劳动者的保护[①]。

（3）法律对约定不明必备条款的加以补充。例如，劳动合同对劳动报酬和劳动条件等标准约定不明确，引发争议的，用人单位与劳动者可以重新协商。协商不成的，适用集体合同规定；没有集体合同或者集体合同未规定劳动报酬的，用人单位应当对劳动者实行同工同酬；没有集体合同或者集体合同未规定劳动条件等标准的，适用国家有关规定[②]。

（4）除法律规定的必备条款外，用人单位与劳动者可以协商约定试用期、培训、保守商业秘密、补充保险和福利待遇等其他事项。但用人单位在合同中免除自己的法定责任、排除劳动者权利以及违反法律、行政法规强制性规定的条款无效[③]。

[①] 《劳动合同法》第十七条第 1 款规定："劳动合同应当以书面形式订立，并具备以下条款：（一）劳动合同期限；（二）工作内容；（三）劳动保护和劳动条件；（四）劳动报酬；（五）劳动纪律；（六）劳动合同终止的条件；（七）违反劳动合同的责任。"

[②] 《劳动合同法》第十八条。

[③] 《劳动合同法》第二十六条。

（二）《劳动合同法》所规定劳动合同的必备条款

《劳动合同法》第十七条规定，劳动合同应当具备以下条款：

（1）用人单位的名称、住所和法定代表人或者主要负责人。

（2）劳动者的姓名、住址和居民身份证或者其他有效身份证件号码。

（3）劳动合同期限。劳动合同期限可分为固定期限、无固定期限和以完成一定工作任务为期限。签订劳动合同主要是建立劳动关系，但建立劳动关系必须明确期限的长短。

（4）工作内容和工作地点。所谓工作内容，是指劳动法律关系所指向的对象，即劳动者具体从事什么种类或者内容的劳动，这里的工作内容是指工作岗位和工作任务或职责。工作地点是劳动合同的履行地，是劳动者从事劳动合同中所规定的工作内容的地点，劳动者有权在与用人单位建立劳动关系时知悉自己的工作地点。

（5）工作时间和休息休假。工作时间是指劳动时间在企业、事业、机关、团体等单位中，必须用来完成其所担负的工作任务的时间。休息休假是指企业、事业、机关、团体等单位的劳动者按规定不必进行工作，而自行支配的时间。

（6）劳动报酬。劳动合同中的劳动报酬，是指劳动者与用人单位确定劳动关系后，因提供了劳动而取得的报酬。劳动合同中有关劳动报酬条款的约定，要符合我国有关最低工资标准的规定。

（7）社会保险。社会保险是政府通过立法强制实施，由劳动者，劳动者所在的工作单位或社区以及国家三方面共同筹资，帮助劳动者及其亲属在遭遇年老、疾病、工伤、生育、失业等风险时，防止收入的中断、减少和丧失，以保障其基本生活需求的社会保障制度。由于社会保险由国家强制实施，因此成为劳动合同不可缺少的内容。

（8）劳动保护、劳动条件和职业危害防护。国家为了保障劳动者的身体安全和生命健康，通过制定相应的法律和行政法规、规章，规定劳动保护，用人单位也应根据自身的具体情况，规定相应的劳动保护规则，创造劳动条件，保证劳动者的健康和安全①。用人单位应当为劳动者创造符合国家职业卫生标准和卫生要求的工作环境和条件，并采取措施保障劳动者获得职业卫生保护。用人单位应当按照有关法律、法规的规定严格履行职业危害防护的义务。

（9）法律、法规规定应当纳入劳动合同的其他事项。

三、劳动合同的订立过程

（一）劳动合同订立过程中双方的告知义务

劳动合同和一般合同一样，在合同成立生效以前存在要约、邀请要约、承诺的过程，在此过程中，劳动法律强调用人单位和劳动者之间的如实告知义务。所谓如实告知义务，是指在用人单位招用劳动者时，用人单位与劳动者应将双方的基本情况，如实向

---

① 《职业病防治法》第三十三条规定，用人单位与劳动者订立劳动合同时，应当将工作过程中可能产生的职业病危害及其后果、职业病防护措施和待遇等如实告知劳动者，并在劳动合同中写明，不得隐瞒或者欺骗。

对方说明的义务。告知应当以一种合理并且适当的方式进行，要求能够让对方及时知道和了解。

1. 用人单位的告知义务

由于我国劳动力市场供求关系不平衡，用人单位往往处于相对强势的地位，不能平等地对待求职者。招聘单位的情况、信息对求职者的透明度往往是极低的，甚至有些单位还故意发布虚假信息，欺骗或非法招用求职者。《劳动合同法》第八条规定：①用人单位招用劳动者时，应当如实告知劳动者工作内容、工作条件、工作地点、职业危害、安全生产状况、劳动报酬；②劳动者要求了解的其他情况，如用人单位相关的规章制度，包括用人单位内部的各种劳动纪律、规定、考勤制度、休假制度、请假制度、处罚制度以及企业内已经签订的集体合同等，用人单位都应当进行详细的说明。

2. 劳动者的告知义务

根据法律规定，劳动者的告知义务是附条件的，只有在用人单位要求了解劳动者与劳动合同直接相关的基本情况时，劳动者才有如实说明的义务。劳动者与劳动合同直接相关的基本情况包括健康状况、知识技能、学历、职业资格、工作经历以及部分与工作有关的劳动者个人情况，如家庭住址、主要家庭成员构成等。

用人单位与劳动者双方都应当如实告知另一方真实的情况，不能欺骗。如果一方向另一方提供虚假信息，将有可能导致劳动合同的无效。如：劳动者向用人单位提供虚假学历证明；用人单位未如实告知工作岗位存在患职业病的可能等，都属于本法规定的采取欺诈的手段订立的劳动合同，该劳动合同无效。

（二）劳动合同的试用期

试用期是指用人单位对新招收的职工进行思想品德、劳动态度、实际工作能力、身体情况等进行进一步考察的时间期限。法律允许用人单位订立劳动合同前对劳动者进行试用，但为保护劳动者合法权益，法律对劳动合同约定试用期条款加以如下限制：

（1）试用期包含在劳动合同期限内，不得单独订立试用期合同。

（2）劳动合同期限3个月以上不满一年的，试用期不得超过1个月；劳动合同期限1年以上3年以下的，试用期不得超过2个月；3年以上固定期限和无固定期限的劳动合同试用期不得超过6个月。

（3）同一用人单位与同一劳动者只能约定一次试用期。

（4）劳动者在试用期的工资不得低于本单位同岗位最低档工资或者不得低于劳动合同约定工资的80%，并不得低于用人单位所在地的最低工资标准。

（5）试用期内，用人单位解除劳动合同，必须证明"劳动者不符合录用条件"，并应当向劳动者说明理由①。

---

① 《劳动合同法》第十九条、第二十条、第二十一条、第三十九条。

四、劳动合同的生效与变更

（一）劳动合同的生效

劳动合同的生效，是指具备有效要件的劳动合同按其意思表示的内容产生了法律效力，此时这份劳动合同的内容才对签约双方具有法律约束力。劳动合同发生法律效力必须具备一些条件，这些条件包括：

（1）劳动合同的双方当事人必须具备法定的资格（年满 16 周岁且精神正常）。

（2）劳动合同的内容和形式必须合法，不得违反法律的强制性规定或者社会公共利益。

（3）劳动合同由用人单位与劳动者协商一致，并经用人单位与劳动者在劳动合同文本上签字或者盖章生效。劳动合同文本应当由用人单位和劳动者各执一份①。

（二）劳动合同的变更

劳动合同的变更是指劳动合同依法订立后，在合同尚未履行或者尚未履行完毕之前，经用人单位和劳动者双方当事人协商同意，对劳动合同内容作部分修改、补充或者删减的法律行为。《劳动合同法》第四条规定，用人单位与劳动者协商一致，可以变更劳动合同约定的内容。变更劳动合同，应当采用书面形式。变更后的劳动合同文本由用人单位和劳动者各执一份。由此可见，变更劳动合同必须符合三个条件：

（1）必须坚持用人单位和劳动者双方平等自愿、协商一致的原则，一般情况下不允许用人单位单方面变更②。

（2）劳动合同的变更必须采取书面形式。

（3）劳动者持有变更后的劳动合同。

第三节　劳动合同的解除和终止

一、劳动合同的解除

劳动合同的解除，是指劳动合同订立后，尚未全部履行以前，由于某种原因导致劳动合同一方或双方当事人提前消灭劳动关系的法律行为。它既可以是当事人单方面的行为，也可以是当事人双方的行为。《劳动合同法》不干涉双方合意解除劳动合同，允许

---

① 《劳动合同法》第十六条和《劳动部关于实行劳动合同制度若干问题的通知》第五条，劳动合同可以规定合同的生效时间。没有规定劳动合同生效时间的，当事人签字之日即视为该劳动合同生效时间。

② 根据《劳动合同法》第四十条，劳动合同订立时所依据的客观情况发生重大变化，致使劳动合同无法履行，经用人单位与劳动者协商，未能就变更劳动合同内容达成协议的，用人单位在提前 30 日以书面形式通知劳动者本人或者额外支付劳动者一个月工资后，可以解除劳动合同。由此，"客观情况发生重大变化"可看作用人单位单方面变更劳动合同的理由。

劳动者单方面解除劳动合同，限制用人单位单方面解除劳动合同。

（一）双方合意解除劳动合同

双方合意解除劳动合同，又称"协商解除"，是指用人单位与劳动者在完全自愿的情况下，互相协商，在彼此达成一致意见的基础上提前终止劳动合同的效力。《劳动合同法》第三十六条规定，用人单位与劳动者协商一致，可以解除劳动合同。由此可见，法律对双方合意解除劳动合同采取意思自治主义，不加以干涉。用人单位与劳动者均有权提出解除劳动合同的请求。但需要注意的是，协商解除劳动合同过程中，如果用人单位提出解除劳动合同的，应依法向劳动者支付经济补偿。反之，如果是劳动者提出解除劳动合同，双方协商一致解除的，用人单位无须支付经济补偿①。

（二）劳动者单方面解除劳动合同

在劳动关系中，劳动者相对于用人单位而言始终处于弱势地位，从保护劳动者权益出发，法律赋予了劳动者单方解除劳动合同的权利。我国《劳动法》第三十一条规定，劳动者解除劳动合同，应当提前 30 日以书面形式通知用人单位。在此基础上，《劳动合同法》第三十七条规定，劳动者提前 30 日以书面形式通知用人单位，可以解除劳动合同。劳动者在试用期内提前 3 日通知用人单位，可以解除劳动合同。

（1）劳动者单方面解除劳动合同的权利来源于劳动者的辞职权。该权利根本上来自宪法赋予我国公民的人身自由权，法律和用人单位都不得进行限制。劳动部《关于〈劳动法〉若干条文的说明》第三十一条明确指出，对劳动者行使辞职权除提前 30 日以书面形式通知用人单位的程序外，不附加任何条件。

（2）但从合同的角度来看，劳动者辞职是单方面违反劳动合同的约定，属于典型的违约行为。对该违约行为能否进行合同上的约束至关重要。《劳动合同法》生效前，法律允许用人单位通过违约金的形式约束劳动者单方面解除合同的行为②。《劳动合同法》出于充分发挥劳动者自身潜能，从而有利于实现劳动力资源的合理配置的考虑，原则上禁止用人单位与劳动者约定违约金。该法第二十五条规定，除本法第二十二条（培训服务期）和第二十三条（竞业禁止）规定的情形外，用人单位不得与劳动者约定由劳动者承担违约金。

目前，用人单位可以在劳动合同中约定违约金的情形只剩下两种：一是用人单位为劳动者提供专项培训费用，对其进行专业技术培训的，可以与该劳动者订立协议，约定服务期。劳动者违反服务期约定的，应当按照约定向用人单位支付违约金。约定违反服务期违约金的数额不得超过用人单位提供的培训费用。这一培训费用包括用人单位为了劳动者进行专业技术培训而支付的有凭证的培训费用、培训期间的差旅费以及因培训产生的用于该劳动者的其他直接费用。违约时，劳动者所支付的违约金不得超过服务期尚未履行部分所应分摊的培训费用。二是用人单位可以在劳动合同或者保密协议中与劳动

---

① 《劳动合同法》第四十六条第（二）项。
② 《关于企业职工流动若干问题的通知》第三条，用人单位与劳动者可以在劳动合同中约定违约金。

者约定竞业限制条款，并约定在解除或者终止劳动合同后，在竞业限制期限内按月给予劳动者经济补偿。劳动者违反竞业限制约定的，应当按照约定向用人单位支付违约金。

（3）劳动者行使解除劳动合同权利必须遵守法定的程序：①遵守解除预告期。劳动者在享有解除劳动合同自主权的同时，应当提前 30 日通知用人单位才能有效，也就是说劳动者在书面通知用人单位后还应继续工作至少 30 日，这样便于用人单位及时安排人员接替其工作，保持劳动过程的连续性。②书面形式通知用人单位。无论是劳动者还是用人单位在解除劳动合同时，都必须以书面形式告知对方。

（三）企业单方面解除劳动合同

企业作为劳动合同的强势一方，一般情况下不得轻易解除劳动合同，因此，法律规定了企业可以行使单方解除权的特殊情形。

1. 因劳动者的过失而使用人单位单方解除劳动合同

《劳动合同法》第三十九条规定，如果劳动者存在以下六种情况，用人单位可以单方面解除劳动合同：①在试用期间被证明不符合录用条件的；②严重违反用人单位的规章制度的①；③严重失职，营私舞弊，给用人单位的利益造成重大损害的；④劳动者同时与其他用人单位建立劳动关系，对完成本单位的工作任务造成严重影响，或者经用人单位提出，拒不改正的；⑤劳动者欺诈用人单位致使劳动合同无效的；⑥被依法追究刑事责任的②。

以上情形是在劳动者存在过错的前提下，用人单位无需向劳动者提前预告就可以单方解除劳动合同，也不需要支付经济补偿金，同时也不受《劳动合同法》第四十二条限制企业单方面解除劳动合同条件的限制。

2. 劳动者和用人单位均无过失，用人单位单方面解除劳动合同

《劳动合同法》第四十条规定，有下列情形之一的，用人单位在提前 30 日以书面形式通知劳动者本人或者额外支付劳动者一个月工资后，可以解除劳动合同：

（1）劳动者患病或者非因工负伤，在规定的医疗期③满后不能从事原工作，也不能从事由用人单位另行安排的工作的；

（2）劳动者不能胜任工作，经过培训或者调整工作岗位，仍不能胜任工作的④；

（3）劳动合同订立时所依据的客观情况发生重大变化，致使劳动合同无法履行，经用人单位与劳动者协商，未能就变更劳动合同内容达成协议的。

---

① 《最高人民法院关于审理劳动争议案件适用法律若干问题的解释（一）》第十九条规定，用人单位根据《劳动法》第四条之规定，通过民主程序制定的规章制度，不违反国家法律、行政法规及政策规定，并已向劳动者公示的，可以作为人民法院审理劳动争议案件的依据。

② 《劳动部关于贯彻执行〈中华人民共和国劳动法〉若干意见》第二十九条的规定，"被依法追究刑事责任"是指：被人民检察院免予起诉的、被人民法院判处刑罚的、被人民法院依据《刑法》第三十二条免予刑事处分的。劳动者被人民法院判处拘役、三年以下有期徒刑缓刑的，用人单位可以解除劳动合同。

③ 《企业职工患病或非因工负伤医疗期规定》第二条，医疗期是指企业职工因患病或非因工负伤停止工作治病休息不得解除劳动合同的时限。

④ 《劳动部关于〈劳动法〉若干条文的说明》，"不能胜任工作"，是指不能按要求完成劳动合同中约定的任务或者同工种、同岗位人员的工作量。用人单位不得故意提高定额标准，使劳动者无法完成。

上述三种情况，解除劳动合同是劳动者并无主观过错，但由于某些外部环境或者劳动者自身的客观原因，用人单位可以单方解除劳动合同。用人单位应当提前 30 日以书面形式通知劳动者，也可以额外支付劳动者一个月工资代替提前通知。同时，根据《劳动合同法》第四十六条的规定，用人单位因劳动者的非过失性原因而解除合同的还应当给予劳动者相应的经济补偿。

3. 经济性裁员制度

《劳动合同法》第四十一条规定，有下列情形之一，需要裁减人员 20 人以上或者裁减不足 20 人但占企业职工总数 10% 以上的，用人单位应当提前 30 日向工会或者全体职工说明情况，听取工会或者职工的意见后，裁减人员方案经向劳动行政部门报告，可以裁减人员：①依照企业破产法规定进行重整的；②生产经营发生严重困难的；③企业转产、重大技术革新或者经营方式调整，经变更劳动合同后，仍需裁减人员的；④其他因劳动合同订立时所依据的客观经济情况发生重大变化，致使劳动合同无法履行的。

裁员制度本身也是一种非过失解除劳动合同行为，其特殊性在于集体解除劳动合同的人数众多。企业裁员必须遵守上述人员限制和条件限制，同时应当优先留用三类劳动者：①与本单位订立较长期限的固定期限劳动合同的；②与本单位订立无固定期限劳动合同的；③家庭无其他就业人员，有需要扶养的老人或者未成年人的。

从程序上来说，用人单位裁员不仅仅要求通知，而是要提前 30 日向工会或者全体职工说明情况，听取工会或职工意见，裁减人员方案还要向劳动行政部门报告。

4. 禁止解除条件

由于非过失解除合同时存在不可归责于双方当事人的原因，劳动者并无过错，出于保护员工利益、减少社会负担的目的，《劳动合同法》要求用人单位承担一定安置义务，对部分特殊职工不得解除劳动合同。该法第四十二条规定，劳动者有下列情形之一的，用人单位不得依照本法第四十条、第四十一条的规定解除劳动合同：①从事接触职业病危害作业的劳动者未进行离岗前职业病健康检查，或者疑似职业病病人在诊断或者医学观察期间的；②在本单位患职业病或者因工负伤并被确认丧失或者部分丧失劳动能力的；③患病或者非因工负伤，在规定的医疗期内的；④女职工在孕期、产期、哺乳期的；⑤在本单位连续工作满 15 年，且距法定退休年龄不足 5 年的；⑥法律、行政法规规定的其他情形。

二、劳动合同的终止

劳动合同终止是指劳动合同的法律效力依法被消灭，即劳动关系由于一定法律事实的出现而终结，劳动者与用人单位之间原有的权利义务不再存在。但是，劳动合同终止，原有的权利义务不再存在，并不是说劳动合同终止之前发生的权利义务关系消灭，而是说合同终止之后，双方不再执行原劳动合同中约定的事项，如用人单位在合同终止前拖欠劳动者工资的，劳动合同终止后劳动者仍可依法请求法律救济。

（一）劳动合同终止的条件

《劳动合同法》生效前，我国劳动合同的终止分为"法定终止"和"约定终止"。《劳动法》第二十三条规定，劳动合同期满或者当事人约定的劳动合同终止条件出现，劳动合同即行终止。《劳动合同法》为保护劳动者权利，取消了"约定终止"，禁止用人单位和劳动者之间约定劳动合同终止的条件。《劳动合同法》第四十四条规定，劳动合同终止分为"期满终止"和"法定终止"①。

（1）期满终止，是指劳动合同在合同到期日自然终止。主要适用于固定期限劳动合同和以完成一定工作任务为期限的劳动合同两种情形。劳动合同期满，除依法续订劳动合同的和依法应延期的以外，劳动合同自然终止，双方权利义务结束。根据原劳动保障部的规定，劳动合同的终止时间，应当以劳动合同期限最后一日的 24 时为准。

（2）法定终止，是指劳动合同因为某些法律规定的情形出现而自然终止，在法定终止性情形出现时，即使合同未到期或者当事人愿意继续履行合同，劳动合同也必须依法终止。法定终止适用于固定期限、无固定期限和以完成一定工作任务为期限的劳动合同。

《劳动合同法》第四十四条规定，有下列情形之一的，劳动合同终止：①劳动合同期满的；②劳动者开始依法享受基本养老保险待遇的②；③劳动者死亡，或者被人民法院宣告死亡或者宣告失踪的；④用人单位被依法宣告破产的；⑤用人单位被吊销营业执照、责令关闭、撤销或者用人单位决定提前解散的；⑥法律、行政法规规定的其他情形。

（二）劳动合同终止的法律后果

（1）劳动合同终止，除用人单位维持或者提高劳动合同约定条件续订劳动合同，劳动者不同意续订的情况下，用人单位应当依法向劳动者支付经济补偿金。

（2）对劳动者患职业病或者因工负伤并被确认部分丧失劳动能力的情形，如鉴定为七级至十级伤残的，劳动合同期满可以终止，但用人单位须支付一次性工伤医疗补助金和伤残就业补助金。

（3）劳动合同终止后，双方可以在平等协商的基础上重新签订或续订劳动合同。2001 年最高人民法院在关于审理劳动争议案件适用法律若干问题的解释中规定，劳动合同期满后，劳动者仍在原用人单位工作，原用人单位未表示异议的，视为双方同意以原条件继续履行劳动合同。

---

① 《劳动合同法实施条例》第十三条规定，用人单位与劳动者不得在《劳动合同法》第四十四条规定的劳动合同终止情形之外约定其他的劳动合同终止条件。

② 《劳动合同法实施条例》第二十一条规定，劳动者达到法定退休年龄的，劳动合同终止。

第四节　劳动合同法上的法律责任

一、继续履行

为保护劳动者的合法权益，劳动合同法对用人单位解除或者终止劳动合同作了明确的规定。《劳动合同法》第四十八条规定，用人单位违反本法规定解除或者终止劳动合同，劳动者要求继续履行劳动合同的，用人单位应当继续履行；劳动者不要求继续履行劳动合同或者劳动合同已经不能继续履行的，用人单位应当依照本法第八十七条规定支付赔偿金。

（1）所谓"违反本法规定"，是指违反《劳动合同法》第三十六条、第三十九条、第四十条、第四十一条、第四十二条、第四十四条、第四十五条等规定。具体情形包括不符合法定条件用人单位单方解除的、解除时没有履行法定义务的、不符合法定条件用人单位终止的等。

（2）用人单位违反本法规定解除或者终止劳动合同的，首先要保护劳动者的合法劳动权益，使劳动关系"恢复原状"，不能让用人单位从违法行为中获益。同时考虑到实际情况，应尊重劳动者有关是否继续劳动合同的选择。因此，如果劳动者权衡利弊后，要求继续履行劳动合同的，用人单位应当继续履行劳动合同；如果劳动者认为继续履行劳动合同实际困难太大，不要求继续履行劳动合同的，劳动合同可以解除或者终止，同时用人单位应当依法支付赔偿金。关于赔偿金标准，《劳动合同法》第八十六条规定为经济补偿标准的二倍①。

（3）在有的情况下，劳动合同客观上已经不能继续履行了，如原用人单位已经搬迁外地、原工作部门已经被撤销等，此时即使劳动者想继续劳动合同也无法继续，因此，在用人单位支付经济赔偿金后，劳动合同解除或者终止。

二、经济补偿金

经济补偿是劳动合同制度中用人单位的一项重要法律责任。一般认为，经济补偿是一种企业承担社会责任的主要方式之一，在我国失业保险制度建立健全过程中，经济补偿可以有效缓减失业者的焦虑情绪和生活实际困难，维护社会稳定，形成社会互助的良好社会氛围。经济补偿不同于经济赔偿，不是一种惩罚手段，也不是违约责任。我国在1994年《违反和解除合同的经济补偿办法》对经济补偿的具体支付办法进行了规定，

---

① 《劳动合同法实施条例》第二十五条规定，用人单位违反《劳动合同法》的规定解除或者终止劳动合同，依照《劳动合同法》第八十七条的规定支付了赔偿金的，不再支付经济补偿。赔偿金的计算年限自用工之日起计算。

《劳动合同法》在此基础上予以了调整①。

（一）企业支付经济补偿金的情况

根据《劳动合同法》第四十六条的规定，企业在以下 20 种情况下均应当向劳动者支付经济补偿金：

（1）劳动者单方面解除劳动合同，用人单位应当支付经济补偿金的存在以下 9 种情形：①用人单位未按照劳动合同约定提供劳动保护或者劳动条件，劳动者解除劳动合同的；②用人单位未及时足额支付劳动报酬，劳动者解除劳动合同的；③用人单位低于当地最低工资标准支付劳动者工资，劳动者解除劳动合同的；④用人单位未依法为劳动者缴纳社会保险费，劳动者解除劳动合同的；⑤用人单位的规章制度违反法律、法规的规定，损害劳动者权益，劳动者解除劳动合同的；⑥用人单位以欺诈、胁迫的手段或者乘人之危，使劳动者在违背真实意思的情况下订立或者变更劳动合同，劳动者解除劳动合同的；⑦用人单位以暴力、威胁或者非法限制人身自由的手段强迫劳动，劳动者解除劳动合同的；⑧用人单位违章指挥、强令冒险作业危及劳动者人身安全，劳动者解除劳动合同的；⑨法律、行政法规规定的其他情形。

（2）用人单位提出协商解除劳动合同，并与劳动者协商一致而解除劳动合同的，应当支付经济补偿金。

（3）用人单位单方面解除或终止劳动合同，应当向劳动者支付经济补偿金存在以下 11 种情形：①劳动者患病或者非因工负伤，在规定的医疗期满后不能从事原工作，也不能从事由用人单位另行安排的工作，用人单位提前 30 日通知劳动者解除劳动合同的；②劳动者不能胜任工作，经过培训或者调整工作岗位，仍不能胜任工作，用人单位提前 30 日通知劳动者解除劳动合同的；③劳动合同订立时所依据的客观情况发生重大变化，致使劳动合同无法履行，经用人单位与劳动者协商，未能就变更劳动合同内容达成协议，用人单位提前 30 日通知劳动者解除劳动合同的；④用人单位依照企业破产法规定进行重整，依法裁减人员的；⑤用人单位生产经营发生严重困难，依法裁减人员的；⑥企业转产、重大技术革新或者经营方式调整，经变更劳动合同后，仍需裁减人员，用人单位依法定程序裁减人员的；⑦其他因劳动合同订立时所依据的客观经济情况发生重大变化，致使劳动合同无法履行，用人单位依法定程序裁减人员的；⑧劳动合同期满，劳动者同意续订劳动合同而用人单位不同意续订劳动合同，由用人单位终止固定期限劳动合同的；⑨因用人单位被依法宣告破产而终止劳动合同的；⑩因用人单位被吊销营业执照、责令关闭、撤销或者用人单位决定提前解散而终止劳动合同的；⑪法律、行政法规规定的其他情形。

---

① 关于劳动者工作年限跨越 2008 年《劳动合同法》生效的，《劳动合同法》和《中华人民共和国劳动合同法实施条例（草案）》均规定，劳动合同法施行之日存续的劳动合同，在劳动合同法施行后解除或者终止，依照《劳动合同法》第四十六条以及本条例的规定应当支付经济补偿的，2007 年 12 月 31 日前的经济补偿依照《中华人民共和国劳动法》及其配套规定计算，2008 年 1 月 1 日后的经济补偿依照《劳动合同法》的规定计算。

（二）经济补偿金支付的标准

对于经济补偿金的支付标准，普遍模式是：用人单位根据劳动者在本单位工作年限，每工作一年应得的经济补偿。《劳动合同法》第四十七条在原劳动保障部1994年《违反和解除合同的经济补偿办法》文件的基础上加以调整，将用人单位向劳动者支付经济补偿金分为两种：

（1）对于一般工作者。经济补偿按劳动者在本单位工作的年限，每满1年支付1个月工资的标准向劳动者支付。6个月以上不满1年的，按1年计算；不满6个月的，向劳动者支付半个月工资的经济补偿。值得注意的是，《劳动合同法》取消了1994年《违反和解除合同的经济补偿办法》中关于用人单位向劳动者支付经济补偿"最多不超过12个月"的顶格限制。

（2）对于高收入工作者。所谓高收入工作者，《劳动合同法》的基本界定是，劳动者月工资高于用人单位所在直辖市、设区的市级人民政府公布的本地区上年度职工月平均工资3倍。上年度职工月平均工资以年度第一季度末统计部门公布的上一年度本地区职工月平均工资为准。例如，成都市2020年3月份公布的该地区2019年度职工平均工资为6 963元。凡是月收入高于这一数字的3倍，即高于20 889元的，均属于高收入工作者。

高收入工作者的经济补偿仍按劳动者在本单位工作的年限，每满一年支付一个月工资的标准向劳动者支付。《劳动合同法》第四十七条规定，高收入工作者的经济补偿必须受到两个顶格限制：①向高收入工作者支付经济补偿的标准不能按其本身的工资计算，而是按职工月平均工资3倍的数额支付；②向高收入工作者支付经济补偿的年限最高不超过12年。

（三）经济补偿金的支付时间

用人单位有在办理交接手续时向劳动者支付经济补偿的义务。在劳动者办理交接手续的同时，用人单位应当及时支付经济补偿。劳动部《违反和解除劳动合同的经济补偿办法》第二条规定，对劳动者的经济补偿金，由用人单位一次性发给。如果用人单位不及时发给经济补偿的，《劳动合同法》第八十五条规定了法律责任：解除或者终止劳动合同，未依照本法规定向劳动者支付经济补偿的，由劳动行政部门责令限期支付经济补偿；逾期不支付的，责令用人单位按应付金额50%以上100%以下的标准向劳动者加付赔偿金。

三、赔偿金

《劳动合同法》针对用人单位的某些违法行为，专门制定了惩罚性赔偿制度，即当用人单位违反法律强行规定时，按照法定标准支付赔偿费用于劳动者。赔偿金制度的核心在于不论用人单位是否造成劳动者经济损失，只要用人单位存在规定的违法行为，就必须按法定标准支付赔偿金。劳动行政部门可以在劳动监察活动中可以依法作出责令用人单位支付赔偿金的处理决定。

（一）事实劳动关系赔偿金

《劳动合同法》规定建立劳动关系应当签订劳动合同，没有签订的应当在一个月内补签，对用人单位自用工之日起超过一个月不满一年未与劳动者订立书面劳动合同的，应当向劳动者每月支付二倍的工资。

（二）未签订无固定期限劳动合同赔偿金

《劳动合同法》规定，用人单位违反本法规定，不与劳动者订立无固定期限劳动合同的，自应当订立无固定期限劳动合同之日起向劳动者每月支付二倍的工资。

（三）试用期赔偿金

《劳动合同法》要求用人单位依法与劳动者约定试用期。用人单位违反该法规定与劳动者约定试用期的，由劳动行政部门责令改正；违法约定的试用期已经履行的，由用人单位以劳动者试用期满月工资为标准，按已经履行的超过法定试用期的期间向劳动者支付赔偿金。

（四）未依法支付劳动报酬、加班费的赔偿金

《劳动合同法》规定，用人单位未按照劳动合同的约定或者国家规定及时足额支付劳动者劳动报酬的、低于当地最低工资标准支付劳动者工资的、安排加班不支付加班费的，由劳动行政部门责令限期支付劳动报酬、加班费或者经济补偿；劳动报酬低于当地最低工资标准的，应当支付其差额部分；逾期不支付的，责令用人单位按应付金额50%以上100%以下的标准向劳动者加付赔偿金。

（五）非法解雇赔偿金

用人单位违反本法规定解除或者终止劳动合同的，应当依照本法第四十七条规定的经济补偿标准的二倍向劳动者支付赔偿金。

（六）不支付经济补偿赔偿金

《劳动合同法》规定，解除或者终止劳动合同，未依照该法规定向劳动者支付经济补偿的，由劳动行政部门责令限期支付劳动报酬、加班费或者经济补偿；劳动报酬低于当地最低工资标准的，应当支付其差额部分；逾期不支付的，责令用人单位按应付金额50%以上100%以下的标准向劳动者加付赔偿金：

四、行政责任

劳动行政部门依据法律规定对用人单位遵守劳动法律法规的情况进行监督检查，对用人单位的违法行为可以采取相应的处理措施乃至于行政处罚。《劳动合同法》增加了劳动行政部门的监管范围并加大了处罚力度。

（一）责令改正

责令改正是指劳动行政部门对用人单位的违法行为可以要求用人单位自行纠正，是一种行政处理措施。《劳动合同法》规定，对用人单位的以下违法行为，劳动行政部门可以责令用人单位改正：

（1）用人单位直接涉及劳动者切身利益的规章制度违反法律、法规规定的，由劳动行政部门责令改正。

（2）用人单位提供的劳动合同文本未载明本法规定的劳动合同必备条款或者用人单位未将劳动合同文本交付劳动者的，由劳动行政部门责令改正。

（3）用人单位违反本法规定与劳动者约定试用期的，由劳动行政部门责令改正。

（4）用人单位违反本法规定，扣押劳动者居民身份证等证件的，由劳动行政部门责令限期退还劳动者本人，并依照有关法律规定给予处罚。

（5）用人单位违反本法规定未向劳动者出具解除或者终止劳动合同的书面证明，由劳动行政部门责令改正。

（二）警告

警告是《行政处罚法》所规定的行政处罚的一种。《劳动合同法》第八十条规定，用人单位直接涉及劳动者切身利益的规章制度违反法律、法规规定的，由劳动行政部门责令改正，给予警告。其主要形式为劳动部门向用人单位指出其行为的违法性，告诫其应遵守法律的有关规定。

（三）罚款

罚款是指劳动行政部门对用人单位的违法行为可以予以一定经济处罚。罚款是行政处罚的一种，罚款的情形和金额标准都必须按国家规定执行。《劳动合同法》规定了劳动行政部门在劳动合同制度实施中的罚款权利。

（1）用人单位违反本法规定，以担保或者其他名义向劳动者收取财物的，由劳动行政部门责令限期退还劳动者本人，并以每人 500 元以上 2 000 元以下的标准处以罚款；给劳动者造成损害的，应当承担赔偿责任。

（2）劳务派遣单位违反本法规定的，由劳动行政部门和其他有关主管部门责令改正；情节严重的，以每人 1 000 元以上 5 000 元以下的标准处以罚款，并由市场监督管理局吊销营业执照。

本章重点

劳动合同是一种特殊的合同关系，其人身性、缔约主体的不平等性决定了国家公权力对劳动合同的干预。《劳动合同法》在很大程度上体现了"私法公法化"的立法思路，加强了对劳动合同的公法限制。本章重点在于《劳动合同法》在劳动合同种类、条款内容、解除终止、法律责任等方面的强制性规定。尤其是上述规定在原来《劳动法》相关规定基础上的变化，以及上述变化背后的立法意图。用人单位和相关人力资源管理部门必须在《劳动合同法》的框架下进行用人管理。

本章思考题

1. 劳动合同关系的基本特征有哪些?

2. 试述我国劳动合同的法定必备条款的演变及其意义。

3. 试述用人单位单方面解除劳动合同的法定条件。

4. 试述我国劳动合同法上的经济补偿金制度。

5. 谈谈你对我国劳动合同法制度的建设性意见。

本章参考书目

1. 李国光. 劳动合同法教程〔M〕. 北京:人民法院出版社,2007.

2. 董保华. 劳动合同法的软着陆:人力资源的影响与应对〔M〕. 北京:中国法制出版社,2007.

3. 孙瑞玺. 劳动合同法原理精要与实务指南〔M〕. 北京:人民法院出版社,2008.

4. 郑尚元. 劳动合同法的制度与理念〔M〕. 北京:中国政法大学出版社,2008.

第十章

公司法与破产法

第一节　公司法

一、公司与公司法概述

（一）公司的概念和法律特征

一般而言，公司是依法设立的，由股东出资组成的商法人。它具有以下法律特征：

1. 公司是以营利为目的的商事组织

公司的营利特征可概括为两点：其一，经营目的是获取利润；其二，经营具有连续性，即须连续从事同一性质的经营活动，且经营范围要固定。营利特征使公司区别于国家行政机关或从事社会公益活动的事业单位和其他非营利性的社会团体。

2. 公司是具有法人资格的商事组织

公司具有从事生产经营或其他服务性活动的权利能力和行为能力，并依法独立享有权利和承担义务。这是公司区别于独资企业和合伙企业的显著特征。

3. 公司是由股东出资组成的商事法人

公司是股东以财产进行的联合。根据传统公司法，公司是社团法人之一种，一般由两个以上股东组成。"一人公司"只是公司常态的例外。

4. 公司是依法定条件和程序设立的商事法人

公司必须依公司法或其他相关法律规定的条件和程序设立。

（二）公司的分类

1. 公司的学理分类

（1）依公司的信用标准不同，可将其分为：①人合公司。公司的设立和经营着重于股东的个人条件，以股东个人的信用、地位和声誉作为对外活动基础的公司。无限公司是典型的人合公司。②资合公司。公司的设立和经营着重于公司的资本数额，以股东的出资为信用基础的公司。股份有限公司为典型的资合公司。③人合兼资合公司。公司的设立和经营兼具人的信用和资本信用两方面特征的公司。例如两合公司与股份两合公司。

（2）依公司的组织系统不同，可将其分为：①母公司（也称"控股公司"）。即通过掌握其他公司的股份，从而能实际控制其经营活动的公司。②子公司（也称"受控公司"）。即受母公司所控制但在法律上具有独立法人资格的公司。

（3）依公司的管辖系统不同，可将其分为：①总公司（也称"本公司"）。依法首先设立或与分公司同时设立，管辖公司全部组织的总机构。②分公司。在法律上和经济上没有独立地位，受总公司所管辖的分支机构。分公司不具有法人资格。

（4）依公司国籍不同，可将其分为：①本国公司。公司国籍依特定国家的公司法规定而设立的属于该国的公司。②外国公司。公司虽设立在本国，但其国籍不属于本国，而是依他国公司法设立的属于他国的公司。我国公司法设专章对此作了专门规定。③多国公司（也称"跨国公司""国际公司"）。即由母公司与设立在各国的子公司、分公司组成的，以本国为基地或中心从事国际性生产经营活动的经济组织。它在法律上并非一独立的公司，而表现为公司之间所形成的一种特殊的联系，实质上为母子公司与总分公司间的法律关系。

2. 公司的法律分类

大陆法系国家将公司主要分为四种类型：

（1）无限公司。全体股东对公司债务负无限连带责任的公司。

（2）有限责任公司（也称"有限公司"）。一般由两个以上股东出资设立、各股东仅以其出资额为限对公司债务负清偿责任，公司以全部资产对其债务承担责任的公司。

（3）股份有限公司（也称"股份公司"）。由一定数量股东出资设立的，公司全部资本分为等额股份，股东以其所认购的股份额对公司债务承担有限责任，公司以其全部资产对公司债务承担责任的公司。

（4）两合公司。由无限责任股东与有限责任股东组成的，无限责任股东对公司债务负无限连带责任，有限责任股东对公司债务仅以其出资额为限承担有限责任的公司。

英美法系国家对商事公司的主要分类：

（1）封闭式公司（也称"不公开公司""私公司"）。它是由一定数量的股东出资设立，不公开招股，实行非开放经营的公司。

（2）开放式公司（也称"公开公司""公公司"）。它是指可以向社会公开招股，股票可以自由转让的公司。

（3）保证责任有限公司。即股东对公司承担有限责任，但其限度不是基于股东认缴的股份或出资，而是基于其允诺或保证。它又可分为有股本的保证公司和无股本的保证公司。

我国公司法仅调整有限责任公司和股份有限公司。其中，有限责任公司又可采取一人公司和国有独资公司的形态。

（三）公司法的概念及其调整对象

公司法是规定各种公司的设立、组织、活动和解散以及其他对内对外关系的法律规范的总称。其调整对象主要包括以下两方面：

（1）公司在设立、组织和活动中所发生的财产关系。主要有公司内部的财产关系和公司外部的财产关系。

（2）公司在设立、组织和活动中所发生的管理关系。主要指公司与国家有关主管部门之间的管理关系和公司内部的管理关系。

公司法有形式与实质之分。形式意义上的公司法是指以公司命名的法律规范，如我国 1993 年 12 月 29 日第八届全国人大常委会第五次会议通过，于 1994 年 7 月 1 日施行的《中华人民共和国公司法》（以下简称《公司法》）。实质意义上的公司法则是指调整公司组织关系的各种法律规范的总称。

二、公司的设立

公司设立是发起人为组建公司，依照法律规定的条件和程序，使其取得法人资格所进行的一系列法律行为的总称。它是一种兼具民事和行政双重性质的行为，包括发起人为设立公司达成发起人协议、订立公司章程、认购股份及缴纳股款或出资、确定公司机关、向公司登记机关申请设立登记等一系列设立行为。公司设立不等于公司成立。公司设立是始于发起人进行公司筹备活动，到最终公司获得法人资格的全过程；公司成立则是公司依法设立，最终取得法律主体资格的事实状态。

（一）公司设立的立法主义

1. 自由主义

自由主义也称放任主义，即公司的设立完全听凭当事人的意愿，国家不作任何干预与限制。这一原则主要为欧洲中世纪公司勃兴初期采用。它便于公司尽快产生，却极易使虚假公司设立泛滥，危害债权人权益，影响交易安全。随着法人制度的不断完善，这一原则已被淘汰。

2. 特许主义

特许主义即根据特别法、专门法规或行政命令设立公司，或由国家领导人特许设立公司。这一原则通行于现代公司制度的早期，17 世纪盛行于西欧的殖民公司即采取此原则设立。在此原则之下设立的公司成为国家权力的延伸，极易产生行政垄断，妨碍社会经济的发展。现代各国设立公司一般不采此原则。

3. 核准主义

核准主义也称许可主义或审批主义，是指设立公司除具备法定要件外，还须报请政府行政主管机关审批。核准主义与特许主义形同实异，前者为行政上的特权，后者为立法上的特权。因行政审批易于滋生腐败现象和官僚主义，妨碍公司及时设立，故当今市场经济发达国家和地区，除对银行等某些特殊公司外，对一般公司的设立已不采取此原则。我国在《公司法》颁布前，企业设立均采用此原则。

4. 准则主义

准则主义又称登记主义，是指设立公司不需报请有关主管机关批准，只要符合法律规定的设立条件，即可向公司登记机关申请登记，经登记机关审查合格后授予合法主体资格。

依我国《公司法》与《公司登记管理条例》规定，对设立一般的有限公司和股份公司采用准则主义，对法律、行政法规或者国务院决定规定设立公司必须报经批准的，则采取核准主义。

（二）公司的设立方式和设立条件

1. 设立的方式

（1）发起设立，也称单纯设立或共同设立，是指公司资本由发起人全部认购，不向他人招募资本的公司设立方式。无限公司、两合公司、有限公司只能采取此种方式设立，股份有限公司也可采取此种方式设立。

（2）募集设立，也称渐次设立、复杂设立，是指公司设立时发起人只认购公司一定比例的股份，其余部分向社会公开募集或者向特定对象募集的公司设立方式。只有股份有限公司方能采取此种设立方式。我国《公司法》规定，以募集设立方式设立股份有限公司的，发起人认购的股份不得少于公司股份总数的 35%；但是，法律、行政法规另有规定的，从其规定。

2. 设立的条件

（1）组织条件。它包括公司名称、种类、组织机构、经营范围及经营场所等。我国《公司法》规定，有限公司与股份有限公司须有符合法律要求的公司名称、组织机构和住所。

（2）发起人要件。发起人也称创立人，是为设立公司而签署公司章程、向公司认购出资或者股份并履行公司设立职责的人，包括有限责任公司的股东。

我国《公司法》规定，有限公司由 50 个以下股东出资设立。一个自然人股东或者一个法人股东可以设立一人有限责任公司，并且一个自然人只能设立一个有限责任公司，该一人有限责任公司不能投资设立新的一人有限责任公司。设立股份有限公司应当有 2 人以上 200 人以下为发起人。为保证设立活动顺利进行，加强国家对发起人的监管，防止其利用设立公司损害社会公众利益，法律要求股份公司须有半数以上的发起人在中国境内有住所。

（3）物的要件（资本要件）。对具有资合性质的有限公司和股份有限公司而言，公司资本或股本是公司生存运营的物质基础。我国 2013 年修改前的《公司法》规定了两类公司设立的最低资本额。2014 年修改的《公司法》取消了注册资本最低限额的规定，法律、行政法规以及国务院决定对两类公司注册资本最低限额另有规定的，从其规定。

（4）行为要件。它是指公司创立人为设立公司所进行的一系列连续性准备行为，包括签订发起人协议、订立公司章程、认缴出资、确定公司机关、申请注册登记等。这些设立行为均须符合法律规定，否则公司不能成立。

（三）公司章程

1. 公司章程的概念和特征

公司章程是指公司依法制定的规定公司内部组织及活动的基本规则的书面文件，是股东共同一致的意思表示。其具有以下法律特征：

（1）要式性。公司章程必须采用书面形式，并且必须依法记载。

（2）法定性。公司章程的制定、内容、效力和修改均由公司法明确规定。它反映了国家对公司组织活动的干预。

（3）公示性。公司章程记载的所有内容均须登记公示，以实现交易安全的保障。

（4）自治性。公司章程是作为私法主体的公司的内部宪章、自治法规，是公司及其成员的最高行为准则。公司章程不具有普遍约束力，仅对公司、股东、董事、监事、高级管理人员具有约束力。

2. 公司章程的制定及内容

公司章程的制定是对公司的初始章程而言的。公司章程作为要式法律文件，必须采用书面形式。根据法律规定，有限公司和发起设立的股份有限公司的章程由全体股东或发起人共同制定并在章程上签名、盖章。募集设立的股份有限公司的章程由发起人制定并经创立大会通过。一人有限责任公司章程由股东制定。

公司章程的内容，指公司章程记载的事项。根据其效力的不同，可将其分为绝对必要记载事项、相对必要记载事项和任意记载事项三类。

绝对必要记载事项，是指法律明确规定的所有公司的章程都必须记载的法定事项。其属于强制性规范，若不记载或记载违法，则章程无效，从而导致公司设立无效。我国《公司法》第二十五条、第八十一条分别规定了有限公司章程和股份有限公司章程的绝对必要记载事项。

相对必要记载事项，是指法律列举的，由章程制定人决定是否予以记载的事项。其属于授权性规范。这些事项记载与否均不影响章程的效力，但一经记载就具有约束力。若记载违法，则该记载事项无效，但不影响整个章程的效力。我国公司法没有规定相对必要记载事项。

任意记载事项，是指在上两类事项之外，在不违反法律、行政法规规定和公序良俗的前提下，由章程制定人根据公司实际情况予以记载的事项。其与相对必要记载事项既相似又不同。记载的可自由选择及其效力的发生是其相似之处；法律是否列举则是其不同所在。

3. 公司章程的修改

公司章程的修改，即公司章程的变更。公司章程是确定公司权利能力和行为能力的重要法律文件，一经制定生效即不得随意变更。但在不违反强行法和公序良俗的前提下，为适应公司动态经济活动的需要，可以变更公司章程。其变更权专属于公司权力机构，且须以特别决议为之。依我国《公司法》的规定，有限公司章程的修改须经代表2/3 以上表决权的股东通过；股份有限公司章程的修改须经出席股东大会的股东所持表决权的 2/3 以上通过。

（四）公司设立的效力

公司设立的效力是指公司设立行为所产生的法律后果。它包括两方面：一是公司经过设立阶段，符合法定条件，依法核准登记为企业法人；二是公司经过设立阶段，因其不符合法定条件或违反法律强制规定，公司不能成立。无论何者，均存在设立行为的后果由谁承担的问题。

1. 设立中公司的法律地位

公司从设立到成立需要经过一定的时间。学理上将发起人以成立公司为目的而组织人力、物力等资源，筹备成立活动的这一阶段的公司称为设立中的公司。一般认为，设立中的公司是一种权利能力受限制的社团，而发起人则为设立中公司的执行机关。设立中的公司并不以要使发起人之间产生债权债务关系为目的，而是要设立一个有独立主体资格的法人，即设立中的公司与其后成立的公司具有密不可分的联系。因此，设立中的公司所形成的权利义务关系原则上应由成立后的公司承继；而发起人的权限范围应该以与公司设立有关的行为为限，以设立中的公司的名义所进行的与公司设立无关的行为，对设立中的公司和其后成立的公司均无约束力，原则上应由发起人自己承担责任[1]。

2. 设立中公司的责任承担

根据我国《公司法》和《最高人民法院关于适用〈中华人民共和国公司法〉若干问题的规定（三）》（以下简称《公司法司法解释（三）》的有关规定，设立中公司的责任承担如下：

（1）公司成立时

①发起人为设立公司以自己名义对外签订合同，合同相对人请求该发起人承担合同责任的，人民法院应予支持；公司成立后，合同相对人请求公司承担合同责任的，人民法院应当予以支持。

②发起人以设立中公司名义对外签订合同，公司成立后合同相对人请求公司承担合同责任的，人民法院应予支持。但公司成立后有证据证明发起人利用设立中公司的名义为自己的利益与相对人签订合同，公司以此为由主张不承担合同责任的，人民法院应予支持，但相对人为善意的除外。

③发起人因履行公司设立职责造成他人损害，公司成立后由公司承担侵权赔偿责任。公司或者无过错的发起人承担赔偿责任后，可以向有过错的发起人追偿。

① 赵旭东. 公司法学［M］. 2 版. 北京：高等教育出版社，2006：129-130.

④有限责任公司成立后，发现作为设立公司出资的非货币财产的实际价额显著低于公司章程所定价额的，应当由交付该出资的股东补足其差额；公司设立时的其他股东承担连带责任。股份有限公司成立后，发起人未按照公司章程的规定缴足出资的，应当补缴；其他发起人承担连带责任。股份有限公司成立后，发现作为设立公司出资的非货币财产的实际价额显著低于公司章程所定价额的，应当由交付该出资的发起人补足其差额；其他发起人承担连带责任。

（2）公司不成立时。

①发起人对设立公司行为所产生的费用和债务承担连带清偿责任。各发起人之间按照约定的责任承担比例分担责任；没有约定责任承担比例的，按照约定的出资比例分担责任；没有约定出资比例的，按照均等份额分担责任。因发起人的过错导致公司未成立的，应当根据过错情况，确定过错一方的责任范围。

②发起人因履行公司设立职责造成他人损害的，由全体发起人承担连带赔偿责任的。无过错的发起人承担赔偿责任后，可以向有过错的发起人追偿。

③募集设立的股份有限公司不成立时，由发起人对认股人已缴纳的股款负返还股款并加算银行同期存款利息的连带责任。

3. 公司设立无效

公司设立无效是指公司设立虽在形式上已经完成甚至已经获得营业执照，但在设立条件或程序上却存在实质性的缺陷，即设立有瑕疵，故法律认为该公司的设立应确认为无效或应当撤销，从而消灭公司法律人格。

在实行设立无效制度的国家或地区，即使公司已经登记成立，但如发现其设立行为违反强制性规定或存在民法上所规定的其他无效或可撤销的条件，在设立登记后的法定期间内（多为两年），利害关系人可以向法院提起宣告设立无效或设立撤销之诉。

公司法上设立无效与撤销的效力不同于民法上的行为无效与撤销的效力。公司法上设立无效和设立撤销的判决，其效力虽可及于第三人，但均无溯及力，不影响判决前公司、股东及第三人之间的权利、义务关系，旨在保护交易安全和稳定社会经济秩序。

我国公司法未建立完善的公司设立无效制度，对公司设立中的违法行为，通常采用事后补救的办法，一般不否认公司的法律人格，仅对违反法律规定，虚报注册资本、提交虚假材料或者采取其他欺诈手段隐瞒重要事实取得公司登记，情节严重的，由登记机关给予撤销公司登记。

三、公司的人格

（一）公司人格的含义和特征

所谓人格，即民事权利主体的资格①。公司人格是指公司作为民商事权利主体独立

---

① 江平. 法人制度论［M］. 北京：中国政法大学出版社，1998：1.

享有权利和承担义务的资格。公司人格具有以下法律特征：

（1）公司是独立于其成员的法律实体。公司经依法成立，便在法律上获得独立人格，使公司成为一个独立的实体并与成员的人格相互独立，这是公司人格的最基本内容。

（2）公司具有独立的权利能力和行为能力。公司权利能力和行为能力不依赖其成员，而是取决于其自身。由法律赋权，公司通过其机关为意思表示，以其代表人体现公司意志，由执行机关予以具体落实。

（3）公司财产与其成员财产相分离。公司具有独立财产是公司人格不可或缺的要素和标志之一。公司财产虽来自成员的投资，但其成员一旦把财产投入公司，就与这些财产相分离，使这些财产成为公司财产，由公司来支配。

（4）公司独立责任与其成员的有限责任。公司对其自身的债务负责，其成员仅以其出资额为限对公司负责。正是这种公司成员承担有限责任和公司独立责任使公司人格得到了充分体现，被誉为现代公司制度的基石。

公司的人格要素是公司得以取得独立人格的基本条件。尽管法律对不同形态的公司人格的承认有不同要求，但概括起来，公司人格要素主要包括资本、章程及组织体系。

（二）公司人格制度的作用和缺陷

公司人格制度具有以下作用：

（1）赋予公司以权利能力，排除公司股东个人意志的干预，使公司能便捷地参与法律关系，为股东谋取利益。

（2）成为公司债权人与股东之间的一道屏障或面纱，并将二者隔开。债权人的债权只能以公司的财产为总担保，通常不能直接追索到公司面纱背后的股东。在此意义上，股东承担有限责任。

（3）使债权人明确地知道交易对象及交易风险的大小，从而自由地做出选择，并对公司人格完善与否进行监督。

公司人格制度本为调节股东利益与债权人利益的平衡器，但实际运作的结果却往往使本应平衡的公司人格制度中的利益体系向股东或控制股东一方倾斜：

（1）公司人格制度的本质在于股东和公司的人格完全分离，但事实上，股东和公司的人格并不能完全地分离。尤其在"资本多数决"的原则下，大股东极易将公司作为交易的工具，只追求其自身利益的无限满足，影响了公司人格的独立。

（2）公司人格制度中隐藏着一种道德风险，即将风险经营所产生的成本移转给债权人。在资本不充分而使无辜的非自愿债权人承担投资人从事风险经营损失时表现得尤为明显。

（三）公司人格否认制度

1. 公司人格否认制度的含义和特征

所谓公司人格否认，又称"刺破公司面纱"或"揭开公司面纱"，是指为阻止对公司独立人格的滥用和保护公司债权人利益及社会公共利益，法院基于公平正义的价值理念，就具体法律关系中的特定事实，否认公司与其背后的股东各自独立的人格及股东的有限责任，令股东对公司债权人或公共利益直接负责，对公司法人的债务承担连带责任的一种法律制度。

公司人格否认制度具有以下法律特征：①以公司具备独立法人人格为前提。②公司股东滥用了公司独立人格。③公司人格的滥用客观上损害了债权人和社会公共利益。④仅对特定个案中的公司独立人格予以否认。⑤该制度是对失衡的公司利益关系的事后的法律规制。

2. 公司人格否认制度的适用范围及其条件

公司人格否认制度适用的场合主要包括：①公司资本显著不足。②利用公司回避合同义务。③利用公司规避法律义务。④公司人格与股东人格混同。⑤利用公司人格实施诈害行为。

公司人格否认制度适用的条件为：

（1）主体要件。一是公司人格的滥用者只能是滥用公司人格的股东尤其是控制股东；二是公司人格否认的主张者只能是因公司人格的滥用受到损害的实际受害者，包括自愿和非自愿的债权人。

（2）行为要件。公司人格的否认必须有股东滥用公司人格的事实和行为，如滥用公司人格回避合同义务和法律义务、欺诈公司债权人等。一般认为，只要控制股东实施了滥用公司人格的行为或具备公司人格被否认的客观事实，不论其主观目的如何，滥用公司人格者均应承担相应的责任。

（3）结果要件。公司人格否认适用的一个重要条件是必须有损害事实存在，且该损害的发生与股东滥用公司人格的行为之间存在因果关系。

3. 我国公司人格否认制度的适用

我国自20世纪80年代建立企业法人制度以来，法人独立责任与投资者有限责任的原则也随之确立，但公司人格否认制度并未得到立法部门的承认和司法界的广泛认同，也不存在严格意义的公司人格否认法理的司法审判上的适用。

随着公司制度的不断发展，尤其是资本市场的迅速崛起，公司人格被滥用的现象越来越严重。为发挥公司独立人格与股东有限责任的积极作用，保护债权人的合法权益，2005年修改后的《公司法》以成文法的形式确立了公司人格否认制度。《公司法》第二十条规定："公司股东应当遵守法律、行政法规和公司章程，依法行使股东权利，不得滥用股东权利损害公司或者其他股东的利益；不得滥用公司法人独立地位和股东有限责任损害公司债权人的利益。""公司股东滥用公司法人独立地位和股东有限责任，逃避债务，严重损害公司债权人利益的，应当对公司债务承担连带责任。"第六十三条规定："一人有限责任公司的股东不能证明公司财产独立于股东自己的财产的，应当对公司债务承担连带责任。"

四、公司的能力

公司的能力是指公司作为民商事主体依法享有权利和承担义务，并以自己的意思或行为取得权利和承担义务与责任的资格。它包括公司的权利能力、行为能力和责任能力。

（一）公司的权利能力

公司的权利能力，是指公司依法享有权利和承担义务的资格。由于公司法人与自然人存在的本质差异，以及公司法对公司的特殊要求，决定了公司的权利能力受到诸多限制。

1. 性质上的限制

这是公司作为组织体区别于作为生命体的自然人的不同之处。凡专属于自然人享有的权利，如生命权、健康权、肖像权、亲属权、自由权及隐私权等，公司不能享有。

2. 法律上的限制

主要是指《公司法》及其他法律、行政法规的限制。主要包括：

（1）转投资的限制。《公司法》第十五条、第十六条规定，公司可以向其他企业投资；但是，除法律另有规定外，不得成为对所投资企业的债务承担连带责任的出资人。公司向其他企业投资或者为他人提供担保，依照公司章程的规定，由董事会或者股东会、股东大会决议；公司章程对投资或者担保的总额及单项投资或者担保的数额有限额规定的，不得超过规定的限额。

（2）借贷资金的限制。《公司法》第一百一十五条规定，公司不得直接或者间接通过子公司向董事、监事、高级管理人员提供借款。

（3）对外提供担保的限制。除为自身债务设定担保外，法律一般禁止公司为他人债务提供担保。《公司法》第十六条规定，公司向其他企业投资或者为他人提供担保，依照公司章程的规定，由董事会或者股东会、股东大会决议；公司章程对投资或者担保的总额及单项投资或者担保的数额有限额规定的，不得超过规定的限额。公司为公司股东或者实际控制人提供担保的，必须经股东会或者股东大会决议。该股东或者受该实际控制人支配的股东，不得参加有关担保事项的表决。该项表决由出席会议的其他股东所持表决权的过半数通过。

3. 目的范围的限制

它是指公司不能超出其设立宗旨和核准登记的经营范围从事经营活动，否则该行为无效。这就是早期英美法的越权行为规则（ultra vires docteine）。英美法传统的越权行为规则是指公司活动不能超越其章程中的目的条款（the object clause）规定的范围，否则即使该行为是合法的，也因为其超越了目的条款的授权而无效，不具有法律上的强制力。公司不得经由股东大会或董事会追认该行为有效，交易对方不得请求履行有关合同，也不得请求该公司赔偿损失，而只能追索其已交付的款物。

越权行为规则的执行，对公司和股东较为有利，而对与公司进行交易的第三人来说则可能是一个陷阱。因为在交易中要求相对人就每一笔交易去了解对方的章程及目的范围实属不易，相对人也不易判断对方公司的行为是否均在其目的范围以内。当公司认为超出目的范围的交易行为对公司不利时，可以越权为借口，逃避法律责任。这对善意相对人来说是不公平的。因此，为保护交易安全和相对人的合法权益，也为促使公司更经济有效地运作，不少国家已对传统的目的限制和越权行为规则进行了修正：一是对公司的目的条款作放宽的解释。只要公司董事会认为某项交易有利于公司，且法无明文禁止，从事该交易即不导致越权。二是对善意相对人进行保护。当一善意相对人与某公司从事由公司董事会决定进行的交易时，即推定该交易是在公司的目的范围之内，该交易对公司有约束力，该相对人可以要求公司履约或承担责任，除非该公司可以证明该相对人了解公司的目的条款或该交易为某董事的个人行为。但就公司内部来说，股东仍可依该原则阻止董事或公司的滥权行为，并要求公司和有关人员承担损害赔偿责任。这样，可以平衡股东和债权人的利益，维护公司的正常运作和社会经济秩序的稳定，适应现代市场经济发展的需要。

依我国 1993 年之前的相关立法规定，超越经营范围或经营方式签订的合同，应认定为无效。1993 年最高人民法院召开的全国经济审判工作座谈会会议纪要中指出，不应将法人超越经营范围签订的合同一律认定为无效，而应区别对待，从而改变了我国司法机关在这一问题上的态度。直至 1999 年最高人民法院颁布《关于适用〈中华人民共和国合同法〉若干问题的解释（一）》规定，超越经营范围订立的合同，人民法院不因此认定为无效。但违反国家限制经营、特许经营以及法律、行政法规禁止经营规定的除外。《公司法》取消了原规定的"公司应当在登记的经营范围内从事经营活动"，实现了与合同法等相关规定的统一。

（二）公司的行为能力

公司的行为能力是公司以自己的意思或行为独立地取得权利、承担义务的资格。公司行为能力具有以下特点：

（1）公司行为能力与其权利能力在时间与范围上具有一致性。两者均始于公司成立，终于公司消灭；行为能力的范围取决于权利能力的范围，原则上不能超越于之。

（2）公司行为能力的实现有赖于公司机关。公司的行为能力通常通过公司代表机关实现。我国《公司法》第十三条规定，公司的法定代表人依照公司章程的规定，由董事长、执行董事或者经理担任，并依法登记。

（三）公司的责任能力

公司的责任能力是指公司从事经营活动时对自己所为的违法行为承担法律责任的资格。根据法律责任的类型，公司的责任能力表现为民事责任能力、行政责任能力和刑事责任能力。

公司的民事责任能力是指公司承担违约责任、侵权责任和不履行法定义务所应承担的民事责任的能力。如我国《民法典》第六十一条规定："法定代表人以法人名义从事的民事活动,其法律后果由法人承受。"第一百七十六条规定："民事主体依照法律规定或者按照当事人约定,履行民事义务,承担民事责任。"

公司的行政责任能力是指公司违反法律规定而应接受的行政处罚的能力。《公司法》第 12 章有许多公司承担行政责任的规定,如罚款、撤销公司登记、吊销营业执照等行政处罚。

公司的刑事责任能力即公司的犯罪能力,是指公司的行为触犯刑律,构成犯罪所应承担的刑事责任的能力。如我国《刑法》第三十条规定:"公司、企业、事业单位、机关、团体实施的危害社会的行为,法律规定为单位犯罪的,应当负刑事责任。"

五、公司的资本

（一）公司资本的概念和特征

公司资本即注册资本（股份有限公司的资本又称为股本）,是指公司成立时由章程确定的并由股东出资构成的公司财产总额。公司资本是公司成立的重要条件之一,是公司从事经营活动及对外承担债务责任的物质基础和保障。公司资本具有以下法律特征:

（1）公司资本是公司自有的财产。它是由股东出资构成的、公司自己所有的财产,不包括借贷资本。

（2）公司资本源于股东出资。股东出资总额即为公司资本总和。但公司溢价发行股份超过股份票面金额部分,计入公司资本公积金中,不属于公司资本。

（3）公司资本由公司章程确定并载明。公司资本是公司章程的绝对必要记载事项。资本的发生变动需对章程予以变更。

（4）公司资本具有确定性。公司资本一经确定,不能随意更改。公司如因经营活动须变更资本,如增加或减少资本,须依法定程序,经股东会决议、修改章程并办理变更登记。

（二）公司的资本原则与资本制度

为保护债权实现和交易安全,大陆法系国家普遍确立了股份有限公司的"资本三原则"。其同样适用于具有资合性质的有限公司。

1. 资本确定原则

资本确定原则是指公司设立时,必须在公司章程中对公司资本总额做出明确规定,并且由股东全部认足或募足,公司才能成立的原则。由于各国资本确定原则的实现方式不同,又存在三种资本制度。

（1）法定资本制。它为早期大陆法系国家所推崇,是指公司设立时,必须在章程中对公司资本总额作出明确的规定,并由股东全部认足,否则公司不能成立。由于章程中记载的资本是公司全部发行的资本,故在公司成立后,资本如要变更,须依法定程序进行并办理相应的变更登记手续。这一制度能保证公司资本的真实、可靠,防止公司设立中的投机、欺诈行为，保证交易的安全。但其存在公司成立后资本变更需履行繁琐的变更登记程序、筹资困难、公司成立之初资本过剩、股东权益受损等弊端。

（2）授权资本制。它是指公司设立时，只需在章程中记载注册资本额和设立时发行的股本额，而不要求股东认足全部资本，公司即可成立；未发行或缴足的部分，授权公司董事会在公司成立后根据需要随时发行新股募集，而不必经过股东会批准，无须变更公司章程，也不必履行变更登记程序。这一制度为英美国家公司法所创立。它适应了市场经济对公司设立、决策快速、高效的客观要求，简化了公司资本变更的程序。但其不足之处是，容易产生欺诈投机行为，削弱对债权人利益的保护。

（3）折中资本制。它是结合法定资本制和授权资本制的优势而演变形成的资本制度。具体又可分为许可资本制和折中授权资本制。

许可资本制也称认许资本制，是指公司设立时，须在章程中明确规定公司资本总额，并一次发行、全部认足或募足，公司方得成立。但章程可以授权董事会于公司成立后的一定年限内，在授权时公司资本额的一定比例范围内发行新股，增加资本，而无须经股东会决议。德国、法国等采纳之。

折中授权资本制，是指公司设立时，章程中应明确记载公司的资本总额，股东只需认足第一次发行的资本，公司即可成立。但公司第一次发行的资本不得低于资本总额的一定比例；未认足部分，授权董事会随时发行新股募集。日本、我国台湾地区等采纳之。

依我国2013年修改的《公司法》规定，有限责任公司的注册资本为在公司登记机关登记的全体股东认缴的出资额。法律、行政法规以及国务院决定对有限责任公司注册资本实缴、注册资本最低限额另有规定的，从其规定。

股份有限公司采取发起设立方式设立的，注册资本为在公司登记机关登记的全体发起人认购的股本总额。在发起人认购的股份缴足前，不得向他人募集股份。股份有限公司采取募集方式设立的，注册资本为在公司登记机关登记的实收股本总额。法律、行政法规以及国务院决定对股份有限公司注册资本实缴、注册资本最低限额另有规定的，从其规定。

根据上述规定，公司设立时，工商登记机关只登记公司认缴的注册资本总额，无须登记其实收资本，不再收取验资证明文件；不再限制全体股东（或发起人）的首次出资比例；取消了关于公司股东应当在公司成立之后两年内缴足出资，投资公司可以在五年内缴足出资的规定，取消了一人有限公司的股东应当一次足额缴纳出资的规定；不再限制货币出资金额占注册资本的比例。由此，我国注册资本制度从实缴制改为认缴制。

2. 资本维持原则

资本维持原则又称资本充实原则或资本拘束原则，是指公司在其成立后的存续期间，应当经常保持与其资本额相当的实有财产。其目的在于防止公司资本的实质性减少，保持公司的偿债能力，保护债权人的利益和交易的安全，同时也可防止股东过高的盈利分配要求，确保公司自身正常经营活动的开展。

从我国《公司法》的有关规定来看，资本维持原则体现在以下几方面：

（1）公司成立后，发起人、股东不得抽逃出资。

（2）亏损需先弥补，依法提取和使用公积金，没有盈利不得分配。

（3）公司股份可以平价发行或溢价发行，但不得折价发行。

（4）除非法律有特别规定，公司一般不得收购本公司的股份；也不得接受本公司的股票作为质押权的标的。

（5）公司股东或发起人对公司成立后的非货币出资价值负保证责任。

3. 资本不变原则

资本不变原则是指公司资本一经确定，非依严格的法定程序，不得随意增减。资本不变原则与资本维持原则的实质一样，都是为了防止因公司资本总额的减少而导致公司责任能力的缩小，进而强化对债权人利益和交易安全的保护。两者相互关联，各有侧重。资本不变原则是对公司资本的静态维护，而资本维持原则则是对公司资本的动态维护。两相作用，以保证公司建立在稳定的财产基础上。我国《公司法》第三十七条第7项、第四十三条第2款、第九十九条、第一百零三条第2款、第一百七十七条等体现了此原则。

（三）出资与转让

1. 出资方法与出资形式

（1）出资方法。

出资方法主要包括：①出资均等主义，即每股出资额均等，股东可以认购一份，也可以认购数份。②出资不均等主义，即股东只能认购一份出资，且各股东所认购的出资额不同。③基本出资主义。它是前两种出资方法的结合，即每一股东只能认购一份出资，每一份出资可以不同，但必须是基本出资额的整数倍。

根据《公司法》的有关规定，有限公司股东可以采用以上三种出资方式，但股份有限公司股东则只能采取出资均等主义。

（2）出资形式。

股东可采用法律允许的形式履行出资义务。根据《公司法》的规定，有限公司股东和股份有限公司发起人可用货币出资，也可用实物、知识产权、土地使用权等可以用货币估价并可以依法转让的非货币财产作价出资；但是，法律、行政法规规定不得作为出资的财产除外。对非货币出资必须进行评估作价，核实财产，不得高估或者低估作价。法律、行政法规对评估作价有规定的，从其规定。

股东或发起人应当按期足额缴纳公司章程中规定的各自所认缴的出资额。股东以货币出资的，应当将货币出资足额存入有限责任公司在银行开设的账户；以非货币财产出资的，应当依法办理其财产权的转移手续。股东不按规定缴纳出资的，除应当向公司足额缴纳外，还应当向已按期足额缴纳出资的股东承担违约责任；发起人不按照规定缴纳出资的，应当按照发起人协议承担违约责任。

2. 出资瑕疵的效力认定

《公司法司法解释（三）》对出资瑕疵的效力认定作出了如下规定：

（1）出资人以不享有处分权的财产出资，当事人之间对于出资行为效力产生争议的，人民法院可以参照《民法典》第三百一十一条善意取得制度的规定予以认定。以贪污、受贿、侵占、挪用等违法犯罪所得的货币出资后取得股权的，对违法犯罪行为予以追究、处罚时，应当采取拍卖或者变卖的方式处置其股权。

（2）出资人以划拨土地使用权出资，或者以设定权利负担的土地使用权出资，公司、其他股东或者公司债权人主张认定出资人未履行出资义务的，人民法院应当责令当事人在指定的合理期间内办理土地变更手续或者解除权利负担；逾期未办理或者未解除的，人民法院应当认定出资人未依法全面履行出资义务。

（3）出资人以非货币财产出资，未依法评估作价，公司、其他股东或者公司债权人请求认定出资人未履行出资义务的，人民法院应当委托具有合法资格的评估机构对该财产评估作价。评估确定的价额显著低于公司章程所定价额的，人民法院应当认定出资人未依法全面履行出资义务。

（4）出资人以房屋、土地使用权或者需要办理权属登记的知识产权等财产出资，已经交付公司使用但未办理权属变更手续，公司、其他股东或者公司债权人主张认定出资人未履行出资义务的，人民法院应当责令当事人在指定的合理期间内办理权属变更手续；在前述期间内办理了权属变更手续的，人民法院应当认定其已经履行了出资义务；出资人主张自其实际交付财产给公司使用时享有相应股东权利的，人民法院应予支持。

（5）出资人以其他公司股权出资，符合下列条件的，人民法院应当认定出资人已履行出资义务：①出资的股权由出资人合法持有并依法可以转让；②出资的股权无权利瑕疵或者权利负担；③出资人已履行关于股权转让的法定手续；④出资的股权已依法进行了价值评估。股权出资不符合上述第①、②、③项规定的，公司、其他股东或者公司债权人请求认定出资人未履行出资义务的，人民法院应当责令该出资人在指定的合理期间内采取补正措施，以符合上述条件；逾期未补正的，人民法院应当认定其未依法全面履行出资义务。股权出资不符合上述第④项规定的，公司、其他股东或者公司债权人请求认定出资人未履行出资义务的，人民法院应当按照前述（4）的规定处理。

（6）公司成立后，公司、股东或者公司债权人以相关股东的行为符合下列情形之一且损害公司权益为由，请求认定该股东抽逃出资的，人民法院应予支持：①将出资款项转入公司账户验资后又转出；②通过虚构债权债务关系将其出资转出；③制作虚假财务会计报表虚增利润进行分配；④利用关联交易将出资转出；⑤其他未经法定程序将出资抽回的行为。

3. 出资瑕疵的法律责任

根据《公司法司法解释（三）》对出资瑕疵的法律责任作出了如下规定：

（1）股东未履行或者未全面履行出资义务，公司或者其他股东请求其向公司依法全面履行出资义务的，人民法院应予支持。

公司债权人请求未履行或者未全面履行出资义务的股东，在未出资本息范围内对公司债务不能清偿的部分承担补充赔偿责任的，人民法院应予支持；未履行或者未全面履行出资义务的股东已经承担上述责任，其他债权人提出相同请求的，人民法院不予支持。

股东在公司设立时未履行或者未全面履行出资义务，依照上述规定提起诉讼的原告，请求公司的发起人与被告股东承担连带责任的，人民法院应予支持；公司的发起人承担责任后，可以向被告股东追偿。

股东在公司增资时未履行或者未全面履行出资义务，按照上述规定提起诉讼的原告，请求未尽公司法上规定的忠实义务和勤勉义务而使出资未缴足的董事、高级管理人员承担相应责任的人，人民法院应予支持；董事、高级管理人员承担责任后，可以向被告股东追偿。

（2）股东抽逃出资，公司或者其他股东请求其向公司返还出资本息、协助抽逃出资的其他股东、董事、高级管理人员或者实际控制人对此承担连带责任的，人民法院应予支持。

公司债权人请求抽逃出资的股东在抽逃出资本息范围内对公司债务不能清偿的部分承担补充赔偿责任，协助抽逃出资的其他股东、董事、高级管理人员或者实际控制人对此承担连带责任的，人民法院应予支持；抽逃出资的股东已经承担上述责任，其他债权人提出相同请求的，人民法院不予支持。

（3）第三人代垫资金协助发起人设立公司，双方明确约定在公司验资后或者在公司成立后将该发起人的出资抽回以偿还该第三人，发起人依照前述约定抽回出资偿还第三人后又不能补足出资，相关权利人请求第三人连带承担发起人因抽回出资而产生的相应责任的，人民法院应予支持。

（4）出资人以符合法定条件的非货币财产出资后，因市场变化或者其他客观因素导致出资财产贬值，公司、其他股东或者公司债权人请求该出资人承担补足出资责任的，人民法院不予支持。但是，当事人另有约定的除外。

（5）有限责任公司的股东未履行或者未全面履行出资义务即转让股权，受让人对此知道或者应当知道，公司请求该股东履行出资义务、受让人对此承担连带责任的，人民法院应予支持；公司债权人依照上述第（1）、（2）项规定向该股东提起诉讼，同时请求前述受让人对此承担连带责任的，人民法院应予支持。受让人根据上述规定承担责任后，向该未履行或者未全面履行出资义务的股东追偿的，人民法院应予支持。但是，当事人另有约定的除外。

（6）有限责任公司的股东未履行出资义务或者抽逃全部出资，经公司催告缴纳或者返还，其在合理期间内仍未缴纳或者返还出资，公司以股东会决议解除该股东的股东资格，该股东请求确认该解除行为无效的，人民法院不予支持。

在上述规定的情形下，人民法院在判决时应当释明，公司应当及时办理法定减资程序或者由其他股东或者第三人缴纳相应的出资。在办理法定减资程序或者其他股东或者第三人缴纳相应的出资之前，公司债权人依照上述第（1）、（2）项规定请求相关当事人承担相应责任的，人民法院应予支持。

需要注意的是：

（1）当事人之间对是否已履行出资义务发生争议，原告提供对股东履行出资义务产生合理怀疑证据的，被告股东应当就其已履行出资义务承担举证责任。

（2）公司股东未履行或者未全面履行出资义务或者抽逃出资，公司或者其他股东请求其向公司全面履行出资义务或者返还出资，被告股东以诉讼时效为由进行抗辩的，人民法院不予支持。公司债权人的债权未过诉讼时效期间，其依照该司法解释的规定请求未履行或者未全面履行出资义务或者抽逃出资的股东承担赔偿责任，被告股东以出资义务或者返还出资义务超过诉讼时效期间为由进行抗辩的，人民法院不予支持。

4. 出资转让

（1）有限公司股东的出资转让。

我国《公司法》对有限公司股东的出资转让即股权转让做出了以下规定：

①股权转让的一般规定：股东之间可以相互转让其全部股权或者部分股权。股东向股东以外的人转让股权，应当经其他股东过半数同意。股东应就其股权转让事项书面通知其他股东征求同意，其他股东自接到书面通知之日起满30日未答复的，视为同意转让。其他股东半数以上不同意转让的，不同意的股东应当购买该转让的股权；不购买的，视为同意转让。经股东同意转让的股权，在同等条件下，其他股东有优先购买权。两个以上股东主张行使优先购买权的，协商确定各自的购买比例；协商不成的，按照转让时各自的出资比例行使优先购买权。公司章程对股权转让另有规定的，从其规定。股东依法转让股权后，公司应当注销原股东的出资证明书，向新股东签发出资证明书，并相应修改公司章程和股东名册中有关股东及其出资额的记载。对公司章程的该项修改不需要再由股东会表决。

②股权转让的特殊规定：人民法院依照法律规定的强制执行程序转让股东的股权时，应当通知公司及全体股东，其他股东在同等条件下有优先购买权。其他股东自人民法院通知之日起满20日不行使优先购买权的，视为放弃优先购买权。有下列情形之一的，对股东会该项决议投反对票的股东可以请求公司按照合理的价格收购其股权：公司连续5年不向股东分配利润，而公司该5年连续盈利，并且符合本法规定的分配利润条件的；公司合并、分立、转让主要财产的；公司章程规定的营业期限届满或者章程规定的其他解散事由出现，股东会会议通过决议修改章程使公司存续的。自股东会会议决议通过之日起60日内，股东与公司不能达成股权收购协议的，股东可以自股东会会议决议通过之日起90日内向人民法院提起诉讼。自然人股东死亡后，其合法继承人可以继承股东资格；但是，公司章程另有规定的除外。

（2）股份有限公司股东的出资转让。

股份有限公司为典型的资合公司，公司的信用基础为其资本，股东的人身关系较为松散，故股东持有的股份可依法转让流通。但为保护公司、股东及债权人的利益，其股份转让也要受到一定限制。我国《公司法》对此作了如下规定：

①股东持有的股份可以依法转让。

②记名股票，由股东以背书方式或者法律、行政法规规定的其他方式转让；转让后由公司将受让人的姓名或者名称及住所记载于股东名册。股东大会召开前 20 日内或者公司决定分配股利的基准日前 5 日内，不得进行前述规定的股东名册的变更登记。但是，法律对上市公司股东名册变更登记另有规定的，从其规定。无记名股票的转让，由股东将该股票交付给受让人后即发生转让的效力。

③发起人持有的本公司股份，自公司成立之日起 1 年内不得转让。公司公开发行股份前已发行的股份，自公司股票在证券交易所上市交易之日起 1 年不得转让。

④公司董事、监事、高级管理人员应当向公司申报所持有的本公司的股份及其变动情况，在任职期间每年转让的股份不得超过其所持有本公司股份总数的 25%；所持本公司股份自公司股票上市交易之日起 1 年内不得转让。上述人员离职后半年内，不得转让其所持有的本公司股份。公司章程可以对公司董事、监事、高级管理人员转让其所持有的本公司股份作出其他限制性规定。

⑤公司不得收购本公司股份。但是，有下列情形之一的除外：减少公司注册资本；与持有本公司股份的其他公司合并；将股份用于员工持股计划或者股权激励；股东因对股东大会作出的公司合并、分立决议持异议，要求公司收购其股份；将股份用于转换上市公司发行的可转换为股票的公司债券；上市公司为维护公司价值及股东权益所必需。公司因减资、与持有本公司股份的其他公司合并而收购本公司股份的，应当经股东大会决议。公司因将股份用于员工持股计划或者股权激励、将股份用于转换上市公司发行的可转换为股票的公司债券、上市公司为维护公司价值及股东权益所必需收购本公司股份的，可以依照公司章程的规定或者股东大会的授权，经 2/3 以上董事出席的董事会会议决议。公司依法收购本公司股份后，属于减资的，应当自收购之日起 10 日内注销；属于与持有本公司股份的其他公司合并或者股东因对股东大会作出的公司合并、分立决议持异议而要求公司收购其股份的，应当在 6 个月内转让或者注销；属于将股份用于员工持股计划或者股权激励、将股份用于转换上市公司发行的可转换为股票的公司债券、上市公司为维护公司价值及股东权益所必需的，公司合计持有的本公司股份数不得超过本公司已发行股份总额的 10%，并应当在 3 年内转让或者注销。上市公司收购本公司股份的，应当依照《中华人民共和国证券法》的规定履行信息披露义务。上市公司因将股份用于员工持股计划或者股权激励、将股份用于转换上市公司发行的可转换为股票的公司债券、上市公司为维护公司价值及股东权益所必需收购本公司股份的，应当通过公开的集中交易方式进行。

⑥公司不得接受本公司的股票作为质押权的标的。

（3）股权转让后原股东再次处分股权的效力及责任承担。

根据《公司法司法解释（三）》的有关规定，股权转让后尚未向公司登记机关办理变更登记，原股东将仍登记于其名下的股权转让、质押或者以其他方式处分，受让股东以其对于股权享有实际权利为由，请求认定处分股权行为无效的，人民法院可以参照《物权法》第一百零六条善意取得制度的规定处理。

原股东处分股权造成受让股东损失，受让股东请求原股东承担赔偿责任、对于未及时办理变更登记有过错的董事、高级管理人员或者实际控制人承担相应责任的，人民法院应予支持；受让股东对于未及时办理变更登记也有过错的，可以适当减轻上述董事、高级管理人员或者实际控制人的责任。

（四）增减资本

公司成立后的运作虽要遵循"资本三原则"，但其资本也并非一成不变。随着公司生产经营情况和市场状况的变化，公司资本也可相应增减。

1. 增加资本

增加资本是指公司为筹集资金、扩大营业，依法定条件和程序增加公司资本总额。

依《公司法》的规定，有限公司增资时，由股东会经代表 2/3 以上表决权的股东通过并作出决议。股东有权优先按照实缴的出资比例认缴出资。但是，全体股东约定不按照出资比例优先认缴出资的除外。

股份有限公司增资时，股东认购新股，由出席股东大会的股东所持表决权的 2/3 以上通过，并依照公司法设立股份有限公司缴纳股款的有关规定执行。实践中，一般都采用发行新股的方式增资。此外，股份有限公司也可将公司公积金转为资本以实现增资，但须经股东大会形成决议。《公司法》规定，法定公积金转为资本时，所留存的公积金不得少于转增前公司注册资本的 25%。

2. 减少资本

根据资本不变原则，一般不允许公司减资，以免危及交易安全，削弱对债权人的保护。但当公司需缩小营业或出现严重亏损，致使公司实有资产与注册资本差额悬殊时，公司注册资本就失去了标示公司信用状况的意义。因此，法律也允许公司依法减少资本。

有限公司减资的决议，同样由股东会经代表 2/3 以上表决权的股东通过。股份有限公司则由出席会议的股东所持表决权的 2/3 以上通过。

此外，公司减资时，须编制资产负债表及财产清单；并应自作出减资决议之日起 10 日内通知债权人，并于 30 日内在报纸上公告。债权人自接到通知书之日起 30 日内，未接到通知书的自公告之日起 45 日内，有权要求公司清偿债务或提供相应的担保。公司减资后的注册资本不得低于法定的最低限额。

六、公司法人治理结构

公司法人治理结构是指公司作为独立的法人实体，以资本所有权与控制经营权相分离为基础，协调公司不同利益群体间的利益冲突，以保证公司决策运营有效的公司经营管理模式或制度。公司法人治理结构是现代公司制度的核心。公司法人治理结构的法律意义在于通过这一治理结构，围绕经营者建立起以权利、利益、责任为内容的各公司机关（股东大会、董事会、经理及监事会）之间的权力配置和相互制衡的关系，实现公司人格与股东人格的分离，保证公司高效运营。虽然公司法人治理结构受到西方"三权分离"与"分权制衡"的宪政思想的影响，但由于各国政治、经济、历史、文化及法律制度存在的差异，具体的治理结构又各具特色。

公司法人治理结构的主要模式有：英美的"单层制"，即在股东大会下只设董事会，通过在其内部设外部董事来实施监督；德国的"上下双层制"，即由股东大会选举产生监事会，再由监事会选举产生董事会并对其活动进行监督；日本的"并列双层制"，即由股东大会同时选出董事会与监事会两个并列机关，各司其职。

以下结合我国《公司法》，就公司法人治理结构中各公司机关的有关问题进行讲述。

（一）股东会或者股东大会

1. 股东会或者股东大会的性质与职权

股东会或者股东大会是由公司全体股东组成的公司的意思形成机构或权力机构。它是公司法定但非常设的机构。

从股东会或者股东大会的职权来看，由于各国公司实践已从股东会中心主义转为董事会中心主义，逐渐强化董事会的职权，因而，股东会或股东大会的职权大大削弱。一般除公司法规定和公司章程规定须由股东会或股东大会决议的事项外，其余职权均由董事会行使。这样有利于公司在激烈的竞争中快速应变，提高经营效率。

从我国《公司法》第三十七条与第九十九条的规定看，我国《公司法》仍奉行股东会中心主义，股东会或者股东大会享有广泛的公司重大事项的决策权，包括：①决定公司的经营方针和投资计划；②选举和更换非由职工代表担任的董事、监事，决定有关董事、监事的报酬事项；③审议批准董事会的报告；④审议批准监事会或者监事的报告；⑤审议批准公司的年度财务预算方案、决算方案；⑥审议批准公司的利润分配方案和弥补亏损方案；⑦对公司增加或者减少注册资本作出决议；⑧对发行公司债券作出决议；⑨对公司合并、分立、解散、清算或者变更公司形式作出决议；⑩修改公司章程；⑪公司章程规定的其他职权。

一人有限责任公司不设股东会，由股东以书面形式对上述事项作出决定，并由股东签名后置备于公司。

2. 股东会或者股东大会的形式与召集

股东会或者股东大会分定期会议和临时会议。定期会议又称股东年会，是指公司依照法律和章程规定一年一次必须召开的股东会议。有限公司的股东年会依章程规定的时间召开。股份有限公司的股东年会一般于每一会计年度终结后6个月内召开。临时股东会是在两次年会之间不定期召开的股东会议。我国《公司法》规定，有限公司由代表1/10以上表决权的股东，1/3以上的董事，监事会或者不设监事会的公司的监事提议召开临时会议的，应当召开临时会议。股份有限公司有下列情形之一的，应当在2个月内召开临时股东大会：①董事人数不足本法规定人数或者公司章程所定人数的2/3时；②公司未弥补的亏损达实收股本总额1/3时；③单独或者合计持有公司10%以上股份的股东请求时；④董事会认为必要时；⑤监事会提议召开时；⑥公司章程规定的其他情形。

股东会或者股东大会原则上由董事会负责召集，董事长主持。有的国家法律还规定，监事会或持有一定比例股份的少数股东，在特殊情况下也可享有股东会的召集权。我国《公司法》为保护少数股东的合法权益，防止董事会成员的滥权行为，对此也作出了相应规定：有限公司设立董事会的，股东会会议由董事会召集，董事长主持；董事长不能履行职务或者不履行职务的，由副董事长主持；副董事长不能履行职务或者不履行职务的，由半数以上董事共同推举的1名董事主持。有限公司不设董事会的，股东会会议由执行董事召集和主持。董事会或者执行董事不能履行或者不履行召集股东会会议职责的，由监事会或者不设监事会的公司的监事召集和主持股东会会议；监事会或者监事不召集和主持的，代表1/10以上表决权的股东可以自行召集和主持股东会会议。股份有限公司董事长不能履行职务或者不履行职务时，由副董事长主持；副董事长不能履行职务或者不履行职务时，由半数以上董事共同推举1名董事主持。董事会不能履行或者不履行召集股东大会会议职责的，监事会应当及时召集和主持；监事会不召集和主持的，连续90日以上单独或者合计持有公司10%以上股份的股东可以自行召集和主持。

3. 股东表决权的行使与股东会决议

依我国《公司法》规定，有限公司股东会会议由股东按照出资比例行使表决权；但是，公司章程另有规定的除外。股份有限公司股东出席股东大会，所持每一股份有一表决权。但是，公司持有的本公司股份没有表决权。

股东大会选举董事、监事，可以依照公司章程的规定或者股东大会的决议，实行累积投票制。所谓累积投票制，是指股东大会选举董事或者监事时，每一股份拥有与应选董事或者监事人数相同的表决权，股东拥有的表决权可以集中使用。

股东可亲自出席或者委托代理人出席股东会或股东大会。委托代理人出席的，代理人应当向公司提交股东的授权委托书，并在授权范围内行使表决权。

股东会或者股东大会决议分为普通决议与特别决议。有限公司股东会的议事方式和表决程序，除公司法有规定的外，由公司章程规定。股份有限公司股东大会作出决议，须经出席会议的股东所持表决权过半数通过。但对于修改公司章程；增加或者减少注册资本；公司合并、分立、解散或者变更公司形式的决议，有限公司须经代表2/3以上表决权的股东通过，股份有限公司须经出席会议的股东所持表决权的 2/3 以上通过。对于公司法和公司章程规定公司转让、受让重大资产或者对外提供担保等事项必须经股东大会作出决议的，董事会应当及时召集股东大会会议，由股东大会就上述事项进行表决。上市公司在 1 年内购买、出售重大资产或者担保金额超过公司资产总额的 30% 的，应当由股东大会作出决议，并经出席会议的股东所持表决权的 2/3 以上通过。

由于各种原因，股东会或者股东大会的决议可能因违反法律、行政法规和公司章程的规定而存在瑕疵。国外采取的补救办法是赋予股东享有对股东会或者股东大会决议提起无效之诉和撤销之诉的权利。我国《公司法》第二十二条规定，公司股东会或者股东大会、董事会的决议内容违反法律、行政法规的无效。股东会或者股东大会、董事会的会议召集程序、表决方式违反法律、行政法规或者公司章程，或者决议内容违反公司章程的，股东可以自决议作出之日起 60 日内，请求人民法院撤销。股东依照前款规定提起诉讼的，人民法院可以应公司的请求，要求股东提供相应担保。公司根据股东会或者股东大会、董事会决议已办理变更登记的，人民法院宣告该决议无效或者撤销该决议后，公司应当向公司登记机关申请撤销变更登记。

（二）董事会与高级管理人员

1. 董事会的性质与职权

董事会是由股东会选举产生的董事组成的，行使经营决策管理权的业务执行机构。它是公司的业务执行机关、经营决策和领导机关，是法定的常设机关。

随着董事会中心主义的形成，国外公司法均赋予董事会广泛的职权，使其享有除法律或章程规定的必须由股东会行使的权力以外的其他权力，主要包括对内的经营管理权（含决策权、执行权、人事任免权和监督权等）及对外代表权。我国《公司法》第四十六条规定了董事会的职权：①召集股东会会议，并向股东会报告工作；②执行股东会的决议；③决定公司的经营计划和投资方案；④制订公司的年度财务预算方案、决算方案；⑤制订公司的利润分配方案和弥补亏损方案；⑥制订公司增加或者减少注册资本以及发行公司债券的方案；⑦制订公司合并、分立、解散或者变更公司形式的方案；⑧决定公司内部管理机构的设置；⑨决定聘任或者解聘公司经理及其报酬事项，并根据经理的提名决定聘任或者解聘公司副经理、财务负责人及其报酬事项；⑩制定公司的基本管理制度；⑪公司章程规定的其他职权。

2. 董事会的组成

董事会由全体董事组成。我国《公司法》规定，有限公司董事会的成员为 3 至 13 人，但股东人数较少或者规模较小的有限公司，可以设 1 名执行董事，不设董事会。股份有限公司董事会成员为 5 至 19 人。两个以上的国有企业或者两个以上的其他国有投资主体投资设立的有限公司，其董事会成员中应当有公司职工代表；其他有限公司董事会成员中可以有公司职工代表。股份有限公司董事会成员中可以有职工代表。董事会中的职工代表由公司职工通过职工代表大会、职工大会或者其他形式民主选举产生。董事会设董事长 1 人,可以设副董事长。有限公司董事长、副董事长的产生办法由公司章程规定。股份有限公司董事长和副董事长由董事会以全体董事的过半数选举产生。

董事任期由公司章程规定,但每届任期不得超过 3 年。董事任期届满,连选可以连任。董事任期届满未及时改选,或者董事在任期内辞职导致董事会成员低于法定人数的,在改选出的董事就任前,原董事仍应当依照法律、行政法规和公司章程的规定,履行董事职务。

为进一步完善上市公司法人治理结构,促进上市公司规范运作,《公司法》规定,上市公司设立独立董事,具体办法由国务院规定。

3. 董事会会议与决议

董事会会议分为普通会议和特别会议。普通会议由章程规定定期召开,每年不少于两次。特别会议是必要时临时召开的会议。我国《公司法》规定,有限公司董事会的议事方式和表决程序,除本法有规定的外,由公司章程规定。股份有限公司董事会每年度至少召开两次会议,每次会议应当于会议召开 10 日以前通知全体董事和监事。代表 1/10 以上表决权的股东、1/3 以上董事或者监事会,可以提议召开董事会临时会议。董事长应当自接到提议后 10 日内,召集和主持董事会会议。董事会召开临时会议,可以另定召集董事会的通知方式和通知时限。董事会会议应由 1/2 以上董事出席方可举行,其决议须经全体董事的过半数通过。

董事会会议由董事长召集和主持;董事长不能履行职务或者不履行职务的,由副董事长召集和主持;副董事长不能履行职务或者不履行职务的,由半数以上董事共同推举的 1 名董事召集和主持。

董事会决议的表决,实行一人一票。董事会会议,应由董事本人出席;董事因故不能出席,可以书面委托其他董事代为出席,委托书中应载明授权范围。董事会应对会议所议事项的决定作会议记录,出席会议的董事应当在会议记录上签名。

需要注意的是,上市公司董事与董事会会议决议事项所涉及的企业有关联关系的,不得对该项决议行使表决权,也不得代理其他董事行使表决权。该董事会会议由过半数的无关联关系董事出席即可举行,董事会会议所作决议须经无关联关系董事过半数通过。出席董事会的无关联关系董事人数不足 3 人的,应将该事项提交上市公司股东大会审议。

4. 高级管理人员

高级管理人员,是指公司内部具体执行董事会决策并负责公司日常经营管理活动的人员。在国外,高级管理人员一般包括公司总裁、副总裁、秘书、司库、总经理、首席财政官等。我国《公司法》第二百一十六条规定,高级管理人员,是指公司的经理、副经理、财务负责人,上市公司董事会秘书和公司章程规定的其他人员。

《公司法》对其中经理的设置及职权作了明确规定。与国外公司法多规定经理为依公司章程任意设置的机构有所不同,我国《公司法》规定,经理为有限公司的任意设置机关；设立执行董事的公司，执行董事可以兼任经理。股份有限公司须设立经理，董事会成员可以兼任经理。经理由董事会决定聘任或者解聘，对董事会负责，行使以下职权：①主持公司的生产经营管理工作，组织实施董事会决议；②组织实施公司年度经营计划和投资方案；③拟订公司内部管理机构设置方案；④拟订公司的基本管理制度；⑤制定公司的具体规章；⑥提请聘任或者解聘公司副经理、财务负责人；⑦决定聘任或者解聘除应由董事会决定聘任或者解聘以外的负责管理人员。公司章程对经理职权另有规定的，从其规定。经理列席董事会会议。

（三）监事会

1. 监事会的性质与职权

监事会在国外又称监察人、监察委员会，是依公司法或章程设立的，对公司经营管理实施监督的公司内部监督机构。

依我国《公司法》的规定，监事会或不设监事会的公司的监事的职权主要包括：①检查公司财务；②对董事、高级管理人员执行职务的行为进行监督，对违反法律、行政法规、公司章程或者股东会决议的董事、高级管理人员提出罢免的建议；③当董事、高级管理人员的行为损害公司的利益时，要求董事、高级管理人员予以纠正；④提议召开临时股东会会议，在董事会不履行法律规定的召集和主持股东会会议职责时召集和主持股东会会议；⑤向股东会会议提出提案；⑥依法对董事、高级管理人员提起诉讼；⑦公司章程规定的其他职权。

监事可以列席董事会会议，并对董事会决议事项提出质询或者建议。监事会、不设监事会的公司的监事发现公司经营情况异常，可以进行调查；必要时，可以聘请会计师事务所等协助其工作。监事会或监事行使职权所必需的费用由公司承担。

2. 监事会的设立与组成

依我国《公司法》的规定，监事会为股份有限公司的必设机构。有限公司股东人数较多或者规模较大的亦应设之，反之则可不设，而设 1 至 2 名监事。设立监事会的，其成员不得少于 3 人。监事会设主席 1 人，股份有限公司监事会可以设副主席。监事会主席和副主席由全体监事过半数选举产生。

监事会由股东代表和适当比例的职工代表组成，其中职工代表的比例不得低于 1/3，具体比例由公司章程规定。监事会中的职工代表由公司职工通过职工代表大会、职工大会或者其他形式民主选举产生。

监事的任期每届为 3 年，期满连选可以连任。监事任期届满未及时改选，或者监事在任期内辞职导致监事会成员低于法定人数的，在改选出的监事就任前，原监事仍应当按照法律、行政法规和公司章程的规定，履行监事的职务。

3. 监事会会议与决议

我国《公司法》规定，有限公司监事会每年至少召开 1 次会议；股份有限公司监事会每 6 个月至少召开 1 次会议。监事可以提议召开临时监事会会议。监事会的议事方式和表决程序，除公司法有规定的外，由公司章程规定。

监事会决议应当经半数以上监事通过。监事会应当对所议事项的决定作成会议记录，出席会议的监事应当在会议记录上签名。

监事会主席召集和主持监事会会议；监事会主席不能履行职务或者不履行职务的，由监事会副主席召集和主持监事会会议；监事会副主席不能履行职务或者不履行职务的，由半数以上监事共同推举1名监事召集和主持监事会会议。

（四）董事、监事、高级管理人员的资格、义务与责任

1. 董事、监事、高级管理人员的资格

董事、监事、高级管理人员是公司组织机构的构成人员，其素质的高低、品质的优劣关系到公司经营管理的成败和发展。因而各国对其任职资格均作出了限制规定。一般而言，董事、监事、高级管理人员的任职资格包括积极资格和消极资格。前者是指成为公司董事、监事、高级管理人员应当具备的条件；后者则指成为公司董事、监事、高级管理人员不能有的情形。

我国《公司法》以列举的方式，对董事、监事、高级管理人员的消极资格作出了规定。有下列情形之一的，不得担任公司的董事、监事、高级管理人员：①无民事行为能力或者限制民事行为能力；②因贪污、贿赂、侵占财产、挪用财产或者破坏社会经济秩序，被判处刑罚，执行期满未逾5年，或者因犯罪被剥夺政治权利，执行期满未逾5年；③担任破产清算的公司、企业的董事或者厂长、经理，对该公司、企业的破产负有个人责任的，自该公司、企业破产清算完结之日起未逾3年；④担任因违法被吊销营业执照、责令关闭的公司、企业的法定代表人，并负有个人责任的，自该公司、企业被吊销营业执照之日起未逾3年；⑤个人所负数额较大的债务到期未清偿。此外，董事、高级管理人员不得兼任监事。

公司违反上述规定选举、委派董事、监事或者聘任高级管理人员的，该选举、委派或者聘任无效。董事、监事、高级管理人员在任职期间出现上述所列情形的，公司应当解除其职务。

2. 董事、监事、高级管理人员的义务

把握董事、监事、高级管理人员的义务，须首先明确其与公司之间的关系。在大陆法系国家，其与公司之间的关系一般被认为是委任关系。英美法系国家的公司法学者则多将二者之间的关系视为一种代理关系或信托关系。尽管两大法系采用不同的理论，但对董事、监事、高级管理人员义务的界定却是相似的，归纳起来包括忠实义务和勤勉义务。

（1）忠实义务

所谓忠实义务，又称信义义务，是指董事、监事、高级管理人员经营公司业务时，应毫无保留地为公司最大利益努力工作，当自身利益与公司利益发生冲突时，应以公司利益为先。我国《公司法》对董事、监事、高级管理人员规定的忠实义务主要包括：

①不得获得非法利益。董事、监事、高级管理人员不得利用职权收受贿赂或者其他非法收入，不得侵占公司的财产；董事、高级管理人员不得接受他人与公司交易的佣金归己所有。

②禁止越权使用公司财产。董事、高级管理人员不得挪用公司资金；将公司资金以其个人名义或者以其他个人名义开立账户存储；违反公司章程的规定，未经股东会、股东大会或者董事会同意，将公司资金借贷给他人或者以公司财产为他人提供担保。

③竞业禁止。董事、高级管理人员不得未经股东会或者股东大会同意，自营或者为他人经营与所任职公司同类的业务。

④抵触利益交易与篡夺公司机会的禁止。董事、高级管理人员不得未经股东会或者股东大会同意，利用职务便利为自己或者他人谋取属于公司的商业机会；不得违反公司章程的规定或者未经股东会、股东大会同意，与本公司订立合同或者进行交易。

⑤禁止泄露公司秘密。董事、高级管理人员不得擅自披露公司秘密。

此外，《公司法》还规定，公司的董事、监事、高级管理人员不得利用其关联关系①损害公司利益。

董事、高级管理人员违反忠实义务所得的收入应当归公司所有。

（2）勤勉义务

所谓勤勉义务，又称善管义务、注意义务或谨慎义务，是指董事、监事、高级管理人员应诚信地履行对公司的职责，尽到普通人在类似情况和地位下谨慎的合理注意义务，为实现公司最大利益努力工作。我国《公司法》第一百四十七条对董事、监事、高级管理人员的勤勉义务作了原则性规定。

3. 董事、监事、高级管理人员的责任

董事、监事、高级管理人员若违反法律、行政法规或公司章程规定的各项义务，需承担相应的法律责任。

在责任类型上，包括民事责任、行政责任和刑事责任。修改后的《公司法》加强了对董事、监事、高级管理人员民事责任的规定，具体包括董事、监事、高级管理人员对公司承担的民事责任和对股东承担的民事责任。

前者如第二十一条规定，董事、监事、高级管理人员利用其关联关系损害公司利益，给公司造成损失的，应当承担赔偿责任。第一百一十二条规定，董事应当对董事会的决议承担责任。董事会的决议违反法律、行政法规或者公司章程、股东大会决议，致使公司遭受严重损失的，参与决议的董事对公司负赔偿责任。但经证明在表决时曾表明异议并记载于会议记录的，该董事可以免除责任。第一百四十九条规定，董事、监事、高级管理人员执行公司职务时违反法律、行政法规或者公司章程的规定，给公司造成损

---

① 《公司法》第二百一十六条规定，关联关系，是指公司控股股东、实际控制人、董事、监事、高级管理人员与其直接或者间接控制的企业之间的关系，以及可能导致公司利益转移的其他关系。但是，国家控股的企业之间不仅因为同受国家控股而具有关联关系。

失的，应当承担赔偿责任。

后者如第一百五十二条规定，董事、高级管理人员违反法律、行政法规或者公司章程的规定，损害股东利益的，股东可以向人民法院提起诉讼。

在责任追究方式上，包括直接诉讼方式和派生诉讼方式。

直接诉讼是指公司或者股东在其权利受到董事、监事、高级管理人员违反法律、行政法规或者公司章程的行为侵害时，以自己的名义对侵害者提起的诉讼。我国《公司法》第一百五十一条第 1 款、第一百五十二条对此作了明确规定：董事、高级管理人员执行公司职务时违反法律、行政法规或者公司章程的规定，给公司造成损失的，有限责任公司的股东、股份有限公司连续 180 日单独或者合计持有公司 1% 以上股份的股东，可以书面请求监事会或者不设监事会的有限责任公司的监事向人民法院提起诉讼；监事执行公司职务时违反法律、行政法规或者公司章程的规定，给公司造成损失的，前述股东可以书面请求董事会或者执行董事向人民法院提起诉讼。董事、高级管理人员违反法律、行政法规或者公司章程的规定，损害股东利益的，股东可以向人民法院提起诉讼。

派生诉讼是指公司合法权益受到董事、高级管理人员或者他人的损害时，股东为了公司的利益以自己的名义向法院提起的诉讼。我国原《公司法》并未规定该制度，新《公司法》第一百五十一条第 2 款作了明确规定：当公司合法权益受到董事、高级管理人员或者他人的侵害时，监事会、监事，或者董事会、执行董事收到有限公司的股东、股份有限公司连续 180 日单独或者合计持有公司 1% 以上股份的股东的书面请求后拒绝提起诉讼，或者自收到请求之日起 30 日内未提起诉讼，或者情况紧急、不立即提起诉讼将会使公司利益受到难以弥补的损害的，上述规定的股东有权为了公司利益以自己的名义直接向人民法院提起诉讼。

七、公司的财务会计制度和利润分配

（一）公司的财务会计制度

依《公司法》规定，公司应当依照法律、行政法规和国务院财政主管部门的规定建立公司的财务会计制度，并在每一会计年度终了时制作财务会计报告，并依法经会计师事务所审计。财务会计报告应当依照法律、行政法规和国务院财政部门的规定制作。

有限公司应按章程规定的期限将财务会计报告送交各股东。股份有限公司应在股东大会召开 20 日前将财务会计报告置备于公司供股东查阅；公开发行股票的股份有限公司须公告其财务会计报告。

（二）公司的利润分配

为体现资本维持原则，维护公司正常的生产经营活动，公司在对股东进行利润分配时，应遵循无盈不分、多盈多分、少盈少分的原则，依下列顺序分配公司利润：

（1）弥补公司以前年度的亏损（以税法规定弥补期限为准），缴纳所得税。

（2）弥补税前利润不足以弥补的亏损。但资本公积金不得用于弥补公司的亏损。

（3）提取税后利润 10% 为公司法定公积金，用于弥补公司亏损、扩大公司生产经营或转增资本。当其累计额为公司注册资本 50% 以上时可以不再提取。

（4）经股东会或股东大会作出决议提取任意公积金。

（5）对股东进行分配。分配方式可采用现金分配、增资或发送新股、公积金转增资本的形式进行。有限公司股东按照实缴的出资比例分取红利；以增资方式分配的，股东有权优先按照实缴的出资比例认缴出资。但是，全体股东约定不按照出资比例分取红利或者不按照出资比例优先认缴出资的除外。股份有限公司按照股东持有的股份比例分配，但公司章程规定不按持股比例分配的除外。

需要注意的是，公司持有的本公司股份不得分配利润。如股东会、股东大会或者董事会违反有关规定，在公司弥补亏损和提取法定公积金之前向股东分配利润的，股东必须将违反规定分配的利润退还公司。

八、公司的变更、解散和清算

（一）公司的变更

公司的变更包括公司合并、分立及组织形式的转换。

1. 公司合并

（1）公司合并的概念和形式

一般而言，公司合并是指两个或两个以上的公司依照法定程序归并入其中一个公司或创设一个新公司的法律行为。公司合并有四个特点：①除吸收合并中吸收公司存续外，其余参与合并的公司均归于消灭；②合并后消灭公司的股东当然成为合并后存续公司或新设公司的股东；③合并后消灭公司的资产及债权债务，由合并后存续的公司或新设的公司概括承受，无须进行清算；④合并为参与合并各方公司间的契约行为，而非股东间的契约行为。

公司合并的形式主要有吸收合并和新设合并两种。前者是指一个公司吸收其他公司而存续，被吸收的公司解散的法律行为。后者是指两个或两个以上的公司合并设立为一个新公司，合并的各方均解散的法律行为。

（2）公司合并的程序及法律效力

公司合并的程序一般包括：①参与合并公司的董事会或执行董事提出合并方案；②股东会或股东大会对合并作出特别决议；③签订合并协议；④股东会或股东大会通过合并协议；⑤编制资产负债表和财产清单；⑥通知、公告债权人；⑦实施合并并办理登记。

公司合并的法律效力有三点：①公司设立、变更、消灭的效力。吸收合并中，存续公司发生变更，被吸收公司法人资格消灭；新设公司中，参与合并的各公司法人资格消灭，新设立的公司成立。②股东资格的当然承继。原有股东的股份按合并协议转换为合并后公司的股份。③公司权利义务的概括转移。参与合并的公司的权利义务概括地转移给合并后存续或新设的公司，由其全部承受。

2. 公司分立

公司分立是指一个公司依法定程序分为两个或两个以上公司的法律行为。公司分立的形式有派生分立和新设分立。派生分立是指一个公司在其法人资格存续情况下，分出一部分或若干部分财产成立一个或数个公司的法律行为。新设分立是指将一个公司的财产进行分割，分别设立两个或两个以上的新公司，原公司因此消灭的法律行为。

公司分立的程序及法律后果与公司合并的程序和法律后果基本相同，此不赘述。我国《公司法》规定，公司分立前的债务由分立后的公司承担连带责任。但是，公司在分立前与债权人就债务清偿达成的书面协议另有约定的除外。

3. 公司组织形式的转换

公司组织形式的转换也称公司组织变更，是指原有公司在存续情况下，由一种法定形态转变为另一种法定形态的行为。通常情况下，只有责任形式相近的公司才能进行相互变更。我国《公司法》第九条规定，有限责任公司与股份有限公司可以相互转换，但应当符合法律规定的有限责任公司或者股份有限公司的条件，且公司变更前的债权、债务由变更后的公司承继。

（二）公司的解散和清算

1. 公司解散

公司解散是指公司因法律或章程规定的事由出现而停止营业活动并逐渐终止其法人资格的行为。它是公司主体资格消灭的必经程序。公司解散分为自愿解散和强制解散。

（1）公司解散的法定事由

自愿解散的事由：

①公司章程规定的营业期间届满或者公司章程规定的其他解散事由出现。

②股东会或股东大会决议解散。

③因公司合并或者分立需要解散。

强制解散的事由：

①公司依法被吊销营业执照、责令关闭或者被撤销。我国《公司法》规定，公司因弄虚作假登记成立，情节严重的，撤销其登记或者吊销营业执照；公司成立后无正当理由超过6个月未开业或开业后自行停业连续6个月以上的，吊销营业执照。

②破产解散。

③司法解散。《公司法》第一百八十二条规定，公司经营管理发生严重困难，继续存续会使股东利益受到重大损失，通过其他途径不能解决的，持有公司全部股东表决权10%以上的股东，可以请求人民法院解散公司。根据《最高人民法院关于适用〈中华人民共和国公司法〉若干问题的规定（二）》（以下简称《公司法司法解释（二）》）的规定，单独或者合计持有公司全部股东表决权10%以上的股东，以下列事由之一提起解散公司诉讼的，人民法院应予受理：公司持续两年以上无法召开股东会或者股东大会，公

司经营管理发生严重困难的；股东表决时无法达到法定或者公司章程规定的比例，持续两年以上不能做出有效的股东会或者股东大会决议，公司经营管理发生严重困难的；公司董事长期冲突，且无法通过股东会或者股东大会解决，公司经营管理发生严重困难的；经营管理发生其他严重困难，公司继续存续会使股东利益受到重大损失的情形。

需要注意的是，股东以知情权、利润分配请求权等权益受到损害，或者公司亏损、财产不足以偿还全部债务，以及公司被吊销企业法人营业执照未进行清算等为由，提起解散公司诉讼的，人民法院不予受理。

（2）公司解散的效力

除因合并和分立的原因而解散公司外，公司解散产生如下法律效力：

第一，公司转变为清算中的公司。在清算过程中，公司的权利能力仅限于以清算为目的的活动范围之内。

需要特别注意的是，公司解散并不等于公司消灭，解散后的公司必须经过清算程序并注销后才能最终归于消灭。吊销营业执照的行为属于行政解散行为，并不意味着公司终止。被吊销营业执照后的公司不能从事商事经营活动，但是其法人格仍然存续，可以作为当事人参与诉讼活动。

第二，公司代表机关发生重大变化，原有的公司代表机关丧失其职能。清算组作为清算中公司的代表机关代表清算中的公司执行清算事务。

2. 公司清算

公司清算是指公司解散后，清理其财产及债权债务、分配公司剩余财产、了结公司法律关系、最终消灭公司法人资格的法律程序。公司清算分为破产清算和非破产清算，分别适用破产法和公司法。

（1）清算组的组成及其职权

我国《公司法》第一百八十三条规定，除因合并或者分立需要解散外，公司应当在解散事由出现之日起 15 日内成立清算组，开始自行清算。有限责任公司的清算组由股东组成，股份有限公司的清算组由董事或者股东大会确定的人员组成。

根据《公司法司法解释（二）》的规定，有下列情形之一，债权人、公司股东、董事或其他利害关系人申请人民法院指定清算组进行清算的，人民法院应予受理：①公司解散逾期不成立清算组进行清算的；②虽然成立清算组但故意拖延清算的；③违法清算可能严重损害债权人或者股东利益的。人民法院受理公司清算案件，应当及时指定有关人员组成清算组。清算组成员可以从下列人员或者机构中产生：①公司股东、董事、监事、高级管理人员；②依法设立的律师事务所、会计师事务所、破产清算事务所等社会中介机构；③依法设立的律师事务所、会计师事务所、破产清算事务所等社会中介机构中具备相关专业知识并取得执业资格的人员。

清算组在清算期间行使下列职权：

①清理公司财产，分别编制资产负债表和财产清单；

②通知、公告债权人；

③处理与清算有关的公司未了结的业务；

④清缴所欠税款以及清算过程中产生的税款；

⑤清理债权、债务；

⑥处理公司清偿债务后的剩余财产；

⑦代表公司参与民事诉讼活动。

在清算期间，公司存续，但不得开展与清算无关的经营活动。清算期间，公司机关应停止执行职务，由依法组成的清算组对内组织清算，对外代表公司，依法行使其职权。清算组在清理公司财产、编制资产负债表和财产清单后，应当制订清算方案，并报股东会、股东大会或者人民法院确认。

（2）清算顺序

公司财产在分别支付清算费用、职工工资、社会保险费用和法定补偿金，缴纳所欠税款，清偿公司债务后的剩余财产，有限公司按照股东的出资比例分配，股份有限公司按照股东持有的股份比例分配。

公司财产在未按以上顺序清偿前，不得分配给股东。

（3）清算的终结

清算组清偿完债务，向股东分配完剩余财产后，清算工作结束。公司清算结束后，清算组应当制作清算报告，报股东会、股东大会或者人民法院确认，并报送公司登记机关，申请注销公司登记，公告公司终止。

需要注意的是，人民法院指定的清算组在清理公司财产、编制资产负债表和财产清单时，发现公司财产不足清偿债务的，可以与债权人协商制作有关债务清偿方案。

债务清偿方案经全体债权人确认且不损害其他利害关系人利益的，人民法院可依清算组的申请裁定予以认可。清算组依据该清偿方案清偿债务后，应当向人民法院申请裁定终结清算程序。

债权人对债务清偿方案不予确认或者人民法院不予认可的，清算组应当依法向人民法院申请宣告破产。

（4）清算中的民事责任

根据《公司法》和《公司法司法解释（二）》的规定，清算中的民事责任包括：

①清算组成员承担的民事责任。

清算组成员应当忠于职守，依法履行清算义务。清算组成员不得利用职权收受贿赂或者其他非法收入，不得侵占公司财产。清算组成员因故意或者重大过失给公司或者债权人造成损失的，应当承担赔偿责任。

清算组未按照《公司法》规定履行通知和公告义务，导致债权人未及时申报债权而未获清偿，债权人可主张清算组成员对因此造成的损失承担赔偿责任。

清算组执行未经股东会或者股东大会决议确认的自行清算的清算方案；或者执行未

经人民法院确认的强制清算的清算方案，给公司或者债权人造成损失的，公司、股东、董事、公司其他利害关系人或者债权人可主张清算组成员承担赔偿责任。

清算组成员从事清算事务时，违反法律、行政法规或者公司章程给公司或者债权人造成损失，公司或者债权人可主张其承担赔偿责任。

②股东（或控制股东）、董事及公司实际控制人承担的民事责任。

有限责任公司的股东、股份有限公司的董事和控股股东未在法定期限内成立清算组开始清算，导致公司财产贬值、流失、毁损或者灭失，债权人可主张其在造成损失范围内对公司债务承担赔偿责任。有限责任公司的股东、股份有限公司的董事和控股股东因怠于履行义务，导致公司主要财产、账册、重要文件等灭失，无法进行清算，债权人可主张其对公司债务承担连带清偿责任。上述情形系实际控制人原因造成，债权人可主张实际控制人对公司债务承担相应的民事责任。上述责任人为二人以上的，其中一人或者数人依法承担民事责任后，可主张其他人员按照过错大小分担责任。

有限责任公司的股东、股份有限公司的董事和控股股东，以及公司的实际控制人在公司解散后，恶意处置公司财产给债权人造成损失，或者未经依法清算，以虚假的清算报告骗取公司登记机关办理法人注销登记，债权人可主张其对公司债务承担相应的赔偿责任。

公司未经清算即办理注销登记，导致公司无法进行清算的，债权人可主张有限责任公司的股东、股份有限公司的董事和控股股东，以及公司的实际控制人对公司债务承担清偿责任。上述责任人为二人以上的，其中一人或者数人依法承担民事责任后，可主张其他人员按照过错大小分担责任。公司未经依法清算即办理注销登记，股东或者第三人在公司登记机关办理注销登记时承诺对公司债务承担责任，债权人可主张其对公司债务承担相应的民事责任。

公司财产不足以清偿债务时，债权人可主张未缴出资股东，以及公司设立时的其他股东或者发起人在未缴出资范围内对公司债务承担连带清偿责任。

第二节 破产法

一、破产法概述

（一）破产与破产法的概念

"破产"一词源于拉丁语 falletux，意思为失败，我国汉语释义为"倾家荡产""失败"。就一般意义而言，破产是指债务人世间能清偿债务的事实状态，即事实上的破产。法律意义上的破产是指债务人不能清偿到期债务时，法院对债务人的所有财产公平清偿给所有债权人的特殊偿债程序。

破产法是破产制度的法律表现形式。破产法起源于罗马法。随着商品经济的发展，破产制度逐步建立并日趋完善。当今世界许多国家都已颁布了破产法或在有关法律中作出了关于破产的规定。虽然不同国家关于破产立法体例不尽相同，具体内容差异较大，但总的来说，破产法无非包括实体法和程序法两方面。实体法的内容主要包括破产界限，破产财产及其清偿，破产债权等，程序法的内容主要包括破产申请的提出和受理，债权人会议，重整制度和和解制度等。

我国在 1986 年制定了新中国第一部破产法——《中华人民共和国企业破产法（试行）》，该法仅适用于全民所有制企业的破产。1991 年制定的《中华人民共和国民事诉讼法》设专章"企业法人破产还债程序"，调整具有法人资格的非国有企业的破产。为规范企业破产程序，公平清理债权债务，保护债权人和债务人的合法权益，维护社会主义市场经济秩序，2006 年 8 月 27 日，《中华人民共和国企业破产法》（以下简称《破产法》）在经过 12 年的风风雨雨后终于"破茧而出"。它标志着我国第一部具有现代意义的市场经济的破产法的诞生，必将对我国社会主义市场经济法律体系的完善产生深远的影响。

（二）破产法的作用

破产法的法律意义上的直接作用体现在保护债权，它可终止债务的拖延，促使债务人以其最大偿债能力满足不同债权人的债权。

从经济意义上分析，破产法体现了淘汰与约束作用。前者表现为通过破产能够合理调整产业和产品结构，有助于资源的优化配置，提高企业的管理水平，提升企业的整体素质。后者表现为破产是一种很强的预警，加大了企业经营的风险度。它可促使所有者谨慎投资，慎重选择和监督经营者，也加强了对经营者的约束力，使其不断提高自己的经营管理能力，避免承担因企业破产所带来的各种责任。同时，它还可促使企业职工的个人利益与企业整体利益相结合。

二、破产程序的开始

（一）破产程序开始的实质要件

一般认为，破产程序开始的实质要件有二：破产能力和破产原因。

破产能力是指债务人可受破产宣告的资格。一般存在两种模式，即一般破产主义和商人破产主义。我国《破产法》规定，我国原则上采用企业法人破产主义，一切企业法人均具破产能力。其他法律规定企业法人以外的组织的清算，属于破产清算的，参照适用《破产法》规定的程序。

破产原因又称破产界限，是指债务人应受破产宣告的条件或事实。国外主要存在列举主义和概括主义两种立法模式。前者对债务人应受破产宣告的事实逐一列举，为英美法系国家所采纳。后者将债务人应受破产宣告的事实进行高度抽象概括，谓之破产原因，为大陆法系国家所采纳。依不同国家，破产原因又可表述为"停止支付"和"不能支付"。停止支付是债务人向债权人表示已不再清偿到期债务的行为，它为法国、比利时等国所采用。不能支付是债务人因丧失偿付能力，对已届清偿期的债务全部或大部分不能清偿的状态，为德国、日本等大陆法系国家所采用。各国破产法一般还把"资不抵债"作为法人的破产原因，它是指债务总额超过其财产总额的状态。

我国破产法采取的是概括主义的立法模式。依《破产法》和《最高人民法院关于适用〈中华人民共和国企业破产法〉若干问题的规定（一）》（以下简称《破产法司法解释（一）》）的规定，债务人不能清偿到期债务并且具有下列情形之一的，人民法院应当认定其具备破产原因：①资产不足以清偿全部债务；②明显缺乏清偿能力。相关当事人以对债务人的债务负有连带责任的人未丧失清偿能力为由，主张债务人不具备破产原因的，人民法院应不予支持。

根据《破产法司法解释（一）》的规定，下列情形同时存在的，人民法院应当认定债务人不能清偿到期债务：①债权债务关系依法成立；②债务履行期限已经届满；③债务人未完全清偿债务。债务人的资产负债表，或者审计报告、资产评估报告等显示其全部资产不足以偿付全部负债的，人民法院应当认定债务人资产不足以清偿全部债务，但有相反证据足以证明债务人资产能够偿付全部负债的除外。债务人账面资产虽大于负债，但存在下列情形之一的，人民法院应当认定其明显缺乏清偿能力：①因资金严重不足或者财产不能变现等原因，无法清偿债务；②法定代表人下落不明且无其他人员负责管理财产，无法清偿债务；③经人民法院强制执行，无法清偿债务；④长期亏损且经营扭亏困难，无法清偿债务；⑤导致债务人丧失清偿能力的其他情形。

依我国《破产法》规定，将"支付不能"和"资不抵债"并列为破产原因，即采用概括主义立法模式。

（二）破产程序开始的形式要件

1. 破产申请的提出

关于破产开始的程序，各国破产法有两种立法例，即申请主义和职权主义。申请主义是法院依关系人申请而开始破产程序；职权主义则是法院在无关系人申请的情况下依其职权开始破产程序，各国主要采取以申请主义为主，职权主义为辅的原则。我国破产法采取申请主义原则。

各国立法均规定，债务人和债权人都是破产申请权人。有的国家还规定债务人公司的股东、检察官、和解阶段的财产管理人等也有申请权。我国《破产法》规定，债权人和债务人享有破产申请权。企业法人已解散但未清算或者未清算完毕，资产不足以清偿债务的，依法负有清算义务的人应当向人民法院申请破产清算。

依我国《破产法》规定，向人民法院提出破产申请，应当提交破产申请书和有关证据。破产申请书应当载明下列事项：①申请人、被申请人的基本情况；②申请目的；③申请的事实和理由；④人民法院认为应当载明的其他事项。债务人提出申请的，还应当向人民法院提交财产状况说明、债务清册、债权清册、有关财务会计报告、职工安置预案以及职工工资的支付和社会保险费用的缴纳情况。根据《破产法司法解释（一）》的规定，债权人申请债务人破产的，应当提交债务人不能清偿到期债务的有关证据。

2. 破产申请的受理

破产申请的受理，又称"立案"，是指法院对申请人提出的破产申请进行审查，认为符合受理条件并予以立案的司法行为。破产申请的受理，是破产程序开始的标志。

（1）对破产申请的审查和受理

债权人提出破产申请的，人民法院应当自收到申请之日起 5 日内通知债务人。债务人对申请有异议的，应当自收到人民法院的通知之日起 7 日内向人民法院提出。人民法院应当自异议期满之日起 10 日内裁定是否受理。若无异议，人民法院应当自收到破产申请之日起 15 日内裁定是否受理。有特殊情况需要延长前两款规定的裁定受理期限的，经上一级人民法院批准，可以延长 15 日。依我国《破产法》和《破产法司法解释（一）》的规定，人民法院收到破产申请的，应当向申请人出具收到申请及所附证据的书面凭证。人民法院收到破产申请后应当及时对申请人的主体资格、债务人的主体资格和破产原因，以及有关材料和证据等进行审查。债权人提出破产申请的，人民法院应当自收到申请之日起 5 日内通知债务人。债务人对申请有异议的，应当自收到人民法院的通知之日起 7 日内向人民法院提出。人民法院应当自异议期满之日起 10 日内裁定是否受理。若无异议，人民法院应当自收到破产申请之日起 15 日内裁定是否受理。有特殊情况需要延长前两款规定的裁定受理期限的，经上一级人民法院批准，可以延长 15 日。根据《破产法司法解释（一）》的规定，债务人对债权人的申请未在法定期限内向人民法院提出异议，或者异议不成立的，人民法院应当依法裁定受理破产申请。

人民法院裁定不受理破产申请的，应当自裁定作出之日起 5 日内送达申请人并说明理由。申请人对裁定不服的，可以自裁定送达之日起 10 日内向上一级人民法院提起上诉。人民法院受理破产申请后至破产宣告前，经审查发现债务人不符合破产原因的，可以裁定驳回申请。申请人对裁定不服的，可以自裁定送达之日起 10 日内向上一级人民法院提起上诉。

根据《破产法司法解释（一）》的规定，受理破产申请后，人民法院应当责令债务人依法提交其财产状况说明、债务清册、债权清册、财务会计报告等有关材料，债务人拒不提交的，人民法院可以对债务人的直接责任人员采取罚款等强制措施。申请人向人民法院提出破产申请，人民法院未接收其申请，或者未出具收到申请及所附证据的书面凭证的，申请人可以向上一级人民法院提出破产申请。上一级人民法院接到破产申请后，应当责令下级法院依法审查并及时作出是否受理的裁定；下级法院仍不作出是否受理裁定的，上一级人民法院可以径行作出裁定。上一级人民法院裁定受理破产申请的，可以同时指令下级人民法院审理该案件。

（2）破产申请受理后的效力

人民法院受理破产申请后，债务人对个别债权人的债务清偿无效。债务人的债务人或者财产持有人应当向管理人清偿债务或者交付财产。有关债务人财产的保全措施应当解除，执行程序应当中止。人民法院受理破产申请后，已经开始而尚未终结的有关债务人的民事诉讼或者仲裁应当中止；在管理人接管债务人的财产后，该诉讼或者仲裁继续进行。人民法院受理破产申请后，有关债务人的民事诉讼，只能向受理破产申请的人民法院提起。

依法开始的破产程序，对债务人在中华人民共和国领域外的财产发生效力。

对外国法院作出的发生法律效力的破产案件的判决、裁定，涉及债务人在中华人民共和国领域内的财产，申请或者请求人民法院承认和执行的，人民法院依照中华人民共和国缔结或者参加的国际条约，或者按照互惠原则进行审查，认为不违反中华人民共和国法律的基本原则，不损害国家主权、安全和社会公共利益，不损害中华人民共和国领域内债权人的合法权益的，裁定承认和执行。

3. 破产案件的管辖

破产程序是一种司法程序，由法院主管。法院在破产案件中以国家审判机关的身份主持整个破产程序，决定并监督破产程序的开始、进行、中止和终结。我国法律将破产案件的管辖分为地域管辖和级别管辖。

（1）地域管辖

破产案件由债务人住所地人民法院管辖。债务人住所地为企业法人主要办事机构所在地。

（2）级别管辖

基层人民法院一般管辖县、县级市或区的工商行政管理机关核准登记的企业破产案件，中级人民法院一般管辖地区，地级市（含本级）以上工商行政管理机关核准登记的企业破产案件。

（三）债权的申报

人民法院受理破产申请后，应当确定债权人申报债权的期限。债权申报期限自人民法院发布受理破产申请公告之日起计算，最短不得少于30日，最长不得超过3个月。债权人应当在人民法院确定的债权申报期限内向管理人申报债权。附条件、附期限的债权和诉讼、仲裁未决的债权，债权人可以申报。

需要注意的是，依我国《破产法》规定，债务人所欠职工的工资和医疗、伤残补助、抚恤费用，所欠的应当划入职工个人账户的基本养老保险、基本医疗保险费用，以及法律、行政法规规定应当支付给职工的补偿金，不必申报，由管理人调查后列出清单并予以公示。职工对清单记载有异议的，可以要求管理人更正；管理人不予更正的，职工可以向人民法院提起诉讼。

债权人申报债权时，应当书面说明债权的数额和有无财产担保，并提交有关证据。申报的债权是连带债权的，应当说明。连带债权人可以由其中一人代表全体连带债权人申报债权，也可以共同申报债权。

在人民法院确定的债权申报期限内,债权人未申报债权的,可以在破产财产最后分配前补充申报;但是,此前已进行的分配,不再对其补充分配。为审查和确认补充申报债权的费用,由补充申报人承担。债权人未依破产法规定申报债权的,不得依照破产法规定的程序行使权利。

管理人收到债权申报材料后,应当登记造册,对申报的债权进行审查,并编制债权表。债权表和债权申报材料由管理人保存,供利害关系人查阅。

三、管理人

(一) 管理人的概念、选任方式和任职资格

作为破产程序中的重要机构,管理人是指在破产程序进行过程中负责债务人或破产人财产的管理、处分、业务经营以及破产方案拟订和执行的专门机构。大陆法系国家一般称为破产财产管理人或破产管理人,英美法系国家通常称为破产受托人。

国外管理人的选任方式有三种立法模式①:法院指定、债权人会议选任、债权人选任和法定权力机关指定。

根据我国《破产法》和《最高人民法院关于审理企业破产案件指定管理人的规定》(以下简称《指定管理人规定》)的相关规定,人民法院裁定受理破产申请后,应当同时指定管理人。债权人会议认为管理人不能依法、公正执行职务或者有其他不能胜任职务情形的,可以申请人民法院予以更换。管理人指定的流程为:由各高级人民法院或高级人民法院授权的中级人民法院编制管理人名册;编制管理人名册的人民法院应当组成专门的评审委员会,制定管理人评定标准并决定编入管理人名册的社会中介机构和个人名单;审理破产案件的法院从管理人名册中按照轮候、抽签、摇号等随机方式公开指定管理人。破产案件受理前,根据有关规定已经成立清算组且人民法院认为案件事实清楚、债权债务关系简单、债务人财产相对集中的破产案件,可以指定清算组为管理人。《指定管理人规定》还以列举的方式分别对机构管理人和个人管理人的法定更换事由作出了明确规定。

管理人可以由有关部门、机构的人员组成的清算组或者依法设立的律师事务所、会计师事务所、破产清算事务所等社会中介机构担任。人民法院根据债务人的实际情况,可以在征询有关社会中介机构的意见后,指定该机构具备相关专业知识并取得执业资格的人员担任管理人。个人担任管理人的,应当参加执业责任保险。

有下列情形之一的,不得担任管理人:①因故意犯罪受过刑事处罚;②曾被吊销相关专业执业证书;③与本案有利害关系;④人民法院认为不宜担任管理人的其他情形。个人担任管理人的,应当参加执业责任保险。

(二) 管理人的职责

管理人主要履行以下职责:①接管债务人的财产、印章和账册、文书等资料;②调

① 邹海林.破产程序和破产实体制度比较研究[M].北京:法律出版社,1995:226-227.

查债务人财产状况，制作财产状况报告；③决定债务人的内部管理事务；④决定债务人的日常开支和其他必要开支；⑤在第一次债权人会议召开之前，决定继续或者停止债务人的营业；⑥管理和处分债务人的财产；⑦代表债务人参加诉讼、仲裁或者其他法律程序；⑧提议召开债权人会议；⑨人民法院认为管理人应当履行的其他职责。

（三）管理人的权利与义务

管理人对破产申请受理前成立而债务人和对方当事人均未履行完毕的合同有权决定解除或者继续履行，并通知对方当事人。管理人自破产申请受理之日起 2 个月内未通知对方当事人，或者自收到对方当事人催告之日起 30 日内未答复的，视为解除合同。管理人决定继续履行合同的，对方当事人应当履行；但是，对方当事人有权要求管理人提供担保。管理人不提供担保的，视为解除合同。

管理人在执行职务过程中，经人民法院许可，可以聘用必要的工作人员。

管理人有获得报酬的权利。管理人的报酬由人民法院决定，债权人会议对其报酬有异议的，有权向人民法院提出。

管理人应当履行善良管理人的注意义务，勤勉尽责，忠实执行职务。

管理人未勤勉尽责，忠实执行职务的，人民法院可以依法处以罚款；给债权人、债务人或者第三人造成损失的，依法承担赔偿责任；构成犯罪的，依法追究刑事责任。

四、债权人会议

（一）债权人会议的性质和地位

债权人会议是由债权人组成的代表全体债权人参加破产程序并集体行使权利的决议机构。在破产程序中，债权人会议不是一个常设机构，只是在需要议决有关事项时，债权人会议才被召集、讨论议决有关事项。它也不是一个执行机关，其所做出的各项决议由管理人等相应机构执行。债权人会议虽然不是民法上的权利主体或者非法人团体，也不具有诉讼法上的诉讼能力，但在破产程序中，它有独立的意思表示能力①。从本质上讲，债权人会议是具有独立地位的意思表示机关，而不是临时的集会组织。

（二）债权人会议的组成和召集

债权人会议由依法申报债权的债权人组成。

第一次债权人会议由人民法院召集，自债权申报期限届满之日起 15 日内召开。以后的债权人会议，在人民法院认为必要时，或者管理人、债权人委员会、占债权总额 1/4 以上的债权人向债权人会议主席提议时召开。召开债权人会议，管理人应当提前 15 日通知已知的债权人。债权人会议设主席一人，由人民法院从有表决权的债权人中指定。债权人会议主席主持债权人会议。

（三）债权人会议的职权及决议

债权人会议行使下列职权：①核查债权；②申请人民法院更换管理人，审查管理人

---

① 赵万一. 商法［M］. 北京：中国人民大学出版社，2003：368.

的费用和报酬；③监督管理人；④选任和更换债权人委员会成员；⑤决定继续或者停止债务人的营业；⑥通过重整计划；⑦通过和解协议；⑧通过债务人财产的管理方案；⑨通过破产财产的变价方案；⑩通过破产财产的分配方案；⑪人民法院认为应当由债权人会议行使的其他职权。

依法申报债权的债权人享有表决权。债权尚未确定的债权人，除人民法院能够为其行使表决权而临时确定债权额的外，不得行使表决权。对债务人的特定财产享有担保权的债权人，未放弃优先受偿权利的，对上述第⑦、⑩项事项不享有表决权。债权人可以委托代理人出席债权人会议，行使表决权。代理人出席债权人会议，应当向人民法院或者债权人会议主席提交债权人的授权委托书。

债权人会议的决议，由出席会议的有表决权的债权人过半数通过，并且其所代表的债权额占无财产担保债权总额的1/2以上。但是，债权人会议通过重整计划草案，须由出席会议的同一表决组的债权人过半数同意，并且其所代表的债权额占该组债权总额的2/3以上。债权人会议通过和解协议的决议，须由出席会议的有表决权的债权人过半数同意，并且其所代表的债权额占无财产担保债权总额的2/3以上。债权人会议的决议，对于全体债权人均有约束力。

（四）债权人委员会

债权人会议可以决定设立债权人委员会。债权人委员会由债权人会议选任的债权人代表和1名债务人的职工代表或者工会代表组成。债权人委员会成员不得超过9人，其成员应当经人民法院书面决定认可。

债权人委员会行使下列职权：①监督债务人财产的管理和处分；②监督破产财产分配；③提议召开债权人会议；④债权人会议委托的其他职权。

债权人委员会执行职务时，有权要求管理人、债务人的有关人员对其职权范围内的事务作出说明或者提供有关文件。如其拒绝接受监督的，债权人委员会有权就监督事项请求人民法院作出决定。

五、重整

（一）重整的概念及特征

重整（reorganization），是指对已具破产原因或可能有破产原因而又有再生希望的债务人实施的旨在挽救其生存的法律程序。其目的不在于公平分配债务人财产，因而有别于破产程序；其手段为调整债权人、股东及其他利益关系人与重整企业的利益关系，并限制担保物权的行使，故又有别于和解程序。它是一种积极的挽救债务人避免破产，获得更生的制度。我国《破产法》设专章规定了重整制度。

重整具有以下特征：

（1）重整对象的特定化。基于重整的特殊性，多数国家或地区均将其对象限制在较小范围，如股份有限公司。

（2）重整原因的宽松化。重整申请人申请重整程序的开始，并不限于不能清偿到期债务。对于因经营或财务困难将要无力偿债的企业法人也可适用重整程序。

（3）重整措施的多样化。其包括债权人对债务人妥协让步、企业部分或整体出让、合并与分立、追加投资、租赁经营等。

（4）重整主体的广泛化。重整程序的参加者不仅包括债权人和债务人，还包括股东（出资人）。

（5）重整程序的优先化。重整程序一旦启动，不仅正在进行的一般民事执行程序应当中止，而且正在进行的破产程序和和解程序也应当中止。当破产申请、和解申请和重整申请同时并存时，法院应当优先受理重整申请。

（二）重整程序的开始

1. 发动程序的条件

（1）依我国破产法规定，只有企业法人才可适用重整程序。

（2）企业法人不能清偿或者将会不能清偿到期债务，且资产不足以清偿全部债务或者明显缺乏清偿能力的，或者有明显丧失清偿能力可能的。

2. 申请与受理

依多数国家或地区的立法规定，重整程序的开始由申请与受理构成。申请是重整程序开始的唯一依据。程序的开始须由有申请资格的当事人提出。我国破产法规定，债务人、债权人或者出资额占债务人注册资本 1/10 以上的出资人，可以直接向人民法院申请或者在人民法院受理破产申请后、宣告债务人破产前，向人民法院申请重整。

人民法院经审查认为重整申请符合法律规定的，应当裁定债务人重整，并予以公告。

（三）重整期间的营业

1. 重整期间的概念

重整期间是指法院裁定许可债务人重整之日起，至重整程序终止时的法定期间。其目的在于防止债权人在重整期间对债务人及其财产采取诉讼或其他程序，以保护企业的正常运作和制订重整计划。

2. 自动停止

自动停止是重整期间对债务人营运价值的保护措施，旨在制止债权人的一切个别追讨行为。依破产法规定，这些保护措施主要有：

（1）重整申请受理后，应当中止一切有关债务人财产的其他民事执行程序和其他保全措施，已开始尚未审结的有关债务人财产或者权利的民事诉讼也应中止。

（2）重整期间，对债务人的特定财产享有的担保权暂停行使。但是，担保物有损坏或者价值明显减少的可能，足以危害担保权人权利的，担保权人可以向人民法院请求恢复行使担保权。

（3）重整期间，债务人的出资人不得请求投资收益分配。债务人的董事、监事、高级管理人员不得向第三人转让其持有的债务人的股权。但是，经人民法院同意的除外。

3. 重整期间的营业机构

在重整期间，经债务人申请，人民法院批准，债务人可以在管理人的监督下自行管理财产和营业事务。依法已接管债务人财产和营业事务的管理人应当向债务人移交财产和营业事务，管理人的职权由债务人行使。

管理人负责管理财产和营业事务的，可以聘任债务人的经营管理人员负责营业事务。

在重整期间，有下列情形之一的，经管理人或者利害关系人请求，人民法院应当裁定终止重整程序，并宣告债务人破产：①债务人的经营状况和财产状况继续恶化，缺乏挽救的可能性；②债务人有欺诈、恶意减少债务人财产或者其他显著不利于债权人的行为；③由于债务人的行为致使管理人无法执行职务。

（四）重整计划

1. 重整计划的制订

重整计划是指以旨在维持债务人的继续营业，谋求债务人的再生并清理债权债务关系为内容的协议。其类似于和解程序中的和解协议，是重整程序中最为重要的法定文件。

依我国破产法规定，债务人自行管理财产和营业事务的，由债务人制作重整计划草案。管理人负责管理财产和营业事务的，由管理人制作重整计划草案。

重整计划草案应当包括下列内容：①债务人的经营方案；②债权分类；③债权调整方案；④债权受偿方案；⑤重整计划的执行期限；⑥重整计划执行的监督期限；⑦有利于债务人重整的其他方案。

2. 重整计划的通过和批准

依我国破产法规定，债务人或者管理人应当自人民法院裁定债务人重整之日起6个月内，同时向人民法院和债权人会议提交重整计划草案。上述期限届满，经债务人或者管理人请求，有正当理由的，人民法院可以裁定延期3个月。债务人或者管理人未按期提出重整计划草案的，人民法院应当裁定终止重整程序，并宣告债务人破产。

法院应当自收到重整计划草案之日起30日内召开债权人会议，对重整计划草案进行表决。债权人会议应当按照规定的债权分类，对重整计划草案进行分组表决。出席会议的同一表决组的债权人过半数同意重整计划草案，并且其所代表的债权额占该组债权总额的2/3以上的，即为该组通过重整计划草案。各表决组均通过重整计划草案时，重整计划即为通过。

自重整计划通过之日起10日内，债务人或者管理人应当向人民法院提出批准重整计划的申请。人民法院经审查认为符合法律规定的，应当自收到申请之日起30日内裁定批准，终止重整程序，并予公告。

部分表决组未通过重整计划草案的，债务人或者管理人可以同未通过重整计划草案的表决组协商。该表决组可以在协商后再表决一次。双方协商的结果不得损害其他表决组的利益。未通过重整计划草案的表决组拒绝再次表决或者再次表决仍未通过重整计划草案，但重整计划草案符合法律特别规定的，债务人或者管理人可以申请人民法院批准重整计划草案。人民法院经审查认为符合法律规定的，应当自收到申请之日起 30 日内裁定批准，终止重整程序，并予公告。

重整计划草案未获得债权人会议通过或者人民法院批准的，人民法院应当裁定终止重整程序，并宣告债务人破产。

3. 重整计划的效力、执行与终止

经人民法院裁定批准的重整计划，对债务人和全体债权人均有约束力。债权人未依法申报债权的，在重整计划执行期间不得行使权利；在重整计划执行完毕后，可以按照重整计划规定的同类债权的清偿条件行使权利。债权人对债务人的保证人和其他连带债务人所享有的权利，不受重整计划的影响。

重整计划由债务人负责执行。人民法院裁定批准重整计划后，已接管财产和营业事务的管理人应当向债务人移交财产和营业事务。自人民法院裁定批准重整计划之日起，在重整计划规定的监督期内，由管理人监督重整计划的执行。在监督期内，债务人应当向管理人报告重整计划执行情况和债务人财务状况。

监督期届满时，管理人应当向人民法院提交监督报告。自监督报告提交之日起，管理人的监督职责终止。管理人向人民法院提交的监督报告，重整计划的利害关系人有权查阅。经管理人申请，人民法院可以裁定延长重整计划执行的监督期限。

债务人不能执行或者不执行重整计划的，人民法院经管理人或者利害关系人请求，应当裁定终止重整计划的执行，并宣告债务人破产。

六、和解

（一）和解的概念及特征

和解是指具备破产原因的债务人，为避免破产清算，与债权人在互谅互让的基础上，就债务人延期清偿债务、减少债务数额等事项达成协议，以中止破产程序，防止企业破产的法律制度。

和解具有以下特征：

（1）债务人已经具备破产原因。

（2）由债务人提出和解申请。

（3）和解协议内容一般是债权人作出延期或分期偿还债务、减少债务或利息、放弃利息或者同意第三人承担债务等让步。

（4）和解目的和直接后果在于中止破产程序，防止债务人破产。

（5）和解协议是债务人与债权人团体之间自愿达成的协议。和解协议的生效采取债权人"多数决"原则，以法定多数债权人同意为条件，一旦生效，对全体债权人均有约束力。

（6）和解程序受法定机关的监督。为保证和解程序公正合法，各国均将和解程序置于特定机关（多为审判机关）的监督之下。

（二）和解协议的提出与成立

债务人可以依照破产法规定，直接向人民法院申请和解；也可以在人民法院受理破产申请后、宣告债务人破产前，向人民法院申请和解。

债务人申请和解，应当提出和解协议草案。人民法院经审查认为和解申请符合法律规定的，应当裁定许可进行和解，予以公告，并召集债权人会议讨论和解协议草案。

债权人会议通过和解协议的决议，须由出席会议的有表决权的债权人过半数同意，并且其所代表的债权额，应当占已确定的无财产担保的债权总额的 2/3 以上。

和解协议草案经债权人会议表决未获得通过，或者已经债权人会议通过的和解协议未获得人民法院认可的，人民法院应当裁定终止和解程序，并宣告债务人破产。

（三）和解协议的履行及其法律后果

经人民法院裁定认可的和解协议，对债务人和全体和解债权人均有约束力。

在和解协议履行期间，债务人的企业法人地位不变，企业的法定代表人继续依法代表企业法人行使职权，但其经营活动、财产管理受债权人会议、管理人和人民法院的监督。

和解协议生效的法律后果有二：

1. 终止和解程序

债权人会议通过和解协议的，由人民法院裁定认可，终止和解程序，并予以公告。管理人应当向债务人移交财产和营业事务，并向人民法院提交执行职务的报告。

2. 解除破产保全处分

破产保全以破产程序进行为前提，和解协议一旦生效，破产程序即中止，破产保全处分也就失去效力。

（四）和解协议的无效和终止

因债务人的欺诈或者其他违法行为而成立的和解协议，人民法院应当裁定无效，并宣告债务人破产。

债务人不能执行或者不执行和解协议的，人民法院经和解债权人请求，应当裁定终止和解协议的执行，并宣告债务人破产。

人民法院受理破产申请后，债务人与全体债权人就债权债务的处理自行达成协议的，可以请求人民法院裁定认可，并终结破产程序。

七、破产清算

（一）破产宣告

破产宣告是指受理破产案件的法院依法定程序对已具备破产要件的债务人所做出的宣告其为破产人的司法审判行为。

债务人被宣告破产后，债务人称为破产人，债务人财产称为破产财产，人民法院受理破产申请时对债务人享有的债权称为破产债权。

破产宣告前，有下列情形之一的，人民法院应当裁定终结破产程序，并予以公告：①第三人为债务人提供足额担保或者为债务人清偿全部到期债务的；②债务人已清偿全部到期债务的。

（二）破产财产与破产债权

1. 破产财产

破产财产在国外又称破产财团，是指在破产宣告后，根据法律规定可以依法定程序对债权人的债权进行清偿的破产企业的财产。依我国《破产法》规定，破产申请受理时属于破产人的全部财产，以及破产申请受理后至破产程序终结前破产人取得的财产，为破产财产。

人民法院受理破产申请前1年内，涉及破产人财产的下列行为，管理人有权请求人民法院予以撤销：①无偿转让财产的；②以明显不合理的价格进行交易的；③对没有财产担保的债务提供财产担保的；④对未到期的债务提前清偿的；⑤放弃债权的。其所对应的财产列入破产财产。人民法院受理破产申请前6个月内，破产人已达破产界限，但仍对个别债权人进行清偿的，管理人有权请求人民法院予以撤销（个别清偿使破产人财产受益的除外）。涉及破产人财产的下列行为无效：①为逃避债务而隐匿、转移财产的；②虚构债务或者承认不真实的债务的。

对上述行为而取得的破产人的财产，管理人有权追回，并将其列入破产财产。

但人民法院受理破产申请后，破产人占有的不属于破产人的财产，该财产的权利人可以通过管理人取回。但法律另有规定的除外。人民法院受理破产申请时，出卖人已将买卖标的物向作为买受人的破产人发运，破产人尚未收到且未付清全部价款的，出卖人可以取回在运途中的标的物。但管理人可以支付全部价款，请求出卖人交付标的物。

2. 破产债权

破产债权是指人民法院受理破产申请时对债务人享有的债权。

对破产人的特定财产享有担保权的权利人，对该特定财产享有优先受偿的权利。前述债权人行使优先受偿权利未能完全受偿的，其未受偿的债权作为普通债权；放弃优先受偿权利的，其债权作为普通债权。

债权人在破产申请受理前对破产人负有债务的，可以向管理人主张抵销。但是，有下列情形之一的，不得抵销：①破产人的债务人在破产申请受理后取得他人对破产人的债权的；②债权人已知破产人有不能清偿到期债务或者破产申请的事实，对破产人负担债务的；但是，债权人因为法律规定或者有破产申请1年前所发生的原因而负担债务的除外；③破产人的债务人已知破产人有不能清偿到期债务或者破产申请的事实，对破产人取得债权的；但是，破产人的债务人因为法律规定或者有破产申请1年前所发生的原因而取得债权的除外。

（三）破产财产的变价和分配

1. 破产财产的变价

破产财产的变价，是指破产管理人将非金钱破产财产通过合法方式加以出让，使之转化为金钱形态，以便于清算分配的行为。

管理人应当及时拟订破产财产变价方案，提交债权人会议讨论，并按照债权人会议通过的或者人民法院依法裁定的破产财产变价方案，适时变价出售破产财产。

变价出售破产财产应当通过拍卖进行。但是，债权人会议另有决议的除外。破产企业可以全部或者部分变价出售。企业变价出售时，可以将其中的无形资产和其他财产单独变价出售。按照国家规定不能拍卖或者限制转让的财产，应当按照国家规定的方式处理。

2. 破产费用和共益债务

（1）破产费用

破产费用是指破产程序开始后，为破产程序的进行和全体债权人的共同利益而在破产财产的管理、变价和分配中产生的费用，以及为破产财产进行诉讼和办理其他事务而支付的费用。依新《破产法》规定，破产费用包括：①破产案件的诉讼费用；②管理、变价和分配债务人财产的费用；③管理人执行职务的费用、报酬和聘用工作人员的费用。

（2）共益债务

共益债务又称财团债务，是指破产程序中为全体债权人的共同利益而管理、变价和分配破产财产而负担的债务。与之相对应的权利称为共益债权。我国现行破产法没有关于共益债务的规定。新《破产法》规定，人民法院受理破产案件后发生的下列债务为共益债务：①因管理人或者债务人请求对方当事人履行双方均未履行完毕的合同所产生的债务；②债务人财产受无因管理所产生的债务；③因债务人不当得利所产生的债务；④为债务人继续营业而应支付的劳动报酬和社会保险费用以及由此产生的其他债务；⑤管理人或者相关人员执行职务致人损害所产生的债务；⑥债务人财产致人损害所产生的债务。

破产费用和共益债务由债务人财产随时清偿。债务人财产不足以清偿所有破产费用和共益债务的，先行清偿破产费用。债务人财产不足以清偿所有破产费用或者共益债务的，按照比例清偿。债务人财产不足以清偿破产费用的，管理人应当提请人民法院终结破产程序。人民法院应当自收到请求之日起15日内裁定终结破产程序，并予以公告。

3. 破产财产的分配

破产财产的分配是指破产管理人将变价后的破产财产依照法定顺序和程序，并经债权人会议通过的分配方案，对全体破产债权人进行平等清偿的程序。破产财产的分配，是破产清算的最后阶段，分配的结束也是破产程序终结的原因之一。

破产财产在优先清偿破产费用和共益债务后，依照下列顺序清偿：①破产人所欠职工的工资和医疗、伤残补助、抚恤费用，所欠的应当划入职工个人账户的基本养老保险、基本医疗保险费用，以及法律、行政法规规定应当支付给职工的补偿金。②破产人欠缴的除前项规定以外的社会保险费用和破产人所欠税款。③普通破产债权。破产财产不足以清偿同一顺序的清偿要求的，按照比例分配①。破产财产的分配应当以货币分配方式进行。但是，债权人会议另有决议的除外。

自破产程序终结之日起2年内，有下列情形之一的，债权人可以请求人民法院按照破产财产分配方案进行追加分配：①发现破产人有依法应当追回的财产的；②发现破产人有应当供分配的其他财产的。但上述财产数量不足以支付分配费用的，不再进行追加分配，由人民法院将其上交国库。

（四）破产程序的终结

破产程序的终结，是指在破产程序进行中，因法定事由的发生，由法院裁定结束破产程序。终结破产程序的法定事由有以下几种情况：

（1）债务人有《破产法》规定的不予宣告破产的法定事由。

（2）破产财产分配完毕。

（3）债权人与债务人达成庭外和解。

（4）破产财产不足以支付破产费用。

破产程序终结后，债权债务关系即行消灭，未得到清偿的债权不再清偿。破产程序终结后，破产管理人应当向破产企业原登记机关办理破产企业的注销登记。至此，破产企业的法人资格宣告彻底消灭。

八、法律责任

（一）民事责任

企业董事、监事或者高级管理人员违反忠实义务、勤勉义务，致使所在企业破产的，依法承担民事责任。上述人员自破产程序终结之日起3年内不得担任任何企业的董事、监事、高级管理人员。

债务人在人民法院受理破产申请前1年内，无偿转让财产的、以明显不合理的价格进行交易的、对没有财产担保的债务提供财产担保的、对未到期的债务提前清偿的、放弃债权的；或者在人民法院受理破产申请前6个月内，债务人已达破产界限，但仍对个别债权人进行清偿的；或者为逃避债务而隐匿、转移财产的、虚构债务或者承认不真实的债务的，上述行为损害债权人利益的，债务人的法定代表人和其他直接责任人员依法承担赔偿责任。

---

① 破产人在《破产法》公布之日前所欠职工的工资和医疗、伤残补助、抚恤费用，所欠的应当划入职工个人账户的基本养老保险、基本医疗保险费用，以及法律、行政法规规定应当支付给职工的补偿金，依照该顺序清偿后不足以清偿的部分，以破产法规定的特定财产优先于对该特定财产享有担保权的权利人受偿。

管理人未依照本法规定勤勉尽责，忠实执行职务的，人民法院可以依法处以罚款；给债权人、债务人或者第三人造成损失的，依法承担赔偿责任。

（二）人民法院对债务人的法定代表人及其他责任人员采取的强制措施

有义务列席债权人会议的债务人的有关人员，经人民法院传唤，无正当理由拒不列席债权人会议的，人民法院可以拘传，并依法处以罚款。债务人的有关人员违反本法规定，拒不陈述、回答，或者作虚假陈述、回答的，人民法院可以依法处以罚款。

债务人违反本法规定，拒不向人民法院提交或者提交不真实的财产状况说明、债务清册、债权清册、有关财务会计报告以及职工工资的支付情况和社会保险费用的缴纳情况的，人民法院可以对直接责任人员依法处以罚款。

债务人违反本法规定，拒不向管理人移交财产、印章和账簿、文书等资料的，或者伪造、销毁有关财产证据材料而使财产状况不明的，人民法院可以对直接责任人员依法处以罚款。

债务人的有关人员违反本法规定，擅自离开住所地的，人民法院可以予以训诫、拘留，可以依法并处罚款。

（三）刑事责任

违反《破产法》规定，构成犯罪的，依法追究刑事责任。

本章重点

了解公司的概念、特征、种类；破产及破产法的概念及相关制度。着重掌握公司法基本制度；有限公司与股份有限公司法律特征的比较；破产程序开始的要件；管理人的职责及义务；债权人会议的性质、职权及决议；重整与和解的特征及适用条件和法律后果；破产财产与破产债权的构成范围；破产清偿顺序。注意区分有限公司和股份有限公司不同的法律制度。对公司是否合法成立与合法运作能正确判别。

本章思考题

1. 公司的概念及法律特征。

2. 公司设立立法主义、设立方式及设立要件。

3. 公司章程的法律特征及其主要内容。

4. 公司人格否认制度及其适用。

5. 公司资本的含义及"资本三原则"的主要内容。

6. 有限责任公司股东出资转让的法律规定。

7. 董事、监事、高级管理人员的义务。

8. 公司清算中的民事责任。

9. 破产程序开始的要件。

10. 破产财产与破产债权的概念和构成范围。

11. 管理人的职责和义务。

12. 债权人会议的职权及其决议。

13. 重整与和解的特征、适用的条件及其法律后果。

14. 破产财产的清偿顺序。

本章参考书目

1. 王保树，崔勤之. 中国公司法原理［M］. 北京：社会科学文献出版社，2006.

2. 赵旭东. 公司法学［M］. 4 版. 北京：高等教育出版社，2015.

3. 王欣新. 破产法［M］. 4 版. 北京：中国人民大学出版社，2019.

4. 李永军. 破产法律制度［M］. 北京：中国法制出版社，2004.

第十一章

证券法

第一节 证券与证券法概述

一、证券概述

证券是指以证明或设定权利为目的并以书面形式或电子记账形式支付给权利人的凭证。

在民法上，广义的证券包括无价证券和有价证券。无价证券是表示财产权利以外的证券，即证券本身不能使持有者取得财产收入的证券，如车船票、商品供应券等。有价证券是指设定并证明持券人有权取得一定财产权利，具有一定票面金额的凭证。有价证券又包括货币证券和资本证券。货币证券是指具有支付及信用功能的证券，主要是汇票、本票、支票等票据；资本证券用于资本筹集和投资，如股票、债券等。

在证券法上，从世界范围来看，证券一般指有价证券，但其范围大小具有两个特点：一是证券的种类范围比民法上有价证券的范围要小，不包括货币证券；二是证券的种类和范围，因各国立法体例的不同而各有差异，而且也随本国情况变化而有所调整。根据《中华人民共和国证券法》（以下简称《证券法》）第二条的规定，证券法所指的证券主要包括股票、公司债券、存托凭证和国务院依法认定的其他证券。

（一）股票

股票是指股份有限公司发行的证明股东持有公司股份的要式证券，也是股东据以获得股息和红利的凭证。

股票依不同的标准主要有以下几种分类：

（1）根据股票是否记载股东姓名或名称，分为记名股票和无记名股票。

（2）根据股东承担风险程度和享受权利的不同，分为普通股和优先股。

（3）根据投资主体划分，上市公司的股份又分为国有股、法人股、社会公众股。其中，国有股是指在公司中由国家授权投资机构或授权部门投资而形成的股份；法人股是由企业法人以其依法享有或支配的资产向公司投资形成的股份，或由具有法人资格的事业单位和社会团体以国家允许用于经营的资产向公司投资形成的股份；社会公众股是指我国境内个人或机构，以其合法财产投资入股而形成的股份。

（4）根据股票存在形式，分为纸面股票和无纸股票。

（5）根据股票的上市地点及所限定的投资人，分为 A 股、B 股、H 股、N 股、S 股、T 股。其中，A 股是指供国内投资人用人民币认购和买卖的股票；B 股是指供境外投资人用外币在国内认购和买卖的股票；H 股是指注册地在中国内地、上市地在中国香港的外资股；N 股是指在纽约挂牌上市的外资股；S 股是指在新加坡挂牌上市的外资股；T 股是指在东京挂牌上市的外资股。

（二）债券

债券是一种债权债务凭证，是债券发行人对债券持有人按照债券约定承担偿还本息义务的凭证。债券持有人可凭债券按期支取固定利息，并在到期时向发行人收回本金。债券根据发行人的不同，分为政府债券、金融债券和公司债券。我国证券法所指的债券仅包括公司债券。

公司债券是指公司向投资人出具的在一定期限内按照约定还本付息的一种有价证券。

公司债券依不同标准有以下不同的分类：

（1）根据公司债券是否记载持券人的姓名或名称，分为记名公司债券和无记名公司债券。

（2）根据公司债券的属性，分为普通公司债券和特别公司债券（主要有可转换公司债券和担保债券）。与公司债券不同的是企业债券。企业债券是指我国企业依照法定程序发行及约定在一定期限内还本付息的有价证券。企业债券按偿还期限，分为短期企业债券、中期企业债券、长期企业债券。

二、证券法概述

（一）证券法的概念和调整对象

证券法是调整证券的发行、交易、服务、监管以及其他相关活动过程中产生的社会关系的法律规范的总和。证券法有广义和狭义之分。前者是指表现为各种法律形式的所有证券法律规范的总和，它包括规范证券发行、交易、服务、监管等活动的一系列法律、行政法规和地方性法规和规章等；后者专指证券法典，是指 1998 年 12 月 29 日第九届全国人民代表大会常务委员会第六次会议通过，自 1999 年 7 月 1 日起施行的《证券法》。《证券法》经过了 2004 年 8 月 28 日第十届全国人民代表大会常务委员会第十一次会议、2013 年 6 月 29 日第十二届全国人民代表大会常务委员会第三次会议和 2014 年 8 月 31 日第十二届全国人民代表大会常务委员会第十次会议三次修正，以及 2005 年 10 月 27 日第十届全国人民代表大会常务委员会第十八次会议和 2019 年 12 月 28 日第十三届全国人民代表大会常务委员会两次修订。最新修订的《证券法》于 2020 年 3 月 1 日开始实施。

证券法以各种证券活动中发生的社会关系为调整对象，主要有证券发行关系、证券交易关系、证券服务关系、证券监管关系以及证券其他相关活动之间发生的关系。

1. 证券发行关系

证券发行关系主要是指证券发行人与国务院证券监督管理部门及其授权的部门之间的关系、证券发行人与证券承销人之间的关系以及证券承销人与投资人之间的关系。

2. 证券交易关系

证券交易关系主要是指证券持有人在证券市场上因转让或买卖证券，与证券交易所、证券公司和相对当事人之间发生的关系。

3. 证券服务关系

证券服务关系主要是指为证券的发行或交易提供服务而产生的关系，表现为证券登记结算机构、证券资信评估机构、证券投资咨询机构及律师事务所、会计师事务所、审计师事务所与证券投资人之间发生的关系。

4. 证券监管关系

证券监管关系主要是指国务院证券监督管理部门依法对证券市场进行监督管理时与相关当事人之间发生的关系。

5. 因证券其他相关活动而发生的关系

因证券其他相关活动而发生的关系主要是指证券公司与证券业协会因自我管理而发生的关系，以及司法机关依法处理证券违法犯罪行为时与行为人发生的关系等。

（二）证券法的基本原则

证券法的基本原则蕴含着证券法的基本精神和基本价值，是证券立法、执法和司法的出发点和指导思想，也是各种证券活动必须遵循的基本准则。依据《证券法》第三至八条的规定，我国证券法的基本原则主要有：

1. 公开、公平、公正原则

（1）公开原则又称信息公开原则，是指依照法律的规定，具有信息披露义务的证券活动的主体，应当依照法定的内容、程序和时间履行公开义务。其主要内容包括：①实体性规范的公开，主要指在证券活动中，中国证监会、证券交易所和证券公司的相关制度要向社会公开；上市公司的财务经营和使用状况要公开，以利于投资者做出有效的投资选择和投资行为；信息传播要公开，使每个投资者在信息对称的状态下及时地做出判断，最大限度地降低投资风险，减少证券欺诈行为的发生等。②程序性规范的公开，主要指披露信息的格式、时间、方法、顺序等要符合法律规定，以保证实体性规范的实施和实现。公开原则是实现证券市场公平、公正的前提和基础。

（2）公平原则是指参与证券发行和交易活动的各市场主体的法律地位平等，在证券市场上的机会均等，证券法律和交易规则对相关的当事人具有同等的法律约束力。

（3）公正原则是指立法者应制定公正的规则，证券的管理机关和执法机关应依法行使法律赋予的职权，对被监管的对象公正地运用法律，给予平等对待。在监管过程中应严格依照法定的条件和程序，在解决证券纠纷、查处证券违法行为、制裁犯罪行为时，应以事实为依据，以法律为准绳，通过自身执行职务的行为使法律公平、正义的制度价值得以实现。

2. 自愿、有偿、诚实信用原则

这项原则是民法基本原则在证券法律领域的要求和体现。

（1）自愿原则是指证券发行交易活动的参加者根据自己的意愿依法参与证券市场的发行和交易活动，同谁交易、怎样交易、以何种形式交易依法由自己决定，任何人不得非法干预。

（2）有偿原则是指在证券法律关系中参加发行交易的市场主体必须进行等价有偿的发行和交易活动，禁止任何损害相关当事人经济利益的行为，否则加害者将依法承担相应的法律责任。

（3）诚实信用原则是指在证券的发行和交易中，证券市场各主体应依法遵守各自的行为规则，信守合同关系，禁止欺诈、内幕交易和操纵证券交易市场的行为，在出现利益失衡时进行必要的调整，以维持一定的社会经济秩序和社会公共利益。证券执法机关运用诚实信用原则，根据情势的变更，进行创造性而又不失公正的执法、司法活动。

此外，还有《证券法》的域外适用原则，证券业与银行业、信托业、保险业分业经营、分业管理的原则等。

第二节　证券法律关系的主体

证券法律关系的主体主要由证券投资者、证券公司、证券登记结算机构、证券服务机构、证券交易所和证券监督管理机构所组成。在证券法律关系中，这些主体是权利的享有者，也是义务的承担者。关于证券监督管理机构，本章将设专节介绍。本节主要介绍其他章节未专门涉及的证券法律关系主体。

一、证券投资者

投资者（投资人）是指自愿以依法拥有的资金，购买证券发行人所发行的证券的自然人、法人和非法人组织。证券投资者是证券市场的重要主体，证券发行和交易的购买对象是投资者，许多证券法律关系需有投资者参与才能形成。

要成为证券投资者，必须符合一定的条件，并不得违反禁止性规定。《证券法》第一百五十七条规定，客户开立账户，必须持有证明中国公民、法人、合伙企业身份的合法证件。根据《证券法》第四十条、第一百八十七条之规定，法律、行政法规规定禁止参与股票交易的其他人员直接或者以化名、借他人名义持有、买卖股票或者其他具有股权性质的证券的，责令依法处理非法持有的股票、其他具有股权性质的证券，没收违法所得，并处以买卖证券等值以下的罚款；属于国家工作人员的，还应当依法给予处分。国有独资企业、国有独资公司、国有资本控股公司买卖上市交易的股票，必须遵守国家有关规定。

二、证券公司

(一) 证券公司的概念和业务范围

证券公司是指依照公司法的规定，并经国务院证券监督管理机构审查批准，从事证券经营业务的金融机构，其组织形式是有限责任公司和股份有限公司。

证券公司的业务可以概括为自营、经纪和承销三种。各国证券立法对于证券公司能否兼营，有两种体例。分业经营主义主张各类证券商须遵守其业务范围，在承销、自营、经纪等业务中专事其一，以防损害委托人的利益。综合经营主义主张证券商可以兼营两种以上职能，以维持证券市场价格的持续性、流动性，促进市场交易的发展。

我国证券公司的业务范围，《证券法》第一百二十条规定为："经国务院证券监督管理机构核准，取得经营证券业务许可证，证券公司可以经营下列部分或者全部证券业务：（一）证券经纪；（二）证券投资咨询；（三）与证券交易、证券投资活动有关的财务顾问；（四）证券承销与保荐；（五）证券融资融券；（六）证券做市交易；（七）证券自营；（八）其他证券业务。"

证券公司是连接筹资者与投资人的桥梁，在证券市场上具有重要的作用。这表现为开辟筹资渠道，扩大资金来源，传播投资信息，引导投资方向，强化证券信用，降低投资风险，保证金融稳定，促进资产增值，优化资源配置，改善证券市场结构，维持证券市场的流通性、持续性、稳定性，保护投资者的利益，促进社会经济快速增长。高质量、高水准的证券公司是规范、成熟、发达证券市场的重要标志之一。

(二) 证券公司的设立条件

我国证券公司的设立实行特许制。

根据《证券法》第一百一十八条的规定，证券公司设立的条件为：①有符合法律、行政法规规定的公司章程；②主要股东及公司的实际控制人具有良好的财务状况和诚信记录，最近3年无重大违法违规记录；③有符合本法规定的公司注册资本；④董事、监事、高级管理人员、从业人员符合本法规定的条件；⑤有完善的风险管理与内部控制制度；⑥有合格的经营场所、业务设施和信息技术系统；⑦法律、行政法规和经国务院批准的国务院证券监督管理机构规定的其他条件。

设立证券公司，应当具备上述条件，并经国务院证券监督管理机构批准。未经国务院证券监督管理机构批准，任何单位和个人不得以证券公司名义开展证券业务活动。

（三）证券公司的业务工作制度

证券公司的业务工作制度主要有：①资本维持制度（《证券法》第一百二十三条）。②接受监管制度（《证券法》第一百六十九条）。③文件报告制度（《证券法》第一百三十八条）。④财务保证制度（《证券法》第一百三十五条）。⑤交易风险金准备制度（《证券法》第一百二十七条）。证券公司从每年的业务收入中提取交易风险准备金，用于弥补证券经营的损失，其提取的具体比例由国务院证券监督管理机构会同国务院财政部门规定。⑥证券公司从业人员竞业禁止以及办理自营业务、经纪业务的限制（《证券法》第一百二十八条、第一百三十六条）。

三、证券登记结算机构

（一）证券登记结算机构的概念及职能

《证券法》第一百四十五条规定，我国证券登记结算机构是指经国务院证券监督管理机关批准设立，为证券交易提供集中登记、存管与结算服务，不以营利为目的的法人。

《证券法》第一百四十七条规定，证券登记结算机构的职能为：①证券账户、结算账户的设立；②证券的存管和过户；③证券持有人名册登记；④证券交易的清算和交收；⑤受发行人委托派发证券权益；⑥办理与上述业务有关的查询、信息服务；⑦国务院证券监督管理机构批准的其他业务。

（二）证券登记结算机构的管理

因证券登记结算机构采用全国集中统一的联营方式，为保证证券交易的顺利完成，要求证券登记结算机构具有：①必备的服务设备和完善的数据安全保护措施；②健全的业务、财务和安全防范等管理制度；③完善的风险管理系统。证券登记结算机构应当设立结算风险基金，并存入指定银行的专门账户。结算风险基金用于因技术故障、操作失误、不可抗力的证券登记结算机构的损失。证券结算风险基金从证券登记结算机构的业务收入和收益中提取，并可以由证券公司按证券交易业务费的一定比例缴纳。证券结算风险基金应专项管理，证券登记结算机构以风险基金赔偿后，应当向有关责任人员追偿。

四、证券交易所

（一）证券交易所的概念及性质

证券交易所是为证券集中交易提供场所和设施，组织和监督证券交易，实行自律管理的法人。在世界范围内，证券交易所有公司制交易所和会员制交易所之分，前者以营利为目既要为证券交易提供各种服务，还要负责对场内交易进行管理。《证券法》第一百零二条和第一百零五条对此做了明确规定。

（二）证券交易所的设立条件和体制

证券交易所设立的条件为：①必须有自己的名称。②有不少于 20 名的会员。③必须设立完善的内部规则。包括证券交易所章程、交易所业务规则以及其他部门工作制度。④具有合格的管理人员和其他证券从业人员。《证券法》第一百零三条规定，有《中华人民共和国公司法》第一百四十六条规定的情形或者下列情形之一的，不得担任证券交易所的负责人：因违法行为或者违纪行为被解除职务的证券交易所、证券登记结算机构的负责人执业证书或者证券公司的董事、监事、高级管理人员，自被解除职务之日起未逾5年；因违法行为或者违纪行为被吊销执业证书或者被取消资格的律师、注册会计师或者其他证券服务机构的专业人员，自被吊销执业证书或者被取消资格之日起未逾5年。或者取消资格之日起未逾5年。《证券法》第一百零四条规定，因违法行为或者违纪行为被开除的证券交易所、证券登记结算机构、证券服务机构、证券公司的从业人员和被开除的国家机关工作人员，不得招聘为证券交易所的从业人员。⑤设立证券交易所必备的场所、设备以及一定的活动经费。⑥其他设立条件。

世界各国证券交易所的设立分为承认制、注册制和特许制。我国证券交易所的设立体制为特许制。

申请设立证券交易所应向中国证监会提交下列文件：①申请书；②章程、主要业务规则草案；③拟加入会员名单；④理事会候选人名单及简历；⑤场地、设备及资金情况说明；⑥拟任用管理人员的情况说明；⑦其他文件。

（三）证券交易所的组织形态及组织机构

证券交易所根据组织形态不同，分为会员制证券交易所和公司制证券交易所。我国采用会员制。会员为依法批准设立的具有从事证券资格、具有交易所会籍的证券公司。

会员大会是证券交易所的最高权力机构；理事会是日常事务决策机构，直接对会员大会负责；监察委员会是交易所的监督机构（上市委员会主要审批证券上市），对理事会负责；经理负责日常管理工作。证券交易所设总经理一人，由国务院证券监督管理机构任免。

（四）证券交易所的费用收取、管理及使用

证券交易所收取的费用主要是公司上市费用、证券交易费用、会员费、席位费等。《证券法》第一百零一条规定：证券交易所可以自行支配的各项费用收入，应当首先用于保证其证券交易场所和设施的正常运行并逐步改善。实行会员制的证券交易所的财产积累归会员所有，其权益由会员共同享有，在其存续期间，不得将其财产积累分配给会员。

《证券法》第一百一十四条规定，证券交易所应当从其收取的交易费和会员费、席位费中提取一定比例的金额设立风险基金，风险基金由证券交易所理事会管理。证券交易所应当将收存的风险基金存入开户银行专门账号，不得擅自使用。

为进一步提高证券交易所防范风险的能力，中国证监会与财政部制定了《证券交易所风险基金管理暂行办法》（2000年颁布并于2011年、2016年修订），为规范管理风险基金提供了法律依据。

五、证券服务机构

（一）证券服务机构概述

证券服务机构是专门从事证券资信评估、证券投资咨询、证券法律服务等业务，为证券发行和交易提供服务职能的机构。

证券服务机构的功能体现在：①积极引导投资人参与证券市场，通过服务机构的咨询、评估及验证信息的公开，提高投资人对证券、证券市场、证券投资风险及收益的认识，树立良好的投资理念，不断提高投资操作水平和技巧。②有利于企业融资。通过证券交易服务机构对证券发行人发行证券的性质、风险、责任、行业、成长性、市场前景等信息作真实、客观、全面的评价，便于投资人作投资判断和投资决策，有利于证券发行人降低筹资成本，在较短时间内实现筹资目标。③协助政府监管市场。证券交易服务机构严格遵守执业规则，有利于减少证券欺诈行为，增强证券发行和交易的透明度，促进企业达标升级，提高上市公司的信誉和质量，保证投资和交易的质量，实现证券市场的规范、有序、公正和效率。

（二）证券服务机构的构成

依据我国《证券法》第一百六十条的规定，证券交易服务机构包括：证券投资咨询服务机构、财务顾问机构、资信评估机构、资产评估机构、会计师事务所。另外还包括律师事务所和审计事务所等。

（1）证券投资咨询服务机构是依照《公司法》设立，依法取得证券投资咨询从业资格，为证券发行人、投资人、交易人的融资活动和证券交易提供投资分析、预测或者建议等咨询服务业务的有限公司或股份有限公司。

（2）证券资信评估机构是指依法设立，对已发行或拟发行证券的质量、风险进行公正、客观的评估，并确定信用级别的服务机构。

（3）律师事务所是指依法设立，具有从事证券法律业务资格并为上市公司、证券投资基金发行人、证券承销商提供法律服务的机构。其主要业务为：①为发行和交易的证券企业、机构和场所所作的各种证券及相关业务出具法律意见书。②审查、修改、制作各种有关法律文件。主要包括审查修改和制作公司章程、招股说明书、债券募集办法、上市申请书、年度或中期报告、上市公告书、重大事件公告书、证券承销协议书及股东会决议和董事会决议等。

（4）会计师事务所是指依法设立，对公开发行和交易证券的企业、证券经营机构和证券交易所从事财务审计、咨询及其他相关的专业服务的机构。

（5）审计事务所是指依法设立，对公开发行和交易的证券企业、证券经营机构和证券交易所从事财务审计、咨询的专业服务机构。

（三）证券交易服务机构的管理制度

（1）证券交易服务机构从业人员的禁入制度。2006 年，中国证监会发布了《证券市场禁入规定》（2015 年修订），规定了证券交易服务机构从业人员的法律地位和主体资格，明确证券交易服务机构从业人员如果进行证券欺诈活动或从事其他严重违反证券法律、法规、规章以及中国证监会规定的禁止行为的，被中国证监会认定为市场禁入者，在一定时期或者永久性不得从事证券业务。

（2）证券交易服务机构应坚持真实性、准确性、完整性服务原则。《证券法》第一百六十三条规定，证券服务机构为证券的发行、上市、交易等证券业务活动制作、出具审计报告、资产评估报告、财务顾问报告、资信评级报告或者法律意见书等文件，应当勤勉尽责，对所依据的文件内容的真实性、准确性、完整性进行核查和验证。其制作、出具的文件有虚假记载、误导性陈述或者重大遗漏，给他人损失的，应当与委托人承担连带赔偿责任，但是能够证明自己没有过错的除外。

第三节　证券发行制度

一、证券发行概述

（一）证券发行的概念及证券发行市场构成要素

证券发行是指证券发行人以筹集资金为目的，在证券发行市场依照法定程序向社会投资者以同一条件要约出售证券的行为。

证券发行市场构成要素主要是指具有法定资格和条件，参与证券发行市场活动的组织和个人。主要有：证券发行人、证券投资人、证券承销商、证券评级机构、证券投资咨询机构、与证券发行有关的会计师事务所、资产评估事务所、律师事务所。

（二）证券发行的方式

证券发行依照不同标准有以下几种不同发行方式：

1. 按发行对象范围分为公募发行和私募发行

公募发行是指证券发行人通过证券中介机构向不特定的社会公众发售证券的方式；私募发行是指面向特定投资人发行证券的方式。我国境内上市外资股（B 股）发行采取私募发行方式，境内上市的（A 股）采用公募发行方式，境外上市外资股既可以采取公募发行方式，也可以采用私募发行方式。

2. 按发行是否借助于发行中介机构分为直接发行和间接发行

直接发行是证券发行人不通过证券承销机构，直接与证券投资人签订购销合同发售证券的方式；间接发行是证券发行人委托证券承销机构，以协议方式协助证券发行人发行证券的方式。间接发行的方式又分为证券代销和证券包销两种。证券代销是指证券公司代发行人发售证券，在承销期结束时，将未售出的证券全部还给发行人的承销方式；证券包销是指证券公司将发行人的证券按照协议全部购入或者在承销期结束时将售后剩余证券全部自行购入的承销方式。证券的代销、包销期最长不得超过 90 日。我国《证券法》第二十六条规定禁止直接发行。

3. 按发行所处的阶段分为设立发行和增资发行

设立发行是指在股份有限公司设立的同时向发起人和社会公众发行股份的发行方式；增资发行是指已成立的股份有限公司因生产经营需要而追加资本的发行方式。增资发行依认购股份者是否需要缴纳股款又分为有偿增资和无偿增资。有偿增资是证券投资人对所认购股份按面值或市价缴纳现金或实物的增资方式，主要为配股和增发新股。无偿增资是指股份有限公司将其公积金、盈余及资产重估增值转为资本发行股份，按照持股比例无偿分配给现有股东。

4. 按发行价格与证券票面金额的关系分为平价发行、溢价发行与折价发行

平价发行是指证券发行价格与票面金额相同。溢价发行是指证券发行人按高于证券面额的价格发行证券。《证券法》第三十二条规定，股票发行采取溢价发行的，其发行价格由发行人与承销的证券公司协商确定。折价发行是指以低于证券面额的价格发行。

二、证券发行的条件和程序

我国《证券法》第九条规定："公开发行证券，必须符合法律、行政法规规定的条件，并依法报经国务院证券监督管理机构或者国务院授权的部门注册；未经依法注册，任何单位和个人不得公开发行证券。证券发行注册制的具体范围、实施步骤，由国务院规定。有下列情形之一的，为公开发行：（一）向不特定对象发行证券；（二）向特定对象发行证券累计超过二百人，但依法实施员工持股计划的员工人数不计算在内；（三）法律、行政法规规定的其他发行行为。非公开发行证券，不得采用广告、公开劝诱和变相公开方式。"

我国的证券发行，依据证券种类分为：股票发行、债券发行、证券投资基金券发行三类。股票发行又分为境内上市的 A 股、外资股（B 股）及境外上市外资股。在此仅介绍境内上市 A 股的发行条件和程序。

（一）股票发行的条件和程序

股票发行分为设立发行、增发新股。

1. 股票设立发行的条件和程序

股票设立发行的条件为：①股票发行人必须是具有股票发行资格的股份有限公司；②生产经营符合国家产业政策；③发行的普通股限于一种，同股同权；④发起人认购的股本数额不少于公司拟发行股本总额的 35%；⑤在公司拟发行的股本总额中，发起人认购的部分不少于人民币 3 000 万元，但国家另有规定的除外；⑥向社会公众发行的部分不少于公司的股本总额的 25%，不得发行公司职工股；⑦公司拟发行股本总额超过人民币 4 亿元的，证监会按照规定可以酌情降低向社会公众发行部分的比例，但最低不可少于公司拟发行的股本总额的 10%；⑧发起人在近 3 年内没有重大违法行为；⑨中国证监

会规定的其他条件。

原国有企业改组设立股份有限公司，除具备以上条件外，还应符合下列条件：①发行前1年末，净资产在总资产中所占比例不低于30%，无形资产在净资产中所占比例不高于20%，但中国证监会另有规定的除外；②近3年连续盈利。国有企业改组设立股份有限公司公开发行股份，国家拥有的股份在公司拟发行的股本总额中所占比例由国务院或其授权部门规定。

股票设立发行的程序为：①申请设立发行公司向主管机关提出申请；②公司自主选择聘请具有证券从业资格的会计师事务所、律师事务所、资产评估事务所等中介机构，对其资信、财务状况进行审定、审计，完成发起人资金到位验资报告、审计报告、评估报告，并就有关法律事项出具法律意见书；③自主选择聘请具有证券承销资格的证券经营机构负责股票承销和推荐上市工作，制作股票发行承销方案，编制公开发行股票申报材料，签订承销协议等，公司按中国证监会要求的标准格式制作正式申报材料；④公司向挂牌上市的证券交易所提出上市申请，证券交易所初审通过后出具上市承诺；⑤公司股票发行申请经中国证监会股票发行审核委员会审核通过后，出具批准发行方案的有关文件；⑥拟发行公司及其承销商应将其招股说明书报中国证监会，送证券交易所备案，并在发行日开始前2~5个工作日内将招股说明书概要刊登在中国证监会指定的上市公司信息披露报刊上，公司不得在公告公开发行募集文件之前发行股票；⑦拟发行公司及其承销机构通过上网定价或全额预缴比例配售、余款即退两种方式之一进行股票发行工作；⑧股票发行结束，主承销商应立即公布发行结果，同时将发行工作总结等系列报告上报中国证监会发行部，并抄报地方证券管理部门。

2. 公司首次公开发行新股的条件

《证券法》第十二条规定，公司首次公开发行新股，应当符合下列条件：①具备健全且运行良好的组织机构；②具有持续经营能力；③最近3年财务会计报告被出具无保留意见审计报告；④发行人及其控股股东、实际控制人最近3年不存在贪污、贿赂、侵占财产、挪用财产或者破坏社会主义市场经济秩序的刑事犯罪；⑤经国务院批准的国务院证券监督管理机构规定的其他条件。

上市公司发行新股，应当符合经国务院批准的国务院证券监督管理机构规定的条件，具体管理办法由国务院证券监督管理机构规定。

（二）债券发行的条件和程序

我国债券主要分为企业债券与公司债券。在此，我们着重介绍公司债券（包括可转换债券）发行的条件和程序

1. 公司债券发行的条件和程序

《公司债券发行与交易管理办法》（中国证券监督管理委员会令〔2021〕第180号）第十四条规定，"公开发行公司债券，应当符合下列条件：（一）具备健全且运行良好的组织机构；（二）最近年平均可分配利润足以支付公司债券年的利息；（三）具有合理的

资产负债结构和正常的现金流量；（四）国务院规定的其他条件。公开发行公司债券，由证券交易所负责受理、审核，并报中国证监会注册。"

发行人公开发行公司债券，应当按照中国证监会有关规定制作注册申请文件，由发行人向证券交易所申报。证券交易所收到注册申请文件后，在 5 个工作日内作出是否受理的决定。证券交易所负责审核发行人公开发行公司债券并上市申请。证券交易所主要通过向发行人提出审核问询、发行人回答问题方式开展审核工作，判断发行人是否符合发行条件、上市条件和信息披露要求。证券交易所按照规定的条件和程序，提出审核意见。证券交易所应当自受理注册申请文件之日起 2 个月内出具审核意见，证券交易所认为发行人符合发行条件和信息披露要求的，将审核意见、注册申请文件及相关审核资料提交中国证监会。

中国证监会收到证券交易所报送的审核意见、发行人注册申请文件及相关审核资料后，履行发行注册程序。中国证监会应当自证券交易所受理注册申请文件之日起 3 个月内作出同意注册或者不予注册的决定。中国证监会认为证券交易所的审核意见依据不充分的，可以退回证券交易所补充审核。中国证监会认为存在需要进一步说明或者落实事项的，可以问询或要求证券交易所进一步问询。

2. 可转换公司债券发行的条件和程序

依据《上市公司证券发行管理办法》（中国证券监督管理委员会令〔2020〕第 163 号）规定，要发行可转换公司债券，有着非常严格的法定条件。一是要符合对证券发行的上市公司运行的一般要求。要求上市公司的组织机构健全、运行良好，具有可持续的盈利能力性，财务状况良好，最近 36 个月内财务会计文件无虚假记载，等等。二是上市公司要没有法律规定的禁止性行为，否则不得公开发行证券。比如，本次发行申请文件有虚假记载、误导性陈述或重大遗漏；擅自改变前次公开发行证券募集资金的用途而未作纠正，等等。三是公开发行可转换公司债券还应当符合下列特别规定：最近 3 个会计年度加权平均净资产收益率平均不低于 6%；本次发行后累计公司债券余额不超过最近一期末净资产额的 40%；最近 3 个会计年度实现的年均可分配利润不少于公司债券 1 年的利息。

上市公司申请发行证券，董事会应当依法就本次证券发行的方案、本次募集资金使用的可行性报告、前次募集资金使用的报告以及其他必须明确的事项作出决议，并提请股东大会批准。股东大会就发行证券事项作出决议，必须经出席会议的股东所持表决权的 2/3 以上通过。上市公司就发行证券事项召开股东大会，应当提供网络或者其他方式为股东参加股东大会提供便利。

上市公司申请公开发行证券或者非公开发行新股，应当由保荐人保荐，并向中国证监会申报。保荐人应当按照中国证监会的有关规定编制和报送发行申请文件。中国证监会收到申请文件后，5 个工作日内决定是否受理，受理后对申请文件进行初审，发行审核委员会审核申请文件，中国证监会作出核准或者不予核准的决定。自中国证监会核准发行之日起，上市公司应在 12 个月内发行证券；超过 12 个月未发行的，核准文件失效，须重新经中国证监会核准后方可发行。

三、证券发行的注册制度

从各国的情况来看，证券发行审核制度分为注册制与核准制，我国实行的是注册制。

公开发行证券，必须符合法律、行政法规规定的条件，并依法报经国务院证券监督管理机构或者国务院授权的部门注册，未经依法注册，任何单位和个人不得向社会公开发行证券。

《证券法》第九条规定，证券发行注册制的具体范围、实施步骤，由国务院规定。目前，国务院正在稳步推进公开发行注册制。

第四节　证券交易制度

一、证券上市制度

（一）证券上市的概念

证券上市是指证券发行人发行的有价证券依法定的条件和程序，在法定场所挂牌交易的法律行为。

证券上市分为广义的和狭义的两种含义。广义的证券上市是指证券在证券交易所或其他法定交易场所（包括柜台市场、自动报价交易系统等）公开挂牌交易的行为；狭义的证券上市是指公开发行的证券在证券交易所挂牌进行的集中竞价交易的行为。

（二）证券上市的条件

如果说证券发行的目的是为发行公司筹集资本，那么证券上市交易的主要目的则是实现证券的流动性。因此，证券上市交易较之发行的要求更为严格。

现行证券法不再规定证券上市的具体条件，而是授权证券交易所制定有关证券上市条件的规则。《证券法》第四十七条规定，"申请证券上市交易，应当符合证券交易所上市规则规定的上市条件。证券交易所上市规则规定的上市条件，应当对发行人的经营年限、财务状况、最低公开发行比例和公司治理、诚信记录等提出要求。"这既规定了证券上市需要考量的基本要素，又赋予了证券交易所规则的制定权。

根据证券种类的不同，证券上市的条件可以分为股票上市条件、债券上市条件、证券投资基金份额上市条件、资产支持证券上市条件和权证上市条件等等。针对每一种证券，我国沪深两家交易所都分别规定了各不相同的上市条件。比如，上海证券交易所颁发了《上海证券交易所股票上市规则》（上证发〔2020〕100 号），深圳证券交易所也颁发了《深圳证券交易所股票上市规则（2020 年修订）》。又如，经中国证监会批准，沪深两家交易所 2018 年都分别颁布了公司债券上市规则，目前正在酝酿新一轮修订。

（三）证券上市的程序

我国《证券法》第四十六条的规定，申请证券上市交易，应当向证券交易所提出申请，由证券交易所依法审核同意，并由双方签订上市协议。因此，证券上市的程序一般包括提出上市申请、证券交易所审核、签订上市协议、披露上市信息等程序。

1. 提出上市申请

证券上市申请，是指证券发行人依照法定条件和程序，向证交所提交法定文件，并申请批准已发行的证券上市交易的法律行为。

公司提出公司债券上市交易申请，应向证交所提交下列文件：①上市报告书；②申请公司债券上市的董事会决议；③公司章程；④公司营业执照；⑤公司债券募集办法；⑥公司债券的实际发行数额；⑦证券交易所上市规则规定的其他文件。

申请可转换为股票的公司债券上市交易，还应当报送保荐人出具的上市保荐书。公司发行人申请可转换公司债券上市，应向交易所提交下列文件：①上市申请书；②发行可转换公司债券的批准文件；③交易所会员署名的上市推荐书；④上市公告书；⑤可转换公司债券发行结束报告；⑥可转换公司债券发行资金到位验资报告；⑦报送中国证监会审核的全套文件；⑧交易所登记公司出具的可转换公司债券托管情况证明；⑨证券交易所要求的其他文件。

基金管理人申请证券投资基金上市应向证交所提交的文件是：①上市申请书；②上市公告书；③批准设立和发行基金的文件；④基金契约；⑤基金托管协议；⑥募集资金的验资报告；⑦交易所会员署名的上市推荐书；⑧中国证监会和中国人民银行对基金托管人的审查批准文件；⑨中国证监会批准基金管理人设立的文件；⑩基金管理人、基金托管人注册登记的营业执照；⑪基金已全部托管的证明；⑫证券交易所要求的其他文件。

2. 证券交易所审核

证券上市申请依法应当经过证券交易所审核同意。证券交易所一般都设立上市审核委员会，专门对上市申请进行专业审议。上市审核委员会对上市申请做出独立判断，并给出明确的审核意见。根据上市审核委员会的意见，证券交易所做出是否同意上市的决定。

3. 签订上市协议

上市协议是指上市公司与证券交易所签订的，明确有关上市的双方权利、义务关系的协议。上市协议一般应具备以下内容：①证券上市的费用项目及金额；②证券交易所应为证券发行和上市提供的技术服务；③上市公司定期报告、临时报告程序及对交易所质询进行答复等的具体规定；④违反上市协议的处理办法；⑤证券停牌的具体规定；⑥仲裁条款；⑦证券交易所认为应当在协议中规定的内容，等等。

4. 披露上市信息

披露上市信息，是指将证券上市的有关文件和信息采取法定方式向社会公开的程序。信息披露不仅让社会公众知晓证券即将在证券交易所挂牌，而且也表明发行人愿意将自己的上市行为和随后的经营行为置于公众的监督之下。披露上市信息一般是通过指定场所公开有关文件的方式进行。指定场所包括发行人住所、拟上市证券交易所、承销机构的住所，等等。需要公开的有关文件一般包括上市公告书、公司章程、申请上市的股东大会决议、法律意见书、上市保荐书，等等。

（四）终止上市

为了保护投资者的利益，保证证券交易的安全和稳定，保持证券市场的活力和发展，必须建立证券市场的退出机制。终止上市就是退出机制的具体化。

根据《证券法》规定，上市交易的证券有证券交易所规定的终止上市情形的，由证券交易所按照业务规则终止其上市交易。证券交易所决定终止证券上市交易的，应当及时公告，并报国务院证券监督管理机构备案。

公司对证券交易所终止上市交易决定不服的，可以向证券交易所设立的复核机构申请复核。

二、证券交易制度

（一）证券交易的概念及分类

1. 证券交易的概念

证券交易是指证券投资人与证券持有人在证券交易市场上按照市场价格买卖已依法发行的证券的活动。证券交易市场主体主要指证券投资人、证券持有人以及证券经营机构。

2. 证券交易的分类

（1）依据证券交易的券种不同，分为股票交易、债券交易、基金交易和其他证券衍生工具的交易。

（2）依据交易与清算交割的时间不同，分为现货交易和期货交易。证券现货交易是指交易双方在成交之后即时清算交割证券和价款的一种交易方式。它是最早出现、最普遍采用的证券交易方式。证券期货交易是指交易双方在证券买卖成交后，按买卖双方订立的合同中规定的价格、数量在预定的交割时期履行券款交割义务的一种交易方式。

（3）依据保证金的比例不同，分为足额保证金交易和信用交易。足额保证金交易要求证券投资人在进行证券买卖前必须交存足额的保证金，证券经营机构不代为垫款的交易方式；信用交易是指由证券投资人依一定的比例向证券经纪商交纳部分价款或证券作为保证金，差额部分由证券经纪商垫付并完成交易的一种交易方式。信用交易又分为融资买进（即买空）和融券卖出（即卖空）两种。

（4）依据期货交易买卖标的的不同，分为期货交易和期权交易。期权交易是指交易双方在证券交易所买进或卖出证券期权的一种交易方式。期权交易依其交易性质，又分为买进期权交易、卖出期权交易和双向期权交易。

（5）依据证券交易的场所不同，分为证券场内交易和场外交易。场内交易是指上市证券在交易所内以公开集中竞价的方式进行挂牌交易；场外交易是指在证券交易所以外进行的各种证券交易活动的总称。场外交易主要有柜台交易、第三市场交易、第四市场交易等方式。其中，柜台交易是指证券交易不通过证券交易所，只在证券商处即可成交的方式；第三市场交易是指在交易所内挂牌上市的证券，由非交易所成员在场外进行交易的方式；第四市场交易是指机构投资者绕过证券经纪人直接通过场外的电脑网络进行交易的方式。

（二）证券交易程序及规则

证券交易程序主要为：开户、委托、成交、清算交割、过户五个方面。

（1）开户是指投资人买卖证券首先要在当地证券登记公司持有效合法身份证件开立证券账户，然后再选择一家证券经纪公司开设资金账户。

（2）委托是指投资人在证券商营业时间内，以申报单、电话等形式，向证券商发出买卖指令，委托证券商在证券交易所买卖证券的法律行为。

（3）成交是指证券交易所接到全国各地证券商传来的所有关于证券买卖的信息，将每一种证券的买卖信息分别放置，并按集合竞价和连续竞价这两种规则竞价成交。

（4）清算交割是指证券买卖成交后券款兑现的过程。它分为两种：一是证券商与交易所之间的清算交割，二是委托人与证券商之间的清算交割。这些都由电脑自动完成。

（5）过户是指办理变更证券持有者姓名的手续。证交所实行证券集中保管和无纸化交易，证券过户手续在交易成交的同时就已经由电脑自动完成。

证券交易的有关规则如下：

1. 指定交易制度和托管券商制度

指定交易制度是指凡在上海证券交易所从事证券交易的投资人，应事先明确指定一家证券营业部作为其委托、交易、清算的代理机构，并将本人所属的证券账户指定于该机构所属席位号后才能进行交易的制度。

托管券商制度是深圳证券交易所采用的股份存管结算及交易服务制度，它由证券商与深交所中央登记公司分级管理。投资人在甲证券商处买入的股票，由甲证券商托管，在未办理"转托管"手续前只能在该证券商处卖出；投资人如果因种种原因变换证券商卖出该股票，必须办理"转托管"手续。转托管分为同城转托管和异地转托管两种类型。

2. 集中竞价制度

集中竞价制度是指在证券交易所买卖证券时，某一时点证券的成交价格由所有买者和卖者竞价确定并且连续进行的制度。集中竞价的竞价原则是价格优先和时间优先。集中竞价方式分为集合竞价和连续竞价。每个交易日的开盘价、新股上市的开盘价以及除权、除息后复盘的开盘价由集合竞价产生。集合竞价结束后，正式开始当日的股票买卖直到收市。按照"价格优先、时间优先、数量优先"的成交原则，竞价成立，叫连续竞价。

3. 股票、基金券价格涨跌幅度限制制度

股票、基金券价格涨跌幅度限制制度是指某股票、基金在任何时点的成交价不得超过前一交易日收盘价的一定幅度，委托价超过该幅度的为无效委托。股票（A 股、B 股）、基金类证券的交易涨跌幅度限于 10% 以内，对特别处理的 ST 股票涨跌幅限制为 5%，PT 股票取消跌幅限制，涨幅限制仍为 5%。

4. 交易单位和委托价升降幅度

买卖证券，除"零法交易"外，每次委托买卖的证券数额不得少于一个基数（交易单位）。我国深沪证交所规定，股票以 100 股为交易单位，债券、基金以 1 000 元面值为交易单位。因上市公司送配股而产生的零股不受交易单位限制。

申报证券买卖价格的升降单位一律为一分。

5. 证券交收制度

证券交收制度是在一笔证券交易成交后的后续处理制度，包括清算和交割两项内容。它是证券市场交易持续进行的基础和保证。我国深沪证交所对 A 股、基金、债券实行"T+1"，B 股交易实行"T+3"交收制度。

6. 证券在线交易

证券在线交易起源于美国。我国于 1997 年 3 月由中国华融信托投资公司湛江营业部推出视聆通多媒体公众信息网网上交易系统，成为第一个在线交易系统。我国现有的在线交易形式主要有两种：一是客户从网上直接通过证券营业部完成交易；二是证券营业部通过某个互联网服务商（ZSP）的网站和互联网连接起来，网上客户的下单委托通过 ZSP 的网站到达营业部，再由营业部传到交易所。

三、信息披露制度

（一）信息披露制度概述

1. 信息披露制度的概念

信息披露制度是指证券发行公司在证券发行以及证券发行上市交易过程中，依法将其经营、财务等信息向社会公众、证券管理部门予以真实、准确、完整、及时地公开，以便证券投资人做出证券投资判断的法律制度。

公司信息披露制度最早起源于 1845 年的英国公司法，发展至今已成为世界各国证券法的核心制度之一。

2. 信息披露的法律标准

依照《证券法》的规定，我国信息披露的法律标准是：真实性、准确性、完整性、及时性。信息披露的管理机构为中国证监会。

《证券法》第七十八条规定，"发行人及法律、行政法规和国务院证券监督管理机构规定的其他信息披露义务人，应当及时依法履行信息披露义务。信息披露义务人披露的信息，应当真实、准确、完整，简明清晰，通俗易懂，不得有虚假记载、误导性陈述或者重大遗漏。"

如果信息披露不符合法定标准，就会承担相应的法律责任。《证券法》第一百九十七条规定，"信息披露义务人未按照本法规定报送有关报告或者履行信息披露义务的，责令改正，给予警告，并处以五十万元以上五百万元以下的罚款；对直接负责的主管人员和其他直接责任人员给予警告，并处以二十万元以上二百万元以下的罚款。发行人的控股股东、实际控制人组织、指使从事上述违法行为，或者隐瞒相关事项导致发生上述情形的，处以五十万元以上五百万元以下的罚款；对直接负责的主管人员和其他直接责任人员，处以二十万元以上二百万元以下的罚款。信息披露义务人报送的报告或者披露的信息有虚假记载、误导性陈述或者重大遗漏的，责令改正，给予警告，并处以一百万元以上一千万元以下的罚款；对直接负责的主管人员和其他直接责任人员给予警告，并处以五十万元以上五百万元以下的罚款。发行人的控股股东、实际控制人组织、指使从事上述违法行为，或者隐瞒相关事项导致发生上述情形的，处以一百万元以上一千万元以下的罚款；对直接负责的主管人员和其他直接责任人员，处以五十万元以上五百万元以下的罚款。"

（二）信息披露制度的基本体系

信息披露制度的基本体系一般由证券发行信息披露和证券上市后的持续信息披露两部分组成。证券发行信息披露，主要指证券发行公司的招股说明书、债券的募集说明书的公开。证券持续信息披露是指上市公告书、年度报告书、中期报告书、重大事件临时报告书、上市公司收购公告、中国证监会对有重大违法行为或不具备上市条件的上市公司取消上市资格的公告。

其中，中期报告和年度报告应记载和公布的主要内容是上市公司半年或一个会计年度的经营状况、财务状况。临时报告书的公开，主要是指上市公司对发生的可能对上市公司股票交易价格产生较大影响、而投资者尚未得知的重大事件的公开，以保护投资人的利益。

这里的重大事件主要是指：①公司的经营方针和经营范围的重大变化；②公司的重大投资行为，公司在一年内购买、出售重大资产超过公司资产总额30%，或者公司营业用主要资产的抵押、质押、出售或者报废一次超过该资产的30%；③公司订立重要合同、提供重大担保或者从事关联交易，可能对公司的资产、负债、权益和经营成果产生重要影响；④公司发生重大债务和未能清偿到期重大债务的违约情况；⑤公司发生重大亏损或重大损失；⑥公司生产经营的外部条件发生的重大变化；⑦公司的董事长、1/3以上的董事或者经理发生变动，董事长或者经理无法履行职责；⑧持有公司5%以上股份的股东或者实际控制人持有股份或者控制公司的情况发生较大变化，公司的实际控制人及其控制的其他企业从事与公司相同或者相似业务的情况发生较大变化；⑨公司分配股利、增资的计划，公司股权结构的重要变化，公司减资、合并、分立、解散及申请破产的决定，或者依法进入破产程序、被责令关闭；⑩涉及公司的重大诉讼、仲裁，股东大会、董事会决议被依法撤销或者宣告无效；⑪公司涉嫌犯罪被依法立案调查，公司的控股股东、实际控制人、董事、监事、高级管理人员涉嫌犯罪被依法采取强制措施；⑫国务院证券管理机构规定的其他事项。

上市公司收购公告的内容主要包括：①持股人的名称、住所；②所持有的股票的名称、数额；③持股达到法定比例或者持股增减变化达到法定比例的日期、增持股份的资金来源；④在上市公司中拥有表决权的股份变动的时间及方式。

四、证券交易的禁止行为

（一）证券交易禁止行为概述

证券交易禁止行为是指依照我国证券法律、行政法规以及有关规章制度的规定，证券市场的参与者在证券交易过程中不得从事的行为。我国证券交易禁止行为的有关立法规定主要有《证券法》《刑法》等。

（二）证券交易禁止行为的分类

依照我国证券法的有关规定，证券交易禁止行为大致分为：内幕交易行为、操纵市场行为、欺诈投资者行为以及其他禁止行为四类。

1. 内幕交易行为

内幕交易是指证券交易内幕信息的知情人员或非法获取证券交易信息的人员，以获利或减损为目的，利用内幕信息买卖证券的行为。

内幕交易的构成要件：

（1）内幕交易的主体包括两种：一是知悉证券交易内幕信息的知情人员。二是非法获取证券交易内幕信息的人员。

（2）内幕交易行为人主观方面是故意。行为人必须知道所用的内幕信息是尚未公开且价格敏感的重大信息，其行为的目的是为自己获利或减少损失。

（3）内幕交易的客观条件即内幕交易行为表现为两种：一是知悉内幕信息的知情人员或者非法获得内幕信息的其他人员，直接利用内幕信息买卖证券或根据内幕信息建议他人买卖证券；二是上述两种人员向他人泄露内幕信息，使他人利用该信息进行内幕交易。

2. 操纵市场行为

操纵市场是指行为人背离市场自由竞价和供求关系而人为制造证券行情，操纵市场交易价格，诱使他人参与证券交易，为自己谋取不正当利益或转嫁风险的行为。

操纵市场的构成要件为：

（1）操纵市场的主体是证券市场的参与者。如投资者个人和机构、上市公司、证券公司等。

（2）操纵市场行为人主观方面是故意。行为人通过操纵证券交易价格达到获取不正当利益或转嫁风险的目的。

（3）操纵市场的客观要件是操纵市场的具体行为。它们表现为：对冲、合谋、连续交易人为造市、散布谣言、联合操纵等方式。

3. 欺诈投资者行为

欺诈投资者是指行为人在证券交易活动中，诱骗投资者买卖证券或违背投资者的真实意愿、损害投资者利益并为自己谋利的行为。

欺诈投资者行为的构成要件为：

（1）欺诈投资者的主体是特殊主体。主要分为两种：①负有信息公开义务的单位或个人；②证券公司及其从业人员。

（2）欺诈投资者行为人主观方面是故意。行为人明知自己的欺诈行为将会产生损害投资者利益的结果，并且可从中获取自己不正当的利益。

（3）欺诈投资者的客观要件即欺诈投资者的行为表现为：①编造并传播证券交易虚假信息的行为；②虚假陈述和信息误导的行为；③欺诈客户的行为。

4. 其他禁止行为

我国证券法和有关法律法规对禁止从事的证券交易行为作了如下规定：

（1）证券交易场所、证券公司和证券登记结算机构的从业人员，证券监督管理机构的工作人员以及法律、行政法规规定禁止参与股票交易的其他人员，在任期或者法定限期内，不得直接或者以化名、借他人名义持有、买卖股票或者其他具有股权性质的证券，也不得收受他人赠送的股票或者其他具有股权性质的证券。

（2）为证券发行出具审计报告或者法律意见书等文件的证券服务机构和人员，在该证券承销期内和期满后 6 个月内，不得买卖该证券。为发行人及其控股股东、实际控制人，或者收购人、重大资产交易方出具审计报告或者法律意见书等文件的证券服务机构和人员，自接受委托之日起至上述文件公开后 5 日内，不得买卖该证券。

（3）禁止持有一个股票发行人 5% 以上股份的股东、董事、监事、高级管理人员，将其持有的该公司的股票或者其他具有股权性质的证券在买入后 6 个月内卖出，或者在卖出后 6 个月内又买入。若违反 6 个月的期限规定，其所得收益归该公司所有，公司董事会应当收回其所得收益。

（4）禁止法人以个人名义开立账户，买卖证券的行为。

（5）通过证券交易所的证券交易，投资者持有或者通过协议、其他安排与他人共同持有一个上市公司已发行股份的 5% 时，在法定报告期限内，不得再行买卖该上市公司的股票；该投资者所持该上市公司已发行的股份比例每增加或减少 5%，在法定报告期限内和做出报告、公告后 3 日内，不得再行买卖该公司股票。

（6）在上市公司收购中，收购人持有的被收购的上市公司的股票，在收购行为完成后的 18 个月内不得转让。

（7）禁止资金违规流入股市。禁止投资者违规利用财政资金、银行信贷资金买卖证券。

（8）禁止证券公司办理经纪业务接受客户的全权委托。

（9）禁止证券公司对客户证券买卖的收益或者赔偿证券买卖的损失做出承诺。

（10）禁止证券公司及其从业人员未经过其依法设立的营业场所私下接受客户委托买卖证券。

（11）禁止证券投资咨询机构的从业人员代理委托人从事证券投资，与委托人约定分享证券投资收益或者分担证券投资损失，买卖本咨询机构提供服务的上市公司股票。

第五节　上市公司收购制度

一、上市公司收购概述

（一）上市公司收购的概念及功能

上市公司收购是指投资者以要约或协议方式公开购买上市公司已经依法发行的股份，以期获得该公司控制权的行为。上市公司收购自19世纪末出现至今，已成为公司购并的重要方式，在公司购并中占有重要地位。上市公司收购法律制度的功能主要体现为以下几个方面：

（1）它使公司低成本、高质量、高速度的资本扩张、资产增值和经营规模扩大化、多元化的需求成为现实。上市公司资产的证券化、公司证券发行及相应的流通制度使收购上市公司直接在证券市场采取要约或协议方式购买该上市公司股票，达到法定收购标准，实现公司控制权的转移，通过市场机制合理、优化配置社会资源。

（2）上市公司收购有助于公司法人治理结构的进一步完善。法人治理机制的良性运作，督促管理人员自觉加强经营管理，降低管理成本，促进上市公司经营业绩不断提升，公司效益显著增长，促进社会经济的不断发展。

（3）上市公司收购会直接影响上市公司的股权结构和股票价格，规范、成功的公司资产重组，会使投资者获得较好的投资收益。

（4）上市公司收购有利于上市公司自身的不断成长和证券市场的活跃、成熟和发展。

（二）上市公司收购的基本原则

1. 股东待遇平等原则

这一原则是证券法公平、公正原则的具体化。其主要内容包括：目标公司的所有股东，无论持股数量多少，都应得到公平待遇，不允许任何股东享有特权。《证券法》第六十九条规定：收购要约中提出的各项收购条件，适用于被收购公司的所有股票持有人。第七十条规定：采取要约收购方式的，收购人在收购期限内，不得采取要约规定以外的形式和超出要约的条件买卖被收购公司的股票。

2. 保护中小股东利益原则

这一原则主要体现为以下两个方面：

（1）强制收购要约。当收购人收购目标公司股份达法定控股比例，收购人有义务向其余的所有股东发出全面收购要约，以不低于其为取得控股权所支付的价格收购。《证券法》第六十五条规定：通过证券交易所的证券交易，投资者持有或者通过协议、其他安排与他人共同持有一个上市公司已发行的有表决权股份达到30%时，继续进行收购的，应当依法向该上市公司所有股东发出收购上市公司全部或者部分股份的要约。收购上市公司部分股份的收购要约应当约定，被收购公司股东承诺出售的股份数额超过预定收购的股份数额的，收购人按比例进行收购。

（2）强制出售。当要约有效期届满，收购人持有的股份达到目标公司总股本的绝对优势比例，其余股东有权以原要约价格向收购人强制出售其股份。《证券法》第七十四条规定：收购期限届满，被收购公司股权分布不符合证券交易所规定的上市要求的，该上市公司的股票应当由证券交易所依法终止上市交易；其余仍持有被收购公司股票的股东，有权向收购人以收购要约的同等条件出售其股票，收购人应当收购。收购行为完成后，被收购公司不再具备股份有限公司条件的，应当依法变更企业形式。

3. 信息充分披露原则

这一原则主要是指收购人应当及时、准确、真实、完整地公开有关收购的全部信息（包括持股披露规则、要约公告规则），以便于目标公司的股东和其他投资者能据此信息对收购行为做出理性的投资分析、判断并做出投资决策。收购人在收购上市公司行为结束后，应在法定日期内将收购情况报告国务院证券监督管理机构和证券交易所，并予以公告，以利于对上市公司收购的管理和监督。

（三）上市公司收购的分类

上市公司收购依据不同的标准有以下不同的分类：①根据收购的不同方式分为要约收购和协议收购；②根据收购的不同支付方式分为现金收购、换股收购和混合收购；③根据目标公司对待收购的不同态度分为善意收购和敌意收购；④根据要约收购者的不同意愿分为自愿收购和强制收购；⑤根据上市公司收购的不同范围分为全面收购和部分收购；⑥根据上市公司收购的不同法律形式分为购买式收购、承担债务式收购、吸收股份式收购和控股式收购。

（四）我国上市公司收购制度的有关立法

我国规范上市公司收购的法律、行政法规和规章有：《证券法》《公司法》《股票发行与交易管理暂行条例》《关于企业兼并的暂行办法》《企业会计准则——基本准则》等。

二、上市公司收购的程序

证券投资者可以采取要约收购、协议收购及其他合法方式收购上市公司。限于篇幅，我们只介绍大额持股权益披露制度、要约收购程序、协议收购程序。

大额持股权益披露制度，是指证券法律规定的，投资收购人收购一个上市公司的达到法定比例时，必须进行相应的信息公开，以便利益相关者了解情况和采取应对措施的制度。

《证券法》第六十三条规定，通过证券交易所的证券交易，投资者持有或者通过协议、其他安排与他人共同持有一个上市公司已发行的有表决权股份达到5%时，应当在该事实发生之日起3日内，向国务院证券监督管理机构、证券交易所作出书面报告，通知该上市公司，并予以公告；在上述期限内不得再行买卖该上市公司的股票，但国务院证券监督管理机构规定的情形除外。

同时，投资者持有或者通过协议、其他安排与他人共同持有一个上市公司已发行的有表决权股份达到5%后，其所持该上市公司已发行的有表决权股份比例每增加或者减少5%，应当依照前款规定进行报告和公告。在报告期限内和做出报告、公告后3日内，不得再行买卖该上市公司的股票，但国务院证券监督管理机构规定的情形除外。

另外，投资者持有或者通过协议、其他安排与他人共同持有一个上市公司已发行的有表决权股份达到5%后，其所持该上市公司已发行的有表决权股份比例每增加或者减少1%，应当在该事实发生的次日通知该上市公司，并予公告。

（一）要约收购程序

要约收购是指收购人在持有目标公司的有表决权股份达到法定控制权比例的，应当依法向该目标公司的所有股东发出收购要约，购买其手中持有的股份，除非经法定机关豁免。

1. 发出收购要约

《证券法》第六十五条规定，通过证券交易所的证券交易，投资者持有或者通过协议、其他安排与他人共同持有一个上市公司已发行的有表决权股份达到30%时，继续进行收购的，应当依法向该上市公司所有股东发出收购上市公司全部或者部分股份的要约。

上市公司发行不同种类股份的，收购人可以针对不同种类股份提出不同的收购条件。

2. 公告收购报告书

《证券法》第六十六条规定，依照前条规定发出收购要约，收购人必须公告上市公司收购报告书，并载明下列事项：在依照此规定发出收购要约前，收购人必须事先向国务院证券监督管理机构报送上市公司收购报告书，并将该报告书同时提交目标公司挂牌的证券交易所。报告书的内容包括：①收购人的名称、住所；②收购人关于收购的决定；③被收购的上市公司名称；④收购目的；⑤收购股份的详细名称和预定收购的股份数额；⑥收购期限、收购价格；⑦收购所需资金额及资金保证；⑧报送上市公司收购报告书时所持有被收购公司股份数占该公司已发行的股份总数的比例。

3. 做出承诺

收购人在发出要约并公告后，受要约人应当在要约有效期限内做出是否同意以收购要约的全部条件向收购要约人卖出其所持有的证券的意思表示。如果同意，双方当事人之间的股票买卖合同即告成立。

4. 履行合同

上市公司收购合同成立后，收购人与受要约人依法享受权利并履行义务。收购要约提出的各项收购条件，适用于被收购公司的所有股东。

5. 收购结束的报告及公告

收购上市公司的行为结束后，收购人应当在 15 日内将收购情况报告国务院证券监督管理机构和证券交易所，并予以公告。

（二）协议收购程序

协议收购是指收购人与目标公司的控制股东进行协商，并征得目标公司管理层的同意，达成股权转让协议，获得该公司控制权的行为。

协议收购的程序如下：

（1）达成协议。收购人与被收购公司依照法律、行政法规的规定达成股权转让协议。国务院证券监督管理机构应当依照本法制定上市公司收购的具体办法。

（2）报告并公告。收购人与被收购公司达成协议后，应当在 3 日内报告国务院证券监督管理机关和证券交易所，并通过一定的方式予以公告。

（3）编制上市公司收购报告书并公告报告书摘要。《上市公司收购管理办法》（中国证券监督管理委员会令第 166 号）对此作了具体规定。

（4）履行收购协议。收购人与被收购公司依法履行收购协议，享受权利并履行义务。

（5）报告及公告。协议收购结束后，收购人应在 15 日内将收购情况报告国务院证券监督管理机构和证券交易所，并予以公告。

第六节 证券监管制度

一、证券市场监管体制概述

证券市场监管体制是指证券监管主体依法对证券市场实施监督、管理制度的总称。设立证券监管的目的是实现最大的投资保护和最小的证券市场干预，运用市场调节机制，优化配置社会资金资源，采用法律手段，防范和化解金融风险，保护投资者的投资安全和利益，建立和发展公平、安全、有序、高效的证券市场。

证券监管体制的类型主要有三种模式。

（一）集中立法管制型的美国证券监管模式

集中立法管制型的美国证券监管模式即以集中立法为基础，管理相对集中，注重对证券市场活动实行"实质性"管理的完整的法律管理体制。美国建立了由联邦、州及证券自律组织所组成的既统一又相对独立的证券管理体系。证券管理主体为美国证券交易委员会，相关法律为2005年颁布的《证券法》、1934年颁布的《证券交易法》。

（二）自律管理型的英国证券监管模式

即以证券交易所的自律为核心，缺少独立的证券市场立法的证券监管体制。证券交易所是证券市场的直接管理机构。自律管理以证券交易所严格的规章制度和高水准的专业证券商进行自我监管为保证。

（三）混合型的法德证券监管模式

这种模式既强调政府立法管理又注重自律管理。在设置专门的证券管理机构的同时，又充分发挥行业协会的自律作用。证券法以法律的形式明确规定了我国的证券监管体制。《证券法》第七条规定："国务院证券监督管理机构依法对全国证券市场实行集中统一监督管理。国务院证券监督管理机构根据需要可以设立派出机构，按照授权履行监督管理职责。"《证券法》第一百六十四条规定："证券业协会是证券业的自律性组织，是社会团体法人。"由此确立了我国以政府集中统一监管与行业自律监管相结合的证券市场监管体制。国务院证券监督管理机构是中国证监会，隶属于国务院。

二、我国国务院证券监督管理机构的监督管理

《证券法》第一百六十九条对国务院证券监督管理机构的职责作了明确规定：①依法制定有关证券市场监督管理的规章、规则，并依法进行审批、核准、注册，办理备案；②依法对证券的发行、上市、交易、登记、存管、结算等行为，进行监督管理；③依法对证券发行人、证券公司、证券服务机构、证券交易场所、证券登记结算机构的证券业务活动，进行监督管理；④依法制定从事证券业务人员的行为准则，并监督实施；⑤依法监督检查证券发行、上市、交易的信息披露；⑥依法对证券业协会的自律管理活动进行指导和监督；⑦依法监测并防范、处置证券市场风险；⑧依法开展投资者教育；⑨依法对证券违法行为进行查处；⑩法律、行政法规规定的其他职责。

为保证国务院证券监督管理机构依法履行职责，《证券法》第一百七十条明确规定了国务院证券监督管理机构有权采取的措施：①对证券发行人、证券公司、证券服务机构、证券交易场所、证券登记结算机构进行现场检查；②进入涉嫌违法行为发生场所调查取证；③询问当事人和与被调查事件有关的单位和个人，要求其对与被调查事件有关的事项做出说明；或者要求其按照指定的方式报送与被调查事件有关的文件和资料；④查阅、复制与被调查事件有关的财产权登记、通信记录等文件和资料；⑤查阅、复制当事人和与被调查事件有关的单位和个人的证券交易记录、登记过户记录、财务会计资料及其他相关文件和资料；对可能被转移、隐匿或者毁损的文件和资料，可以予以封

存、扣押；⑥查询当事人和与被调查事件有关的单位和个人的资金账户、证券账户和银行账户以及其他具有支付、托管、结算等功能的账户信息，可以对有关文件和资料进行复制；对有证据证明已经或者可能转移或者隐匿违法资金、证券等涉案财产或者隐匿、伪造、毁损重要证据的，经国务院证券监督管理机构主要负责人或者其授权的其他负责人批准，可以冻结或者查封，期限为6个月；因特殊原因需要延长的，每次延长期限不得超过3个月，冻结、查封期限最长不得超过2年；⑦在调查操纵证券市场、内幕交易等重大证券违法行为时，经国务院证券监督管理机构主要负责人或者其授权的其他负责人批准，可以限制被调查的当事人的证券买卖，但限制的期限不得超过3个月；案情复杂的，可以延长3个月；⑧通知出境入境管理机关依法阻止涉嫌违法人员、涉嫌违法单位的主管人员和其他直接责任人员出境。为防范证券市场风险，维护市场秩序，国务院证券监督管理机构可以采取责令改正、监管谈话、出具警示函等措施。

三、证券业的自律管理

（一）证券业协会的概念

证券业协会是证券业的自律性组织，是社会团体法人。证券业协会是对证券监管机构集权管理的有益补充，在遵守国家证券法律、行政法规、规章的基础上，将行之有效的执业操作规则形成证券发行、交易的惯例，进一步完善证券发行和交易制度。

（二）证券业协会的组织机构及职责

1. 证券业协会的组织机构

证券业协会实行会员制，会员分为团体会员与个人会员。证券公司必须加入证券业协会。证券业协会的最高权力机构为会员大会。其职责是：①制定、修改协会章程；②选举会长、副会长及理事会理事；③审查理事会的工作报告；④确定会费的收取标准；⑤讨论决定协会的其他重大问题。

协会理事会是证券业协会的执行机构，协会的章程是证券业协会规范内部关系和管理活动的主要文件。章程由会员大会制定，报国务院证券监督管理委员会备案。

2. 证券业协会的职责

按法律的规定，证券业协会的职责有：①教育和组织会员及其从业人员遵守证券法律、行政法规，组织开展证券行业诚信建设，督促证券行业履行社会责任；②依法维护会员的合法权益，向证券监督管理机构反映会员的建议和要求；③督促会员开展投资者教育和保护活动，维护投资者合法权益；④制定和实施证券行业自律规则，监督、检查会员及其从业人员行为，对违反法律、行政法规、自律规则或者协会章程的，按照规定给予纪律处分或者实施其他自律管理措施；⑤制定证券行业业务规范，组织从业人员的业务培训；⑥组织会员就证券行业的发展、运作及有关内容进行研究，收集整理、发布证券相关信息，提供会员服务，组织行业交流，引导行业创新发展；⑦对会员之间、会员与客户之间发生的证券业务纠纷进行调解；⑧证券业协会章程规定的其他职责。

本章重点

证券法的概念、调整对象、范围及其基本原则，证券发行制度，证券交易制度，证券服务管理制度，证券市场的监管体制。

本章思考题

1. 简述证券法的概念、调整对象。

2. 简述股票、公司债券、证券投资基金之间的区别。

3. 试述我国证券法的基本原则。

4. 简述证券发行的概念、发行方式。

5. 简述证券交易的分类、程序及规则。

6. 试述上市公司收购的概念、分类、功能、基本原则及其程序。

7. 简述我国的证券监管体制。

8. 简述证券交易服务机构的概念及功能。

本章参考书目

1. 周友苏. 证券法新论 ［M］. 北京：法律出版社，2020.

2. 朱锦清. 证券上法学 ［M］. 4 版. 北京：北京大学出版社，2019.

3. 邢会强. 证券法学 ［M］. 2 版. 北京：中国人民大学出版社，2020.

4. 袁康. 证券侵权民事赔偿标准研究 ［M］. 北京：法律出版社，2022.

5. 李东方. 证券法 ［M］. 北京：北京大学出版社，2020.

6. 范健，王建文. 证券法 ［M］. 北京：法律出版社，2020.

第十二章

票据法

票据制度是市场经济体制的支柱之一，票据法是我国法律的重要组成部分，是保障和促进社会主义市场经济发展的法律武器。因此，了解和掌握票据法具有重要意义。

第一节　票据及票据法概述

一、票据的概念和特点

各国票据立法一般没有明确界定票据概念（而只是指明了票据的种类），票据法学者对票据概念的描述也不尽相同，但一般认为，票据是指出票人（发票人）依法签发的，由自己或他人在见票时或于指定日期无条件支付确定金额给收款人或持票人的有价证券。票据具有如下法律特点：

（一）票据是完全有价证券

有价证券是和无价证券相对称的，是指代表或反映一定财产权利的证券，它可以分为完全有价证券和不完全有价证券。完全有价证券是指证券和权利不可分离的有价证券，不完全有价证券是指权利和证券在一定条件下可以分离的有价证券（如仓单为不完全有价证券，仓单丢失后，货主可用其他证明方法来享有领取货物权）。票据权利的发生、行使、移转都以票据作成并存在为必要，否则就不能对票据债务人行使票据权利。因此，票据是完全有价证券，也是设权证券（指权利义务产生于证券作成时的有价证券，票据权利产生于票据作成时）。

（二）票据是债权证券

有价证券包括物权证券、社员权证券、债权证券等。物权证券是指代表物权的证券，如提货单；社员权证券是指代表持有人为社团成员的权利的证券，又叫团体证券，如公司股票；债权证券是指代表债权的证券。票据权利是为一定数量的金钱支付的权利，包括付款请求权和追索权。从这个意义上讲，票据为债权证券、金钱证券。

（三）票据是无因证券

票据是一种无条件支付确定金额给收款人或持票人的有价证券，只要票据本身和票据行为符合法定要件，票据权利就成立有效，票据关系就和发行、转让票据的基础关系相互分离，而不问票据行为发生的原因如何。

（四）票据是要式证券

为避免票据文义的欠缺或混乱，为促进票据的安全迅速流通，票据必须依照法定方式进行记载，从而产生相应的效力；否则，就会影响票据的效力。比如，票据欠缺法定绝对应记载事项时，该票据无效。因此，票据是要式证券。

（五）票据是文义证券

票据上的权利义务必须严格依照票据所载文义确定，不能根据票据文义以外的事项确定，不能进行任意解释，以确保票据的安全流通。比如，票据上记载的出票日与实际出票日不一致时，应以票载日期为准。

（六）票据是流通证券

一般债权大多可以转让，但往往以通知债务人为必要条件。票据作为债权证券也可以转让，但其流通不必通知债务人，只要依法背书或交付即可，从而使票据转让更加便捷。

总之，票据的上述法律特点是票据必不可少的，是相互联系、相互影响的。当然，在不同国家或同一国家不同时期，人们对票据特点的认识也会有所变化。比如，商品经济越发达，票据的流通性便越突出和越受重视。

二、票据的功能

票据是商品经济的产物。古罗马时代的"自笔证书"被认为是票据的雏形，而现代意义上的票据则产生于 12 世纪的意大利，发达于 18 世纪以后。现在，票据已在国际范围内得到广泛使用。票据是适应商品经济的需要而产生、发展的，并反过来促进商品经济的发展。票据的功能（即作用）有：

（一）汇兑功能

商品经济运转既包括同地交往，也包括异地交往。后者如此地的甲向彼地的乙出售商品，乙要向甲支付相应货币。在这种情况下，如果用现金支付，往往需要大笔现金，而且携带运送现金不安全、不方便、不经济。但如果不支付现金而采用票据来支付，就可以克服现金支付所存在的空间障碍，从而使不同主体之间的交易变得简便、安全、节省。

（二）支付结算功能

在商品经济活动中，不同主体之间不断需要支付、结算。在支付、结算的数额较小、次数较少时，使用现金进行支付结算是可行的；但如果支付、结算的数额较大、次数频繁时，则需要发行更多的货币，而且还涉及携带、存放、清点现金方面的安全、准确、时间等问题。如果用票据代替现金,通过签发、转让、承兑、议付票据,就可以解决两个或两个以上主体之间的不同支付、结算(包括一次性支付结算和多次性支付结算,也包括直接环节的支付结算和间接环节的支付结算),并可以减少货币的发行,从而减少通货膨胀的风险。

（三）信用功能

商品经济需要信用,在现实生活中,钱货两清、义务同时履行这种情况是存在的,但更多、更普遍的则是钱货不能(或未)两清、义务未同时履行。在后一种情况下如何保护已履行义务一方当事人的合法权益呢?方法、途径是多种多样的,但使用票据则是较好的方法。因为票据包含着多方面的、很强的信用。这种信用表现在:①票据信用是多个主体信用的集合。各国票据法规定,票据债务人对持票人承担连带责任。只要票据得以背书转让,则票据债务人越多,对持票人的信用保障越强。②票据信用是现实信用和未来信用的结合。简单地说,即期票据可以凭票得到付款,体现了现实信用,而远期票据则在未来日期得到付款,体现了未来信用。③票据信用是银行信用和商业信用的结合。不同的票据,其体现的银行信用和商业信用不同;同一种票据,其体现的银行信用和商业信用也不尽相同;即使是某张特定的票据(如商业汇票),也往往是银行信用和商业信用的混合(表现为出票人是某公司,而承兑人可能是某银行)。

（四）融资功能

在票据发展过程中出现了票据的新功能,即融资功能,这主要体现在票据贴现业务上。在远期票据中,票据到期日是在未来的一定日期,在票据未到期前,持票人可能需要资金,此时,他可以通过背书将票据转让给买卖票据的经营者,这种情况就叫票据贴现。商业汇票的持票人向其非开户银行申请贴现,与向自己开立存款账户的银行申请贴现具有同等法律效力。但是,持票人有恶意或者与贴现银行恶意串通的除外(《最高人民法院关于审理票据纠纷案件若干问题的规定》第五十六条)。此外,持票人基于资金的需要,将未到期的票据通过背书转让给从事票据买卖经营者以外的其他人,从而获得相应的资金,这也可以算是票据融资功能的体现。

总之,票据的功能是多方面,是可以变化的。其中,汇兑功能是票据的初始功能(至今也是重要功能),支付结算功能是票据的基本功能,信用功能是票据最重要的功能,融资功能则是票据新的重要功能。

三、票据的种类

对于票据,可以从不同角度进行划分。如根据出票人的不同,票据可以分成银行票据和商业票据;根据是否载明收款人姓名或名称,票据可以分为记名式票据、无记名式票据、指示式票据;根据票据行为发生地的不同,票据可以分为国内票据和国际票据;根据票据性质的不同,票据可以分为汇票、本票、支票,这是最常见的分类。

（一）汇票

根据《中华人民共和国票据法》(以下简称《票据法》)第十九条的规定,汇票是出票人签发的，委托付款人在见票时或在指定日期无条件支付确定的金额给收款人或者持票人的票据。因此，汇票除具有票据的共同特点之外，还有如下特点：①汇票的基本当事人一般有三个，即出票人、付款人、收款人。出票人，又叫发票人、开票人，是签发汇票、委托他人付款的人；付款人是汇票上所记载的受委托付款的人，付款人在作承兑后就成为承兑人；收款人是指持有汇票、有权接受付款的人。②从性质上讲，汇票是他付证券。但各国对汇票是"委托支付"证券还是"命令支付"证券的做法是不同的，我国和日本等大陆法系国家把汇票界定为"委托支付"证券，突出汇票的合同性；而法国和英美法系国家则认为汇票是"命令支付"证券，强调汇票的流通性。③承兑是汇票特有的行为。

根据不同标准，还可对汇票作不同分类。

（1）根据是否记载收款人名称或姓名，汇票可以分为记名式汇票、指示式汇票、无记名式汇票。记名式汇票，是指明确记载收款人名称或姓名的汇票，它只能依背书转让，但发票人或背书人可记载禁止转让；指示式汇票，是指明确记载收款人名称或姓名，或其指定的人，它仅依背书而转让，出票人或背书人不得记载禁止转让；无记名汇票，是指没有记载收款人名称或姓名，或仅记载付给来人或持票人的汇票，它仅依交付即可转让。应注意的是，我国票据法仅规定了记名式汇票，而没有规定无记名式汇票和指示式汇票。

（2）根据出票人的不同，汇票分为银行汇票和商业汇票。银行汇票是指出票人、付款人都是银行的汇票；商业汇票是指出票人为银行以外的公司等经济组织或个人的汇票。这是我国票据法特有的分类。一般而言，银行汇票的信用高于商业汇票的信用。

（3）根据付款期间的不同，汇票分为即期汇票和远期汇票。即期汇票是指见票即付的汇票；远期汇票是指在未来特定期间付款的汇票，包括定期汇票（指到期日为固定日期的汇票）、计期汇票（指没有记载固定到期日，而记载于出票日后一定期间付款的汇票）、注期汇票（指记载于见票后一定期间付款的汇票）、分期付款汇票（指其金额被分为几个部分并被分别指定到期日的 汇票）。应注意的是，我国票据法只规定了即期汇票、定期汇票、计期汇票、注期汇票，没有规定分期付款汇票。

（4）根据当事人的不同，汇票分为一般汇票和变式汇票。一般汇票是指出票人、付款人、收款人分别由不同人担任的汇票；变式汇票是指出票人、收款人、付款人中的两个或三个由同一人担任的汇票，它包括指己汇票（又叫己受汇票，是指出票人又是收款人的汇票）、对己汇票（又叫己付汇票，是指出票人又是付款人的汇票）、付受汇票（是指付款人又是收款人的汇票）、己付己收汇票（是指出票人、付款人、收款人为同一个人的汇票）。变式汇票适用于总公司和分公司所组成的组织体内部交易。应注意的是，基于对己汇票的出票人又是付款人这种情况，有的国家（如英国）允许持票人做出该票据为汇票或本票的选择，以充分保护持票人的利益，但我国票据法没有这种规定。

（5）根据票据行为发生地的不同，汇票分为本国汇票和外国汇票。本国汇票是指在本国境内出票并付款的汇票；外国汇票是指本国汇票以外的汇票。

（6）根据与单据的关系，汇票分为光票汇票和跟单汇票。光票汇票是指不需跟附任何单据即可获得付款的汇票；跟单汇票是指必须跟附提单、保险单、商业发票等单据才能获得付款的汇票。

（二）本票（又叫期票）

《票据法》第七十三条规定，本票是出票人签发的，承诺自己在见票时无条件支付确定的金额给收款人或者持票人的票据。

如同汇票一样，根据不同标准可以对本票作不同分类。根据出票人的不同，本票可以分为银行本票和商业本票；根据其到期日的不同，本票可以分为即期本票和远期本票；根据票据行为地的不同，本票可以分为本国本票和外国本票。

我国本票具有如下特点：①本票的基本当事人只有两个，即出票人、收款人；②本票是自付证券，是出票人自己负付款责任的证券；③本票只需提示见票，不需承兑就可以获得付款，本票付款义务自出票人出票时即已确定；④我国法律规定，本票只有银行本票和即期本票，没有商业本票和远期本票。

（三）支票

《票据法》第八十一条规定，支票是出票人签发的，委托办理支票存款业务的银行或其他金融机构在见票时无条件支付确定的金额给收款人或者持票人的票据。因此，支票具有如下特点：①支票的基本当事人有三个，即出票人、付款人、收款人。其中，付款人只限于银行等金融机构。②支票是他付证券。但对于支票的性质，各国态度和做法不同，我国和日本等国认为，支票是一种"委托支付"证券，而英国、法国、美国等国认为，支票是一种"命令支付"证券。③支票只限于即期支票。

根据不同标准，可以对支票进行分类。根据当事人的不同，支票分为一般支票和变式支票；根据票据行为地的不同，支票分为本国支票和外国支票；根据其用途和保障程度的不同，支票可以分为普通支票、现金支票、转账支票、划线支票、保付支票。普通支票既可以支取现金，也可以转账。现金支票只能支取现金，不能转账。转账支票只能转账，不能用于支取现金。划线支票，又叫平行线支票、横线支票，是指由出票人或持票人在普通支票上划两条平行线，从而限制付款银行的付款对象的支票。划线支票包括一般划线支票和特别划线支票。一般划线支票是指在两条平行线内不作任何记载或仅记载"银行"字样的支票，这种支票的付款银行只能向自己的客户或其他银行付款。在两条平行线内记载特定银行名称的划线支票就是特别划线支票，该支票的付款银行只能向划线中所指定的银行付款，当付款银行成为该指定银行时则只能向自己的客户付款。划线支票的功能在于限制付款银行的付款对象，有利于查明资金去向，以保护正当权利人的合法权益。国际上的一般做法是：普通支票可以经过划线而成为划线支票，一般划线支票可以经过记载特定银行名称而成为特别划线支票。但应注意的是，特别划线支票不能因涂销特定银行名称而成为一般划线支票，划线支票也不能因涂销划线而成为普通支票。保付支票是指经付款人在支票上为保付行为，从而由付款人承担绝对付款责任的支票。保付支票的功能在于使普通支票的付款义务得以确定。

应注意的是，我国票据法只规定普通支票、现金支票、转账支票，没有明确规定划线支票、保付支票。此外，支票中是否存在远期支票，按照我国《票据法》第九十条的规定，支票限于见票即付，因而，不存在远期支票。但票据法并未明文禁止支票记载出票日期为未来特定日期，从而在实践中可能出现支票支付时间发生在未来的情况。

（四）汇票、本票和支票的关系

汇票、本票、支票三者相互联系又相互区别。从联系上看，三者都是票据的组成部分，都具有票据的共同特点，在不少具体规定上有相同点，本票与支票在不少方面沿用关于汇票的规定。从区别上看，三者的区别主要有：

（1）性质不同。汇票和支票是他付证券、委付证券，而本票则是自付证券。

（2）基本当事人不同。汇票的基本当事人一般是三个（出票人、收款人、付款人），支票的基本当事人是三个（出票人、收款人、付款人），本票的基本当事人只有两个（出票人和收款人）。支票的付款人为银行等金融机构，本票的付款人由出票人（我国仅限于银行）担任，汇票的付款人不限定。

（3）票据行为不同。汇票有承兑行为，支票有划线、保付行为，而本票则有见票行为。

（4）其他不同。如三者在到期日、主债务人等方面都不同。

应注意的是，对票据种类包括哪些，各国法律规定是不尽相同的，但都以票据种类法定原则为一般原则。根据《票据法》第二条的规定，票据包括汇票、本票、支票三种。

四、票据法的概念和特点

票据法是调整票据经济关系的法律规范的总称。票据法有广义和狭义之分。广义上的票据法是指一切有关票据的法律规范的总和；狭义上的票据法仅指票据法本身（即法典意义上的票据法）。本章所称票据法是从广义上讲的。

票据法是以票据经济关系作为自己的调整对象。票据经济关系是指在票据发行、流通过程中形成的各种经济关系。具体包括：①票据出票所形成的经济关系；②票据背书所形成的经济关系；③票据承兑所形成的经济关系；④票据保证所形成的经济关系；⑤票据贴现所形成的经济关系；⑥票据付款所形成的经济关系；⑦票据追索所形成的经济关系；⑧其他票据经济关系。应注意的是，票据法的调整对象有别于票据关系（即票据法律关系），前者是一种经济利益关系，后者是一种法律关系，是一种权利义务关系。

与其他法律相比，票据法具有如下特点：

（1）专业性。票据法中的许多规定都是专业性的（或者说是技术性的），比如，对票据格式严格要求、票据行为的无因性和文义性、背书的连续、票据抗辩等。票据法的技术性规定，其目的在于促进票据业务的专业化，从而促进票据安全流通。

（2）及时性。票据法的许多规定都体现了及时性特征，比如，票据时效较短、提示期限较短、票据格式统一简化等。票据法强调及时性，其目的在于确保票据的迅速流通，加速商品经济的运转。

（3）强制性。票据法中的规定，既有强制性（或叫强行性）规定，也有任意性规定，但更多的则是强制性规定。强制性规定包括关于票据种类、格式、票据行为、票据丧失时的保护、票据时效等方面的规定。而任意性规定（如持票人可以背书转让票据、汇票付款人有承兑的自由）也是必须依法进行。票据法偏重于作强制性规定，其目的在于确保票据的安全迅速流通，保障票据当事人的合法权益。

（4）国际性。各国大多制定了自己的票据法，各自的具体规定也不尽相同（如对票据性质的认定、票据记载事项、票据时效等方面），但在许多方面是相同的或基本相同的（如票据种类、票据行为、票据权利）。从国际上来看，大陆法系国家的票据法基本统一，大陆法系国家的票据法与英美法系国家的票据法也有不少共同之处，目前票据法共同化的趋势仍然存在。票据法存在共同点，其原因在于：票据是商品经济的产物，票据法是适应商品经济要求而产生的。商品经济的共同性必然带来票据的共同性，从而导致票据法的共同性。

应注意的是，我国票据法除具有票据法的上述特点之外，还有如下特点：

（1）简便实用。我国现行《票据法》总计7章（总则、汇票、本票、支票、涉外票据的法律适用、法律责任、附则）111条。其条文规定都体现了简便实用的特点，其表现在于：①从规定的范围看，有些规定是其他国家票据法都要规定，而我国票据法却未作规定的。比如，参加承兑、参加付款、复本、保付、划线。②从规定的内容上看，我国票据法的规定严于其他国家票据法的规定。比如，票据记载事项、记载事项的更改、背书的方式、承兑附条件的处理后果等。

（2）中国特色规定。我国票据法借鉴吸收了国际票据立法的成果、经验，但也有一些独特的规定，如汇票区别为银行汇票和商业汇票、票据时效期限更短、票据形式的严格要求等。

我国票据法存在上述特点，是基于我国国情特别强调票据的安全性，是继承了自己以前的一些有效做法，是因为票据法繁细化的条件还不具备。

第二节 有关票据的法律关系

有关票据的法律关系，是有关法律对与票据有关的经济关系进行调整后所形成的权利义务关系，它包括票据法律关系（简称票据关系）和非票据法律关系（简称非票据关系）。非票据关系包括票据法关系（或称票据法上的非票据关系）和非票据法关系（或称民法上的非票据关系）。如图12-1所示。

$$有关票据的法律关系\begin{cases}票据关系 \\ 非票据关系\begin{cases}票据法关系 \\ 非票据法关系\end{cases}\end{cases}$$

图12-1

一、票据关系概述

票据关系是指票据法对因票据行为而引起的经济关系加以调整而形成的权利义务关系。票据关系不同于票据经济关系（详见前述）。

票据关系是票据法的主干内容，它包括主体、内容和客体三个构成要素。票据关系的主体是票据当事人，其客体是一定数量的金钱，其内容则是票据权利和票据义务。

由票据法规范规定的、能引起票据关系发生、变更、终止的客观情况就是票据法律事实，它包括事件和行为。票据行为包括票据法律行为和非票据法律行为，但主要是指票据法律行为。

依照票据行为的不同，票据关系可以分成如下种类：①出票引起的票据关系，包括出票人与收款人之间交付票据的法律关系，也包括出票人向收款人承担付款、担保承兑、担保付款的法律关系；②背书引起的票据关系，包括背书人（指通过背书而转让票据的人）向被背书人（指因背书而受让票据的人）交付票据的法律关系，也包括背书人向被背书人担保承兑、担保付款的法律关系；③承兑引起的法律关系，指承兑人（是指在汇票上作承兑行为后的付款人）和持票人之间的由承兑人负绝对付款责任的法律关系；④票据保证引起的法律关系，指票据保证人、被保证人、收款人之间的由保证人负担保责任的法律关系；⑤其他票据关系。

依照票据关系的主次，票据关系可以分成基本（或主）票据关系和附属（或从）票据关系。前者是指因出票而引起的法律关系，后者是指基本票据法律关系之外的其他票据关系。

二、票据当事人

票据当事人，是指参加票据关系，享有票据权利，承担票据义务的主体，包括组织和个人。票据当事人的资格和范围，应符合票据法的规定。

从范围上看，票据当事人包括出票人、背书人、保证人、付款人、持票人。应注意的是，我们说付款人是票据当事人，是从付款人整体角度去说的，并不意味着付款人都是票据债务人。事实上，在本票中，出票人即为付款人，付款人负有绝对付款义务；在汇票中，付款人应否付款要看汇票是否已承兑，在未承兑之前，付款人无付款义务，仅处于可承兑的地位，但在承兑之后则有付款义务；在支票中，保付支票的付款人有付款的义务，保付支票以外的其他支票其付款人应否付款，要看出票人与付款人之间是否有资金关系、信用关系。

从种类上看，可以根据不同标准，对票据当事人进行分类。

（1）依出票时是否存在，分为基本当事人和非基本当事人。基本当事人是指出票时即已存在的票据当事人（详见本章第一节）。非基本当事人是指出票时不存在而是在出票后因其他票据行为而加入票据关系中的票据当事人，包括背书人、保证人、承兑人、保付人（指保付支票的付款人）。

（2）根据其享有的权利、承担的义务，票据当事人可分为票据债权人和票据债务人。票据关系实质上是一种债权债务关系，其主体分别处于债权人和债务人的位置。票据债务人是指为一定票据行为并签章于票据上的当事人，包括出票人、背书人、承兑人、保证人、保付人。票据债权人一般指持票人。票据出票人或者背书人被宣告破产的，而付款人或者承兑人不知其事实而付款或者承兑，因此所产生的追索权可以登记为破产债权，付款人或者承兑人为债权人。当然，对于持票人，应区别情况对待。持票人大致包括合法持票人和非法持票人。合法持票人包括善意有偿持票人和善意无偿持票人，善意有偿持票人和善意无偿持票人在享有的权利上不同。非法持票人是指因恶意或重大过失而取得票据的人，他不享有票据权利。

对于票据债务人，依其票据行为发生的先后，分为前手和后手。根据我国《票据法》第十一条、第三十二条的规定，前手是指在票据签章人或者持票人之前签章的其他票据债务人，后手则是指在票据签章人之后签章的其他票据债务人。对于票据债务人，还可以根据其责任（或履行义务的先后）分为主债务人（又叫第一债务人）和从债务人（又叫第二债务人）。主债务人是指负有绝对付款义务的人，包括汇票承兑人、本票出票人、保付支票保付人。从债务人是指负担保承兑和担保付款义务的人，包括汇票出票人、支票出票人、票据的背书人。持票人行使票据权利时，应先向主债务人请求履行票据债务，不能或无法获得付款时，才可以向从债务人主张票据权利。

应注意的是，票据债权人和票据债务人的划分不是绝对的，票据债务人在一定条件下可变成票据债权人。比如，对于前手而言，清偿了票款的后手是票据债权人；票据保证得以实现后，票据保证人为票据债权人。

票据债权人与票据债务人的划分意义在于有利于正确行使票据权利和履行票据义务。

三、非票据关系

非票据关系是指与票据有关但不是基于票据行为而产生的法律关系，包括票据法上的非票据关系和民法上的非票据关系。

（1）票据法上的非票据关系主要包括票据返还关系和利益返还关系。票据返还关系包括非法取得票据人与正当权利人之间的票据返还关系，以及已获付款的持票人与付款人之间的票据返还关系。票据法规定票据返还关系的目的在于保护票据当事人的合法权益，促进票据的流通。利益返还关系包括因时效届满或因手续欠缺而丧失票据债权时，持票人与出票人（或承兑人）之间的利益返还关系。

（2）民法上的非票据关系，又叫票据基础关系或票据实质关系，主要包括票据原因关系、票据资金关系、票据预约关系。①票据原因关系，又叫票据原因，是票据当事人之间的作为票据授受原因的法律关系，包括出票人与收款人（或背书人与被背书人）之间的买卖、借贷、赠与等关系。②票据资金关系，又叫票据资金，是指票据出票人与付款人之间的资金关系，如出票人在付款人处存有资金、付款人对出票人欠有债务、付款人承诺为出票人垫付资金。出票人与付款人存在资金关系，是付款人代替出票人付款的原因。③票据预约关系，又叫票据预约，是指出票人与收款人之间或背书人与被背书人之间就票据授受所达成的约定，这种约定的内容包括票据种类、金额、到期日、付款地等票据事项。

票据关系与票据基础关系既相互独立，又相互牵连。票据关系在原则上独立于票据基础关系，这体现了票据的无因性。但是，直接当事人之间可用原因关系来对抗票据关系；持票人无偿或不付相当对价而取得票据的，其权利不得优于其前手的权利；除另有约定外，票据债权应优先于原因债权而行使。

票据关系与票据法上的非票据关系之间既相互联系又相互区别。两者都是经票据法调整而形成的、与票据有关的法律关系，但两者之间又有区别（比如，两者在权利内容、权利产生根据等方面都不同），所以，对两者应区别对待。

第三节　票据行为

一、票据行为概述

票据行为有广义和狭义之分。从狭义上讲，票据行为是指以发生或负担票据债权债务为目的的法律行为，包括出票、背书、承兑、保付、保证。从广义上讲，票据行为除了包括狭义的票据行为之外，还包括票据违法行为（如伪造、变造票据）和准票据法律行为（如付款、见票、划线、涂销）。一般所说的票据行为是指狭义的票据行为。在狭义的票据行为中，出票是基本（或主）票据行为，是创设票据及其权利的行为，出票以外的其他行为是从（或附属）票据行为，是在出票行为基础上所为的行为。出票、背书、保证是各种票据的共有行为，而承兑为汇票独有，保付为支票独有。

关于票据行为是单方行为还是双方行为问题，各国学者有不同看法，英美法系国家学者多主张票据行为是双方行为，而大陆法系国家学者多主张票据行为是单方行为。我国学者一般主张票据行为是单方行为。

票据行为必须具备一定条件才能具备票据法上的效力。票据行为的有效要件有：

（1）实质要件。它包括相应的权利能力和行为能力、意思表示。对于票据行为的实质要件，除票据法另有规定外，应适用民法一般规定。

（2）形式要件。它包括票据记载事项、签章、交付等。票据行为的形式要件应严格依照票据法的规定。

与其他行为相比较，票据行为具有如下特点：

（1）要式性。票据行为必须是合法行为，其中法律更强调行为形式的合法，即各种票据行为都必须严格依照法定形式、格式进行。依照《票据法》第一百零八条以及经国务院批准的《票据管理实施办法》的规定，票据当事人使用的不是中国人民银行规定的统一格式票据的，按照《票据管理实施办法》的规定认定，但在中国境外签发的票据除外（《最高人民法院关于审理票据纠纷案件若干问题的规定》第四十条）。比如，采用书面形式，必须签章，记载法定事项。要式性的作用在于明确、统一票据格式，促进票据的迅速流通。

（2）文义性。它是指在票据上签章的人应依票据文义承担票据义务、责任，不允许用票据以外的证明方法加以变更或增补。

（3）独立性。它是指票据行为一旦成立，就与其基础关系相分离；票据上各种行为独立发生法律效力，其中任何一个行为的无效（此处无效，是指实质上无效，而不是指形式上无效），不影响其他行为的效力。应注意的是，票据行为的独立性并不否认特定票据行为之间的连带性，如出票人、背书人、承兑人和保证人对持票人负连带责任；保证人为两人以上的，保证人之间负连带责任。票据的背书人、承兑人、保证人在票据上的签章不符合票据法以及《票据管理实施办法》规定的，或者无民事行为能力人、限制民事行为能力人在票据上签章的，其签章无效，但不影响人民法院对票据上其他签章效力的认定（《最高人民法院关于审理票据纠纷案件若干问题的规定》第四十六条）。具有下列情形之一的票据，未经背书转让的，票据债务人不承担票据责任；已经背书转让的，票据无效不影响其他真实签章的效力：出票人签章不真实的；出票人为无民事行为能力人的；出票人为限制民事行为能力人的（《最高人民法院关于审理票据纠纷案件若干问题的规定》第六十六条）。依照《票据法》第十四条、第一百零二条、第一百零三条的规定，伪造、变造票据者除应当依法承担刑事、行政责任外，给他人造成损失的，还应当承担民事赔偿责任。被伪造签章者不承担票据责任（《最高人民法院关于审理票据纠纷案件若干问题的规定》第六十七条）。

二、出票

（一）出票的概念

出票，又叫票据的发行、发票，它是票据法律关系产生的基本票据行为。根据我国《票据法》第二十条的规定，出票是指出票人签发票据并将其交付给收款人的票据行为。

（二）出票的记载形式

出票的记载形式应符合票据法的规定。各国票据法一般规定，票据记载形式应为书面的。随着现代技术的发展，票据记载形式也可能随之有所变化。

（三）出票的记载事项种类

出票时票据的记载事项，不仅关系到票据的效力，而且关系到票据当事人的权利、义务和责任。因此，记载事项具有重要意义。各国票据法对票据记载事项的具体规定不尽相同。但一般把票据记载事项分成应记载事项、得记载事项和不得记载事项。应记载事项又可分成绝对应记载事项和相对应记载事项。

绝对应记载事项，是指必须记载，否则票据无效的事项。根据我国《票据法》第二十二条、第七十五条、第八十四条的规定，绝对应记载事项包括：①票据种类文句。它是指该票据必须标明是何种票据（指汇票、本票、支票）。②无条件支付的委托（指汇票和支票）或承诺（指本票）。③确定的金额。票据金额以中文大写和数码同时记载，两者必须一致，两者不一致的，票据无效。我国的这项规定不同于其他国家的做法，也和我国以前的做法不同。应注意的是，支票上的金额可以由出票人授权补记，未补记前的支票，不得使用。④汇票和支票的付款人名称。⑤汇票和本票的收款人名称。⑥出票日期。票载出票日期可能与实际出票日期不一致，应以票载出票日期为准。⑦出票人签章。票据上的签章，为签名、盖章或者签名加盖章。法人和其他使用票据的单位在票据上的签章，为该法人或者该单位的盖章加其法定代表人或者其授权的代理人的签章。在票据上的签名，应为该当事人的本名。银行汇票、银行本票的出票人以及银行承兑汇票的承兑人在票据上未加盖规定的专用章而加盖该银行的公章，支票的出票人在票据上未加盖与该单位在银行预留签章一致的财务专用章而加盖该出票人公章的，签章人应当承担票据责任；票据出票人在票据上的签章上不符合票据法以及下述规定的，该签章不具有票据法上的效力：商业汇票上的出票人的签章，为该法人或者该单位的财务专用章或者公章加其法定代表人、单位负责人或者其授权的代理人的签名或者盖章；银行汇票上的出票人的签章和银行承兑汇票的承兑人的签章，为该银行汇票专用章加其法定代表人或者其授权的代理人的签名或者盖章；银行本票上的出票人的签章，为该银行的本票专用章加其法定代表人或者其授权的代理人的签名或者盖章；支票上的出票人的签章，出票人为单位的，为与该单位在银行预留签章一致的财务专用章或者公章加其法定代表人或者其授权的代理人的签名或者盖章；出票人为个人的，为与该个人在银行预留签章一致的签名或者盖章（《最高人民法院关于审理票据纠纷案件若干问题的规定》第四十一条、第四十二条）。票据上未记载上述7个事项之一的，该票据无效。

相对应记载事项，是指应记载，如不记载就由法律另行规定从而不影响票据效力的事项。根据我国《票据法》第二十三条、第七十六条、第八十六条的规定，汇票未记载付款日期的，为见票即付；未记载出票地的，汇票、支票出票人的营业场所、住所或经常居住地为出票地，本票出票人的营业场所为出票地；票据上未记载付款地的，汇票以付款人的营业场所、住所或者经常居住地为付款地，本票以出票人的营业场所为付款地，支票以付款人的营业场所为付款地。另外，根据 2000 年 11 月 21 日施行的《最高人民法院关于审理票据纠纷案件若干问题的规定》第六条的规定，票据支付地是指票据上载明的付款地，票据上未载明付款地的，汇票付款人或者代理付款人的营业场所、住所或者经常居住地，本票出票人的营业场所，支票付款人或者代理付款人的营业场所所在地为票据付款地。

得记载事项，是指可以由当事人任意记载，经记载后该事项即具有票据法上的效力。如出票人可以在支票上记载自己为收款人。

不得记载事项，是指记载本身无效或者可使票据无效的或不产生票据效力的事项。比如，记载须在一定条件下才能付款，则该票据无效。又比如，当事人在票据上进行已付对价的记载，则该记载事项不具有票据上的效力。

与其他国家规定相比，我国票据法关于票据绝对应记载事项多，而关于得记载的事项少，这表明我国票据法规定比较严格。

（四）票据记载事项的更改

更改，是有权改变的人对票据事项的改变。根据《票据法》第九条的规定，票据金额、日期、收款人名称不得更改，更改的票据无效。对票据上的其他记载事项，原记载人可以更改，更改时应由原记载人签章证明。依照《票据法》第九条以及《票据管理实施办法》的规定，票据金额的中文大写与数码不一致，或者票据载明的金额、出票日期或者签发日期、收款人名称更改，或者违反规定加盖银行部门印章代替专用章，付款人或者代理付款人对此类票据付款的，应当承担责任；因更改银行汇票的实际结算金额引起纠纷而提起诉讼，当事人请求认定汇票效力的，人民法院应当认定该银行汇票无效（《最高人民法院关于审理票据纠纷案件若干问题的规定》第四十三条、第四十四条）。

（五）出票人的义务

根据《票据法》第十条、第二十一条、第七十四条、第八十二条、第八十七条、第八十八条的规定，票据的签发、取得和转让，应遵循诚实信用的原则，具有真实的交易关系和债权债务关系。汇票出票人必须与付款人具有真实的委托付款关系，而且具有支付汇票金额的可靠资金来源。不得签发无对价的汇票以骗取银行或其他票据当事人的资金。本票出票人必须具有支付本票金额的可靠资金来源。支票出票人不得签发与其预留本名的签名式样或者印鉴不符的支票，禁止签发空头支票，按规定开立支票存款账户和领用支票。因出票人签发空头支票、与其预留本名的签名式样或者印鉴不符的支票给他人造成损失的，支票的出票人和背书人应当依法承担民事责任（《最高人民法院关于审理票据纠纷案件若干问题的规定》第七十三条）。

（六）出票的效力

出票行为依法完成即具有相应的法律效力。其表现在：

（1）对出票人的效力。汇票出票人负有担保承兑和担保付款的责任，本票出票人负绝对付款责任，支票出票人负有担保付款责任。

（2）对收款人的效力。收款人取得票据后就取得票据权利。

（3）对付款人的效力。使汇票付款人处于可承兑的地位，汇票付款人有权承兑或不承兑，但一旦承兑就成为主债务人；支票付款人不具有绝对付款责任，出票人在付款人处有足额存款时，付款人应足额付款；本票付款人责任同于本票出票人的责任。

违反规定区域出票，背书转让银行汇票，或者违反票据管理规定跨越票据交换区域出票、背书转让银行本票、支票的，不影响出票人、背书人依法应当承担的票据责任（《最高人民法院关于审理票据纠纷案件若干问题的规定》第五十七条）。

三、背书

（一）票据转让的概念、特征和方式

票据转让，是指票据持有人依法将票据及其权利转移给他人的行为。从性质上讲，票据转让就是票据债权的转让，但不同于一般民事债权的转让。票据转让具有如下特点：

（1）单方行为性。一般民事债权的转让，往往还取得债务人的同意，要通知债务人，否则，该债权不产生转让效力。而票据转让只要转让人完成相应的法律行为，就产生转让效力，不必征得债务人的同意，也无须通知债务人。

（2）增强信用性。一般债权转让，转让人就退出该债权债务关系，另有约定的除外。而票据转让，并不产生转让人退出债权债务关系的后果，恰恰相反，转让人转让票据后往往就变成债务人，而且，转让次数越多，往往票据债务人越多，该票据的信用就越强。

（3）注重外观性。一般债权的转让，要符合实质要件和形式要件，尤其是要符合实质要件。而票据的转让，要考虑实质要件，但更注重形式要件，这表现在背书连续、票据善意有偿取得、票据抗辩的切断等方面。

票据转让的方式有两种：一是背书转让，二是单纯交付转让。单纯交付转让是指不在票据上作任何背书记载，只需交付票据就可以转让票据的方式。单纯交付转让适用于无记名票据或经空白背书的票据。应注意的是，我国票据法只允许背书转让，不允许单纯交付转让。

（二）背书的概念和有效要件

根据《票据法》第二十七条的规定，背书是指在票据背面或者粘单上记载有关事项并签章的票据行为。背书是票据行为的一种，因而，背书也应具有票据行为的有效要件，但具体要求不同。比如，背书的位置、记载的事项。

根据我国法律规定和使用的习惯，背书应在票据的背面进行。当票据凭证不能满足背书人记载事项的需要，就可以使用粘单（是指可以粘附在票据上的、留待持票人背书的空白纸）。应注意的是，粘单上的第一记载人（即第一个使用粘单的背书人），应在票据和粘单的粘接处签章，以确保粘单的有效和背书的连续。

（三）背书的种类

对于背书，可根据不同标准进行分类：

根据背书目的，分为转让背书和非转让背书。前者是指持票人以转让票据权利为目的的背书，后者是指为其他目的的背书。大多数的背书是转让背书。

（1）转让背书依其是否存在特殊情形，分为一般转让背书和特殊转让背书。

一般转让背书，是指不存在特殊情形的转让背书。它又根据记载事项的不同，分为完全背书和空白背书。完全背书是指应记载被背书人姓名或名称并由背书人签章的背书；空白背书则是指不记载被背书人姓名或名称而仅由背书人签章的背书。我国票据法只承认完全背书，不承认空白背书（但需要注意，《最高人民法院关于审理票据纠纷案件若干问题的规定》第四十九条规定，依照《票据法》第二十七条和第三十条的规定，背书人未记载被背书人名称即将票据交付他人的，持票人在票据被背书人栏内记载自己的名称与背书人记载具有同等法律效力），而且要求完全背书应记载背书日期，背书未记载背书日期的，视为在票据到期日前背书。这也表现了我国票据法的严格性。

特殊转让背书，是指存在特殊情形的转让背书。它包括禁止转让的背书、无担保背书、回头背书、期后背书。①禁止转让的背书，是指由出票人或背书人在票据上作禁止转让记载情况下背书人所作的背书；②无担保背书，是指背书人在票据上记载不担保承兑或担保付款责任的背书；③回头背书，是指以已在票据上签章的出票人、背书人等票据债务人作为被背书人的背书；④期后背书，是指到期日后所作的背书（此种情况又叫期日后背书）或作成拒绝证明后所为的背书（此种情况又叫期限后背书）。

（2）非转让背书依其作用，分成委任背书和设质背书。前者是指把行使票据权利的权限授予他人的背书，应记载"委托收款"字样，并由背书人签章；后者是指背书人以票据权利为被背书人设定质权的背书，应记载"质押"字样，并由背书人签章。

（四）背书的原则

背书应符合下列原则：

（1）自由原则。票据的流通性决定了背书的自由性。为了促进和实现票据的流通，各国票据法都允许背书转让票据，实行背书自由原则，但为兼顾出票人和背书人的意愿和权利，各国法律对背书又作了若干禁止或限制，如允许出票人或背书人作禁止转让的记载。

（2）整体原则。票据是完全有价证券，票据权利的转让离不开票据的移转。为了确保票据权利的确定性，各国票据法禁止部分背书和分割背书；所谓部分背书，是指仅将票据金额的一部分背书给被背书人的背书。所谓分割背书，是指将票据金额分别转让给数个被背书人的背书。根据《票据法》第三十三条的规定，将汇票金额的一部分转让的背书或者将汇票金额分别转让给两人以上的背书无效。这就是背书的整体性（又叫不可分性）原则。

（3）单纯性原则。背书不应是附条件的，否则，就会影响票据的流通。与其他国家的规定一样，《票据法》第三十三条规定，背书不得附有条件。背书时附有条件的，所附条件不具有汇票上的效力。这就是背书的单纯性原则。

（五）背书的效力

不同的背书，其法律效力不同。

一般转让背书具有如下效力：①权利移转效力。这是指票据权利随背书而移转。②资格授予效力。这是指持有连续背书票据的最后被背书人被推定为合法权利人。③权利担保效力。这是指背书人有担保票据承兑与付款的义务，以及后手应对其直接前手背书的真实性负责。

特殊转让背书的效力表现在：①回头背书的效力原则上与一般转让背书相同，但持票人为出票人的，对其前手无追索权，持票人为背书人的，对其后手无追索权。②关于期后背书的效力，其表现是：票据被拒绝承兑、被拒绝付款或者超过付款提示期限的，不得背书转让，背书转让的，背书人应承担票据责任。③关于禁止转让背书的效力，其表现是：出票人在票据上记载"不得转让"字样的，票据不得转让；背书人在票据上记载"不得转让"字样，其后手再背书转让的，原背书人对后手的被背书人不承担保证责任。依照《票据法》第二十七条的规定，票据的出票人在票据上记载"不得转让"字样，票据持有人背书转让的，背书行为无效，背书转让后的受让人不得享有票据权利，票据的出票人、承兑人对受让人不承担票据责任；背书人在票据上记载"不得转让""委托收款""质押"字样，其后手再背书转让、委托收款或者质押的，原背书人对后手的被背书人不承担票据责任，但不影响出票人、承兑人以及原背书人之前手的票据责任；依照《票据法》第五十七条第2款的规定，付款人及其代理付款人以恶意或者有重大过失付款的，应当自行承担责任；依照《票据法》第二十七条的规定，出票人在票据上记载"不得转让"字样，其后手以此票据进行贴现、质押的，通过贴现、质押取得票据的持票人主张票据权利的，人民法院不予支持；依照《票据法》第三十四条和第三十五条的规定，背书人在票据上记载"不得转让"字样，其后手以此票据进行贴现、质押的，原背书人对后手的被背书人不承担票据责任（《最高人民法院关于审理票据纠纷案件若干问题的规定》第四十八条、第五十一条至第五十四条）。④关于无担保背书及其效力，我国票据法未作规定（但国际上的一般做法是：无担保背书的背书人免除票据担保责任）。

非转让背书的效力表现在：委任背书不发生票据权利移转效力，只是被背书人有权代背书人行使被委托的票据权利，可再为委托背书，但不得以背书转让票据权利。而设质背书的被背书人取得质权，为实现其质权可以行使票据权利，可以再为委托背书，但不得再为转让或设质背书。因票据质权人以质押票据再行背书质押或者背书转让引起纠纷而提起诉讼的，人民法院应当认定背书行为无效；依照《票据法》第三十五条第2款的规定，以汇票设定质押时，出质人在汇票上只记载了"质押"字样未在票据上签章の，或者出质人未在汇票、粘单上记载"质押"字样而另行签订质押合同、质押条款的，不构成票据质押（《最高人民法院关于审理票据纠纷案件若干问题的规定》第四十七条、第五十五条）。

此外，违反规定区域出票，背书转让银行汇票，或者违反票据管理规定跨越票据交换区域出票、背书转让银行本票、支票的，不影响出票人、背书人依法应当承担的票据责任；依照《票据法》第三十六条的规定，票据被拒绝承兑、被拒绝付款或者超过提示付款期限，票据持有人背书转让的，背书人应当承担票据责任（《最高人民法院关于审理票据纠纷案件若干问题的规定》第五十七条、第五十八条）。

（六）背书的连续

这是背书的重要问题，涉及票据权利的证明。根据我国《票据法》第三十一条的规定，背书应当连续。背书连续，是指在票据转让中，转让票据的背书人与受让票据的被背书人在票据上的签章依次前后衔接。因此，背书连续的有效要件是：①该各次背书为转让背书，即背书连续特指转让背书的连续；②各次背书形式上（而不是实质上）有效；③各次背书的记载顺序须连续；④前一背书中的被背书人与后一背书中的背书人具有同一性。

连续背书的第一背书人应当是在票据上记载的收款人，最后的票据持有人应当是最后一次背书的被背书人（《最高人民法院关于审理票据纠纷案件若干问题的规定》第五十条）。

背书连续的效力是：持票人以背书的连续，证明其票据权利。

与背书连续相对的是背书的不连续。背书不连续时，持票人在形式上不是合法权利人，但可以用其他方法证明自己是合法权利人。

四、承兑

（一）承兑的概念和意义

根据我国《票据法》第三十八条的规定，承兑是指汇票付款人承诺在汇票到期日支付汇票金额的票据行为。因此，承兑是汇票的特有行为，付款人承诺承担票据债务的单方行为。

承兑具有重要的意义，其表现是：确定汇票上的权利义务关系，增强票据的信用。

（二）承兑的种类

承兑依不同标准可作不同的分类：

（1）根据记载事项的不同，承兑分为正式承兑和略式承兑。正式承兑是指由付款人在汇票正面记载"承兑"字样并签章的承兑；略式承兑是指没有"承兑"字样，仅由付款人在汇票正面签章的承兑。应注意的是，我国票据法只允许正式承兑，不允许略式承兑。

（2）根据是否有限制，承兑分为单纯承兑和不单纯承兑。单纯承兑是指完全依票据文义，不给予任何限制的承兑；不单纯承兑是指对票据文义附加限制、变更的承兑，主要包括部分承兑（是指只对票据金额的一部分的承兑）和附条件承兑（是对其附加条件的承兑，比如，承兑时加注："到期日前收到出票人资金的，才付款"）。

（三）承兑的自由原则

承兑的自由原则，是指汇票的付款人可以自主决定承兑或不承兑、单纯承兑或不单纯承兑。这个原则是由票据的流通性、票据行为的独立性决定的。实行承兑自由原则，有利于保护付款人的合法权益，有利于票据的正常流通。

应注意的是，各国票据法对不单纯承兑的态度和做法不同。《票据法》第四十三条规定，付款人承兑汇票，不得附有条件；承兑附有条件的，视为拒绝承兑。但我国票据法没有明确规定部分承兑，从其立法的严格性和简便性来看，应认为我国票据法不承认部分承兑，部分承兑视为拒绝承兑。

（四）承兑的适用范围

不是所有的汇票都需要承兑。各国票据法对承兑的适用范围的规定不尽相同。根据《票据法》第三十九条、第四十条的规定，见票即付的汇票无须提示承兑，定日付款或出票后定期付款的汇票，以及见票后定期付款的汇票都应提示承兑。

（五）承兑的程序和效力

1. 承兑的程序

它包括：提示承兑、作成承兑、交还汇票。

（1）提示承兑。根据《票据法》第三十九条的规定，提示承兑是指持票人向付款人出示汇票，并要求付款人承诺付款的行为。提示承兑应在规定期限内进行，否则，就丧失追索权。根据《票据法》第三十九条、第四十条的规定，定日付款或者出票后定期付款的汇票，持票人应在汇票到期日前向付款人提示承兑；见票后定期付款的汇票，持票人应自出票日起1个月内向付款人提示承兑。汇票未按规定期限提示承兑的，持票人丧失对前手的追索权。

我国票据法没有对提示承兑的方式做出具体规定，应适用其他法律的有关规定。

（2）作成承兑。①承兑的记载事项。根据《票据法》第四十二条的规定，付款人承兑时，应在汇票正面记载"承兑"字样、承兑日期、付款日期并签章。应注意的是，付款日期的记载，只适用于见票后定期付款的汇票；未记载承兑日期的，以法定承兑期限（3日）的最后一日为承兑日期。②承兑期限。对于承兑期限，有即时承兑和延后承兑等做法。即时承兑是指在持票人提示承兑时，付款人即确定承兑或不承兑；延后承兑是指持票人提示承兑后经过一定期限，付款人才确定承兑或不承兑。《票据法》第四十一条规定，付款人应自收到提示承兑的汇票之日起3日内承兑或拒绝承兑。

（3）交还汇票。付款人收到持票人提示承兑的汇票时，应当向持票人签发收到汇票的回单（应注明提示承兑日期并签章）。付款人在作承兑或拒绝承兑后即应交还汇票。

2. 承兑的效力

承兑的效力是：付款人承兑汇票后，应承担到期付款的责任。

（六）承兑的反悔

承兑的反悔，是指付款人承兑之后，在交还汇票给持票人之前，对承兑进行反悔的行为（如涂去承兑事项）。其他国家一般允许承兑的反悔。我国未明确规定承兑的反悔，对此应适用票据事项更改的规定。

五、保证

（一）票据保证的概念和特点

票据保证，是指票据债务人以外的人担保票据债务履行的一种附属票据行为。其中，担保票据债务履行的人为保证人，而其票据债务被担保履行的人为被保证人。票据保证具有如下特点：

（1）要式性。票据保证必须依照票据法规定的方式进行，其形式和记载事项都是法定的，而一般民事保证的具体约定往往因具体情况的内容不同而不同。

（2）独立性。票据保证以被保证的票据债务在形式上有效为前提，这表现了票据保证的附属性。但票据保证是一种单方法律行为，不需要持票人同意，只要符合法定方式即可，而且不因被保证的票据债务在实质上无效而无效。而一般民事保证是一种从合同，往往因主合同的无效而无效。

（3）连带性。票据保证的保证人与被保证人之间负连带责任，其保证人之间也负连带责任。而一般民事保证的保证责任不都是连带责任，除了连带责任之外，还有一般责任，而且允许当事人约定。

（4）特定性。票据保证的保证人只能由票据债务人以外的人担任，不包括票据债务人本身（如背书人不能为出票人担保），而其被保证人只为票据债务人。票据法之所以不允许票据债务人为保证人，是因为他已负有票据责任，允许票据债务人为保证人没有多少实际价值。

票据保证的目的在于增强票据信用与安全，促进票据的流通，但实际上票据保证本身表明票据债务人信用有欠缺，从而影响票据的流通。故实践中较少采用票据保证，而多采用共同出票、共同背书、共同承兑等方式来增强票据的信用。

（二）保证的种类

根据不同标准，可以对票据保证进行分类。

（1）依保证的金额，票据保证分为全部保证和部分保证。前者是对票据金额的全部所作的票据保证，后者是对票据金额的一部分所作的票据保证。根据我国票据法的立法精神，我国所称的票据保证应指全部保证，而不包括部分保证。

（2）依保证人数，票据保证分为共同保证和单独保证。前者是指两人以上共同进行的保证，后者是指保证人为一人的保证。

（3）根据是否附有条件，票据保证分为无条件保证和附条件保证。前者是指保证人为保证行为时不附任何条件的保证，后者是指保证人为保证行为时附加了条件的保证（如保证人为保证时记载：在被保证人即承兑人交货后才承担保证责任）。《票据法》第四十八条规定，保证不得附有条件；附有条件的，不影响对汇票的保证责任。

（三）保证的记载事项

根据《票据法》第四十六条、第四十七条的规定，保证人必须在票据或者粘单上记载下列事项：①表明"保证"的字样；②保证人名称和住所；③被保证人的名称；④保证日期；⑤保证人签章。未记载被保证人名称的，已承兑的汇票，承兑人为被保证人；未承兑的汇票，出票人为被保证人。未记载保证日期的，出票日期为保证日期。

（四）保证的效力

票据保证的效力为：①保证人与被保证人应对票据持票人承担连带责任；②保证人为两人以上的，保证人之间承担连带责任。此外，国家机关、以公益为目的的事业单位、社会团体、企业法人的分支机构和职能部门作为票据保证人的，票据保证无效，但经国务院批准为使用外国政府或者国际经济组织贷款进行转贷，国家机关提供票据保证的，以及企业法人的分支机构在法人书面授权范围内提供票据保证的除外；票据保证无效的，票据的保证人应当承担与其过错相应的民事责任；保证人未在票据或者粘单上记载"保证"字样而另行签订保证合同或者保证条款的，不属于票据保证，人民法院应当适用《中华人民共和国担保法》的有关规定（《最高人民法院关于审理票据纠纷案件若干问题的规定》第六十条至第六十二条）。票据到期后得不到付款的，持票人有权向保证人请求付款，保证人应足额付款。保证人清偿票据债务后，可以行使持票人对被保证人及其前手的追索权。

六、票据行为的代理

票据行为作为民事法律行为，可以由他人代理。票据行为的代理适用民法上关于代理的一般规定，但应注意，票据行为的代理与一般民事行为的代理不完全相同。这种不同主要有：

（1）适用的对象不同。票据行为的代理适用于票据行为，以票据当事人为被代理人。

（2）形式要件不同。基于票据及票据行为的特殊性，票据行为的代理应具有严格的形式要件。根据《票据法》第五条的规定，票据当事人可以委托其代理人在票据上签章，并应当在票据上表明其代理关系。因此，票据行为的代理，应具备三个要件：①表明"代理"字样；②指明被代理人；③代理人签章。

（3）后果不同。民法上的无权代理和越权代理，可以经被代理人追认而为有效代理。但对票据行为的无权代理和越权代理是否适用追认，各国规定不同。根据《票据法》第五条的规定，没有代理权而以代理人名义在票据上签章的，应当由签章人承担票据责任；代理人超越代理权限的，应当就其超越权限的部分承担票据责任。

此外，票据行为的代理也不同于委托背书。委托背书是一种非转让背书，目的在于行使票据权利（指委托取款），而票据行为的代理则是一种代理，其目的不仅仅限于行使票据权利。

第四节　票据权利和义务

一、票据权利和义务的概述

（一）票据权利的概念和特点

票据法所规定的有关票据的权利，包括票据权利和票据法上的权利。

根据我国《票据法》第四条的规定，票据权利是指持票人向票据债务人请求票据金额的权利，包括付款请求权和追索权。因此，票据权利具有如下特点：

（1）债权性。从本质上讲，票据权利属于债权，具有债权的基本特征，不同于物权。

（2）不可分性。票据权利与票据不可分离，票据权利一般以持有或占有票据为条件，持有票据也往往可能拥有票据权利。

（3）双重性。票据权利是两次请求权的结合，即付款请求权和追索权的结合，是持票人依照一定顺序向票据债务人行使的权利。而一般民事债权则表现为一次性的权利。

票据法上的权利，是指由票据法规定的，与票据权利的行使相关但不是基于持有票据而享有的权利，包括票据返还请求权、利益偿还请求权、怠于追索通知的损害赔偿请求权。①票据返还请求权，是指丧失票据的人请求因恶意或重大过失而取得票据的人返还票据的权利；②利益偿还请求权，是指票据权利因时效或票据记载事项欠缺而消失时，持票人向因此而取得利益的出票人、背书人或承兑人请求返还该利益的权利；③怠于追索通知的损害赔偿请求权，是指追索权人未在法定期间将追索事由通知其前手，从而造成前手损失的，该受损失的前手请求追索权人赔偿损失的权利。

因此，票据权利不同于票据法上的权利，不能混淆。

（二）票据义务的概念和特点

票据义务，是指票据债务人依照票据文义支付票据金额的义务。

票据义务也具有自己的特点，如票据义务是法定连带义务，是付款义务与担保义务的结合，是票据义务人的单方义务。

（三）票据权利和票据义务的关系

票据权利和票据义务虽不相同，但又紧密相连。二者都是票据法律关系的内容，都是出票这一票据行为产生的后果，是相对应的、可相互转化的。票据权利的行使、实现，也就是票据义务的履行，而票据义务的履行也就是票据权利的行使。票据权利离不开票据义务，不同的票据债务人所承担的债务各不相同。

基于票据权利和票据义务的不可分和相对应，本章侧重介绍票据权利。

（四）票据权利的种类

根据行使顺序的不同，票据权利分为付款请求权和追索权。付款请求权，又叫主票据权利、直接票据权利、第一次请求权，是指持票人对主债务人所享有的请求支付票据金额的权利，包括对本票出票人、汇票付款人（从严格意义上说，仅指承兑人）、支票付款人（从严格意义上说，仅指保付人）的付款请求权。追索权，又叫从票据权利、间接票据权利、第二次请求权，是指在主票据权利不能实现时持票人对从债务人所享有的、请求偿付票据金额及有关费用的权利。付款请求权不同于追索权，但又密不可分。付款请求权是持票人必须首先行使的票据权利，只有在付款请求权不能实现时，才可以行使追索权。

二、票据权利的取得

票据权利的取得方式包括：①因出票而取得；②因转让而取得；③因其他方式（如继承、受赠与、合并）而取得。票据善意有偿取得，是票据转让取得的重要组成部分。它是指持票人取得票据时不知也不应知转让票据者无处分票据权，并以相当价值取得票据的方式。该持票人可称为正当持票人或善意有偿持票人。

善意有偿取得的条件（也可称为票据权利取得的原则）：

（1）从无处分权者处取得。如果持票人取得票据是从有处分权人处取得的话，那么该制度的设立就失去了其意义。

（2）善意。它是指持票人取得票据时不知也不应知出让人无处分票据权。票据取得应遵循诚实信用原则，以恶意或有重大过失而取得票据者，不得享有票据权利。

（3）对价。这是指取得票据应支付相当价值。因税收、继承、赠与可以依法取得票据，不受给付对价的限制。无偿或不以相当价值取得票据的，其享有的票据权利不得优于其前手的权利。

（4）背书应连续（详见前述）。

善意有偿取得的效力应是：善意有偿取得人享有优于其任何前手的票据权利。

三、票据权利的行使、保全和保护

票据权利的行使，是指票据债权人请求票据债务人履行票据债务的行为。它有广义和狭义之分。广义的票据权利的行使包括转让票据、提示承兑、提示付款；狭义的票据权利的行使仅指提示付款。票据权利的保全，是指票据债权人为防止票据权利的丧失而采取的行为。其方法有：①提示承兑；②提示付款；③时效中断；④做成拒绝证书。根据 2000 年 11 月 21 日 施行的《最高人民法院关于审理票据纠纷案件若干问题的规定》

第八条的规定，人民法院在审理、执行票据纠纷案件时，对具有下列情形之一的票据，经当事人申请并提供担保，可以依法采取保全措施或者执行措施：①不履行约定义务，与票据债务人有直接债权债务关系的票据当事人所持有的票据；②持票人恶意取得的票据；③应付对价而未付对价的持票人持有的票据；④记载有"不得转让"字样而用于贴现的票据；⑤记载有"不得转让"字样而用于质押的票据；⑥法律或者司法解释规定有其他情形的票据。

持票人行使或保全票据权利，应在票据当事人的营业场所和营业时间内进行，无营业场所的，应在其住所进行。当事人因申请票据保全错误而给他人造成损失的，应当依法承担民事责任（《最高人民法院关于审理票据纠纷案件若干问题的规定》第七十二条）。

票据权利的保护，是指为了顺利实现票据权利而采取的救济措施，包括票据丧失的补救、空白票据的补充。票据丧失，是指票据脱离持票人的控制，包括毁灭、被盗、遗失。票据丧失，失票人可以及时通知票据的付款人挂失止付，但未记载付款人或无法确定付款人及其代理付款人的票据除外。出票人已经签章的授权补记的支票丧失后，失票人依法向人民法院申请公示催告的，人民法院应当依法受理（《最高人民法院关于审理票据纠纷案件若干问题的规定》第二十五条）。收到挂失止付通知的付款人，应暂停支付。失票人应在通知挂失止付后3日内，也可以在票据丧失后，依法向人民法院申请公示催告或者向人民法院提起诉讼。注意此处的可以申请公示催告的失票人，是指按照规定可以背书转让的票据在丧失票据占有以前的最后合法持票人（《最高人民法院关于审理票据纠纷案件若干问题的规定》第二十六条）。这是票据丧失时的法定补救途径。

在票据丧失而申请或适用公示催告问题上，需要注意的是：人民法院决定受理公示催告申请，应当同时通知付款人及代理付款人停止支付，并自立案之日起3日内发出公告；付款人或者代理付款人收到人民法院发出的止付通知，应当立即停止支付，直至公示催告程序终结；非经发出止付通知的人民法院许可擅自解付的，不得免除票据责任；人民法院决定受理公示催告申请后发布的公告应当在全国性的报刊上登载；依照《中华人民共和国民事诉讼法》（以下简称《民事诉讼法》）规定，公示催告的期间，国内票据自公告发布之日起60日，涉外票据可根据具体情况适当延长，但最长不得超过90日；依照《民事诉讼法》规定，在公示催告期间，以公示催告的票据质押、贴现，因质押、贴现而接受该票据的持票人主张票据权利的，人民法院不予支持，但公示催告期间届满以后人民法院做出除权判决以前取得该票据的除外；对于伪报票据丧失的当事人，人民法院在查明事实，裁定终结公示催告或者诉讼程序后，可以参照《民事诉讼法》第一百零一条的规定，追究伪报人的法律责任（《最高人民法院关于审理票据纠纷案件若干问题的规定》第三十条至第三十九条）。此外，代理付款人在人民法院公示催告公告发布以前按照规定程序善意付款后，承兑人或者付款人以已经公示催告为由拒付代理付款人已经垫付的款项的，人民法院不予支持（《最高人民法院关于审理票据纠纷案件若干问题的规定》第二十三条）。

空白票据，是指出票人有意在出票时将票据上应记载事项不记完全，留待持票人以后补充的票据。比如，我国票据法允许支票上未记载金额和收款人名称的，经出票人授权，可以补记。空白票据的持票人行使票据权利时未对票据必须记载事项补充完全，因付款人或者代理付款人拒绝接收该票据而提起诉讼的，人民法院不予支持（《最高人民法院关于审理票据纠纷案件若干问题的规定》第四十五条）。对票据未记载事项或者未完全记载事项作补充记载，补充事项超出授权范围的，出票人对补充后的票据应当承担票据责任。给他人造成损失的，出票人还应当承担相应的民事责任（《最高人民法院关于审理票据纠纷案件若干问题的规定》第六十八条）。

四、票据权利的消灭和限制

（一）票据权利的消灭

票据权利的消灭，是指票据权利不再存在。票据权利的消灭的事由包括：①付款；②时效期限届满；③其他法定事由。

票据时效，是指票据权利的消灭时效。根据《票据法》第十七条的规定，票据权利在下列期限内不行使而消灭：

（1）持票人对票据出票人和承兑人的权利，自票据到期日起 2 年。见票即付的汇票、本票，自出票日起 2 年。

（2）持票人对支票出票人的权利，自出票日起 6 个月。

（3）持票人对前手的追索权，自被拒绝承兑或者被拒绝付款之日起 6 个月。

（4）持票人对前手的再追索权，自清偿日或者被提起诉讼之日起 3 个月。

此处票据权利时效发生中断的，只对发生时效中断事由的当事人有效。票据的出票日、到期日由票据当事人依法确定。应注意的是，持票人因超过票据权利时效或者因票据记载事项欠缺而丧失票据权利的，持票人仍享有民事权利，即利益返还请求权。

（二）票据权利的限制

票据权利的限制，是指对票据权利行使的限制，主要指票据抗辩。

票据抗辩，是指票据债务人依法对持票人提出的付款请求予以拒绝的行为。票据抗辩分为物的抗辩和人的抗辩，前者是指票据本身内容上的抗辩，可以在一切特定或不特定当事人之间抗辩（如票据无效），后者是指特定票据债务人与特定债权人之间的抗辩（主要因基础关系而产生的抗辩）。其中，据以抗辩的根据就是抗辩事由。

我国票据法关于票据抗辩的规定主要有：

（1）票据债务人不得以自己与出票人或者与持票人的前手之间的抗辩事由对抗持票人。但持票人明知存在抗辩事由而取得票据的除外。

（2）票据债务人可以对不履行约定义务的与自己有直接债权债务关系的持票人进行抗辩。

（3）因恶意或重大过失取得票据的，不得享有票据权利。

（4）无偿或不以相当价值取得票据的，其享有的票据权利不得优于其前手的权利。

（5）欠缺绝对应记载事项的票据无效，更改票据金额、日期和收款人名称的票据无效。

此外，2000 年 11 月 21 日起施行的《最高人民法院关于审理票据纠纷案件若干问题的规定》第十四条至第十六条还对票据抗辩作了相应规定。其内容包括：

票据债务人以《票据法》第十条、第二十一条的规定为由，对业经背书转让票据的持票人进行抗辩的，人民法院不予支持。

票据债务人依照《票据法》第十二条、第十三条的规定，对持票人提出下列抗辩的，人民法院应予支持：与票据债务人有直接债权债务关系并且不履行约定义务的；以欺诈、偷盗或者胁迫等非法手段取得票据，或者明知有前列情形，出于恶意取得票据的；明知票据债务人与出票人或者与持票人的前手之间存在抗辩事由而取得票据的；因重大过失取得票据的；其他依法不得享有票据权利的。

票据债务人依照《票据法》第九条、第十七条、第十八条、第二十二条和第三十一条的规定，对持票人提出下列抗辩的，人民法院应予支持：欠缺法定必要记载事项或者不符合法定格式的；超过票据权利时效的；人民法院做出的除权判决已经发生法律效力的；以背书方式取得但背书不连续的；其他依法不得享有票据权利的。

五、票据权利的直接实现——付款

（一）付款的概念

付款是指票据债务人依照票据文义向持票人支付票据金额的准法律行为。它有广义和狭义之分。狭义的付款是指付款人或承兑人向持票人支付票据金额的行为；广义的付款则是指除了狭义的付款外，还包括出票人、背书人的付款。通常所说的付款，是指狭义的付款。

（二）付款的程序

付款的程序包括提示付款和支付。

1. 提示付款

提示付款，是付款的前提，是指持票人或其代理人现实地向付款人、代理付款人或票据交换系统出示票据，请求支付票据金额的行为。提示付款的意义在于：它是付款的必经程序，也是行使追索权的条件。根据 2000 年 11 月 21 日施行的《最高人民法院关于审理票据纠纷案件若干问题的规定》第六条的规定，代理付款人即付款人的委托代理人，是指根据付款人的委托代为支付票据金额的银行、信用合作社等金融机构。

提示付款须在法定期间内进行。根据我国票据法的规定，见票即付的汇票，自出票日起 1 个月内向付款人提示付款；定日付款和出票后定期付款或见票后定期付款的汇票，自到期日起 10 日内向承兑人提示付款；本票付款期限自出票日起不得超过 2 个月；支票持票人应自出票日起 10 日内提示付款（异地使用的支票，其提示付款的期限由中国人民银行另行规定）。

提示付款具有相应的效力。根据我国票据法的规定，未按规定期限提示付款的，本票持票人丧失对出票人以外的前手的追索权，汇票的承兑人或付款人仍应对持票人承担付款责任，支票付款人可以不予付款，但出票人仍应对持票人负票据责任。

2. 支付

根据我国票据法的规定，付款人及其代理付款人负有下列付款义务：

（1）形式实质审查义务。付款人及其代理付款人付款时，应审查票据背书的连续，并审查提示付款人的合法身份证明或者有效证件。这一点义务体现了我国票据法的严格要求，因为国际上的一般做法是除特别情况（如期前付款）外，无做实质审查的义务，以利于票据的流通。

（2）按时足额付款义务。对于定日付款、出票后定期付款或者见票后定期付款的汇票，付款人在到期日前付款的，由付款人自行承担所产生的责任。票据持票人依照规定期限和方式提示付款的，付款人必须在当日足额付款。支票出票人在付款人处的存款足以支付支票金额时，付款人应在当日足额付款。

（3）依法支付货币义务。票据金额为外币的，按照付款日的市场汇价，以人民币支付。票据当事人对票据支付的货币种类另有约定的，从其约定。

（4）按票载事项转账义务。持票人委托的收款银行的责任，限于按照票据上记载事项将票据金额转入持票人账户。付款人委托的付款银行的责任，限于按照票据上记载事项从付款人账户支付汇票金额。

（5）善意付款义务。付款人及其代理付款人以恶意或者有重大过失付款的，应当自行承担责任。付款人或者代理付款人未能识别出伪造、变造的票据或者身份证件而错误付款，属于《票据法》第五十七条规定的"重大过失"，给持票人造成损失的，应当依法承担民事责任。付款人或者代理付款人承担责任后有权向伪造者、变造者依法追偿。持票人有过错的，也应当承担相应的民事责任（《最高人民法院关于审理票据纠纷案件若干问题的规定》第六十九条）。

此外，付款人及其代理付款人有下列情形之一的，应当自行承担责任：未依照《票据法》第五十七条的规定对提示付款人的合法身份证明或者有效证件以及汇票背书的连续性履行审查义务而错误付款的；公示催告期间对公示催告的票据付款的；收到人民法院的止付通知后付款的；其他以恶意或者重大过失付款的。

持票人获得付款的，应在票据上签收，并将票据交给付款人。持票人委托银行收款的，受委托的银行将代收的票据金额转账收入持票人账户，视同签收。

（三）付款的方式

付款人或代理付款人付款的方式，从时间上看，有到期付款、期前付款、期后付款；从付款主体上看，有直接付款、委托付款、票据交换、提存。

1. 期前付款

它是指在票据所载到期日前由付款人进行的付款。付款人无义务进行期前付款，持票人也无义务接受期前付款。付款人应对期前付款负责。

2. 期后付款

它是指在提示付款期限经过之后、票据时效届满前所进行的付款。我国票据法规定，对于期后付款，汇票承兑人或者付款人、本票和支票的出票人仍有付款的义务。

3. 票据交换

它是指法定金融机构之间在特定时间、地点对票据进行交换、清算的制度。票据支付的绝大部分是通过票据交换实现。票据交换有利于票据支付的简便、安全和节省，有利于货币支付的节省。

4. 提存

它是指票据提示付款期间没有人进行提示付款，由票据主债务人向法定机构提存票款，从而完成付款行为的方式。

（四）付款的效力

根据我国票据法的规定，付款的效力是：付款人依法足额付款后，全体汇票、本票债务人的责任解除，但是付款人以恶意或有重大过失付款的除外；付款人依法支付支票金额的，对出票人不再承担受委托付款的责任，对持票人不再承担付款的责任，但付款人以恶意或有重大过失付款的除外。此外，代理付款人在人民法院公示催告公告发布以前按照规定程序善意付款后，承兑人或者付款人以已经公示催告为由拒付代理付款人已经垫付的款项的，人民法院不予支持；承兑人或者付款人依照《票据法》第五十三条第2款的规定对逾期提示付款的持票人付款与按照规定的期限付款具有同等法律效力（《最高人民法院关于审理票据纠纷案件若干问题的规定》第二十三条、第五十九条）。

六、票据权利的间接实现——追索权的行使

（一）追索权的特点

（1）从属性。追索权必须在付款请求权不能或无法实现时才可以行使。

（2）逆向性。追索权的行使主体是后手和持票人，而不是前手。换句话说，只有持票人和后手才可以对前手进行追索（回头背书有不同规定），而不能相反。

（3）连带性。在行使追索权时，票据债务人对持票人负连带责任。

（4）膨胀性。追索的财产范围，随着追索次数的增加而不断扩大。

（二）追索权行使的条件

行使追索权应同时具备的法定条件是：

（1）发生法定事由。它包括：①票据到期被拒绝付款；②到期日前被拒绝承兑；③到期日前承兑人或者付款人死亡、逃匿的；④到期日前承兑人或者付款人被依法宣告破产的或者因违法被责令终止业务活动的。只要具备上述任何一种情形，均可追索。

（2）持票人依法进行提示。

（3）持票人提供拒绝证书。不能按期提供的，丧失对前手的追索权，但承兑人或者付款人仍应对持票人承担责任。拒绝证书是证明持票人无法或被拒绝行使票据权利的证明文件，包括持票人请求承兑人或付款人出具的拒绝证明或退票理由书、持票人请求承兑人或付款人所在地公证机构出具的拒绝证明书、法院有关承兑人或付款人被依法宣告破产的司法文书、有关行政主管部门对承兑人或付款人因违法被责令终止业务活动的处罚决定。持票人因承兑人或者付款人死亡、逃匿或者其他原因，不能取得拒绝证明的，可以依法取得其他有关证明。此处的"其他有关证明"是指：人民法院出具的宣告承兑人、付款人失踪或者死亡的证明、法律文书；公安机关出具的承兑人、付款人逃匿或者下落不明的证明；医院或者有关单位出具的承兑人、付款人死亡的证明；公证机构出具的具有拒绝证明效力的文书（《最高人民法院关于审理票据纠纷案件若干问题的规定》第七十一条）。

（4）持票人对被追索对象享有追索权。

（三）追索权行使的程序

追索权行使的程序包括：

1. 通知追索事由

通知形式应为书面（包括邮寄），应注明票据主要记载事项及已被退票。持票人应自收到拒绝证明之日起3日内通知其前手（其前手应自接到通知之日起3日内通知其再前手），也可以同时分别通知票据各债务人。在规定期限内将通知按照法定地址或者约定的地址邮寄的，视为已经发出通知。上述书面通知是否逾期，以持票人或者其前手发出书面通知之日为准；以信函通知的，以信函投寄邮戳记载之日为准（《最高人民法院关于审理票据纠纷案件若干问题的规定》第二十一条）。未按规定期限通知的，仍可以行使追索权，因延期通知造成损失的，由该当事人在票据金额内承担赔偿责任。

2. 确定追索对象

票据的出票人、背书人、承兑人和保证人对持票人承担连带责任。持票人可以不按票据债务人的先后顺序，对其中任何一人、数人或者全体行使追索权，持票人对票据债务人中的一人、数人已经追索的，对其他票据债务人仍可以行使追索权。

持票人为出票人的，对其前手无追索权，持票人为背书人的，对其后手无追索权。持票人对前手的追索权，自被拒绝承兑或者被拒绝付款之日起6个月内不行使而消灭，注意此处持票人对前手的追索权，不包括对票据出票人的追索权；持票人对前手的再追索权，自清偿日或者被提起诉讼之日起3个月内不行使而消灭，注意此处持票人对前手的追索权，不包括对票据出票人的追索权（《最高人民法院关于审理票据纠纷案件若干问题的规定》第十八条）。汇票未按照规定期限提示承兑的，持票人丧失对其前手的追索权，注意此处的持票人丧失对其前手的追索权，不包括对票据出票人的追索权（《最高人民法院关于审理票据纠纷案件若干问题的规定》第十九条）。持票人不能出示拒绝证明、退票理由书或者未按照规定期限提供其他合法证明的，丧失对其前手的追索权，注意此处的持票人丧失对其前手的追索权，不包括对票据出票人的追索权（《最高人民法院关于审理票据纠纷案件若干问题的规定》第二十条）。

3. 确定追索财产范围

持票人行使追索权（即初次追索）的财产范围包括：被拒绝付款的票据金额；票据金额自到期日或提示付款日起至清偿日止，按照中国人民银行有关规定确定的利率计算的利息；取得拒绝证明和发出通知书的费用。被追索人清偿后追索（即再追索）的财产范围包括：已清偿的全部金额；该全部金额自清偿日起至再追索清偿日止，按照中国人民银行有关规定确定的利率计算的利息；发出通知书的费用。此处的中国人民银行规定的利率，是指中国人民银行规定的企业同期流动资金贷款利率（《最高人民法院关于审理票据纠纷案件若干问题的规定》第二十二条）。

4. 追索及其效力

被追索人清偿票据债务时，持票人应交出票据和拒绝证明，并出具所收利息和费用的收据。被追索人清偿后，其责任解除，并与持票人享有同一权利。

七、到期日和复本

到期日，是指票据上记载的应付款的日期。我国票据法规定的票据到期日有：

（1）汇票付款日期可以记载为见票即付、定日付款、出票后定期付款、见票后定期付款这四种中的一种，未记载的，为见票即付；

（2）支票付款日期限于见票即付，不得另行记载，另行记载的，该记载无效；

（3）本票付款日期限于见票即付。

到期日的计算：按月计算的期限，按到期月的对日计算；无对日的，月末日为到期日。

复本，是指由出票人制作的数份相同的汇票，应标明"复本"字样并编号，应同时使用；否则，承兑人应对其分别承兑而为善意持票人持有的汇票负责，背书人应对其分别转让的汇票负责，出票人也可能因此受损失。

第五节　涉外票据的法律适用

一、涉外票据的概念

随着世界经济的发展，票据在国际社会被广泛采用。同一张票据，其行为既可能全部发生在一国境内，也可能某些票据行为发生在一国境内而另一些票据行为发生在他国境内，这就产生了涉外票据问题。

根据《票据法》第九十四条的规定，涉外票据是指出票、背书、承兑、保证、付款等行为中，既有发生在我国境内，又有发生在我国境外的票据。因此，出票、背书、承兑、保证、付款等行为全部发生在我国境内或全部发生在我国境外的票据，就不是涉外票据。

二、涉外票据的法律适用

根据我国票据法的规定，涉外票据法律适用规定的内容主要有：

（1）票据债务人的民事行为能力，适用其本国法律。但依照其本国法律为无民事行为能力或者为限制民事行为能力而依照行为地法律为完全民事行为能力的，适用行为地法律。

（2）支票出票时的记载事项，适用出票地法律，经当事人协议，也可以适用付款地法律。

（3）汇票、本票出票时的记载事项，以及票据追索权的行使期限，适用出票地法律。

（4）票据的背书、承兑、付款和保证行为，适用行为地法律。

（5）票据的提示期限、有关拒绝证明的方式、出具拒绝证明的期限、票据丧失时失票人请求保全票据权利的程序，适用付款地法律。

此外，人民法院审理票据纠纷案件，适用票据法的规定；票据法没有规定的，适用《民法典》等民商事法律以及国务院制定的行政法规。中国人民银行制定并公布施行的有关行政规章与法律、行政法规不抵触的，可以参照适用。票据当事人因对金融行政管理部门的具体行政行为不服提起诉讼的，适用《中华人民共和国行政处罚法》《票据法》以及《票据管理实施办法》等有关票据管理的规定。中国人民银行制定并公布施行的有关行政规章与法律、行政法规不抵触的，可以参照适用。人民法院对票据法施行以前已经做出终审裁决的票据纠纷案件进行再审，不适用票据法。（《最高人民法院关于审理票据纠纷案件若干问题的规定》第六十三条至第六十五条）

本章重点

票据的特点、种类，票据当事人的范围和分类，票据行为的特点，出票的记载，票据善意有偿取得的条件，票据消灭时效规定。

非票据关系与票据关系之间的关系，背书连续的条件，追索权行使的条件，票据行为的代理（这是本章的难点，应注意掌握）。

本章思考题

1. 票据有哪些特点？有哪些功能？

2. 汇票、本票与支票之间有哪些异同？

3. 票据行为有哪些特点？

4. 票据的绝对应记载事项有哪些？

5. 背书连续的有效要件有哪些？

6. 票据保证有哪些特点？

7. 追索权行使的条件有哪些？

本章参考书目

1. 谢怀栻. 票据法概论 [M]. 北京：法律出版社，2017.

2. 施天佑. 票据法新论 [M]. 北京：法律出版社，2015.

3. 乐俊伟. 比较票据法 [M]. 北京：商务印书馆，2013.

4. H. P. 希尔顿. 银行实务与法律 [M]. 中国银行上海国际金融研究所，译. 北京：中国金融出版社，1990.

5. 郑玉波. 票据法 [M]. 台北：三民书局，1977.

第十三章

竞争法

第一节　竞争法概述

一、竞争法的概念、地位及作用

（一）竞争法的概念

竞争法，是指市场经济国家调整市场结构，规范市场行为，保护和促进竞争的法律规范的总称。

没有任何一个部门法像竞争法这样，使用了如此之多的令人眼花缭乱的概念。法名的一般概念中，常见的有"反垄断法""反托拉斯法""反卡特尔法""反限制竞争法""反不正当竞争法""禁止垄断和限制竞争法"以及"公平交易法"等。法律所涉及行为的一般概念有"垄断""寡占""独占""托拉斯""卡特尔""限制性商业惯例""不公正的交易方法""不公正的交易做法""不正当竞争"等。竞争法这种概念繁多的现象，是由于竞争内容的广泛性、复杂性，各国社会制度、基本国情、法律文化传统以及制定竞争法的社会环境、时间早晚的不同等诸多方面因素的影响造成的。

一般认为，反垄断法和反不正当竞争法构成了竞争法的两大支柱。

竞争法所规范的各种行为，可概括为以下三个概念：

（1）"垄断行为"，简称为"垄断"，主要是指少数大企业或经济组织之间为攫取高额利润，利用正当或不正当竞争手段，彼此达成协议形成对一定市场的独占或控制。竞争导致垄断，但垄断并没有消灭竞争，而是凌驾于竞争之上，使垄断组织内部、垄断组织之间以及垄断组织与局外企业之间的竞争更加尖锐，更加激烈，最终导致市场结构的不合理，使竞争机制作用失败。

（2）"限制竞争行为"，简称为"限制竞争"，主要是指经营者滥用经济优势，或几个经营者通过协议等联合方式损害竞争对手的利益。限制竞争行为的实施主体多种多样：它既可以是垄断企业的行为，也可以是普通企业的行为；既可以是单个企业的行为，也可以是几个企业联合进行的行为。与垄断行为相比，虽然限制竞争行为往往不直接造成对市场结构的破坏，但它们在经济活动中发生的数量更多，存在的范围更广泛，因而从总体上说，它们对竞争的破坏作用并不亚于垄断。

（3）"不正当竞争行为"，简称为"不正当竞争"，一般泛指商业活动中与自愿、平等、诚实信用、公平交易的商业道德相背离的各种行为。不正当竞争行为与限制竞争行为之间没有十分严格的界限，所以呈现出有的国家将它们合并立法，有的国家则分别立法的状况。

一般认为，广义的不正当竞争行为包含了垄断行为和限制竞争行为，狭义的不正当竞争则与垄断、限制竞争是并列的关系。

由于垄断、限制竞争以及不正当竞争都使竞争机制难以正常运行，所以同属于竞争法制的对象，归入竞争法的范畴，但是不正当竞争行为与垄断及限制竞争行为有本质的区别。不正当竞争行为并不排斥、限制竞争，它是在承认并允许其他竞争对手参与竞争的前提下，采取了不正当、不合法的手段从事经营活动，它属于竞争的范畴，是竞争范畴的逾常行为；而垄断、限制竞争行为从本质上看，从根本上排斥、限制了竞争，是竞争的对立物，与竞争不存在任何相容之处，根本不能纳入竞争的范畴。因此，不正当竞争与垄断、限制竞争在逻辑上并不交叉或包容，两者是不同范畴的概念。

（二）竞争法的地位

市场经济的灵魂是商品竞争，商品竞争最重要的保证是竞争法。商品竞争既有巨大的积极作用，同时由于竞争机制并不总是正常地发挥作用，从而使其不可避免地具有一定的消极作用。这主要表现在两个方面：一是竞争可能导致经济力量的过度集中，造成对合理的市场竞争结构的破坏；二是竞争可能产生各种各样的不正当竞争行为，造成对市场竞争秩序的破坏。竞争的这种消极作用是竞争自身无法克服的，它要求通过法律的形式，以国家强制力来排除危害竞争的行为。实践证明，在迄今为止的一百来年的时间里，各实行市场经济的国家以不同的形式相继制定的关于反垄断和反不正当竞争方面的法律规范（这些规范构成了竞争法的基本内容），为防止和克服商品竞争的消极作用起到了积极的作用。

当然，竞争法并不调整市场经济中所有的经济关系，它所涉及的几乎是所有经济领域和几乎所有经济活动中具有基本性的经济关系，是保护和促进竞争的基本法律制度。它为经济各个部门或各个方面的立法提供了一般性的依据，又以自己的一些原则规定弥补了各个部门或各个方面经济立法可能存在的不足，特别是它从根本上维护了整个国家的市场结构和市场秩序，使市场机制的作用得以正常发挥，使市场经济得以健康地发展。正是从这个意义上讲，一些国家的法学家把竞争法称为国家的"经济宪法"或国家经济的"基石"。

（三）竞争法的作用

（1）维护合理的市场结构，保障市场经济健康发展。市场经济的健康发展依赖于有效的竞争，而有效的竞争离不开合理的市场结构。不合理的企业规模和减少竞争者数量以及对竞争企业实行控制，则干涉了企业自由（即企业开业自由、经营决策自由、贸易自由、人事管理自由等，企业自由是市场存在的前提），排除了竞争，造成市场结构的不合理，使竞争机制作用失效，从而破坏市场经济，损害社会公共利益。竞争法通过实现国家宏观调控与市场调节的有机结合，通过对企业兼并的控制，对已经形成的垄断力量的排除以及防止经济过度集中等制度，达到保护企业自由，体现经济自由主义和民主主义，维护合理的市场结构的目的。

（2）维护正常的市场竞争秩序，为公平竞争创造完善的社会条件。市场经济的发展具有不平衡性，不同国家、不同地区以及同一国家同一地区不同时期的市场经济，由于历史发展、社会环境、文化传统的不同而各具特点，这些特点可能有利于市场竞争的开展，也可能阻碍竞争的进行，如地方封锁、部门割据等。因此，立法者试图通过部门法，扬长避短，打破地方封锁、部门割据，为竞争的开放、统一和有序扫清障碍；同时，通过建立社会保障制度，为优胜劣汰机制的实现提供社会基础。

（3）有效地保护和鼓励正当竞争，使竞争机制的作用正常发挥。只有公平的竞争，才是合理的竞争。市场交易主体、手段以及对象的多样性，使得市场行为纷繁复杂。但是，企业无论规模大小、经济实力强弱，都只能在财产、技术、管理水平等条件下进行自由竞争。采取损人利己的不正当的竞争方式，甚至垄断的行为，则会破坏竞争规则，导致竞争机制的紊乱和失调，最终造成市场混乱。竞争法的目的，就是通过确定公平竞争的原则和制度，为具体竞争行为提供模式，规范、引导竞争者公平竞争；同时，竞争法通过对各种垄断行为、限制竞争行为和不正当竞争行为的制止，使少数违法行为得到纠正，将破坏了的竞争规则恢复正常，最终达到市场交易有序地进行。市场行为是否有秩序，是市场经济是否健康的重要标志，竞争法是市场经济健康发展的必要条件。

（4）保护经营者、消费者的合法权益以及社会公众的利益。垄断行为、不正当竞争行为和限制竞争行为，不仅侵犯了经营者的合法权益，而且也往往损害了消费者的利益和社会公众利益。竞争法的发展历史表明，它在孕育的最初阶段，只是为了保护经营者的利益而创立的。随着 20 世纪三四十年代消费者运动的兴起，各种不正当竞争行为对消费者利益以及社会公众利益的损害逐渐为人们所认识，于是各国竞争法当中都强调了对这两种利益的保护。可以说竞争法服务于三重目的：保护经营者，保护消费者，为全体公众的利益而保护竞争。

二、竞争法的产生和发展

竞争法是商品经济发展的客观要求。竞争法是资本主义商品经济高度发展、竞争不断激化的产物。竞争法的产生距今已有 100 年左右的时间。100 年来，它经历了一个由简单到完备、由幼稚到成熟的发展过程，走过了孕育、形成、发展、成熟四个发展历程。

（一）竞争法的孕育时期（19 世纪上中叶到 19 世纪 90 年代）

自由资本主义晚期，"绝对自由竞争"的过度发展，给美、法、德等欧洲国家带来了消极的影响：一是各种不正当竞争行为大量出现，二是经济力量集中所造成的滥用经济优势和限制竞争行为的猖獗。因此，这些国家开始试图通过分散立法或判例等来克服这些消极的影响。

在英国，法院受理了大量的盗用他人商业信誉的假冒案件，使英国积累了制止这种不正当竞争行为的丰富判例，这些判例确立的原则，影响了欧洲邻国的立法。在法国，1850 年，法院根据《民法典》第一千三百八十二条的规定，在对某些案件所做的判决中，最早使用了"反不正当竞争"的概念。在德国，由于法院不主张把《民法典》的侵权条款扩大到不正当商业惯例，因此德国试图通过制定专门的法律加以规范。

在美国，南北战争后经济的发展更加迅猛，使得生产和资本急剧集中，到 19 世纪 80 年代，全国各产业部门都出现了托拉斯组织。因此相比之下，在美国托拉斯行为表现更为突出，危害更加严重，已从根本上威胁到了其市场经济的生存。同时，由于普通法和美国州一级的立法都不足以制止强大的托拉斯滥用经济力量的行为，因此，此时美国正酝酿由国会制定反托拉斯法。

总之，19 世纪上中叶到 19 世纪 90 年代，欧美各发达国家在为解决日益严重的垄断和不正当竞争问题所作的努力中，孕育了竞争法的产生。

（二）竞争法的形成时期（19 世纪 90 年代至第二次世界大战前夕）

美国以反托拉斯为核心内容的竞争法，对世界各国竞争法的形成与发展产生了深远的影响。一般认为，竞争法的产生以 1890 年美国《谢尔曼法》的制定为标志。《谢尔曼法》虽然内容很简单，仅有八个条款，但它确立了以契约、联合或共谋等形式，对州际、与外国之间的贸易和商业进行限制或垄断等行为是违法的重要原则。这一重要的原则为美国以反托拉斯为核心内容的竞争法的进一步发展奠定了基础。1914 年，美国国会在总结《谢尔曼法》实施的经验基础上，结合美国当时经济生活的需要，制定了《克莱顿法》和《联邦贸易委员会法》。这两部法律对《谢尔曼法》进行了某些修改补充，扩大了法的调整范围，丰富了反垄断和反不正当竞争行为的法律原则，增加了一些实体规定，创设了反垄断和反不正当竞争的专门行政执法机关——联邦贸易委员会。至此，以美国反托拉斯法为典型代表的竞争法基本形成。

德国在反不正当竞争立法领域，走在了各国的前面，并形成不同于美国的立法体例。1896 年，德国制定了《反不正当竞争法》。这是世界上第一部专门的反不正当竞争法。1909 年，德国在此基础上制定了新的《反不正当竞争法》并废止了前法。这部法律虽在后来经过几次局部修改，但基本制度上并没有重大改变，一直沿用至今。德国对不正当竞争行为专门立法的这一做法，使反不正当竞争法和反垄断法这两项专门立法独立并行，从而决定了德国未来竞争法立法体例必然明显地不同于美国的体例（美国的立法体例是：以若干项法律构成反托拉斯法群体，在其中附带规定反对不正当竞争行为）。

德国这种立法体例对日本、韩国等国的竞争法律制度产生了重要的影响。

由于 19 世纪末 20 世纪初世界经济格局已基本形成，因此，竞争法在其产生之初就不仅仅局限于各国国内的立法，而是很快在国际范围内以国际公约的形式（其最早的代表是 1900 年的《保护工业产权的巴黎公约》）得到反映和发展。在国际领域，反不正当竞争法律制度早于反垄断和反限制竞争法律制度得到发展，后者长足的发展是在第二次世界大战以后。

总之，这一时期的特点是：以美国反托拉斯法为代表的反垄断法律制度基本确立，并影响了其他国家的有关立法；德国制定了《反不正当竞争法》，决定了不同于美国法律体例的另一种有代表性的竞争法体例的出现；竞争法在各国国内和国际立法相互影响、相互作用下确立，但在多数国家尚未得到充分的发展。

（三）竞争法的发展时期（1945 年第二次世界大战结束至 20 世纪七八十年代）

第二次世界大战结束后，为防止德、日两战败国法西斯势力死灰复燃，同盟军的首要任务就是在这两国内制定反垄断法，以尽快消灭各种垄断集团形式造成的过分经济集中。1947 年 2 月，同盟军分别在美国占领区和英国占领区颁布法令，禁止卡特尔、托拉斯和其他限制性或垄断性组织的出现。联邦德国议会也因此开始酝酿制定反垄断法。1957 年，德国颁布《反对限制竞争法》，从而完全确立了联邦德国竞争法律制度。此后，德国数次对《反不正当竞争法》和《反对限制竞争法》加以修改，使德国竞争法律制度不断得到发展和完善。

日本也经历了与德国类似的立法进程。这个时期，竞争法在其他国家也有较大的发展。一是已有竞争立法的国家以各种形式不断完善已有的竞争法律制度；二是很多第二次世界大战前没有立法的国家，也相继制定了自己的竞争法，如英国、法国、扎伊尔、印度、丹麦、加拿大以及巴基斯坦等国。

竞争法在国际领域内也有了较大的发展。1948 年签署的《国际贸易组织宪章》对限制性商业惯例进行了规定。特别是 1957 年 3 月，法、德、意、荷、比、卢签署的《欧洲经济共同体条约》对限制竞争行为进行了比较系统的规定。随着欧洲共同体成员国的增加，该公约实际上已成为欧洲多数国家发展经济的竞争准则，各国也大都根据该公约制定或调整本国的竞争法。

这个时期的特点是：各国纷纷进行竞争立法，数量多，范围广，内容丰富，竞争法的各项基本制度逐渐确定并趋于成熟；德国、日本反垄断法的制定，确立了反垄断法与反不正当竞争法两法并行的立法体例；国际范围内的竞争法也得到了较大的发展。

（四）竞争法的成熟时期（20 世纪 80 年代初至今）

经过数十年的发展，竞争法基本达到成熟。从立法上看，美国、英国、日本等国都只对各自的竞争法做了微调，竞争法方面的基本制度没有大的变动。亚洲、非洲、南美洲一些发展中国家也制定了各自的竞争法。多数原计划经济体制的国家，在完成向市场经济体制转变的过程中，也都把进行竞争立法当成其实现转制这一目标的重要组成部分，并将它作为经济健康、有序发展的重要手段。从实践上看，竞争法确实在保持国家合理的市场结构，维护正常的竞争秩序，保证消费者权益和社会公共利益等方面起到了较有效的作用。所有这些表明，竞争法已基本成熟。

这个时期，竞争法在国际领域更大范围内得到确立和完善。1980 年底，联合国第 35 届会议通过了《关于控制限制性商业做法的多边协议的公平原则和规则》，将各国竞争法中几乎所有对限制竞争行为的规定系统化、完备化，使其成为对联合国各成员国普遍适用的竞争规则。此外，从 1987 年 1 月开始的关贸总协定第八次多边贸易谈判，广泛涉及了国际间竞争规则的问题，就知识产权保护等问题达成了协议，这使得竞争法在国际领域得到了进一步的发展。

这个时期的特点是：竞争法在各国虽然有一定的发展，但对前一时期所确立的各项基本制度没有大的改变；原计划经济体制国家在向市场经济体制转轨的过程中，纷纷制定了自己的竞争法，使竞争法真正在全世界范围内得到确立；以联合国为代表的各国际组织积极协调各国竞争法的制定与实施，使竞争法更趋国际化。

综上所述，竞争法经历了一个从简单到完善，从幼稚到成熟的发展过程。竞争法从最初的只为保护经营者的利益而创设，发展到目前的为保护经营者、保护消费者、保护社会公众利益三重利益而服务。竞争法与专门的消费者权益保护法相互配合，实现了对消费者权益更有效的保护。强调在更大范围内对消费者权益的保护，是竞争法的一个必然趋势。第二次世界大战前，竞争法的立法基础还很薄弱，而到了今天，随着大量国际条约的制定和完善，以及联合国等国际组织对竞争立法的积极协调活动，竞争立法的发展趋势更加国际化。

三、竞争法的立法模式

从世界各国的竞争立法来看，由于立法时间、社会制度以及制定法律的国际环境等诸多因素的影响，在立法体例的选定上差异很大。主要有以下三种模式：

（1）分别调整模式。即分别制定反不正当竞争法与反垄断法。该种模式又可分为两种：一是美国式，即只有专门的反垄断法，没有专门的反不正当竞争法，对于各种不公平交易行为则以若干专项法规和判例调整。二是德、法式，即分别制定反不正当竞争法与反垄断法，形式上表现为反不正当竞争法和反垄断法两部并行的基本立法以及其他配套法律。

（2）统一调整模式。即把禁止垄断、反限制竞争和反不正当竞争合并在一起，制定成一部法律。如匈牙利把同属竞争法范畴中的三大类行为统一调整。

（3）综合调整模式。即既不像第一种模式把反不正当竞争行为与反限制竞争、反垄断截然分开，也不像第二种模式那样把所有的不正当竞争行为、限制竞争行为及垄断行为纳入一个法中加以调整，而是在本国经济现状下先制定一部反不正当竞争法，将一部分当前现实经济生活中已经出现或即将出现的限制竞争行为、垄断行为及大量的不正当竞争行为纳入此法中加以综合调整。目前我国即采取这种模式。

总之，从世界各国的立法来看，虽形式不同，但每个国家都根据自己的特殊情况、特殊需要，在立法模式上灵活处理。

四、竞争法中关于各种反竞争行为的责任制度和行政执法机关的有关规定

（一）竞争法的责任制度

从总体上看，竞争法中各种竞争行为的责任制度，是民事责任、行政责任和刑事责任的综合体。民事责任强调损害赔偿，其主要作用在于使经营者的利益、消费者的合法权益所受到的侵害得到消除或补偿；行政责任的作用主要在于迅速地制止各种反竞争行为，恢复被破坏的竞争秩序，保护社会公共利益，并给予受到反竞争行为损害的经营者和消费者及时有效的救济；刑事责任的作用主要在于严厉制裁那些严重损害经营者利益、消费者利益和社会公共利益，且情节恶劣的反竞争行为，使其得到有效的遏制。只有充分发挥这三种责任形式的优势，使其紧密配合，形成一个有机整体，才能实现对竞争秩序强有力的保护。

这一综合体的形成经历了一个历史发展过程。在竞争法孕育时期，竞争法主要以民事责任来规范不正当竞争行为。但随着竞争的日趋激烈，垄断和限制竞争行为的恶性发展，对市场机制严重破坏。对于这些严重危害行为后果的有效排除，民事责任制度已显得力不从心。因此，国家运用政府的行政手段适当地干涉经济，维护竞争秩序，以及必要时采用最严厉的责任形式——刑事手段来制止严重破坏竞争的各种犯罪行为，就显得十分必要。因此从美国的反托拉斯法开始，各国竞争法普遍采用了兼有民事责任、行政责任和刑事责任的综合性的法律责任制度。

当然，各国竞争法在对这三种法律责任形式的具体运用上略有差别。如在民事责任方面，多数国家实行过错责任原则，而日本则实行无过错责任原则；多数国家规定，托拉斯行为给他人造成损害的，按实际损害赔偿，而美国规定按 3 倍赔偿。在行政责任方面，多数国家主要将其用于制止垄断和限制竞争行为，而匈牙利则广泛用于规范各种反竞争行为。在刑事责任方面，德国只针对几种特别严重的不正当竞争行为，而多数国家对各种严重的反竞争行为普遍适用刑事责任，并同时规定，刑事责任可适用于自然人，也可适用于法人，责任形式主要包括罚金和监禁。

（二）关于专门的行政执法机关的规定

垄断、限制竞争和不正当竞争行为是市场违法行为，这些行为具有以下一些特点：

（1）存在的空间很广泛。它们不仅可发生在某个特定的行业或某个特定的经济领域，而且可以发生在经济领域的各个方面。

（2）存在的时间较持久。它们不仅可发生在某个时期，而且常常会在经济发展过程中长期存在。

（3）发生的数量繁多，内容形式较复杂。它们在市场经济国家经常地、大量地发生，而且内容很复杂，常常需要一定数量的专家花费较长的时间去辨别。

（4）社会危害严重。它们不只是侵害几个经营者、消费者的利益，而且可能对市场竞争秩序产生严重破坏，甚至从根本上动摇一个国家市场经济的基础。

所有这些决定了国家需要设立一个具有较高层次和权威的专门的行政执法机关，以切实地保证竞争立法的有效实施。1914 年美国设立了联邦贸易委员会，作为全国性的竞争法专门执行机构。其后，德国设立了联邦卡特尔局，日本、韩国设立了公正交易委员会。此外还有许多国家都设立了类似的机构。实践表明，采用统一执法体制，处理问题的程序简便，权威性较高，有利于及时制止反竞争行为。

当然，并不是所有国家都设立竞争法专门的行政执法机构。有的国家规定由某个职能相似的机构履行监督检查职能，有的国家则将其分散到各个有关的职能部门去履行。经验证明，如果由于某种原因不能设立竞争法的专门行政执法机构，而将执法权集中于一个职能相似的政府部门，也比分散执法更能取得较好的效果。考虑到经济生活实践的需要，我国目前没有设立反竞争法的专门监督检查机构，而是由工商行政管理部门作为主管机关履行反竞争的监督检查职能；同时，由法律、行政法规规定的其他职能部门也在各自的职责范围内进行反竞争活动。

五、我国竞争法的立法状况

市场经济的本质是竞争，从这个意义上说，市场关系就是竞争关系，社会主义市场亦不例外。虽然目前我国处于市场经济初期，并未形成有效的竞争，但不正当竞争、某些限制竞争行为以及垄断却已同时出现。因此，借鉴世界各国建立竞争法律制度的经验，结合我国基本国情，尽快制定竞争法，就成为我国法治建设中的一大紧迫任务。

我国最初的竞争立法出现在地方立法和部门立法之中。1985 年 11 月，武汉市公布实施的《制止不正当竞争行为试行办法》，是我国经济立法中第一部反不正当竞争的地方立法。在其后，上海市、江西省等分别制定出较前者更为合理的地方反不正当竞争法律规范。1980 年 10 月 17 日，国务院发布的《关于开展和保护社会主义竞争的暂行规定》，是我国第一部反不正当竞争方面的行政法规。其后制定的《广告管理条例》《价格管理条例》以及《关于组建和发展企业集团的几点意见》等行政法规，为 20 世纪 90 年代的全国性竞争立法提供了有益的经验。1987 年，国务院首次提出制定一部全国性的制止不正当竞争法。1993 年 9 月 2 日，第八届全国人民代表大会常务委员会第三次会议通过的《中华人民共和国反不正当竞争法》（以下简称《反不正当竞争法》），是我国反不正当竞争以及制止一些限制竞争行为、垄断行为的基本法。2017 年 11 月 4 日第十二届全国人民代表大会常务委员会第三十次会议对该法进行了修订。2007 年 8 月 30 日，第十届全国人民代表大会常务委员会第二十九次会议通过了《中华人民共和国反垄断法》（以下简称《反垄断法》），自 2008 年 8 月 1 日起施行。2012 年 5 月 8 日，最高人民法院出台《关于审理因垄断行为引发的民事纠纷案件应用法律若干问题的规定》，该规定自 2012 年 6 月 1 日起施行。

第二节　反不正当竞争法

一、我国反不正当竞争法的概念及基本原则

（一）反不正当竞争法的概念

反不正当竞争法，是指调整反不正当竞争关系的法律规范的总称。反不正当竞争关系包括三方面的内容：一是在确定不正当竞争行为过程中产生的社会关系，二是在确立反不正当竞争监督管理体制过程中产生的社会关系，三是在制裁不正当竞争行为过程中产生的社会关系。

根据反不正当竞争法的规定，不正当竞争是指经营者在生产经营活动中，违反反不正当竞争法规定，扰乱市场竞争秩序，损害其他经营者或者消费者的合法权益的行为。

不正当竞争具有以下四个特征：

（1）不正当竞争的主体是经营者。所谓经营者，是指从事商品生产、经营或者提供服务的自然人、法人和非法人组织。商品经营，指以营利为目的的商品交换活动。营利性服务，指以营利为目的，以提供劳务为特性的经营活动。根据我国有关法律、行政法规的规定，这里的法人包括企业法人和实行企业化经营、依法具有从事经营活动的事业单位法人，以及从事营利性活动并依法取得经营资格的社会团体法人。其他经济组织则是指不具备法人资格，但依法可以从事营利性活动的社会组织。个人主要是指依法能够从事商品经营或服务的自然人，如个体工商户。

一般而言，非经营组织不能成为不正当竞争行为的主体。但是，政府及其所属部门滥用行政权力，以权经商，搞地方封锁，实施了限制竞争的行为，因此也为我国《反不正当竞争法》所禁止。这时，政府及其所属部门便成为广义的不正当竞争行为的特殊主体。

（2）不正当竞争是违法行为。这里的违法，主要是指违反《反不正当竞争法》（有时不正当竞争行为还可能同时违反《商标法》《专利法》《著作权法》《产品质量法》以及《消费者权益保护法》等其他法律、法规中有关制止不正当竞争行为的规定），既包括违反其基本原则的规定，也包括违反其禁止不正当竞争行为的各种具体规定。

（3）不正当竞争损害了其他经营者的合法权益。民事侵权性是不正当竞争的本质特征之一。这是因为，就整体而言，任何通过不正当竞争手段获取竞争优势，相对于市场中的其他诚实经营者而言，都是不公平的。而就每一个具体的不正当竞争行为而言，则意味着损害或可能损害其他某一特定经营者的利益。

（4）不正当竞争是扰乱社会主义经济秩序的行为。不正当竞争虽然具有民事侵权性质，但并非单纯的民事侵权行为，扰乱社会经济秩序是它又一本质特征。其主要表现是

制造市场混乱，破坏竞争的公平性，损害社会一般消费者乃至整个社会公众利益。正是由于不正当竞争具有不同于一般民事侵权行为的社会危害性质，才产生了通过专门制定《反不正当竞争法》，综合运用民事的、行政的和刑事的手段对其进行调整的需要。

（二）我国反不正当竞争法的立法宗旨以及基本原则

保障社会主义市场经济健康发展，鼓励和保护公平竞争，制止不正当竞争行为，保护经营者和消费者的合法权益，是我国反不正当竞争法的立法宗旨。

反不正当竞争法有三项基本原则，这些原则集中体现在该法的总则之中：

（1）制止不正当竞争行为，保护经营者和消费者合法权益的原则。反不正当竞争法之所以必要，最直接的原因是不正当竞争行为的存在。制止不正当竞争行为，其基本目的就是保护经营者和消费者的合法权益。制止不正当竞争行为，保护经营者和消费者的合法权益，是贯穿于反不正当竞争法各项规定之中的基本精神和主要原则。

（2）必须依法进行市场交易的原则。《反不正当竞争法》规定："经营者在市场交易中，应当遵守自愿、平等、公平、诚实信用的原则，遵守公认的商业道德。"这是对依法交易的基本要求，也为经营者的具体竞争行为提供了模式。《反不正当竞争法》列举出与此原则相违背的不正当竞争行为，凡具备其一者，必须依法给予制裁。由于经营者实施的不正当竞争行为表现形式复杂多样，且随着商品经济的发展变化还会有新的表现形式出现，所以，虽不属不正当竞争行为之一，但属违反该原则的行为，也必须坚决加以制止。

（3）对不正当竞争行为进行监督检查的原则。为了有效地制止不正当竞争行为，该法对不正当竞争行为的监督检查作出了明确规定。这里的监督检查，既包括政府有关部门的监督检查，也包括一切组织和个人的社会监督。

二、《反不正当竞争法》规定的不正当竞争行为的表现形式

《反不正当竞争法》列举了不正当竞争行为的表现形式：

（一）混淆行为

该种行为通常被称为欺骗性交易行为，它又可分为商业混同和欺骗性质量标示两类。

商业混同行为，是指经营者采用欺骗手段从事市场交易，使自己的商品或服务与特定竞争对手的商品或服务混淆，造成或足以造成购买者误认误买的不正当竞争行为。该行为是经营者欺骗性交易行为的一种表现形式。

欺骗性质量标示行为，是指经营者在商品或其包装的标识上，对商品的质量、产地或其他反映商品质量状况的各种因素作不真实的标注，欺骗购买者的不正当竞争行为。该行为与商业混同行为都属欺骗性交易行为，但它又不像前者那样冒充特定竞争对手的商品或服务，并不损害特定竞争对手的合法权益，只是通过直接虚构或者隐瞒商品质量等欺骗性手段误导购买者，以达到其获取非法利润的目的。

欺骗性交易行为在我国现阶段市场活动中，是一类存在比较普遍、数量繁多、危害性也极大的不正当竞争行为。它损害了诚实经营者的利益，损害了消费者和用户的权益，破坏了正常的竞争秩序和社会安定，也在一定程度上影响了我国的国际贸易，因此必须坚决地制止。

《反不正当竞争法》第六条规定，经营者不得采取下列不正当竞争手段从事市场交易，损害竞争对手：

（1）擅自使用与他人有一定影响的商品名称、包装、装潢等相同或者近似的标识；

（2）擅自使用他人有一定影响的企业名称（包括简称、字号等）、社会组织名称（包括简称等）、姓名（包括笔名、艺名、译名等）；

（3）擅自使用他人有一定影响的域名主体部分、网站名称、网页等；

（4）其他足以引人误认为是他人商品或者与他人存在特定联系的混淆行为。

（二）虚假宣传行为

引人误解的虚假宣传行为，是指在市场交易中，经营者利用广告或其他方法对商品或服务作出与实际情况不相符的公开宣传，导致或足以导致购买者对商品或服务产生错误认识的不正当竞争行为。

根据宣传内容本身是否真实，可把引人误解的虚假宣传分为虚假宣传和引人误解的宣传。前者是指经营者利用广告或其他方法，对商品或服务情况作出与客观实际不符的宣传。其特点是宣传内容不真实。而后者是指经营者利用广告或其他方法对商品或服务作出容易误导购买者产生错误理解的宣传行为。其特点是：宣传的内容可能是真实的，或者从某种角度上去理解是真实的，但由于精心策划、设计，使宣传的内容表达不准确、不明白，具有极大的迷惑性和误导性，容易导致购买者因产生错误理解而作出错误决策。根据宣传主体的不同，可把引人误解的虚假宣传分为广告主引人误解的虚假宣传、广告经营者引人误解的虚假宣传以及其他经营者引人误解的虚假宣传。

引人误解的虚假宣传也是欺骗性交易行为中的一种，这种行为违反了诚实信用原则和公认的商业道德，以各种公开宣传手段作引人误解的虚假宣传，不仅直接损害购买者，特别是消费者的利益，而且也会因不正当地争夺市场而损害诚实经营者的利益，破坏公平竞争秩序，因而必须予以禁止。

《反不正当竞争法》第八条规定：经营者不得对其商品的性能、功能、质量、销售状况、用户评价、曾获荣誉等作虚假或者引人误解的商业宣传，欺骗、误导消费者。

经营者不得通过组织虚假交易等方式，帮助其他经营者进行虚假或者引人误解的商业宣传。

（三）不正当有奖销售行为

有奖销售行为，是指经营者销售商品或者提供服务，附带性地向购买者提供物品、金钱或者其他经济利益的行为。有奖销售有两种类型：一是附赠式有奖销售，即经营者对购买指定商品或达到一定购买金额的所有购买者予以奖励。其特点是达到同一购买水平的购买者均能获得相同的奖项，但奖品价值或奖金金额较小。二是抽奖式有奖销售，即以抽奖、对号码、摇奖等带有偶然性的方法决定购买者是否中奖以及奖励的等级的有奖销售。其特点是奖励分为若干等级，同一购买水平的购买者所获奖励情况悬殊，有的得不到奖，有的获得低价奖，只有极少数能获得高额甚至巨额奖励。

有奖销售，作为一种有奖促销手段，确能在一定程度上激发购买者的购买欲望，刺激消费增长，使潜在购买力变为现实购买力，在短期内给从事有奖销售的企业带来可观的利润。但是，有奖销售的消极影响也是十分明显的：欺骗性的有奖销售破坏了公平竞争秩序，损害了诚实经营者的利益以及消费者的权益；巨奖销售会传递错误的市场信息，诱发错误的购物导向，破坏市场竞争秩序，浪费企业的人力、财力、物力，减少国家财政收入，以及加剧社会分配的不公及激发人们的侥幸心理和投机意识，容易使人们把商场当赌场。所以，必须对有奖销售加以规范，对不正当的有奖销售予以制止。

《反不正当竞争法》第十条规定，经营者不得从事下列有奖销售：①所设奖的种类、兑奖条件、奖金金额或者奖品等有奖销售信息不明确；②采用谎称有奖或者故意让内定人员中奖的欺骗方式出行有奖销售；③抽奖式的有奖销售，最高奖的金额超过5万元。

其中，前两项行为属欺骗性的有奖销售，后一项为巨奖销售。

（四）商业贿赂行为

商业贿赂行为，是指经营者在经营活动中采取秘密的手段向交易相对人的负责人、代理人、采购人员以及对交易业务具有决定权的人提供个人收入或其他利益，以获得交易机会或有利交易条件的不正当竞争行为。

商业贿赂是随着商品经济的发展而逐步产生和发展起来的经济现象。在当今世界各国，商业贿赂行为普遍存在，并已成为最主要的一种贿赂形式。根据贿赂行为的性质，商业贿赂行为分为商业行贿和商业受贿两种类型。商业行贿，是指经营者为了销售或购买商品，违反规定向交易对象或有关个人给付财产或其他利益的不正当竞争行为。商业受贿，是指经营者或其内部工作人员，违反国家规定，索取或接受他人财物或其他利益，为他人谋取经济利益的行为。

在我国当前的经济生活中，商业贿赂的表现形式是常被人们称作的"回扣"。所谓回扣，是指经营者为了销售或购买商品，通过账外暗中秘密方式给付交易对象或有关人员的财物。比较常见的回扣有如下几种：①现金回扣；②实物回扣；③其他物质利益。非物质利益不能用货币形式折算，不能成为回扣的客体。回扣多为"顺向回扣"，即由卖方支付给买方或其代理人的回扣。但有时，买方为了购买紧俏商品或以优惠条件成交，由买方支付给卖方，即"逆向回扣"。

关于回扣的法律地位，在国内外都是一个争议较大的问题。我国在制定《反不正当竞争法》时就有三种观点：第一种观点认为，回扣妨碍公平竞争，应禁止任何形式的回扣；第二种观点认为，回扣实质上是企业进行的价格让利，因而应是一种合法的竞争手段，不应禁止；第三种也是我国《反不正当竞争法》所采纳的观点认为，应一分为二地对待回扣，坚决反对账外暗中的回扣落入私人腰包或单位的小金库，允许公开明示的回扣等合法的促销手段。

在现实经济生活中，有一种与回扣相类似的行为，就是价格折扣，也称让利。它是指经营者为了销售或者购买商品，以公开明示的方式向交易对象支付一定数额的财物。最初，折扣的原意是指卖方在原定价格基础之上给买方一定比例的减让，并以公开明示的方式返还给买方的一种交易上的优惠（即"顺向折扣"），实际上是以明示方式进行的市场促销行为。但是后来，折扣的外延不断扩展，出现了买方为了购买商品而向卖方以公开明示的方式支付的额外价款或财物，实际上是针对卖方的一种加利行为而非减让行为（即"逆向折扣"）。我国财政部1992年11月30日颁布的《企业财务通则》第二十九条第2款规定："企业发生的销售退回、销售折让、销售折扣，冲减当期营业收入。"同时发布的《企业会计准则》第四十六条规定："销售退回、销售折让和销售折扣，应作为营业收入的抵减项目记账。"可见，我国立法对于以明示方式给予对方的"顺向折扣"及"逆向折扣"（即"明扣"），都认为是合法的。但是，如果是"暗扣"，实质上是变相的回扣，则属商业贿赂的表现行为之一，必须予以禁止。

在市场交易中，还存在给佣金这一较普遍的现象。佣金，是指在市场交易中，经营者以公开明示的方式付给促成交易的中间人的劳务报酬。它是只能给予合法中间人（泛指为促成交易而为交易双方从事信息介绍、代理服务等活动的单位和个人，既包括以从事中介服务为职业的经纪人，也包括偶尔从事中介服务的非职业人员，但是国家公务人员不能是中间人）的一种劳务报酬，同时必须以公开明示的方式进行，必须如实入账。支付和接受佣金的经营者必须明示入账，否则便构成商业贿赂行为。

《反不正当竞争法》第七条规定："经营者不得采用财物或者其他手段贿赂下列单位或者个人，以谋取交易机会或者竞争优势：①交易相对方的工作人员；②受交易相对方委托办理相关事务的单位或者个人；③利用职权或者影响力影响交易的单位或者个人。经营者在交易活动中，可以以明示方式向交易相对方支付折扣，或者向中间人支付佣金。经营者向交易相对方支付折扣、向中间人支付佣金的，应当如实入账。接受折扣、佣金的经营者也应当如实入账。"

经营者在交易活动中，可以以明示方式向交易相对方支付折扣，或者向中间人支付佣金。经营者向交易相对方支付折扣、向中间人支付佣金的，应当如实入账。接受折扣、佣金的经营者也应当如实入账。

（五）侵犯商业秘密的行为

所谓商业秘密，是指不为公众所知悉，具有商业价值并经权利人采取相应保密措施的技术信息和经营信息。只有同时符合以下三方面条件的技术信息和经营信息，才是商业秘密：①秘密性。即这些信息必须是不为公众所知悉的。②实用性。即这些信息必须能够为权利人带来实际的或潜在的经济利益或竞争优势。③保密性。即权利人必须为这些信息采取适当的保密措施。

按照不同的标准，可以对商业秘密进行不同的划分：①按其内容性质，可分为技术性商业秘密和经营性商业秘密，前者又被称为技术秘密，是指有关生产制造方面的秘密；后者又被称为商务秘密，是指有关经营和决策方面的秘密，其可能涉及一个企业的组织机构、财务、人事、经营等多方面内容。②按其是否能够直接产生商业价值，可分为积极性的商业秘密和消极性的商业秘密。前者是指能够直接产生商业价值、给拥有者带来经济效益的商业秘密；后者是指一种信息，其虽然不能给拥有者直接带来经济利益，但这种信息一旦为竞争对手获知，则可从中获得利益。

侵犯商业秘密的行为，不仅会给商业秘密权利人造成直接或间接的经济损失，而且还会给整个市场竞争环境、社会经济秩序造成极大的破坏。因此，必须坚决禁止侵犯商业秘密的行为。

《反不正当竞争法》第九条规定，经营者不得采取下列手段侵犯商业秘密：

（1）以盗窃、贿赂、欺诈、胁迫、电子侵入或者其他不正当手段获取权利人的商业秘密；

（2）披露、使用或者允许他人使用以前项手段获取的权利人的商业秘密；

（3）违反保密义务或者违反权利人有关保守商业秘密的要求，披露、使用或者允许他人使用其所掌握的商业秘密；

（4）教唆、引诱、帮助他人违反保密义务或者违反权利人有关保守商业秘密的要求，获取、披露、使用或者允许他人使用权利人的商业秘密。

（六）商业诽谤行为

商业诽谤行为是损害他人商誉、侵犯他人商誉权的行为。具体而言，是指从事市场生产经营活动的经济组织或个人，为了竞争的目的，针对特定的同业竞争对象，故意制造和歪曲事实，通过广告、影视、图书、信件、传单等手段，公开以言论、文字、图片等形式，散布关于同业竞争者的生产、经营、服务、产品质量谣言等虚假消息，公然诋毁、贬低竞争对手的商业信誉、服务或产品声誉，致使其无法正常参与市场交易活动，削弱其市场竞争能力的行为。

商业诽谤行为具有以下几个特征：①实施本行为的主体必须是经营者，即从事商品经营或者营利性服务的法人、其他经济组织和个体工商户等。②该行为的主观方面表现为故意，即以明知为必要条件，而不是过失。③该行为侵害的客体是同业竞争对手的商业信誉、商品声誉，即商誉，它是竞争对手的人格权，主要是关于竞争对手本人、生产经营活动的信用与名誉权以及关于其生产、经营的产品或服务质量的荣誉权。④该行为的客观表现为捏造、散布虚伪事实，对竞争对手的商誉进行诋毁，给其造成或者可能造成一定的损害后果。

商业诽谤行为是对竞争对手合法享有的人格权中的名誉权以及身份权中的荣誉权的严重侵犯。这种以损害竞争对手合法权益而进行的市场竞争行为，破坏了市场公平竞争的正常秩序，属典型的不正当竞争行为。

《反不正当竞争法》第十一条规定：经营者不得编造、传播虚假信息或者误导性信息，损害竞争对手的商业信誉、商品声誉。第十二条规定：经营者不得利用技术手段，通过影响用户选择或者其他方式，实施下列妨碍、破坏其他经营者合法提供的网络产品或者服务正常运行的行为：①未经其他经营者同意，在其合法提供的网络产品或者服务中，插入链接、强制进行目标跳转；②误导、欺骗、强迫用户修改、关闭、卸载其他经营者合法提供的网络产品或者服务；③恶意对其他经营者合法提供的网络产品或者服务实施不兼容；④其他妨碍、破坏其他经营者合法提供的网络产品或者服务正常运行的行为。

三、我国《反不正当竞争法》对不正当竞争行为监督检查的规定

（一）监督检查的部门

《反不正当竞争法》第三条第 2 款规定："国务院建立反不正当竞争工作协调机制，研究决定反不正当竞争重大政策，协调处理维护市场竞争秩序的重大问题。"由此可见，在我国对不正当竞争行为进行监督检查的部门，主要是县级以上的工商行政管理部门，县级以下如乡、镇一级机构无权行使监督检查职权；法律、行政法规规定的其他部门，如技术监督管理部门、卫生行政部门等，依法在各自的职责范围内进行反不正当竞争活动。

（二）监督检查部门的职权

（1）询问权。监督检查部门有权按照规定程序询问被检查的经营者、利害关系人、证明人，并要求提供证明材料或者与不正当竞争行为有关的其他资料。

（2）查询、复制权。监督检查部门有权查询、复制与不正当竞争行为有关的协议、账册单据、文件、记录、业务函电和其他资料。

（3）检查权。进入涉嫌不正当竞争行为的经营场所进行检查。

（4）行政处罚权。查封、扣押与涉嫌不正当竞争行为有关的财物；查询涉嫌不正当竞争行为的经营者的银行账户。进行这两项行为时应当向设区的市级以上人民政府监督检查部门主要负责人书面报告，并经批准；并应当将查处结果及时向社会公开。

四、违反《反不正当竞争法》的法律责任

我国《反不正当竞争法》对于行为人违反该法的行为应承担的法律责任作了明确的规定（参见该法第十七条至第三十一条）。从总体上看，我国《反不正当竞争法》也采取世界多数国家竞争法的责任制度，是民事责任、行政责任和刑事责任的综合体。

第三节 反垄断法

一、反垄断法的概念及特征

（一）垄断的概念、特征与种类

1. 垄断的概念、特征

垄断，是与自由竞争相对的一个概念，是指排斥、限制竞争的各种行为的总称。

作为竞争的对立物，一般而言，垄断本身也是竞争发展的必然结果。自由竞争引起生产集中，生产高度集中必然引起垄断，这是资本主义发展的一般规律。

垄断作为一种社会经济现象，其特征主要包括：

（1）垄断是一种有组织的联合性行为。一般而言，垄断行为主体为特定经济领域中的少数经营者，这些少数生产者或销售者为了其共同的经济利益，采取某种协议或联合组织的方式联合行动，共同对付市场上广大的第三者，从而谋取垄断利润，排挤弱小企业，巩固自己的统治地位。

（2）垄断客观上表现为经营者操纵市场或独占市场，滥用经济优势，获取垄断利润。这种高额利益的获得，是以直接或者间接地损害其他企业、经济组织的利益以及消费者的利益为代价的。

（3）垄断是竞争的对立物，是一种排斥、限制竞争的行为。它破坏了市场竞争结构，影响了竞争机制的正常运行，是对竞争的否定和破坏。

（4）垄断是一种具有社会危害性的违法行为。垄断违背了市场经济运行的基本原则，严重扰乱了社会经济秩序，因此，实行市场经济的国家对此总是高度重视并及时通过立法加以禁止。

值得注意的是，反垄断法所禁止的垄断，是非法的垄断，即法定专营之外的垄断。纵观当今世界的反垄断法，国家均可在特殊情况下，根据特殊的需要，对部分关系到国家和社会重大利益的企业实行垄断豁免，这已成为各国反垄断立法的一种合理的例外规定。

2. 垄断的种类

在理论上，可从不同角度对垄断进行分类：①根据垄断的具体组织形式，可将垄断分为短期价格协定、卡特尔、辛迪加、托拉斯、康采恩和其他垄断组织形式。②根据垄断行为的形式特征，可将垄断分为协议垄断和经济优势的滥用。③根据垄断的地域状况，可将垄断分为国内垄断（包括行业、部门垄断和地区垄断）和国际垄断。④根据垄断的产生与行政权力的关系，可将垄断分为经济性垄断和行政性垄断。⑤根据国家立法对垄断的态度，可将垄断分为合法垄断和非法垄断。

（二）反垄断法的概念、特征

一般意义上的反垄断法，是指通过规范垄断和限制竞争行为来调整经济实体相互间竞争关系的法律规范的总称。根据国际竞争网络（ICN）的统计，全世界已经有80多个国家制定了反垄断法。我们惯称的反垄断法，在国外并不是一个法律部门的通行称谓，而更主要是理论上的一种称呼。

从本质上看，反垄断法是国家干预经济，限制市场支配力量的滥用，实现经济自由，民主发展的法律。它主要有三个方面的特征：

（1）反垄断法是调整竞争关系的经济法，具有很强的国家干预性。反垄断法作为经济法的典型，具有经济法的一般特征，但由于立法精神的独特，它在实际操作中又有着特殊的表现。反垄断法的立法指向是针对市场经济中的竞争关系，而且通常是在经济手段无法解决竞争中的矛盾时才发挥作用。这种性质决定了反垄断法比之于经济法的其他部门更需要国家力量作为后盾，国家干预在反垄断法上也有着更强的体现。

（2）反垄断法是抑制垄断、促进竞争的现代竞争法。现代垄断法作为现代竞争法的重要组成部分，相对于前现代垄断法而言，它的一个显著特征就是没有把垄断视为十恶不赦，而是在一定范围一定强度下容许垄断存在，在抑制它的同时注意发挥它的积极作用。这是由反垄断法的社会本位决定的。由于反垄断法并非关注某一个单独的竞争者的利益，而是旨在保护整个社会的竞争秩序，考量的标准也就不能局限于微观层面，而主要是社会的公共利益，因此对于垄断反垄断法就不能一味地打击，对于和社会公共利益一致的垄断存在，就应该给予相当程度的容忍，甚至保护。这和前现代反垄断法对待垄断的鲜明抑制态度有很大区别。

（3）反垄断法是以反垄断和反限制竞争为内容的狭义竞争法。按一般理解，狭义竞争法是由反不当竞争法及反垄断法两个部分组成，而广义上的竞争法还拓展到产品质量法、消费者权益保护法、广告法、标准化法、计量法等。反垄断法的重心在于保护社会健康的竞争秩序，因此对于种种具体的不正当竞争行为很少涉及，而是由反不正当竞争法加以规制。

二、反垄断法的豁免制度

（一）豁免制度的概念与意义

豁免制度作为各国反垄断法的重要组成部分，其存在具有重要意义。

（1）从经济学上看，反垄断法反对的并非大规模经济，而是滥用经济优势妨害竞争。因此反垄断法维护自由、民主、健康的竞争秩序的立法理念与发展规模经济，实质上没有根本矛盾。在某些与国计民生极大关联的行业允许一定程度的垄断存在，可以避免过度竞争造成的社会资源的巨大浪费，增强规模经济效益，改善产业组织结构。

（2）从法理学上看，以反垄断法为代表的经济法是介于传统公私法之间的法律，它的目的是通过国家公权力的介入来弥补传统私法调整的缺陷，协调处理个人利益与社会公益之间的矛盾。因此经济法具有打击侵害公益的个人权利，同时保护与社会公益没有冲突的个人权利的双重意义。垄断豁免制度的建立，使得合乎社会利益的某些垄断得到法律保护，体现了经济法的内在价值。

（3）从社会现实的角度看，豁免制度的适用对象主要是那些对维护本国整体经济利益、社会公共利益有着重大意义的行业或领域以及那些虽对市场竞争关系影响不大，但对整体利益有益的限制竞争行为。因此，豁免制度有利于实现反垄断法的优先政策目标，维护国家整体经济利益和社会公共利益。

（二）豁免制度的范围

豁免制度在当前世界各国反垄断立法中的具体内容主要包括：

1. 自然垄断的豁免

所谓自然垄断，是指国家对某些行业的价格和进入实行全行业管制，只允许一家企业垄断全部生产而形成的垄断。

一般认为，自然垄断行业主要包括交通运输、电信、电力、石油、天然气、供热、供水、邮政等以提供公共服务为职能的企业或部门。这些行业中的垄断一般并非竞争的自然产物，而是这种具有特殊性质的行业自身性质所决定的。又由于自然垄断大多数属于基础设施及公益事业，与社会息息相关，对处于自然垄断的企业进行制裁可能危及社会公益。因此，虽然自然垄断有着诸多危害市场秩序的缺点，但对其法律规制需慎之又慎。在目前各国反垄断法立法实践中，多给自然垄断留出了制度豁免上的空间。

2. 政策性垄断的豁免

所谓政策性垄断，是指国家基于社会经济总体和长远利益及政治、国防、外贸和其他国计民生等方面的政策性考虑，对于某些特定行业、特定主体和特定行为的垄断，予以法律规制的例外许可，或法律规定予以鼓励和扶助，或实行国家垄断。

通常各国法律予以豁免的政策性垄断包括：①对某些同国计民生密切相关的行业，如银行业、保险业以及农、林、渔业和竞争体育业等，允许某些垄断在一定程度和范围存在，或还给予政策扶助；②对某些特定的组织和人员，如工会、消费者协会、劳工、自由职业者，可以不适用反垄断法；③对某些特定行为，如某些卡特尔行为、中小企业的联合行为等，政策予以允许或扶助；④知识产权的行使的反垄断法豁免；⑤国家垄断。

对上述领域的垄断实施豁免是因为这些垄断是国家政策的产物，属于国家宏观调控的正常措施，从长远来看不会对市场秩序产生决定性的影响，相反却对市场的健康发展和社会的稳定有正面的效应。

综上所述，豁免制度在整个反垄断法体系中具有重要的作用。它是严厉的反垄断制度中的一种柔化剂，为区别对待合法垄断和非法垄断，充分发挥合法垄断在市场经济中的积极作用保驾护航。但是，豁免制度并非绝对的豁免，在合法垄断中出现危害市场秩序的行为时，仍需要相应的反垄断制度加以规制。

三、我国的《反垄断法》

（一）我国《反垄断法》的制定过程

反垄断法是市场经济重要的基础性法律，素有"经济宪法"之称。目前，绝大多数市场经济国家都有较为完善的反垄断法律制度。对于我国来说，制定反垄断法是建立社会主义市场经济体制的必然要求，是更好地参与国际经济竞争的客观需要，是更有效地维护消费者利益和社会公共利益的需要，也是进一步完善我国社会主义法律体系的需要。

我国最早提出反垄断的规范性文件是 1980 年 7 月国务院发布的《关于推动经济联合的暂行规定》，该规定提出要"打破地区封锁、部门分割"。其后，国务院又发布了一系列反垄断的行政性法规。1987 年，全国人大通过的《中华人民共和国技术合同法》，对技术转让作出"不得以合同条款限制技术竞争和技术发展"的规定。1993 年，全国人大通过的《中华人民共和国反不正当竞争法》，明确规定了几种垄断行为的表现形式，并规定了相应的法律责任。同年 12 月，国家工商总局为配合反不正当竞争法的实施，专门发布了《关于禁止公用企业限制竞争行为的若干规定》，将反不正当竞争法中有关垄断的条文具体化。

2007 年 8 月 30 日第十届全国人民代表大会常务委员会第二十九次会议通过了《中华人民共和国反垄断法》，并自 2008 年 8 月 1 日起施行。2010 年 12 月 31 日，原国家工商总局公布了《工商行政管理机关禁止垄断协议行为的规定》《工商行政管理机关禁止滥用市场支配地位行为的规定》《工商行政管理机关制止滥用行政权力排除、限制竞争行为的规定》三个配套实体规章。2012 年 5 月 8 日，最高人民法院出台《关于审理因垄断行为引发的民事纠纷案件应用法律若干问题的规定》，该规定明确了起诉、案件受理、管辖、举证责任分配、诉讼证据、民事责任及诉讼时效等问题。《反垄断法》的出台，是我国社会经济发展的客观需要，也是完善中国特色社会主义法律体系的必然要求。

（二）我国《反垄断法》的立法目的和适用范围

1. 反垄断法的立法目的

反垄断法是我国确立社会主义市场经济活动基本规则和规范市场经济活动的一部重要法律。制定反垄断法是完善社会主义市场经济体制、充分发挥市场配置资源的基础性作用、促进经济又好又快发展的需要；是我国参与经济全球化、遵守国际规则、保护自身利益的需要；是健全我国社会主义市场经济法律制度、形成中国特色社会主义法律体系的内在要求。它的颁布实施对于预防和制止垄断行为，维护市场公平竞争，增强我国经济的活力和竞争力，保护消费者的利益和社会公共利益，促进社会主义市场经济健康发展，具有重大而深远的意义。

2. 反垄断法的适用范围

参照国际通行做法，中国反垄断法不直接规制垄断状态，而规制垄断行为。按照

《反垄断法》第三条的规定，垄断行为包括：经营者达成垄断协议，经营者滥用市场支配地位，具有或者可能具有排除、限制竞争效果的经营者集中。对此，《反垄断法》第二章、第三章、第四章分别作出了具体规定。

针对现实生活中有些地方政府及所属部门和法律、法规授权的具有管理公共事务职能的组织，滥用行政权力，实行地区封锁，排除、限制竞争的行为，《反垄断法》第五章对"滥用行政权力排除、限制竞争"作了专章规定。《反垄断法》还适用于滥用知识产权排除、限制竞争的行为。知识产权具有专属性、排他性，知识产权权利人依法行使权利受法律保护，但不得滥用知识产权排除、限制竞争。因此，第五十五条规定："经营者依照有关知识产权的法律、行政法规规定行使知识产权的行为，不适用本法；但是，经营者滥用知识产权，排除、限制竞争的行为，适用本法。"这也是国际上的通行做法。

《反垄断法》平等地适用于各类企业。按照《反垄断法》的规定，作为《反垄断法》规制对象的经营者，是指从事商品生产经营或者提供服务的自然人、法人和其他组织。即《反垄断法》的适用对象包括各类经营者，对各类垄断行为都要依法禁止，不能对不同所有制企业实行歧视性待遇。任何经营者，无论是公有制企业还是非公有制企业，无论是内资企业还是外资企业，在经济活动中都要遵守《反垄断法》的规定；对违反规定，实施垄断行为的，都要依法追究法律责任。

《反垄断法》既适用于中国境内发生的垄断行为，也适用于在中国境外发生的对中国境内市场竞争产生排除、限制影响的垄断行为，具有域外效力。随着经济全球化的发展和我国对外开放的扩大，特别是在加入世界贸易组织（WTO）之后，在我国境外发生的经营者达成垄断协议、滥用市场支配地位、实施并购等行为，都可能对我国境内的市场竞争产生不利影响。《反垄断法》将这种行为纳入适用范围是适当的，也是国际上的通行做法。

（三）我国《反垄断法》的主要内容

反垄断法的任务就是防止市场上出现垄断，以及对合法产生的垄断企业进行监督，防止它们滥用市场优势地位。尽管各国反垄断法及其具体执法体制不尽相同，但其基本内容和法律框架具有高度的一致性。

1. 垄断协议

所谓垄断协议，是指两个或两个以上市场主体以协议、决议或其他联合方式实施的排斥、限制或妨碍竞争的行为，在欧洲国家普遍的称谓是"卡特尔"。主要表现是：经营者采取共同行动，通过联合限价、提价等方式操控市场价格，联合限制生产或销售数量，或者相互分割市场，以达到排除、限制竞争的目的。从实践中看垄断协议是最常见的垄断行为，因而对垄断协议的禁止规定属于反垄断法的支柱内容之一。

垄断协议可以分为纵向和横向。纵向垄断协议主要表现形式有：产品生产者与销售者之间关于限定转售价格的协议；原材料供应企业与生产企业就供应对象、生产产品的品种及地区达成协议；农工商、产供销一条龙协作协议；在投标中投标人进行串通投标的行为。当然，上述行为中，凡不以限制竞争为目的的或在事实上未造成垄断后果的，不应认为是纵向垄断行为。

横向垄断协议主要表现形式有：竞争者通过协议划分市场、竞争者之间达成统一的价格协定、联合拒购和拒销、联合排斥新的竞争对手进入市场、招投标中招标人和投标人串通投标；以合作型、合伙型联营的方式在竞争者之间进行业务的垄断合并。横向垄断协议是具有竞争关系的行为人之间的限制竞争协议，其对竞争的危害既直接又严重，因而是传统的反垄断法所规制的重点。

我国实行社会主义市场经济的时间虽然不长，但形式多样的价格联盟（如方便面联合涨价等）、联合限产协议、生产企业对以较低价格销售产品的经销企业联合抵制供货（如一些药品生产企业对"平价"药房联合抵制供货等）已经时有发生，直接影响社会主义市场经济的健康发展。针对这些问题，《反垄断法》第十三条、第十四条分别对具有竞争关系的经营者之间达成的横向垄断协议和处于产业链上下游环节的不具有直接竞争关系的经营者之间达成的纵向垄断协议，作出了禁止性规定。同时，《反垄断法》第十五条从实际出发，并借鉴国际上的通行做法，衡量利弊，就特定垄断协议的豁免专门规定：经营者能够证明所达成的协议属于下列情形之一的，不适用本法第十三条、第十四条的禁止性规定：①为改进技术、研究开发新产品的；②为提高产品质量、降低成本、增加效率，统一产品规格、标准或者实行专业化分工的；③为提高中小经营者效率，增强中小经营者竞争力的；④为实现节约能源、保护环境、救灾救助等社会公共利益的；⑤因经济不景气，为缓解销售量严重下降或者生产明显过剩的；⑥为保障对外贸易和对外经济合作中的正当利益的。

行业协会负有"作为行业自律组织，应当加强行业自律，引导本行业经营者依照本法和价格法、反不正当竞争等法律、行政法规的规定，开展公平竞争，维护市场竞争秩序"的职责。针对现实生活中有的行业协会未履行这一法定职责，反而成为行业实力较强的经营者达成垄断协议、妨碍竞争、损害消费者利益的组织者的问题，《反垄断法》有两条规定：第十六条规定，行业协会不得组织本行业的经营者从事本法禁止的垄断行为；第四十六条规定，行业协会违反本法规定，组织本行业的经营者达成垄断协议的，反垄断执法机构可处 50 万元以下的罚款；情节严重的，社会团体登记管理机关可依法撤销登记。

2. 滥用市场支配地位

所谓滥用市场支配地位，是指一个或几个企业与相对的竞争者比较，具有显著的市场优势，并利用其优势限定他人购买其附带的或其指定的经营者的商品，以排挤其他竞争者参与竞争的行为。反垄断法并不禁止经营者通过合法途径取得市场支配地位，只是禁止具有市场支配地位的经营者滥用其支配地位，实施垄断价格、掠夺性定价、拒绝交易、搭售、歧视性交易等排除或者限制竞争、损害消费者合法权益的行为。

实践中，企业可以通过合法的方式取得市场支配地位，甚至垄断地位。例如，国家授权一个企业在某个行业享有独家经营的权利，这个享有特权的企业自然就是一个垄断企业。企业也可以通过知识产权如专利、版权等取得市场支配地位。例如，微软公司就是通过知识产权在全世界的软件市场上取得了市场支配地位。反垄断法虽然不反对合法的垄断，但因为合法的垄断者同样不受竞争的制约，它们就非常可能会滥用其市场优势地位，损害市场竞争，损害消费者的利益。因此，国家必须对那些在市场上已经取得了垄断地位或者市场支配地位的企业加强监督。1997年美国司法部指控微软公司违反了美国反垄断法，就是这方面的一个重要案例。

滥用市场支配地位的行为包括：①以不公平的高价销售商品或者以不公平的低价购买商品；②没有正当理由，以低于成本的价格销售商品；③没有正当理由，拒绝与交易相对人进行交易；④没有正当理由，限定交易相对人只能与其进行交易或者只能与其指定的经营者进行交易；⑤没有正当理由搭售商品，或者在交易时附加其他不合理的交易条件；⑥没有正当理由，对条件相同的交易相对人在交易价格等交易条件上实行差别待遇；⑦国务院反垄断执法机构认定的其他滥用市场支配地位的行为。这些规定对任何企业都是适用的。

推定经营者具有市场支配地位的情形具体包括：①一个经营者在相关市场的市场份额达到二分之一的；②两个经营者在相关市场的市场份额合计达到三分之二的；③三个经营者在相关市场的市场份额合计达到四分之三的。有前款第二项、第三项规定的情形，其中有的经营者市场份额不足十分之一的，不应当推定该经营者具有市场支配地位。

3. 经营者集中

反垄断法所称经营者集中，包括经营者之间吸收合并、新设合并的情形，也包括经营者通过取得其他经营者的股权、资产或者通过合同等方式，取得对其他经营者的控制权或者能够对其他经营者施加决定性影响的情形。由于经营者集中可能产生或者加强其市场支配地位，对市场竞争产生不利影响，并且一旦完成集中，纠正成本较大，国际上的反垄断法通常采用事前申报的办法对集中行为进行控制，规定达到一定标准的经营者集中，要在实施前向反垄断执行机构申报。我国对经营者集中同样规定了事前申报制度。

我国现阶段经济发展中的一个突出问题是产业集中度不高，许多企业达不到规模经济要求，竞争力不强。因此，制定《反垄断法》，既要防止经营者过度集中形成垄断，又要有利于国内企业通过合并、兼并、重组做大做强，在控制经营者集中方面作出适度的规定。按照这一精神，《反垄断法》在"总则"中明确规定，经营者可以通过公平竞争，自愿联合，依法实施集中，扩大经营规模，提高市场竞争能力；同时，在"经营者集中"一章中规定，审查经营者集中，除了要考虑经营者集中对竞争产生的影响外，还要考虑对国民经济发展和技术进步的影响等因素。对应禁止的经营者集中，如果经营者能够证明该集中对竞争产生的有利影响明显大于不利影响，或者符合社会公共利益的，反垄断机构可以作出不予禁止的决定。

我国《反垄断法》第三十一条规定："对外资并购境内企业或者以其他方式参与经营者集中，涉及国家安全的，除依照本法规定进行经营者集中审查外，还应当按照国家有关规定进行国家安全审查。"这是我国借鉴国际上的通行做法，根据我国经济发展情况所作出的。近年来，外资对我国企业的并购活动日益频繁。根据联合国贸发会议的统计，2004 年以前外资以并购形式对我国的投资只占其直接投资的 5%，2004 年这一比例上升为 11%，2005 年接近 20%。一些跨国公司和外国投资基金对我国一些行业实施并购，已经引起公众广泛关注。从外资进入我国市场的形式、结构及发展趋势看，制定《反垄断法》必须高度重视并妥善处理积极有效利用外资与维护国家经济安全、保护国内企业自主品牌的关系，既要坚持对外开放，吸引外资，又要防止外资对我国的恶意并购，保障国家安全。

4. 滥用行政权力排除、限制竞争

所谓滥用行政权力排除、限制竞争，主要是指行政机关及公共组织滥用行政权力强制交易、地区封锁（包括限制商品在地区间流通、阻碍外地经营者参加本地招投标活动、以不公平方式设定市场准入等）、强制经营者从事垄断行为等。《反垄断法》明确规定："行政机关和法律、法规授权的具有管理公共事务职能的组织不得滥用行政权力，限定或者变相限定单位或者个人经营、购买、使用其指定的经营者提供的商品。"并具体规定：行政机关和法律、法规授权的具有管理公共事务职能的组织不得滥用行政权力，妨碍商品在地区之间的自由流通；以设定歧视性资质要求、评定标准或者不依法发布信息等方式，排斥或者限制外地经营者参加本地的招标投标活动；采取与本地经营者不平等待遇等方式，排斥或者限制外地经营者在本地投资或者设立分支机构；强制经营者从事本法规定的垄断行为；制定含有排除、限制竞争的规定。

5. 《反垄断法》执法机关

垄断管理机关是《反垄断法》的执法机构，只有在《反垄断法》中明确规定其地位和职权，才能保证其确认和处理垄断行为的权威性，确保《反垄断法》的贯彻实施。《反垄断法》从维护全国统一市场出发，借鉴国外通常做法，执法权应主要集中于中央，这一点不同于维护市场秩序，各级政府主管部门都有执法权。《反垄断法》第十条规定：国务院规定的承担反垄断执法职责的机构依照本法规定，负责反垄断执法工作；国务院反垄断执法机构根据工作需要，可以授权省、自治区、直辖市人民政府相应的机构，依照本法规定，负责有关反垄断执法工作。在这一体制下，国务院设立反垄断委员会，负责组织、协调、指导反垄断工作。垄断执法部门具体分工为：工商总局查处垄断协议、滥用市场支配地位、滥用行政权力排除限制竞争；国家发展改革委查处价格垄断；商务部负责经营者集中的审查。

本章重点

通过本章的学习，了解现代竞争法的产生和发展，掌握现代竞争法的概念、地位、作用、立法模式、责任制度等。了解我国制定现代竞争法的必要性以及目前我国此方面的立法状况。掌握我国反不正当竞争法的概念、基本原则及其特点，重点把握我国《反不正当竞争法》中关于11种不正当竞争行为的认定。了解现代《反垄断法》的概念、本质、特征以及主要制度的基本内容，着重掌握我国《反垄断法》的主要内容，注意行政性垄断与经济性垄断的异同。

本章思考题

1. 竞争法的责任制度的特点。
2. 简述我国《反不正当竞争法》的不正当竞争行为的基本含义。
3. 如何认定虚假宣传行为？
4. 如何认定虚假宣传行为？
5. 如何认定商业贿赂行为？
6. 何为商业秘密？侵犯商业秘密的行为有哪些？
7. 简述现代《反垄断法》主要制度的基本内容。
8. 简述我国《反垄断法》的主要内容。

本章参考书目

1. 徐孟洲，孟雁北. 竞争法［M］. 2版. 北京：中国人民大学出版社，2014.
2. 吕明瑜. 竞争法教程［M］. 2版. 北京：中国人民大学出版社，2015.
3. 孔祥俊. 反不正当竞争法的创新性适用［M］. 北京：中国法制出版社，2014.
4. 徐士英. 竞争法新论［M］. 北京：北京大学出版社，2006.
5. 游钰. 卡特尔规制制度研究［M］. 北京：法律出版社，2006.
6. 杨紫烜. 经济法［M］. 北京：北京大学出版社，高等教育出版社，2006.

第十四章

税法

第一节　税法概述

一、税收与税法

1. 税收的概念与特征

税收是国家为了满足一般社会公共需要，凭借政治权力，依照国家法律、法规规定的标准，强制地、无偿地取得财政收入的一种分配方式。税收是一个历史范畴，是人类社会经济发展的必然产物，其实质是国家与纳税人之间的经济利益分配关系。

税收是国家最基本、最普遍的财政收入形式，是国家调控经济运行，促进经济稳定增长的主要杠杆，也是国家对国民经济的各个环节进行监督管理的重要手段。同时，它具有调节社会财富分配，使之趋于公平、合理的功能。

税收具有无偿性、强制性和固定性的特征。税收的无偿性是指国家在征税时，从纳税人手中取得一部分社会产品，不需要直接向纳税人支付任何代价或报酬；同时，国家征税以后，税款归国家所有，也不再直接归还给纳税人。强制性是指国家凭借政治权力，以法律形式规定，纳税人必须依照税法的规定，按时足额纳税，否则就会受到法律的制裁。固定性是指国家在征税之前，就通过法律形式事先规定了开征的税种、每一种税的纳税人、课税对象和课税标准，征纳双方必须共同遵守。

税收的三个基本特征是相互联系的，其中无偿性是核心，而强制性是无偿性和固定性的保证，同时固定性是无偿性和强制性的必要补充。

2. 税法的概念和特征

税法是由国家制定的，用于调整税收法律关系的法律规范的总称。它是国家向一切纳税人征税的依据，也是纳税人纳税的准则，其目的是保障国家利益和纳税人的合法权益，维护正常的税收秩序。

税法具有以下特征：

（1）税法所确定的主体的权利义务关系，不是按照协商自愿、等价有偿的原则建立起来的。征纳双方的权利义务具有一种不对等性，一方代表国家强制征税，另一方必须尽纳税义务无偿缴纳。

（2）税法实行高度原则性与灵活性，相对稳定性与变动性相结合。税法的原则性表现为"依法纳税，依率计征"的原则，而税法的灵活性则体现在实施过程中"合理负担，区别对待"的处理办法上。

（3）在处理税务争议所适用的程序上，税法规定纳税人对征税发生一般税务争议时，首先必须履行纳税义务，以保证国家税款征收任务不受影响，然后再向上级税务机关申请复议，以解决争议。

（4）税法的制定体现了实体法和程序法相结合。税法的实施体现了行政手段和司法手段的有机结合，而以行政手段最突出。

二、税收法律关系

（一）税收法律关系的概念和特征

税收法律关系是由税法确认和调整的，国家和纳税人之间在征纳税过程中发生的，以征纳关系为内容的权利和义务关系。

其特征在于：

（1）税法调整的税收关系是在国家和纳税人之间发生的，因而税收法律关系中固有一方主体是国家或其征税机关。

（2）国家向纳税人征税后，税款归国家所有，由国家统一支配使用，因而税收法律关系具有财产所有权或支配权单向转移的性质。

（3）税收法律关系的产生不以当事人的意志为转移，而以纳税人发生了税法规定的行为或事件为前提。

（二）税收法律关系的构成

税收法律关系和其他法律关系一样，也是由主体、客体及法律关系内容三个要素构成的。

1. 税收法律关系的主体

税收法律关系的主体是指税收法律关系中享有权利和承担义务的当事人。在我国税收法律关系中，税收法律关系的主体可以分为征税主体和纳税主体。

征税主体是代表国家行使征税职责的国家税务机关，包括国家各级税务机关、海关和财政机关。

纳税主体是履行纳税义务的人，包括法人、自然人和其他组织，在华的外国企业、组织、外籍人、无国籍人，以及在华虽然没有机构、场所，但有来源于中国境内所得的外国企业或组织。

2. 税收法律关系的客体

税收法律关系的客体是指税收法律关系主体的权利、义务所共同指向的对象和实现的目标。

税收法律关系的客体与征税对象不同。征税对象是指国家对什么经济活动、什么财产、什么行为征税；而税收法律关系的客体是指征纳主体双方之间，国家机关之间共同实现的目标和指向的对象，具体包括货币、实物和行为三个方面。

（1）货币。货币是商品经济条件下税收的主要形式，也是税收目标的主要代表。征税主体要征收的和纳税主体要缴纳的税款都表现为一定数量的货币。例如，对所得额和财产额的征税，都是通过计算比例所得出来的应纳税款来征收的。

（2）实物。在自然经济条件下，税收主要表现为一定数量的实物。而现代税收以实物形式缴纳是很少的。

（3）行为。行为是指在税法制定和执行过程中，发生于权力机关和行政机关之间，税务机关和行政机关之间拟定税收指标的行为，审批税收法规的行为和金库对税款核实报缴等行为。

税收法律关系的客体是国家利用税收杠杆调整和控制的目标，它会随着税收经济杠杆作用的加强以及税收法律制度的发展而增多或减少。

3. 税收法律关系的内容

税收法律关系的内容是指税收法律关系主体所享有的权利和所应承担的义务。这是税收法律关系中最实质的东西。

征税主体的权利即国家税务机关的权利主要表现在依法进行征税，办理税务登记，进行税务检查和财务监督，以及对违章者进行处罚。其义务主要是及时、足额地把征得的税款解缴入库，依法受理纳税人对税收争议的申诉等。

纳税义务人的权利主要表现在依法申请减免税权、申请复议权和提起诉讼权等。其义务主要是按时办理纳税登记、依法进行纳税申报、接受税务检查、提供真实的会计报表和纳税资料以及依法缴纳税款等。

（三）税收法律关系的产生、变更与终止

税收法律关系的产生、变更和终止必须根据能够引起税收法律关系产生、变更和终止的客观情况，也就是税收法律事实。这种税收法律事实，一般是指税务机关依法征税的行为和纳税人的经济活动行为。

三、税法的构成要素

虽然世界各国由于社会制度和经济条件不同，税法内容也不尽相同，但是任何国家的税法都有其固定的结构。虽然国家开征的每一种税都有其不同的性质、特征和作用，但是各个税种的税法都是由一些共同的要素构成的。

税法的构成要素主要包括纳税人、征税对象、税目、税率、纳税环节、纳税期限、减税免税和违章处理等内容，其中纳税人、征税对象和税率是最重要的基本要素。

1. 纳税人

纳税人又称纳税主体或纳税义务人，是税法规定的直接负有纳税义务的单位和个人，主要包括自然人、法人及其他组织，它表明国家直接向谁征税或谁直接向国家纳税。与纳税人有关的两个概念是代扣代缴义务人和代收代缴义务人。

一般说来，国家征税机关和纳税人直接发生税收征纳关系，但是在某些特殊情况下，为了便于控制税源，简化征税手续，需要由与纳税义务人发生经济关系的单位和个人代国家扣缴税款和代收代缴税款。

代扣代缴义务人是指税法规定的有义务从持有的纳税人收入中扣除其应纳税款并代为缴纳的单位和个人。

代收代缴义务人是指税法规定的有义务借助经济往来关系向纳税人收取应纳税款并代为缴纳的单位和个人。

还应注意，纳税人不等于负税人。负税人一般是指税款的最终承担者或实际负担者。当纳税人所缴纳的税款是由自己负担时，纳税人同时为负税人；当税负可以转嫁时，纳税人就不是负税人，两者发生了分离。

2. 征税对象

征税对象又称课税客体或课税对象，是指对什么征税，是税法规定的征税的目的物。征税对象解决的是对什么进行课税的问题，明确了每一种税的课征范围，它是一种税区别于另一种税的主要标志。

国家为了筹集财政资金和调节经济的需要，可以根据客观的经济需要选择多种多样的征税对象，纳税人的收入、财产和某些特定行为都可以作为征税对象。

与征税对象相联系的概念是计税依据，又称为税基，它是计算应纳税额的依据，是征税对象在数量方面的具体化，表明国家按什么征税或纳税人按什么纳税。

3. 税目

税目是指税法规定的同一征税对象范围内的具体征税项目，它是征税对象的具体化。税目的确定进一步明确了征税范围。

一个税种的征税范围，往往需要根据不同的情况，具体划分不同类型的项目，以便确定征税免税和适用不同的税率。比如，消费税具体规定了烟、酒等 11 个税目。

4. 税率

税率是指应纳税额与征税对象之间的法定比例。它是对征税对象的征收比例或征收额度，是计算应纳税额的尺度。

税率体现了征税的深度，反映国家的有关经济政策和社会政策，直接关系着国家的财政收入和纳税人的税收负担，是税收制度的中心环节。

我国现行税制有三种税率，即比例税率、累进税率和定额税率。

比例税率，即对同一征税对象，不分数额大小，规定相同的征收比例。我国的增值税、营业税、资源税、企业所得税等采用的是比例税率。

累进税率，即按征税对象数额的大小，划分若干等级，每个等级由低到高规定相应的税率，征税对象数额越大，税率越高。目前采用这种税率的有个人所得税。

定额税率，即按征税对象确定的计算单位，直接规定一个固定的税额。目前采用定额税率的有资源税、车船使用税等。

5. 纳税环节

纳税环节是指税法规定的征税对象在从生产到消费的流转过程中应当缴纳税款的环节。一般是指商品从生产、批发、销售到消费的流转过程中应当缴纳税款的环节。

在商品流转过程中，每经过一个环节都要发生一次流转额，这样就产生了在哪一个环节纳税的问题。

如果只选择一个或两个特定的环节作为纳税环节，称为"一次课征制"或"两次课征制"；如果把所有的流转环节都作为纳税环节，称为"多次课征制"。

6. 纳税期限

纳税期限是指税法规定的纳税人应当缴纳税款的期限。它是税收强制性和固定性在时间上的体现。纳税期限可分为三种：

一是按期纳税，即根据纳税义务的发生时间，通过确定纳税间隔期，实行按日纳税。按期纳税间隔期分为 1 日、3 日、5 日、10 日、15 日和 30 日。

二是按次纳税，即根据纳税行为的发生次数确定纳税期限。

三是按时预缴，即按规定的时间提前预缴税款。

7. 减税免税

它是指税法对同一税中某一部分特定的纳税人，对其应税产品等给予减少或免除税负的一种优待规定。

减税是对应纳税额减征一部分，免税是对应纳税额全部予以免征。由于税率是根据社会经济发展的一般情况和社会平均负担能力来确定的，它可以适应普遍性、一般性的要求，而不能适应个别性、特殊性的要求，因此需要以减税免税作为税率的辅助和补充手段。

8. 违章处理

违章处理是指税法对纳税人违反税收法律的行为规定的处罚措施。它体现了税收的强制性，是保证税法正确贯彻执行、严肃纳税纪律的重要手段。

纳税人偷税、抗税、欠税、骗税以及不遵守税收征收管理规定的行为都属于违章行为，税法对不同的违章行为分别规定了不同的违章处理办法。

四、税法的分类

在我国，税法是一个由各种单行税收法律、法规和规章构成的综合体系。这些单行税收法律、法规和规章既相互独立，又相互联系。

在这样的税法体系中，按各个税法的征税对象、权限划分、适用范围、职能作用的不同，可分为不同类型的税法。

1. 根据税法所规定的征税对象性质分类

根据税法所规定的征税对象性质的不同，税法可分为流转税法、收益税法、财产税法、行为税法和资源税法。

（1）流转税法（工商税法）。流转税是指以发生在流通领域内的商品流转额和非商品流转额为征税对象的一类税种的总称。在流转税法的有关规定中，流转额的内容十分广泛，商品流转额主要指商品销售收入额，非商品流转额主要指各种劳务收入额或服务性业务收入额。流转税是我国税收体系中的主体税种，具有征税范围广，税源大，收入稳定、及时，积累建设资金的功能明显的特点。它在聚集财政资金、调节经济、发挥税收杠杆作用等方面有着十分重要的作用。自 2016 年 5 月 1 日"营改增"以来，我国现行流转税主要有增值税和消费税。

（2）收益税法（所得税法）。收益税是指以纳税人的纯收益额或总收益额为征税对象的一类税种的总称。在我国，税法所确定的收益额，主要指各类经营利润所得和法定的其他所得。收益税不具有税负转移的作用，是一种典型的"直接税"。它与流转税一样，也是我国税收体系中的主体税种。其特点在于可以直接调节纳税人的收入。除了具有广泛聚集财政资金的作用外，在能量负担、公平税负、调节分配格局、监督管理经济等方面，也具有十分重要的作用。我国目前的收益税主要有企业所得税和个人所得税。

（3）财产税法。财产税是指以纳税人所占有或转移的财产（包括动产和不动产）为征税对象的一类税种的总称。它是根据财产占有或转移的事实，对其原值和增值部分加以计算征收的。财产税不具有税负转移的作用，因而也是一种"直接税"，并通常作为辅助税种归入地方税系。征收财产税有利于确定、保护财产权，提高财产的使用效益，以及国家对财产的管理和监督。我国现行财产税主要有房产税、车船税等。

（4）行为税法。行为税是指以纳税人的某些特定行为为征税对象的一类税种的总称。"特定行为"指税法规定的差异较大，连续性、重复性不强，有一定资金负载量和实物负载量的行为。由于行为本身无法计价，因此行为税的征税对象是某些特定行为，而计税依据则是该种行为所负载的资金量或实物量。

行为税具有征收不普遍、开征停征较为灵活的特点。国家征收行为税的目的在于，根据一定时期的客观需要，加强对某些特定行为的监督管理和限制。我国现行的行为税主要有印花税、契税等。

（5）资源税法。资源税是指以纳税人开发和利用特定资源而获取的收入额为征税对象的一类税种的总称。依税法规定，"特定资源"是指归国家所有、对社会生产和人民生活影响重大，且不可再生的天然资源。国家征收资源税的目的在于保护自然资源，减少浪费，促进自然资源的合理开发、利用，提高自然资源的利用效率，同时也是为了调节非主观因素形成的级差收入，为纳税人公平竞争创造条件。我国现行的资源税、城镇土地使用税等税种均属于资源课税的范畴。

2. 根据税收收入归属和征管管辖权限分类

根据税收收入归属和征管管辖权限的不同，税法可分为中央税法、地方税法、中央与地方共享税法。

科学、合理地划分税收收入和征管管辖权限，不仅有利于保证中央政府宏观调控权的有效性，也有利于充分调动各级地方政府组织财政收入的积极性。按税法规定，将维护国家权益，影响宏观调控的税种划为中央税，为中央财政收入；将与地方经济联系密切，适合地方征管的税种划为地方税，为地方财政收入；将涉及中央和地方两方面利益的税种作为中央和地方共享税。

3. 根据税法的适用范围分类

根据税法的适用范围的不同，税法可分为国内税法、涉外税法、国际税法和外国税法。

国内税法是调整国家税务机关与国内各种纳税主体之间的税收征纳关系的法律规范的总称。涉外税法是调整具有涉外因素的税收征纳关系的法律规范的总称。国际税法是调整国家政府之间关于税收权益的分配关系的规范的总称，主要包括国与国之间的双边、多边税收协定，关税互惠公约和国际税收惯例等。外国税法是指外国各个国家自己的税收法律制度。

4. 按照税法的职能作用分类

按照税法的职能作用的不同，税法可分为税收实体法和税收程序法。

税收实体法是指对各个税种的诸要素加以法律规范的税收法律法规。它是联系征纳双方税收法律关系的中介，是税收法律体系的核心内容。例如《中华人民共和国企业所得税法》《中华人民共和国个人所得税法》等就属于税收实体法。

税收程序法是指规定纳税人履行纳税义务的有关程序和税务机关执行税收法律的有关规定的法律规范。它可以使税收执法程序制度化、公开化、法制化。《中华人民共和国税收征收管理法》（以下简称《税收征管法》）就属于税收程序法。

第二节　税法的基本原则

一、税法基本原则概述

美国法学家弗里德曼在他的《法律制度》一书中说：原则是超级规则，是制造其他规则的规则。换句话说，原则是规则模式或模型。法律原则是可以作为众多法律规则之基础或本源的普遍性、稳定性的原理和准则，其在法律体系或法律部门中居于基础地位。同样，税法作为经济法的一个分支，也必然有集中体现税法精神并指导税法的创制和实施的基本原则。

在我国法学界，系统研究税法基础理论的学者不多，特别是研究税法基本原则概念问题的成果则更少。我们在充分吸收学者们对税法基本原则的研究成果并在总结我国税制改革和依法治税实践经验的基础上，对税法基本原则定义如下：税法基本原则是指规定于或寓意于各项税收法律制度和全部税法规范中并对其起统率和指导作用的根本准则。

这一定义高度概括了税法基本原则的三个含义：①税法基本原则是统领所有税法规范的根本准则。它是全部税法规范的依据和基础，其效力及于所调整的税收关系的所有方面。②立法机关、税收行政机关和司法机关在税收立法、执法和司法活动中必须遵循税法的基本原则。③税法基本原则是确定国家与纳税人之间税收法律关系的根本出发点，其实质是现代法治观念和公平理念在税法领域中的体现和运用。

确定税法基本原则的意义在于：

1. 税收立法的指导方针

税法基本原则，是全部税收法律规范的立法指导方针，在整个税收法律规范体系中起着基础规范和高级规范的作用。一方面表现为在制定税收基本法时，立法者首先就要确定这部法律的指导思想，然后再在这个指导思想之下确立法律的具体内容；另一方面表现为国务院和有立法权的地方权力机关制定税收法规时不得与税法基本原则相抵触。

2. 税法主体均应遵循的行为准则

税法基本原则，不仅是税收立法的指导方针，也是一切税法主体均应遵循的行为准则。税收行政机关在进行税收征收活动中和纳税义务人在缴纳赋税的过程中，不仅应遵循具体的税法规范，而且在现行税法缺乏相应的具体规定时，应按照税法基本原则的要求行事。

3. 指导和规制税收司法活动

税法基本原则对税收司法的指导或规制作用，主要表现在两个方面：一是在现行税法没有具体规定的情况下，可以作为司法裁判的准则。二是在某些特殊情况下，法官可以基于税法基本原则所表达的理念和抽象规则，进行自由裁量，以克服法律规定的有限性和社会关系无限性之间的矛盾。

二、我国税法的基本原则

我国现在尚未制定一部税收基本法，因而税法基本原则不像民法基本原则那样，可以根据《民法典》的直接规定加以确认，因此要准确地概括出税法的基本原则是比较困难的。但是，纵观世界各国税收法律制度的内容和特点，下列四项原则是大多数国家所确认的，它反映了税收法律制度所体现的最基本的精神和内涵，已为我国一大部分学者所认可和接受，并且在我国现行税法中也有一定体现。

（一）税收法定原则

1. 税收法定原则的概念

税收法定原则亦称税收法律主义，是指一切税收的征收和缴纳均须以国家的法律为依据进行。换言之，没有法律的根据，国家就不能课赋和征收税收，公民也不得被要求缴纳税款。可见，它是确定国家增税权和纳税人纳税义务的基本准则。这一原则包括依法征税和依法纳税两个方面，其实质是国家征税权行使的法定方式，以此对国家权力加以限制。

税收法定原则中很重要的一点是正确理解"法定"之意。这里的"法"是广义之法还是仅由立法机关制定的狭义之法？由于我国现行税法的立法层次较低，除少数税法是经全国人大及其常委正式立法之外，大多数为国务院发布的暂行条例，另由财政部和国家税务总局规定颁布的行政规章较多。因此根据我国现行法律规定，有权制定法律的国家立法机关可以授权国家行政机关立法，地方人大和地方政府也有权制定地方法规，只要这些行政法规和地方性法规与税收基本法不相抵触，应是有效的。

世界上最早确立税收法定原则的是英国。从1215年英国《大宪章》到1689年英国《权利法案》，该国逐步确立了非经国会同意不得征税这一现代意义上的税收法定原则。其后，法国、美国、日本等相继效仿，以宪法或税收基本法的形式规定了这一原则。

我国《宪法》第五十六条规定："中华人民共和国公民有依照法律纳税的义务。"这是税收法定原则在我国实体法上的具体体现。这一规定表明公民依法纳税是我国宪法确定的义务，虽未明确说明征税主体应依照法律的规定征税，但它从反面规定了公民不负没有法律根据的纳税义务。而我国《税收征管法》第三条规定："税收的开征、停征以及减税、免税、退税、补税，依照法律的规定执行；法律授权国务院规定的，依照国务院制定的行政法规的规定执行。任何机关、单位和个人不得违反法律、行政法规的规定，擅自作出税收开征、停征以及减税、免税、退税、补税和其他同税收法律、行政法规相抵触的决定。"这一规定比较全面地反映了税收法定原则的要求，使税收法定原则在我国税收法制中得到了进一步的确立和完善。

2. 税收法定原则的内容

税收法定原则具体包含以下内容：①税的开征必须由法律明文规定，没有法律依据的税，国家无权向纳税人征收。②课税要素法定，课税要素明确，行政机关尤其是税务机关没有征税自由裁量权。③符合征税条件的事项，税务机关就应该征税，法无明文规定，不得随意放弃和减免税收。④任何税收的征收和程序均须由法律加以规定。为防止征税机关所具有的各种征税权限被滥用，应由法律对其范围和行使方式加以具体限定。⑤法律应确定解决税务争议的制度，纳税人有依法获得行政救济和司法救济的权利。有学者将以上具体内容概括为三原则，即课税要素法定原则、课税要素明确原则和依法稽征原则，这是比较精确的。

3. 税收法定原则的作用

税收法定原则是税法的最基本的原则，从其功能而言，主要体现在两方面。一是限制国家行政权力的行使，二是使公民经济生活具有法的稳定性和可预测性。在当代复杂的市场经济中，税收关系涉及国民经济生活的各个领域，人们如果不能事先确定因何种事实或行为产生何种纳税义务，任何重要的经济决策就无法做出。因此，就要求诸种税收要素、征税程序等事先在法律中加以明确规定。

（二）税收公平原则

1. 税收公平原则的概念

税收公平原则，亦称公平税收原则，是指国家征税要使纳税人承受的负担与其经济状况相适应，并使纳税人之间的负担水平保持均衡。

税收公平原则是"法律面前人人平等"这一法律思想在税收领域的体现和发展。1791 年法国《宪法》第十三条规定："赋税应在全体公民之间按其能力作平等的分摊。"这是人类历史上第一次以法律的形式赋予公民税负中的平等权利。现代各国宪法或税法中都明确规定了税收公平原则。公平是社会主义市场经济条件下税收制度的灵魂。

2. 衡量税收公平的标准

目前，税收学界对衡量税收公平的标准大体有两种：

（1）受益标准。亦称"利益说"，即纳税人应纳多少税，根据每个人从政府提供的服务中所享受利益多少来确定，没有享受利益的人就不纳税。

（2）能力标准。亦称"能力说""负担能力说"，是指以纳税人的纳税能力作为依据征税。纳税能力大者应多纳税，纳税能力小者少纳税，无纳税能力者不纳税。纳税能力的测度有主观和客观两种标准。客观标准以纳税人拥有财富的多少为衡量其纳税能力的标准。由于财富可以由收入、支出和财产来量化，故纳税能力的衡量亦可分为收入、支出和财产三种标准。主观标准以纳税人因纳税而做出的牺牲来衡量，细分为均等牺牲、等比例牺牲和最小牺牲三种。

20 世纪以来，由于生产社会化和垄断的形成，社会整体利益显得十分重要。为了配合国家对社会经济生活的干预管理，一些学者又提出，征税不仅要考虑纳税人的纳税能力，还要考虑国家政策因素，这使税负公平原则扩展为社会公平原则。

3. 公平税负的两层含义：横向公平与纵向公平

按照纳税人之间的经济条件或纳税能力的相同点与不同点，公平税负有两层含义：横向公平与纵向公平。

（1）横向公平。这是指经济条件或纳税能力相同的纳税人应负担相同数额的税收。

（2）纵向公平。这是指经济条件或纳税能力不同的人，应当缴纳不同的税。开征遗产税和对所得税实行累进税率正符合纵向公平的标准。

4. 电子商务对税收公平原则的挑战

电子商务的出现，对税收公平原则产生了冲击。这表现在：

（1）电子商务主体与传统商务主体之间税负不公。由于建立在国际互联网基础上的电子商务不能被现行税制所涵盖，其本身所具有的流动性、隐蔽性以及数字化与税务机关的税收征管水平不相适应，使电子商务成为优良的合法的避税港，再加上一些国家对电子商务采取免税政策，更使电子商务企业的税负远远低于传统商务企业的税负。而另一些国家为防止税收流失，制定法律、法规加以规范，又使电子商务企业的税负等于其他行业。

（2）从事同种电子商务的企业之间税负不公。这是由于各国或地区对电子商务的税法规定不一致、不统一而造成的。

（三）税收效率原则

1. 税收效率原则的概念

税收效率原则是指国家征税必须有利于资源的有效配置和经济机制的有效运行，必须有利于提高税务行政的效率。税收效率原则是税法的目标和归宿。

2. 税收效率原则的内容

税收效率原则包括税收经济效率原则和税收行政效率原则两个方面的内容。

（1）税收经济效率原则，又称税收中性原则，是指国家征税应有助于提高经济效率，保障经济良性、有序运行，实现资源的有效配置。税收效率原则有两方面的要求：一是尽量使税收保持中立，让市场经济机制发挥有效配置资源的调节作用。二是国家税收除了使纳税人因纳税而损失或牺牲这笔资金外，最好不要再导致其他经济损失或额外负担。波斯纳指出：对一种行为征税就会使从事那种行为的人们转而从事那种征税较轻的行为。……税收降低了资源使用的效率。……税收中的资源配置效率最大化的途径是：使税率与被课税物品或行为的需求弹性呈反比例关系。税收的经济效率越高，就越能减少税收的负面效应，市场就能更好地发挥其对资源的配置作用，从而激发纳税者生产经营的积极性，刺激社会经济的健康发展。

（2）税收行政效率原则，又称税收制度效率原则或税收征收效率原则，是指国家征税应以最小的税收成本去获取更大的税收收入，以使税收的名义收入与实际收入的差额最小。本原则侧重于对税务行政管理方面的效率的考察。它要求尽量使征税费用、管理费用和纳税费用最小化。所谓税收成本，是指在税收征纳过程中所发生的各类费用支出。它有广义和狭义两层含义。狭义的税收成本称为税收征收费用，专指征税机关为征税而花费的行政管理费用。广义的税收成本还包括税收奉行费用。税收奉行费用是指纳税人因纳税所支出的各种费用。由于税收征收费用比税收奉行费用更容易确立和计算，所以在通常情况下是以税收征收费用占全部税收的比例来考察税收的行政效率。

3. 电子商务对税收效率原则的挑战

在电子商务中，产品或服务由经营者通过网站直接提供给消费者，中间人将会消失，税收征管的成本会提高，对税收行政效率原则提出挑战。一方面，由于中间人的消失，原来可以从中间人那里取得的税收，变成向广大消费者各自征收小额的税收，这就加大了税务机关的工作量，提高了税收成本。另一方面，电子商务要求税务机关必须用高科技手段征管，这就要投入大量的人力、物力和财力，进一步提高了税收成本。因此对电子商务是否课税、如何课税，要考虑到既促进电子商务的发展，又不致造成对经济的扭曲。

4. 税收公平原则与税收效率原则的关系

长期以来，人们认为公平与效率是一对永远不可调和的矛盾，其实税收公平原则与税收效率原则是对立统一的关系。对立统一是中国人思维的特征之一，中庸之道是我们的国粹。因此我们不难理解税收公平与效率统一的一面：把市场机制与宏观调控结合已成共识，这是税收公平与效率统一的客观基础；按照兼得管理思想，税收公平与效率可以兼得；在促进经济增长、提高经济效率方面，税收的公平与效率原则是一致的。我们不能割裂两者的联系，只有将公平与效率结合的税法才可能是最佳的税法。

（四）实质课税原则

1. 实质课税原则的概念

实质课税原则又称实质课税法、实质课税主义、经济观察法，是指税法上确立的应遵循依据纳税人经营活动的实质而非表面形式予以征税的准则。该原则的目的是约束各种避税行为而确立的。

实质课税原则最早在德国确立。19 世纪末 20 世纪初，特别是第一次世界大战后，在德国，一些商人利用战争的机会大发国难财。这种行为在当时因为违反了法律的规定而被以民法为代表的法律认定为无效行为。然而税法被视为民法典附随法，某种行为民法上的效果直接影响到其在税法上的效果，商人们的不法行为在民法上的无效性被直接认定为在税法也是无效的。这不但在纳税人之间产生了很大的不公，而且直接减少了国家的财政收入。

为了应对这种不合理的现象，贝克尔（Becker）在 1919 年起草了德国的《帝国租税通则》，确立了著名的"经济观察法"，即实质课税原则。该法第 4 条规定："解释税法时，需斟酌其立法目的、经济意义及情势之发展。"第 6 条规定："纳税义务，不得借民法之形式及其形成可能性之滥用而规避或减少之，如有滥用情形，应依相当于该经济事件、经济事实及经济关系之法律状态，课征相同之捐税。"第 41 条规定："即使在法律行为无效的场合或法律行为失去效力的场合，只要当事者使该法律行为的经济成果发生了或成立了，则无碍课税。但是依据税法另有明确规定时，不在此限。"这些立法规定构成了德国的实质课税原则的主要内容。

1934 年，德国《税收调整法》重构了《帝国租税通则》第 4 条以及相关的规定，并把相关的精神贯彻到了《税收调整法》第 1 条和第 3 条中。第 1 条规定："进行税收解释时，必须综合考虑国民思想、税法的目的、经济上的意义。"第 3 条规定："对构成要件只判断同其适用。"二战之后，德国的司法实践逐渐主张从法的稳定性和规范性出发来解释相关的税法的规定。1977 年德国颁布《税收通则》，它合并了《税收调整法》，删去了《税收调整法》第 1 条和第 3 条的相关内容。

但是这并没有否认德国司法实践和理论对经济观察法的重视和经济观察法在德国司法实践中发挥的重大作用。

德国的经济观察法的立法理论与实践对大陆法系国家的税法产生了重大的影响。日本在 1953 年通过税法修正案的形式使实质课税原则在日本得到了肯定。日本税法并没有实质课税原则的一般规定，但是日本司法理论与实践已经认同了该理念。1953 年，日本法院在一个判决中指出："实质所得者课税的理论依据是因为税负公平原则的税法根本理论，且符合正义的要求，并有效确保税收征收之故。"同时，日本在所得税法和法人税法中已经使用"实质课税原则（主义）"作为相关条文的标题。韩国税法也有实质课税原则的相关规定。

实质课税原则在德国起源、确立并且波及影响到其他的大陆法系国家，并在税法的立法、司法理论与实践中产生了重大影响，不能不说明这是税收公平原则突破了机械的税收法定原则的最好证明。而这也间接说明了经济的发展和社会生活的变迁对立法和司法的重大影响，同时这也是两大法系融合在税法领域的最好证明。在美国，实质重于形式、经济实质原则等共同构成了实质课税原则的内容，英国法院传统上一直拒绝以法官自由裁量权创制的规则来应付避税的危害。

2. 实质课税原则的内涵

当在某种情况下，课税对象在外观、形式方面表现出与实质内容不同时，是否应对其课税，学者们对此基本达成了共识，即应按实质内容对其进行课税，这就是税法中的实质课税原则。"实质课税原则是指对于某种情况不能仅根据其外观和形式确定是否应予课税，而应根据实际情况，尤其应当注意根据其经济目的和经济生活的实质，判断是否符合课税要素，以求公平、合理和有效地进行课税。"[①] 但是，何为实质的内容，学者之间尚存争议。

一为法律实质主义说。该说以日本学者金子宏教授为代表，认为："实质课税原则是指在法律的适用上，表见事实（形式）与法律事实（实质）不同时，应采后者对其进行税法的解释和适用。"该学说要求以法律上规定的课税要素为标准，不能脱离法律关系而直接按经济效果来判断。如果从形式上看税法要求的课税要素未满足，但课税要素事实已存在，则应对其予以课税；若从形式上看已符合课税要素的要求，但实质并未符合，则不应对其进行课税。

二为经济实质主义说。该说的代表人物主要有日本学者田中二郎、我国学者陈清秀等。该学说是以经济活动中的经济效果为标准，只要产生了经济效果，就应该对其进行课税，纵使该经济效果与法律规定的课税要素不一致时，仍可采用实质课税原则对产生的经济效果进行课税。

还有的学者提出来这样的观点，认为：其实上述两种观点间并不存在矛盾，二者只是在不同的场合适用，即当法律上的形式与法律上的实质发生冲突时，适用法律实质主义；当法律与经济发生冲突时，适用经济实质主义。

---

① 张守文. 税法原理 [M]. 北京：北京大学出版社，2021：37.

第三节 我国现行主要税收法规内容

一、增值税法

现行增值税法的基本规范，是 1993 年国务院颁布的《中华人民共和国增值税暂行条例》。为进一步完善税制，积极应对国际金融危机对我国经济的影响，2008 年 11 月 5 日经国务院第 34 次常务会议修订通过了《中华人民共和国增值税暂行条例》，决定自 2009 年 1 月 1 日起全面实施增值税转型改革，与此同时财政部、国家税务总局共同通过了审议后的《中华人民共和国增值税暂行条例实施细则》，并于 2009 年 1 月 1 日起施行。增值税是以纳税人生产经营活动的增值额为征税对象的一种流转税。所谓增值额，是指纳税人从事生产经营活动在购入的货物或取得的劳务价值基础上新增加的价值额。具体表现为纳税人在一定的时期内所取得的商品销售（或劳务）收入额大于购进商品（或取得劳务）所支付金额的差额。2016 年 3 月 18 日，国务院常务会议审议通过了全国推开"营改增"试点方案，明确自 2016 年 5 月 1 日起，全面推开"营改增"试点，将交通运输、邮政服务、电信服务、建筑服务、金融服务、现代服务、生活服务纳入试点范围。

1. 增值税的纳税人

根据《增值税暂行条例》的规定，凡在中华人民共和国境内销售货物或提供加工、修理修配劳务，建筑业、房地产业、金融业、生活服务业以及进口货物的单位和个人，为增值税的纳税义务人。以生产经营规模大小和会计核算是否健全为标准，增值税的纳税人可划分为一般纳税人和小规模纳税人。

2. 增值税的征税范围

增值税的征税范围包括在中华人民共和国境内销售货物和进口货物以及提供加工、修理修配劳务、交通运输服务、邮政服务、电信服务、建筑服务、金融服务、现代服务、生活服务。

3. 增值税的税率

增值税一般实行三档税率，即 13%，9%，6%。此外，由于小规模纳税人经营规模小且会计核算不健全，因此按 3% 征收率计税。

二、消费税法

现行消费税法的基本规范，是 1993 年国务院颁布的《中华人民共和国消费税暂行条例》。2006 年 3 月 21 日，财政部、国家税务总局联合下发了《财政部国家税务总局关于调整和完善消费税政策的通知》，从 4 月 1 日起，对我国现行消费税的税目、税率及相关政策进行了调整。2008年11月5日经国务院第34次常务会议修订通过了《中华人民共和国消费税暂行条例》（以下简称《消费税暂行条例》），自2009年1月1日起施行。2008年12月15日财政部部务会议和国家税务总局局务会议审议通过《中华人民共和国消费税暂行条例实施细则》，自2009年1月1日起施行。

消费税是以应税消费品的销售收入额为征税对象的一种流转税。

1. 消费税的纳税人

根据《消费税暂行条例》的规定，凡在中华人民共和国境内从事生产、委托加工和进口应税消费品的单位和个人，以及国务院确定的销售应税消费品的其他单位和个人，为消费税的纳税义务人。

2. 消费税的征税范围

现行消费税共设置了15个税目，具体包括烟、酒、商档化妆品、贵重首饰及珠宝玉石、鞭炮焰火、成品油、小汽车、摩托车、木制一次性筷子、实木地板、游艇、高尔夫球及球具、高档手表、涂料、电池。这也是《消费税暂行条例》所规定的应税消费品。

消费税的征税范围限于生产、委托加工和进口《消费税暂行条例》所规定的应税消费品，可以分为五大类，即：过度消费会对人类健康、社会秩序、生态环境等造成危害的消费品，如烟、酒及酒精、鞭炮焰火、木制一次性筷子、实木地板；奢侈品、非生活必需品，如化妆品、贵重首饰及珠宝玉石、高尔夫球及球具、高档手表；高能耗及高档消费品，如小汽车、摩托车、游艇；不可再生和替代的消费品，如成品油；具有一定财政意义的产品，如汽车轮胎。

3. 消费税的税率——两种税率形式

（1）比例税率：自2016年10月1日起，高档化妆品税率调整为15%；自2016年12月1日起，对超豪华小汽车，在生产（进口）环节按现行税率征收消费税的基础上，在零售环节加征消费税，税率为10%。

（2）定额税率：啤酒、黄酒、成品卷烟、白酒采取定额税率与比例税率相结合（复合计税）的征收方式。

三、企业所得税法

2007年3月16日中华人民共和国第十届全国人民代表大会第五次会议通过了《中华人民共和国企业所得税法》（以下简称《企业所得税法》），自2008年1月1日起施行，2018年12月29日修正。1991年4月9日第七届全国人民代表大会第四次会议通过的《中华人民共和国外商投资企业和外国企业所得税法》和1993年12月13日国务院发布的《中华人民共和国企业所得税暂行条例》同时废止。企业所得税是对在我国境内的企业，和其他取得收入的组织，就其生产、经营所得和其他所得所征收的一种收益税。

1. 企业所得税的纳税人

根据《企业所得税法》的规定，在中华人民共和国境内，企业和其他取得收入的组织（以下统称企业）为企业所得税的纳税人。企业分为居民企业和非居民企业。居民企业，是指依法在中国境内成立，或者依照外国（地区）法律成立但实际管理机构在中国境内的企业。非居民企业，是指依照外国（地区）法律成立且实际管理机构不在中国境内，但在中国境内设立机构、场所的，或者在中国境内未设立机构、场所，但有来源于中国境内所得的企业。

2. 企业所得税的征税范围

居民企业应当就其来源于中国境内、境外的所得缴纳企业所得税。

非居民企业在中国境内设立机构、场所的，应当就其所设机构、场所取得的来源于中国境内的所得，以及发生在中国境外但与其所设机构、场所有实际联系的所得，缴纳企业所得税。

非居民企业在中国境内未设立机构、场所的，或者虽设立机构、场所但取得的所得与其所设机构、场所没有实际联系的，应当就其来源于中国境内的所得缴纳企业所得税。

3. 企业所得税的税率

按照《企业所得税法》的规定，企业所得税实行 25% 的比例税率。非居民企业取得《企业所得税法》第三条第 3 款规定的所得，适用税率为 20%（实际 10%）。

四、个人所得税法

现行个人所得税法的基本规范，是 1980 年 9 月 10 日第五届全国人民代表大会第三次会议制定，根据 1993 年 10 月 31 日第八届全国人民代表大会常务委员会第四次会议决定修改的《中华人民共和国个人所得税法》。1999 年 8 月 30 日第九届全国人民代表大会常务委员会第十一次会议通过了第二次修正的《中华人民共和国个人所得税法》。2005 年 10 月 27 日第十届全国人民代表大会常务委员会第十八次会议通过关于修改《中华人民共和国个人所得税法》的决定。2007 年 12 月 29 日，中华人民共和国第十届全国人民代表大会常务委员会第三十一次会议通过《全国人民代表大会常务委员会关于修改〈中华人民共和国个人所得税法〉的决定》。2011 年 6 月 30 日，中华人民共和国第十一届全国人民代表大会常务委员会第二十一次会议通过《全国人民代表大会常务委员会关于修改〈中华人民共和国个人所得税法〉的决定》，自 2011 年 9 月 1 日起施行。2018 年 12 月 18 日中华人民共和国国务院令第 707 号第四次修订，自 2019 年 1 月 1 日起施行。

个人所得税是对个人取得的各项应税所得征收的一种收益税。

1. 个人所得税的纳税人

个人所得税的纳税义务人，包括在中国境内有住所，或者无住所而在境内居住累计满 183 天的个人，从中国境内和境外取得的所得；以及在中国境内无住所又不居住或者无住所而在境内居住累计不满 183 天的个人，从中国境内取得的所得。

按税法规定，上述纳税义务人依据住所和居住时间两个标准，区分为"居民纳税义务人"和"非居民纳税义务人",分别承担不同的纳税义务。

所谓居民纳税义务人是指在中国境内有住所,或无住所而在境内居住累计满183天的个人。其依法负无限纳税义务,应就其从中国境内和境外取得的应税所得缴纳税款。

所谓非居民纳税义务人是指在中国境内无住所又不居住,或者无住所且居住累计不满183天的个人。其依法负有限纳税义务,仅就其从中国境内取得的应税所得缴纳税款。

2. 个人所得税的征税范围

个人所得税的征税对象是应缴纳个人所得税的应税所得项目,共9项。具体包括:工资、薪金所得;劳务报酬所得;稿酬所得;特许权使用费所得;个体工商户的生产、经营所得;利息、股息、红利所得;财产租赁所得;财产转让所得;偶然所得。前4项所得的综合所得。

3. 个人所得税的税率

按税法规定,个人所得税的税率按所得项目不同分别确定为:

(1)工资、薪金所得,适用七级超额累进税率,税率为3%~45%。

(2)生产、经营所得,税率为5%~35%。

(3)稿酬所得,适用比例税率,税率为20%,并按应纳税额减征30%,故其实际税率为14%。

(4)劳务报酬所得,适用三级累进税率,税率为20%~40%。

(5)特许权使用费所得,利息、股息、红利所得,财产租赁所得,财产转让所得,偶然所得和其他所得,适用比例税率,税率为20%。

对工资、薪金、劳务报酬、稿酬和特许权使用费四项综合所得,实行按月或次预扣预缴,年终汇算清缴。

第四节 税收征收管理法律制度

一、税收征收管理的概念及意义

税收征收管理是税务机关为了保证国家税收职能的实现,依照税收法律、法规的规定,并按照一定的方法,对纳税人履行纳税义务的活动进行组织管理,将应纳税款解入国库的行政行为。

税收征收管理具有法制性、连续性和周期性的特点,其实质是国家的一种行政行为,是国家权力的体现。

税收征收管理是贯彻国家税收政策和税收法律、行政法规的根本途径,是实现国家税收职能和任务的基本措施。

税收是国家发挥经济宏观调控职能的重要工具，只有通过税收征收管理活动，才可以把国家的税收政策贯彻到生产、流通、分配、消费各个环节，实现税收调节经济的职能。

税收法律、法规不会自发地作用于社会经济生活，只有通过税务机关日常的征收管理活动，才能贯彻到社会经济生活的相关领域，具体落实到每一个纳税人身上。

税收是国家财政收入的重要来源，只有建立起科学、严密的税收征管制度，并依靠税务机关的征管活动，才能保证税款的及时、足额入库，从而保证国家的财政收入。

税收是国家监督社会经济活动的强有力工具，只有通过税收征管活动，才能实现税收对社会经济生活的监督职能。

同时，在税收征管过程中，税务机关与纳税人在多方面多环节广泛接触，可以帮助纳税人提高依法纳税的自觉性，从而使税收征管成为提高全民纳税意识的主渠道。

为了加强税收征收管理，监督税务机关正确行使征税权力，指导纳税人正确履行纳税义务，保证征纳双方的权利义务，在税收征管过程中，税务机关和纳税人都必须以税收征管法为准绳。

税收征收管理法就是调整税收征收管理活动中所形成的一系列关系的法律规范的总称。

税收征收管理办法主要包括：1992年9月4日全国人大常委会通过，1993年1月1日起施行，并分别于1995年2月28日和2001年4月28日修改的《中华人民共和国税收征收管理法》；在2013年6月29日和2015年4月24日又先后两次修改《中华人民共和国税收征收管理法》；2002年9月17日国务院颁布施行的《税收征管法实施细则》；1992年9月4日人大常委会通过的《关于惩治偷税、抗税犯罪的补充规定》；1993年12月23日财政部发布的《发票管理办法》；1993年12月28日国家税务总局发布的《发票管理办法实施细则》；1995年10月30日人大常委会通过并施行的《关于惩治虚开、伪造和非法出售增值税专用发票犯罪的决定》；国家税务总局于1999年9月23日发布的《税务行政复议规则（试行）》；1997年3月14日全国人大颁布的《中华人民共和国刑法》中有关危害税收征管罪的相关规定。

二、税收征收管理的内容

税收征收管理的内容是以管理、征收、检查三个环节构成的一个相互联系、相互配合、相互补充、相互促进的有机整体。管理是征收、检查的基础和前提条件，征收是管理、检查的目的和归宿所在，检查是管理和征收得以正确实现的保证。

（一）税务管理

税务管理是国家征税机关依据客观经济规律和税收分配特点，对税收分配全过程进行决策、计划、组织、协调和监督，以保证税收职能作用得以实现的一种管理活动。

税务管理以国家征税机关作为主体，以税收分配全过程作为管理对象，并将能够体现客观经济规律和税收分配特点的国家税收制度作为活动准则，发挥着决策、计划、组织、协调和监督的基本职能，其目的在于保证税收职能作用的实现。

税务管理主要包括税务登记、账簿及凭证管理、纳税申报、发票的使用和管理。

税务登记是纳税人在开业、歇业前以及生产经营期内发生有关变动时，就其生产经营有关的基本情况，向税务机关办理登记的一项基本制度。税务登记是税收征管工作的首要环节，它确定了征纳双方的税收法律关系以及各自享有的权利和应承担的义务，便于税务机关掌握和控制税源，并对纳税人履行纳税义务的情况进行监督和管理，也有利于加强税务机关和纳税人的正常联系。税务登记分为开业税务登记、变更税务登记、注销税务登记和停业、复业税务登记四种。

账簿、凭证是纳税人进行生产经营活动的工具。账簿是由具有一定格式而又相互联系的账页所组成的，用以全面、连续、系统地记录和反映各种经济业务的账册或簿籍，是编制报表的依据，也是保存会计数据资料的工具和载体。凭证是记载经济业务发生，明确经济责任并据以登记账簿的书面证明。建立账簿、凭证管理制度，是加强财务监督和税务管理的需要。它对于保证纳税人真实记录其经营活动，客观反映有关纳税的信息资料，防止纳税人伪造、变造、隐匿、擅自销毁账簿和记账凭证具有重要的意义。

纳税申报是指纳税人在发生法定纳税义务后，按照税法或税务机关规定的期限和内容向主管税务机关提交有关纳税书面报告的法律行为。纳税申报是组织纳税人依法纳税的一种手段，是基层税务机关办理税款征收事项、核定应征税款、开具完税凭证的主要依据，也是纳税人履行纳税义务向税务机关办理纳税手续的重要证明。

发票是指在购销商品、提供或者接受劳务以及从事其他经营活动中，开具、收取的收付款凭证。发票是记录经营活动的原始证明，是会计核算的原始凭证，是财务收支的法定凭据，是税务检查的重要依据。发票的使用和管理是税务机关对发票印制、使用（领购、开具、取得和保管等）的全过程进行组织、协调、监督所开展的各项活动的总称。

（二）税款征收

税款征收是税务机关依照税收法律、行政法规的规定将纳税人应当缴纳的税款组织征收入库的一系列活动的总称。税务机关是税款征收的主要主体，法律规定必须由税务机关征收的税款，其他部门不得代征，同时，税务机关必须依照法律、行政法规的规定征收税款。税款征收是税收征收管理工作的中心环节，也是全部税收征管工作的目的和归宿。

税款征收的主要内容包括税款征收的方式、程序，税收保全措施及税收强制执行措施等。

根据《税收征管法》及其实施细则的规定，税款征收的方式主要有以下几种：

（1）查账征收，是指税务机关对会计核算制度比较健全的纳税人，依照其提供的账表所反映的经营情况，依照适用税率计算缴纳税款的方式。

（2）核定征收，是指税务机关对不能完整、准确提供纳税资料的纳税人采用特定方法确定其应纳税收入或应纳税额，纳税人据以缴纳税款的一种方式。

（3）代扣代缴、代收代缴征收。前者是指持有纳税人收入的单位和个人从持有的纳税人收入中扣缴其应纳税款并向税务机关缴解的行为；后者是指与纳税人有经济往来的单位和个人借助经济往来关系向纳税人收取其应纳税款并向税务机关缴解的行为。

除以上几种主要征收方式外，还有委托征收、邮寄申报纳税等方式。

因征收方式不同，税款征收程序也有不同。税款一般由纳税人直接向国家金库经收处（设在银行）缴纳。

（4）税收保全措施是指税务机关在规定的纳税期之前，对可能由于纳税人的行为或某种客观原因，致使以后的税款征收难以保证而采取的限制纳税人处理或者转移商品、货物或其财产的强制措施。

（5）税收强制执行措施是指纳税人等税收管理相对人在规定的期限内未履行法定义务，税务机关采取法定的强制手段，强迫其履行义务的行为。

（三）税务检查

税务检查是税务机关根据税收法律、行政法规以及财务会计制度的规定，对纳税人等是否履行纳税义务的情况所进行的审核监督活动的总称。

税务检查是税收征管工作的一项重要内容。通过税务检查，可以核实并惩治纳税人的违法犯罪行为，增强纳税人的法治观念，也能够及时发现和揭露企业在经营管理过程中存在的问题，帮助企业改善经营管理，加强经济核算，提高经济效益。

同时，税务检查有利于贯彻执行国家的税收法律、行政法规及有关政策；有利于税款足额入库，保证国家的财政收入。

从税务检查的内容上看，包括检查纳税人履行纳税义务的情况；检查纳税人遵守财务、会计制度的情况；检查税务人员执行税收征管制度的情况。从税务检查的形式上看，包括纳税人自查、税务机关专业检查、各部门联合检查等。其中税务部门的检查是最重要、最经常的一种，以日常检查和专案检查为主要形式。

根据《税收征管法》的规定，税务机关在税务检查活动中依法享有查账权、询问权、场地检查权、责成提供资料权、查核存款账户权等税务检查权。

同时纳税人、扣缴义务人负有必须接受税务机关依法进行的检查、向税务机关如实反映情况、据实提供有关资料和证明材料等义务。

（四）法律责任

法律责任是违法主体因其违法行为所应承担的法律后果，是法律规范的重要组成部分，对保证法律所规定的权利义务的实现具有重大作用。

在税收征管活动中，纳税人、扣缴义务人等管理相对人因其违法行为所应承担的法律责任主要是行政责任和刑事责任。

1. 行政责任

（1）违反税务管理规定的行为及其处罚。

①纳税人未按照规定的期限申报办理税务登记、变更或注销登记的；未按照规定设置、保管账簿或保管记账凭证和有关资料的；未按照规定将财务、会计制度或财务、会计处理办法和会计核算软件报送税务机关备查的；未按照规定将其全部银行账号向税务机关报告的；未按照规定安装、使用税控装置，或者损毁或者擅自改动税控装置的。由税务机关责令限期改正，逾期不改正的，可以处 2 000 元以下罚款；情节严重的，处 2 000 元以上 5 000 元以下的罚款。

纳税人不办理税务登记的，由税务机关责令限期改正；逾期不改正的，经税务机关提请，由工商行政管理机关吊销其营业执照。

纳税人未按照规定使用税务登记证件，或者转借、涂改、损毁、买卖、伪造税务登记证件的，处 2 000 元以上 10 000 元以下的罚款；情节严重的，处 10 000 元以上 50 000 元以下的罚款。

②扣缴义务人未按照规定设置、保管代扣代缴、代收代缴税款账簿或者保管代扣代缴、代收代缴税款记账凭证及有关资料的，由税务机关责令限期改正，逾期不改正的，可以处 2 000 元以下的罚款；情节严重的，处 2 000 元以上 5 000 元以下的罚款。

③纳税人未按照规定的期限办理纳税申报的和报送纳税资料的，或者扣缴义务人未按照规定的期限向税务机关报送代扣代缴、代收代缴税款报告表和有关资料的，由税务机关责令限期改正，可以处以 2 000 元以下的罚款；情节严重的，可以处以 2 000 元以上 10 000 元以下的罚款。

④纳税人、扣缴义务人编造虚假计税依据的，由税务机关责令限期改正，并处 5 万元以下的罚款。

纳税人不进行纳税申报，不缴或者少缴应纳税款的，由税务机关追缴其不缴或者少缴的税款、滞纳金，并处不缴或者少缴的税款 50% 以上 5 倍以下的罚款。

（2）偷税行为及其处罚。偷税是指纳税人采取伪造、变造、隐匿、擅自销毁账簿、记账凭证，在账簿上多列支出或者不列、少列收入，或者经税务机关通知申报而拒不申报，或者进行虚假的纳税申报手段，不缴或者少缴应纳税款的行为。

纳税人偷税的，由税务机关追缴其不缴或者少缴的税款、滞纳金，并处不缴或者少缴的税款 50% 以上 5 倍以下的罚款。

扣缴义务人采取上述手段，不缴或者少缴已扣、已收税款，由税务机关追缴其不缴或者少缴的税款、滞纳金，并处不缴或者少缴的税款 50% 以上 5 倍以下的罚款。

（3）逃避追缴欠税行为及其处罚。纳税人欠缴应纳税款，采取转移或者隐匿财产的手段，妨碍税务机关追缴欠缴的税款的，由税务机关追缴欠缴的税款、滞纳金，并处欠缴税款 50% 以上 5 倍以下的罚款。

（4）逾期缴纳税款行为及其处罚。纳税人、扣缴义务人在规定期限内不缴或者少缴应纳或者应解缴的税款，经税务机关责令限期缴纳，逾期仍未缴纳的，税务机关除按《税收征管法》，采取强制执行措施追缴其不缴或者少缴的税款外，可以处不缴或者少缴的税款50%以上5倍以下的罚款。

（5）骗税行为及其处罚。采取假报出口或者其他欺骗手段，骗取国家出口退税款的，由税务机关追缴其骗取的退税款，并处骗取税款1倍以上5倍以下的罚款。

对骗取国家出口退税款的，税务机关可以在规定期间内停止为其办理出口退税。

（6）抗税行为及其处罚。抗税是指以暴力、威胁方法拒不缴纳税款的行为。

行为人抗税情节轻微，未构成犯罪的，除追缴其拒缴的税款、滞纳金外，处以拒缴税款1倍以上5倍以下的罚款。

（7）其他违法行为的法律责任。①《税收征管法》第六十九条规定，扣缴义务人应扣未扣、应收不收税款的，由税务机关向纳税人追缴税款，对扣缴义务人处应扣未扣、应收未收税款50%以上3倍以下的罚款。②《税收征管法》第七十条规定，纳税人、扣缴义务人逃避、拒绝或者以其他方式阻挠税务机关检查的，由税务机关责令改正，可以处10 000元以下的罚款；情节严重的，处10 000元以上50 000元以下的罚款。③《税收征管法》第七十一条规定，违反规定，非法印制发票的，由税务机关销毁非法印制的发票，没收违法所得和作案工具，并处10 000元以上50 000元以下的罚款。④《税收征管法》第七十二条规定，从事生产、经营的纳税人、扣缴义务人有本法规定的税收违法行为，拒不接受税务机关处理的，税务机关可以收缴其发票或者停止向其发售发票。

《税收征管法》规定的行政处罚，罚款额在2 000元以下的，可由税务所决定。

2. 刑事责任

违反税收征管法构成犯罪的，应依法承担刑事责任。《刑法》分则第三章"破坏社会主义市场经济秩序罪"之第六节"危害税收征管罪"对此作了具体规定。

三、税收征管纠纷的解决

为了维护和监督税务机关依法行使税收执法权，防止和纠正违法或不正当的税务具体行政行为。解决税收征管过程中发生纠纷与矛盾，纳税人和其他税务当事人可以依法通过税务行政复议程序和税收行政诉讼程序，来保护自己的合法权益。

税务行政复议是指纳税人和其他税务当事人认为税务机关及其工作人员做出的税务具体行政行为侵犯其合法权益，依法向做出具体行政行为的税务机关的上一级税务机关或做出具体行政行为的税务机关所属地方人民政府提出申请，复议机关经审理对引起争议的原税务机关的具体行政行为依法做出维持、变更、撤销等决定的活动。税务行政复议的受案范围仅限于税务机关做出的税务具体行政行为，税务具体行政行为是指税务机关及其工作人员在税务行政管理活动中行使行政职权，针对特定的公民、法人或者其他组织，就特定的具体事项做出的有关该公民、法人或者其他组织权利义务的单方行为。

税务行政诉讼是指公民、法人或其他组织认为税务机关及其工作人员的具体税务行政行为违法或者不当，侵犯了其合法权益，依法向人民法院提起行政诉讼，由人民法院对具体税务行政行为的合法性和适当性进行审理并做出裁决的诉讼活动。其目的是保证人民法院正确、及时审理税务行政案件，保护纳税人和其他税务当事人的合法权益，维护和监督税务机关依法行使行政职权。

根据税务行政复议与税务行政诉讼的承接关系不同，可以把税务行政复议分为必经复议和选择复议两种程序。

（1）纳税人及其他税务当事人对税务机关做出的征税行为不服，应当先向复议机关申请行政复议，对复议决定不服，再向人民法院起诉。申请人对税务机关做出的征税行为申请行政复议的，必须先依照税务机关根据法律、行政法规确定的税额、期限缴纳或者解缴税款及滞纳金，然后可以在收到税务机关填发的缴款凭证之日起 60 日内提出行政复议申请。税务行政复议机关应当自受理申请之日起 60 日内做出税务行政复议决定。情况复杂，不能在规定期限内做出税务行政复议决定的，经税务行政复议机关的负责人批准，可以适当延长，并告知申请人和被申请人，但是延长期限最多不超过 30 日。申请人对复议决定不服的，可以在接到复议决定书之日起 15 日内向法院起诉。

（2）纳税人及其他税务当事人对税务机关做出的征税行为以外的其他税务具体行政行为不服，可以申请行政复议，也可以直接向人民法院提起行政诉讼。当事人可以在得知税务机关做出具体行政行为之日起 60 日内提出行政复议申请，也可以在接到通知或者知道之日起 15 日内直接向人民法院起诉。

本章重点

学习本章应重点掌握税收与税法的概念和特征，税收法律关系，税法的构成要素，税法的分类，我国税法的基本原则、现行税收法规的主要内容，以及税收征管法律制度。

本章思考题

1. 如何理解税收与税法的概念和特征？
2. 如何理解税收法律关系的概念、特征及构成？
3. 税法的构成要素有哪些？
4. 根据不同的标准，税法可分为哪些种类？
5. 我国现行主要税收法规的内容有哪些？
6. 税法基本原则的作用。

7. 税收法定原则的概念、内容及其作用。

8. 税收公平原则的概念及内容。

10. 税法调控原则的概念、内容及其作用。

11. 我国税务管理包括哪些方面？其内容是什么？

本章参考书目

1. 国务院法制办公室. 中华人民共和国税法典·注释法典 ［M］. 3 版. 北京：中国法制出版社，2016.

2. 刘剑文，熊伟. 财政税收法 ［M］. 8 版. 北京：北京大学出版社，2019.

3. 张守文. 税法原理 ［M］. 10 版. 北京：北京大学出版社，2021.

4. 刘剑文，熊伟. 税法基础理论 ［M］. 北京：北京大学出版社，2004.

5. 刘剑文. 税法学 ［M］. 5 版. 北京：北京大学出版社，2017.

第十五章

银行法

第一节　中国人民银行法

一、中国人民银行的法律地位

中国人民银行是我国的中央银行。所谓中央银行是指国家赋予其制定和执行货币政策，对国民经济进行宏观调控和管理监督的特殊的金融机构。

中国人民银行在国务院领导下，制定和执行货币政策，防范和化解金融风险，维护金融稳定。

具体来讲，中国人民银行的法律地位可以从以下三方面予以说明。

（一）中国人民银行是一个独立的法人

这主要体现于：中国人民银行拥有自己的资本，有自己的营业收入和营业支出，在财务上实行独立核算，独立地享有民事权利并独立地承担民事责任。

1. 中国人民银行有自己的资本

《中华人民共和国中国人民银行法》（以下简称《中国人民银行法》）第八条规定："中国人民银行的全部资本由国家出资，属于国家所有。"值得指出的是，《中国人民银行法》对中国人民银行资本金的具体数额未作规定。这是因为，在金融理论中，资本金具体数额在中央银行法中仅具有象征意义，因为中央银行的资产运用并不受资本金数量的制约，故未作规定。

2. 中国人民银行具有一定的民事主体特性

这主要是指中国人民银行在进行宏观调控及实施具体市场操作的活动中，必然要发生一系列业务行为，而这些业务行为大多具有民事法律关系的特征，实行平等自愿、等价有偿原则，从而使中国人民银行产生营业收入和营业支出。比如：中国人民银行在公开市场业务操作中的政府债券、外汇的买进卖出，在票据的再贴现中的票据购进等，中国人民银行均是作为平等的民事主体进入市场，与相对方订立合约，建立契约关系，而并不具有完整意义上的管理者与被管理者的强制性特征。

3. 中国人民银行财务上实行独立核算

中国人民银行财务上独立核算，拥有自己的资产负债表、损益表和相关的财务会计报表。

《中国人民银行法》第四十一条规定："中国人民银行应当于每一会计年度结束后的3个月内，编制资产负债表、损益表和相关的财务会计报表。并编制年度报告，按照国家有关规定予以公布。"

4. 中国人民银行独立承担民事责任

中国人民银行既然可以因宏观调控的目的，以平等民事主体的身份进入金融市场，进行公开市场业务操作，在独立享有民事权利的同时，当然亦应独立承担民事责任，这是法律中权利义务一致性的必然要求。

中国人民银行独立承担民事责任，但其承担民事责任的方式有别于一般企业法人。根据《中国人民银行法》的有关规定，"中国人民银行按照国务院财政部门核定的比例提取总准备金后的净利润，全部上缴中央财政。"其亏损由中央财政拨款弥补，既然利润上缴中央财政，亏损由中央财政弥补亦应是情理之中，与公平理念相符。这表明中国人民银行不属于企业法人，而应是机关法人，经费由财政支付。

（二）中国人民银行是一个特殊的金融机构

中国人民银行作为中央银行，其职能有别于其他商业银行和非银行金融机构，反映在：

1. 从服务功能来讲，中国人民银行具有三大职能

（1）货币发行的银行。一般认为，是否享有货币发行权是确立中央银行的基本标志。各国法律均赋予中央银行享有统一发行货币的权力，并在法律上规定该货币为国内唯一的法定货币。如美国《联邦储备法案》规定："联邦储备券是美国唯一合法流通的纸币，该纸币的发行与回笼统一由联邦储备系统理事会控制和管理。"《日本银行法》第二十九条亦有类似规定。《中国人民银行法》明确规定了中国人民银行的职责为"发行人民币、管理人民币流通"。

（2）政府的银行。中央银行经理国库收支（即政府机构等将其赋税和其他公款收入存入中央银行）；为财政部开户，作为政府的金融代理人，办理政府金融事务（如政府发行公债的还本付息事宜等）；为政府融通资金（如因季节性收不敷支而需临时周转时，也依靠中央银行通融）；为国家管理和持有黄金和外汇，同时管理各种金融机构，向政府提供各种金融信息和统计数据。这些职能是中国人民银行作为政府银行的具体表现。

（3）银行的银行。中央银行大多是以商业银行和其他金融机构为业务对象。其主要职能有：①保存存款准备金。各国法律均规定商业银行应将定额的存款准备金缴存中央银行或中央银行在商业银行的指定账户，以加强整个银行系统的储备，保证存款人提取。《中国人民银行法》第二十六条规定："中国人民银行可以根据需要，为银行业金融

机构开立账户，但不得对银行业金融机构的账户透支。"②最后的资金融通者（最后贷款人地位）。《中国人民银行法》第二十八条、第三十条的有关规定表明，中央银行作为一般商业银行的后盾，在商业银行资金周转不灵时，可通过票据再贴现或提供担保贷款而成为商业银行和其他金融机构的最后贷款人。③为商业银行办理票据结算。商业银行将一定的资金存入中央银行作为同业间结算票据之用，这样中央人民银行便成为最后清算人的银行。《中国人民银行法》第二十七条规定："中国人民银行应当组织或者协助组织银行业金融机构相互之间的清算系统，协调银行业金融机构相互之间的清算事项，提供清算服务。"

2. 从政策功能而言，中国人民银行代表国家制定和推行货币金融政策，防范和化解金融风险，维护金融稳定

《中国人民银行法》第三十一条对此规定："中国人民银行依法监测金融市场的运行情况，对金融市场实施宏观调控，促进其协调发展。"

中国人民银行具有政策功能的原因在于：

（1）它拥有货币政策制定、执行权，通过货币政策贯彻国家的经济发展战略意图。

（2）它是全社会货币供应的"总闸门"，其基础货币量供应对整个信用规模的大小起决定作用。

（3）它具有一套调节经济的手段，如货币政策工具等。

3. 从业务对象而言，中国人民银行的业务对象主要是金融机构和政府，原则上不经营普通银行业务，不以营利为目标

这在《中国人民银行法》第四章中得以体现。这是因为，中国人民银行的主要职能是制定和执行货币政策，目标是促进整个社会经济效益的提高，而不是仅以自身效益的好坏为目标。

为防止中央银行以盈利为目标，故《中国人民银行法》第三十九条规定："中国人民银行每一会计年度的收入减除该年度支出，并按照国务院财政部门核定的比例提取总准备金后的净利润，全部上缴中央财政。"

其他国家亦有类似规定，如美国《联邦储备法案》第七条规定：联邦储备银行年终的盈利在扣除该行的一切费用、支付股息（按规定股息为6%）、提取一定数额的公积金以后，余利均上交美国财政部。《日本银行法》和《德国银行法》均对此有所规定。

（三）中国人民银行具有相对独立性

《中国人民银行法》赋予中国人民银行相对独立性，具体表现在两个方面：

1. 不具有独立性（即在国务院领导下）的体现

（1）年度货币供应量、利率、汇率应由国务院批准后，由中国人民银行执行。

（2）国务院可以在《中国人民银行法》规定的职责以外赋予中国人民银行其他职责。

（3）中国人民银行行长的提名、副行长的任免体现国务院的领导。

（4）货币政策、利率、汇率执行情况均应接受国务院领导并向其报告。

（5）货币政策委员会由国务院具体制定有关内容。

（6）财务会计中有关事项接受国务院领导。

2. 具有独立性的体现

（1）业务上除必须接受国务院领导以外的其他事项，均由中国人民银行独立行使职权。

（2）根据《中国人民银行法》第七条的规定，中国人民银行在国务院领导下依法独立执行货币政策，履行职责，开展业务，不受地方政府、各级政府部门、社会团体和个人的干涉。这一规定表明，人行与国务院各部门、地方政府、个人、社会团体相比是完全独立的。

二、中国人民银行的货币政策制度

（一）货币政策目标

1. 货币政策的概念

货币政策是指中央银行为实现一定的经济目标而采取的控制和调节货币供应量的策略和各种金融措施，有人又称之为金融政策。

货币政策的内容包括：货币政策目标、货币政策手段及货币政策监控指标。

货币政策的功能体现在：①促进社会总供给与总需求的均衡；②确保经济稳定。

2. 货币政策目标的概念

货币政策目标，是指中央银行组织和调节货币流通的出发点和归宿点，是货币政策的方向及所要达到的目的。

3. 中国人民银行的货币政策目标

中国人民银行的货币政策目标是保持货币币值的稳定，并以此促进经济增长。

（1）币值稳定是指要运用各种调节机制，使流通中的货币量与经济发展的客观需要量保持一致，保持币值与物价的基本稳定。一般包括国内与国外汇率的稳定。币值稳定在国外大多指汇率稳定和国内购买力稳定，而我国目前主要指国内购买力的稳定。

（2）中国人民银行调节宏观经济、促进经济发展，币值稳定是重要的前提条件。如果币值不稳定，便极易引起破坏性的通货膨胀，从而导致社会再生产过程不能持续、稳定、健康地发展，最终将导致国家经济状况的混乱。

（3）中国人民银行在独立执行货币政策，稳定币值货币政策目标的前提下，应当支持国家的产业政策和发展政策。

产业政策和发展政策是国家在一定时期内的发展战略，它与货币政策之间存在着有机联系的统一性，体现在两者总体目标基本一致，即都为促进国民经济持续、快速、健康地发展。因而，货币政策不能游离于国家的产业政策和发展政策，在币值稳定前提下，应当采取各种金融措施支持政府的宏观调控政策。

（二）货币政策工具

1. 货币政策工具的概念

货币政策工具是指中央银行为实现货币政策目标所运用的、可直接影响和调节社会货币供应总量及金融机构的信贷活动的各种策略手段。

2. 货币政策工具的种类

（1）一般性控制工具。这主要是指针对整个经济而非个别产业或部门的各种工具。①存款准备金率政策。该政策是指中央银行对商业银行的存款等债务规定存款准备金比率，强制性地要求商业银行按此准备金比率上缴准备金的制度。②再贴现率政策。该政策是指中央银行通过提高或降低再贴现率的办法，扩大或缩小商业银行的贷款量，促使信用扩张或收缩的一种政策措施。③公开市场业务。该政策是指中央银行通过在金融市场上买卖国债、其他政府债券和金融债券及外汇，借以改变商业银行的准备金，从而实现其政策目标的一种措施。公开市场业务包括两种方式：一是在公债市场进行干预，公开买卖各种政府证券，借以控制货币量；二是在外汇市场上进行干预，公开买卖特定外币，借以稳定汇率。

（2）选择性控制工具。这主要是指针对个别经济部门、企业或特殊用途的信贷而采用的工具。①优惠利率。中央银行对国家所要重点发展的经济部门，如出口业、重工业、农业等，制定较低的贴现率或放款利率，以资奖励。这一措施，我国是通过政策性银行而非中央银行来完成的。②证券保证金。中央银行对买卖证券保证金的比率，视金融市场及经济形势而变化，以控制对证券市场的信贷。③预缴输入保证金。这主要是指中央银行为遏制进口过分增长，可要求进口商预缴进口商品总值的一部分存于中央银行，其目的是限制进口融资。这一政策工具常被外贸逆差较大的国家采用。④消费者信用管制。在需求过旺或通货膨胀时，中央银行可加强对消费者信贷的限制，例如，提高首期付款或缩短分期付款期限；反之，在需求不足及经济衰退时，中央银行则可放宽分期付款管制，以刺激消费。⑤地产放款管制。为遏制地产投机，中央银行可限制银行或金融机构对房地产的放款，或收紧分期付款条件。

（3）直接信用管制工具。这主要是指中央银行以行政命令的方式直接对银行放款或接受存款的数量进行控制，而非通过市场供求关系或资产组合的调整途径来控制。一般表现为放款量的最高限额规定和银行存款率的最高限度。我国《中国人民银行法》第二十三条第1款第2项规定，人行可确定中央银行的基准利率。一般认为，直接信用管制只能适用于战争或金融危机等特殊情况，若在平常使用，则会产生受干预金融机构势必会千方百计地动用各种手段来阻碍和回避管制，从而产生扭曲资源分配、降低生产效率的不良后果。我国《商业银行法》业已取消对商业银行存贷比的限制性规定。

（4）道义劝导。指中央银行利用其声望和地位，对商业银行和其他金融机构经常发出通告和指示，或与它们的负责人面谈、劝其遵守政策，自动采取相应措施。例如，在地产与股票市场投机盛行时，劝谕其缩减对这两个市场的信贷；在国际收支失衡时，劝谕其提高利率或减少海外贷款。

道义劝导的优点是较为灵活，无须劳民伤财，缺点在于无强制性法律约束力。

（三）货币政策委员会

货币政策委员会是中国人民银行的咨询机构，属于中国人民银行的内部机构，但不是中国人民银行内设的一般职能机构。中国人民银行内设的一般职能机构是根据国务院设置机构的一般规定设置的，而货币政策委员会，其组成、职责和工作程序都由国务院直接专门规定，因此其地位要高于其他内设职能机构，但它不是中国人民银行的决策机构，因为它只有对货币政策事项的建议权而无决定权。

货币政策委员会的职责是，在综合分析宏观经济形势的基础上，依据国家的宏观经济调控目标，就货币政策的制定、调整，一定时期内的货币政策控制目标，货币政策工具的运用，货币政策与其他宏观经济政策的协调等有关货币政策的重要措施，提出建议。中国人民银行货币政策委员会应当在国家宏观调控、货币政策制定和调整中，发挥重要作用。

货币政策委员会委员由政府官员和金融专家组成，委员享有同等的权利和义务，以保障其职责的履行。他们有金融货币政策方面情况的了解权，有对货币政策委员会讨论问题的发表意见权，有向货币政策委员会就货币问题提出议案权和表决权。其义务是：应当出席货币政策委员会会议，并就有关货币政策事项提出意见和建议，因特殊情况不能出席会议时，应当委托熟悉情况的有关人员作为代表携其书面意见参加会议，代表不享有表决权；应当恪尽职守，不得滥用职权、徇私舞弊；应当保守国家秘密、商业秘密、遵守工作制度，不得违反规定而透露货币政策及有关情况；在任职期内和离职后一年内，不得公开反对已按法定程序制定的货币政策。

货币政策委员会的工作程序与议事制度是：

1. 货币政策委员会的召开

货币政策委员会会员是通过提出货币政策问题议案、参加货币政策委员会例会来履行咨询议事职责的。例会在每季度的第一个月中旬召开。货币政策委员会主席或者 1/3 以上委员联名，可以提议召开临时会议。货币政策委员会会议必须有 2/3 以上委员出席，方可举行。会议由主席主持，主席因故不能履行职责时，由副主席代为主持。

2. 货币政策委员会决议的形成

货币政策委员会决议应当以会议纪要的形式记录各种意见，其委员提出的货币政策议案，经出席会议的 2/3 以上委员表决通过，形成货币政策委员会建议书。

3. 货币政策委员会决议的处理

中国人民银行报请国务院批准有关年度货币供应量、利率、汇率或者其他货币政策重要事项的决定方案时，应当将货币政策委员会建议书或会议纪要作为附件，一并报送。中国人民银行报送国务院备案的有关货币政策其他事项的决定时，应当将货币政策委员会建议书或会议纪要一并备案。

第二节　银行业监督管理法

一、金融监管制度概述

为保证金融业的正常经营，避免因金融业的动荡而引发经济危机，必须对金融机构的业务活动进行监督和管理。

（一）金融监管的概念和特征

1. 概念

金融监管是指政府为了保证金融业的健康、持续、稳定发展而对金融机构、金融资产、金融市场等所进行的各种管理活动的总称。

2. 法律特征

（1）金融监管活动中的一方主体必然是金融主管机关，在多数国家，主要体现为中央银行。

（2）在金融监管活动中，当事人的地位具有不平等性，金融监管主管机关的行为一般反映为积极行为，而且对金融监管活动的开展起主导作用，如现场检查等。其发生金融监管关系并不以对方的同意为成立要件，也不以合意为要件。

（3）在金融监管活动中，当事人的权利义务均由法律明确规定，不能由当事人自由选择。

（4）金融监管活动以法律强制力为保障。当管理相对人不履行法律、法规所规定的义务时，监管主管机关可以直接运用强制手段，促使义务得以实现。

（二）金融监管法律关系

金融监管法律关系是指为金融监管法规所确认和调节的在金融监管过程中所发生的社会关系。

1. 金融监管的主体

（1）管理主体。这有几类不同的情况：①多数国家为中央银行；②专设独立于中央银行的监管局，如德国的联邦银行监理局、瑞士的联邦银行委员会；③多头机构共同管理。如日本由大藏省的银行局、国际金融局与日本银行的考查局共同进行管理。美国由联邦储备委员会、财政部货币监理局、联邦存款保险公司共同进行管理。

（2）管理对象。银行和非银行金融机构，如证券公司、信托投资公司、基金会等。

2. 金融监管法律关系的客体

（1）物，即指一定的物质财富。在金融监管法律关系中，物主要是指金融产品如证券（股票、债券）、期货、期权、混合金融产品。

（2）行为，指金融监管主体为一定目的有意识的活动，包括作为和不作为。这主要是指金融管理主体、管理行为和管理对象（银行和非银行金融机构）的业务行为。

3. 金融监管法律关系的内容

金融监管法律关系的内容是指金融监管主体在法律法规上的权利义务。由于金融监管本身的特点（即单方意志性），因而一方的权利便反映为另一方的义务，故本书仅就金融监管管理主体的权利进行阐述，并以我国银行业监督管理委员会的职责为代表进行介绍。

（三）金融监管的具体内容

1. 对金融机构的金融监管

（1）预防性监管措施。①关于市场准入的管制。②资本适足性的管制。资本适足条件是指银行资本应保持既能经受坏账损失风险，又能正常营业。③流动性的管制。以防临时资金急需，防止挤提和资金周转不灵。④业务范围的限制。⑤对贷款集中的管制。⑥对国家风险的管制。

（2）银行检查。①现场检查。②非现场检查。

（3）保护性、事后救济措施。①中央银行具有最后贷款者功能。②存款保险制度。

2. 对金融市场的管理

这主要是对货币市场的管理，具体包括：①对票据市场的管理。②对拆借市场的管理。

3. 对外金融管理

（1）外汇管理。这包括：①贸易外汇管理；②非贸易外汇管理；③资本输出输入管理；④对非居民存款账户的管理；⑤对外汇汇率的管理；⑥对黄金输出输入的管理。

（2）外债管理。这包括：①外债规模管理；②外债投向和效益管理；③外汇风险管理。

（3）国际储备管理。这包括：①黄金储备管理；②外汇储备管理；③外汇储备资产的运用。

二、我国银行业监督委员会的监管职责

作为金融监管的重要支柱，银行业的监管在我国日益受到重视，并步入了新的阶段。根据《中华人民共和国银行业监督管理法》的相关规定，监管职责具体包括下列各项：

（1）规章、规则制定权。依照法律、行政法规制定并发布对银行业金融机构及其业务活动监督管理的规章、规则。其中还包括银行业金融机构的审慎经营规则，除法律、行政法规规定外，国务院银行业监督管理机构也可以依照法律、行政法规制定。

（2）审查批准权。①依照法律、行政法规规定的条件和程序，审查批准银行业金融机构的设立、变更、终止以及业务范围。②在受理申请设立银行业金融机构时，或者银行业金融机构变更持有资本总额或者股份总额达到规定比例以上的股东的，负责对股东的资金来源、财务状况、资本补充能力和诚信状况进行审查。③银行业金融机构业务范围内的业务品种，应当按照规定经国务院银行业监督管理机构审查批准或者备案。需要审查批准或者备案的业务品种，由国务院银行业监督管理机构依照法律、行政法规作出规定并公布。

（3）市场准入的管制权。未经国务院银行业监督管理机构批准，任何单位或者个人不得设立银行业金融机构或者从事银行业金融机构的业务活动。

（4）业务经营管理权。包括现场检查权、非现场监督权、业务品种审批权、银行业金融机构的董事和高级管理人员的任职资格管理权等。

（5）对银行业自律组织的指导和监督权。银行业自律组织主要是指中央和地方的银行业协会。银行业自律组织的章程应当报国务院银行业监督管理机构备案。

（6）其他职责。如负责统一编制全国银行业金融机构的统计数据、报表，并按照国家有关规定予以公布；负责建立银行业突发事件的发现、报告岗位责任制度；会同中国人民银行、国务院财政部门等有关部门建立银行业突发事件处置制度，制定银行业突发事件处置预案，明确处置机构和人员及其职责、处置措施和处置程序，及时、有效地处置银行业突发事件；开展与银行业监督管理有关的国际交流、合作活动等。

三、我国银行业监督管理的法律责任

（一）银行业监管机构工作人员的法律责任

银行业监督管理机构从事监督管理工作的人员有下列情形之一的，依法给予行政处分；构成犯罪的，依法追究刑事责任：违反规定审查批准银行业金融机构的设立、变更、终止，以及业务范围和业务范围内的业务品种的；违反规定对银行业金融机构进行现场检查的；未依照《银行业监督管理法》第二十八条规定报告突发事件的；违反规定查询账户或者申请冻结资金的；违反规定对银行业金融机构采取措施或者处罚的；滥用职权、玩忽职守的其他行为。

此外，银行业监督管理机构从事监督管理工作的人员贪污受贿、泄露国家秘密或者所知悉的商业秘密，构成犯罪的，依法追究刑事责任；尚不构成犯罪的，依法给予行政处分。

（二）银行业金融机构的法律责任

（1）违反市场准入规定的法律责任。擅自设立银行业金融机构或者非法从事银行业金融机构的业务活动的，由国务院银行业监督管理机构予以取缔；构成犯罪的，依法追究刑事责任；尚不构成犯罪的，由国务院银行业监督管理机构没收违法所得，违法所得50万元以上的，并处违法所得1倍以上5倍以下罚款；没有违法所得或者违法所得不足50万元的，处50万元以上200万元以下罚款。

（2）违反经营管制规定的法律责任。银行业金融机构有下列情形之一，由国务院银行业监督管理机构责令改正，有违法所得的，没收违法所得，违法所得50万元以上的，

并处违法所得 1 倍以上 5 倍以下罚款；没有违法所得或者违法所得不足 50 万元的，处 50 万元以上 200 万元以下罚款；情节特别严重或者逾期不改正的，可以责令停业整顿或者吊销其经营许可证；构成犯罪的，依法追究刑事责任：未经批准设立分支机构的；未经批准变更、终止的；违反规定从事未经批准或者未备案的业务活动的；违反规定提高或者降低存款利率、贷款利率的。

（3）违反诚实经营和审慎经营义务的法律责任。银行业金融机构有下列情形之一，由国务院银行业监督管理机构责令改正，并处 20 万元以上 50 万元以下罚款；情节特别严重或者逾期不改正的，可以责令停业整顿或者吊销其经营许可证；构成犯罪的，依法追究刑事责任：未经任职资格审查任命董事、高级管理人员的；拒绝或者阻碍非现场监管或者现场检查的；提供虚假的或者隐瞒重要事实的报表、报告等文件、资料的；未按照规定进行信息披露的；严重违反审慎经营规则的；拒绝执行本法第三十七条规定的措施的。

（4）违反提交财务资料义务的法律责任。银行业金融机构不按照规定提供报表、报告等文件、资料的，由银行业监督管理机构责令改正，逾期不改正的，处 10 万元以上 30 万元以下罚款。"不按照规定提供"在实践中体现为拒绝提供、迟延提供、提供信息的不完全与不真实等情形。

（5）补充性制裁措施。银行业金融机构违反法律、行政法规以及国家有关银行业监督管理规定的，银行业监督管理机构还可以区别不同情形，对相关人员采取纪律处分、警告、取消任职资格、定期 或不定期地禁止从事相应工作等补充性措施。

第三节　商业银行基本法律制度

一、商业银行的概念和法律特征

（一）概念

商业银行是指依照法律设立的吸收公众存款、发放贷款、办理结算等业务的企业法人。

（二）法律特征

1. 商业银行必须依法成立

这主要是基于三点因素：

（1）商业银行是具有很强公共性的产业，其涉及面广，社会影响及社会责任大，因而国家必须对什么机构才能从事商业银行业务严加审查；否则，难以保证其稳健运行。

（2）商业银行是企业法人，依据《民法典》规定，法人资格必须经过国家确认，通过工商登记取得法人资格。

（3）商业银行是从事经营活动的组织，而取得经营的资格也必须具有法定的条件并经过法定的程序。

这里的依法成立，既包括商业银行必须符合实体性规定，如业务范围、组织形式等，亦包括符合程序性规定，如设立程序、变更程序等。

2. 商业银行必须以效益为目的

商业银行的效益性主要是指经济效益，营利是商业银行经营的最终目的。《中华人民共和国商业银行法》（以下简称《商业银行法》）第四条规定："商业银行以安全性、流动性、效益性为经营原则。"商业银行以营利为目的，因此，本身不从事经营、不以营利为目的的中央银行、政策性银行便不属于商业银行的范畴。这具体表现为：

（1）商业银行获取效益的经营活动必须具有连续性，它必须是连续不断的活动。

（2）商业银行获取效益的经营活动必须是固定明确的。这并非排斥多种经营和拓展、开发新业务，但由于银行的特殊性，银行业务的变更必须经过审批（特别是我国）。国外商业银行被称为"金融百货公司"，综合性、多功能是现代商业银行的显著特征，因而在经营活动的固定性上有所弱化。

3. 商业银行必须是独立的法人

《商业银行法》第四条、第十二条、第十三条都对此有规定。

（1）商业银行具有自己独立的财产。《商业银行法》第十三条规定了全国性商业银行注册资本最低限额为10亿元，此即为《民法典》规定的"必要的财产"。

（2）有自己的名称、住所和组织机构，这可从《商业银行法》第十四条、第十五条、第十七条的规定得出。

（3）商业银行独立承担民事责任。《商业银行法》第四条规定，商业银行以其全部法人财产独立承担民事责任。这表明：①商业银行承担有限责任；②商业银行以其全部法人财产承担有限责任；③商业银行独自承担责任，与其他商业银行、商业银行投资者（包括国家）的其他财产相区别，彼此互不牵连。

4. 商业银行是吸收公众存款、发放贷款、办理结算等业务的金融机构

这里的吸收公众存款，特别是吸收活期存款，是商业银行与其他金融机构的本质区别。在世界各国，目前商业银行和非商业银行金融机构的主要区别便是是否吸收公众存款，特别是活期存款，这在《法国银行法》和《美国银行法》中都有所体现。

二、商业银行的名称、住所和业务范围

（一）商业银行的名称

1. 名称的法律特征

（1）唯一性。一个银行只能有一个名称，其分支机构的名称亦必须从属于此。

（2）排他性。在银行业中，只有一个银行能使用特定的经过注册的名称，第三人如使用同一或类似名称作为该银行的商号、服务标记等，则构成对注册银行名称权的侵害。

（3）法定性。这体现于两方面：①《商业银行法》第十二条、第十四条将商业银行名称规定为银行设立的要件和章程必备条款；②未经国务院银行业监督管理机构批准，任何单位不得在名称中使用"银行"字样。

2. 名称的构成

（1）地名。使用某级行政区域地名的，应经该级工商行政管理机关核准。除全国性银行外，商业银行不得使用"中国""中华"等字样的名称，冠有"中国""中华"字样的，必须经国务院批准。

（2）字号。字号亦称商号，是商业银行名称的核心内容和商业银行人格特定化的标记，如"建设""工商"等。

（3）行业性质。标明"银行"字样。从目前《商业银行法》条文来看，并未有条文规定必须标明"银行"字样。

3. 商业银行名称中的限制条款

（1）名称不得有损国家、社会公共利益。

（2）不能对公众造成欺骗或误解。

（3）外国国家名称、政党名称、国家组织名称等不能作为其名称。

（4）汉语拼音字母（外文名称中使用的除外）不能作为其名称。

（5）全国性银行才能使用"中国""中华""全国"等文字。

（6）使用"开发""实业""发展"等词汇作为商号的银行，应有三个以上的子银行或分银行。

4. 商业银行名称登记的程序

（1）商业银行名称必须经过公司登记机关的预先核准后，再向国务院银行业监督管理机构申请审批。根据《公司登记条例》规定，属许可证制度控管之下的行业，如证券业、银行业等，均须在设立之前申请公司名称的预先核准。

（2）商业银行名称的取得实行"登记对抗主义"，即两个银行向同一登记机关申请注册同一银行名称的，适用申请在先原则；两个银行向不同登记机关申请注册同一银行名称的，适用受理在先原则。

（二）商业银行的住所

1. 商业银行住所的法律效果

（1）在民事诉讼中，住所地是确认地域管辖和诉讼文书送达地的一项基本标准。

（2）在涉外民事关系中（如国际借贷），住所地是认定适用何种法律（准据法）的依据之一。

2. 商业银行住所的确定

住所应为银行的主要办事机构，主要指银行总部所在地。

3. 商业银行分支行的住所

根据民事诉讼法和最高人民法院的司法解释，商业银行分支机构具有独立的诉讼主体资格，因而在实务中对他们住所地的确定，均以分支机构所在地为准。

（三）商业银行的业务范围

商业银行的业务范围实质上便是商业银行的能力，即权利能力和行为能力。但这种能力与自然人不同，受到《商业银行法》的限制。

1. 法律意义

（1）商业银行的业务范围是银行的法定代表人、代理人的权力范围，超出银行业务范围的活动在法律上被视为越权行为。

（2）第三人可以根据商业银行的业务范围来判断其将与银行签订的合同是否会因越权而影响其效力。

2. 立法模式

（1）全能银行制。即法律对银行业务没有明确限制的银行制度，以德国为代表，主要表现为银行业与证券业可以混合经营。在这类国家，银行被称为"金融百货公司"。

（2）分离银行制。即法律对银行业务具有明确、严格的限制，以 20 世纪 90 年代以前的美国银行业为典型。在这类国家，一般不允许银行业与证券业混合经营，必须分立。

3. 我国的规定

我国对商业银行的业务范围采取一定限制的举措，实行银行业与证券业分立的模式。

（1）正面规定（积极确认）。这在《商业银行法》第三条中有所体现。其具体内容有：吸收公众存款（本币、外币）；发放短期、中期和长期贷款；办理国内外结算；办理票据承兑与贴现；发行金融债券；代理发行、代理兑付、承销政府债券；买卖政府债券、金融债券；从事同业拆借；买卖、代理买卖外汇；从事银行卡业务；提供信用证服务及担保；代理收付款项及代理保险业务；提供保管箱服务；经国务院银行业管理机构批准的其他业务。此外，商业银行经中国人民银行批准，可以经营结汇、售汇业务。

（2）负面规定（消极限制）。其具体内容有：《商业银行法》第二十四条规定，调整业务范围需经国务院银行业监督管理机构批准；《商业银行法》第四十二条规定，商业银行因行使抵押权、质权而取得的不动产或者股权，应当自取得之日起二年内予以处分；《商业银行法》第四十三条规定，商业银行在中华人民共和国境内不得从事信托投资和证券经营业务，不得向非自用不动产投资或者向非银行金融机构和企业投资，但国家另有规定的除外。

从上述规定来看，我国正在从分离银行体制转向全能银行体制，而从我国金融的实际运行情况来看，我国已经出现了一些涵盖银行业、证券业以及保险业的金融控股集团，如中信集团就控股了中信银行和中信证券两大金融机构，类似的还有平安集团和光大集团。

4. 超越经营范围的法律后果

（1）对国务院银行业监督管理机构的责任。商业银行超出经营范围，如违反国家规定从事信托投资和证券经营业务、向非自用不动产投资或者向非银行金融机构和企业投资的，由国务院银行业监督管理机构责令改正，有违法所得的，没收违法所得，违法所得 50 万元以上的，并处违法所得 1 倍以上 5 倍以下罚款；没有违法所得或者违法所得不足 50 万元的，处 50 万元以上 200 万元以下罚款；情节特别严重或者逾期不改正的，可以责令停业整顿或者吊销其经营许可证。

（2）对第三人的责任。适用民法上关于善意第三人的有关保护规则。

三、商业银行的设立（即市场准入）

（一）概述

1. 概念

商业银行设立是指促成银行成立并取得法人资格的一系列法律行为的总称。

2. 立法主义

（1）核准成立主义。银行成立，除具备法律所规定的条件之外，还应经过主管机关审核批准。在立法主义中，主管机关在审批上享有较大的自由裁量权，行政随意性较强。

目前，世界大多数国家在银行的设立问题上大多采取核准成立主义，其立法特点便是在法律中赋予审批机关"可以根据经济需要"或"公益之目的"决定对于符合明确条件的申请人是否颁发许可证的权力。《日本普通银行法》第四条第 4 款规定："大藏大臣参照前 2 项规定的审查条件，认为在公益上有必要时，得在必要限度内对第 1 项之规定另外附加条件或加以变更。"《英国银行法》第三条亦有类似规定。

（2）登记准则主义。法律预先规定银行设立，取得法人资格的要件，申请人以此作准则，自行比照符合条件即可申请注册，如果完全符合条件，主管机关原则上不得拒发许可证。

在登记准则条件下，主管机关随意性较小，其立法特点是在逐渐取消法律中设立条款的弹性字眼，如"经济需要""公益目的"等。目前适用登记准则主义的国家主要有荷兰等少数国家。

（二）商业银行设立的实质要件

1. 有符合我国《商业银行法》和《公司法》规定的章程

商业银行章程是指银行依照法定程序制定的以书面记载的关于银行组织机构和行为的基本准则。银行章程必须经过国务院银行业监督管理机构审批才发生法律效力。银行章程的内容包括：机构名称、营业地址、机构性质、经营宗旨、注册资本金或营运金数额、业务范围、组织形式、经营管理和中止、清算等事项。此外还有董事会、监事会的组成、职权、任期、议事规则、银行的法定代表人、股东的权利与义务、转让出资的条件（有限责任公司）、设立方式、发起人姓名（股份有限公司）等相关规定。

2. 符合《商业银行法》规定的注册资本最低限额

设立全国性商业银行的注册资本最低限额为 10 亿元人民币。设立城市商业银行的注册资本最低限额为 1 亿元人民币，设立农村商业银行的注册资本最低限额为 5 000 万元人民币。注册资本应当是实缴资本；外资银行、合资银行的最低注册资本为 3 亿元人民币等值的自由兑换货币，外国银行分行应当由其总部无偿拨给不少于 1 亿元等值的自由兑换货币的营运资金。

我国实行法定资本制，即银行资本总额应记载于银行章程中，并在银行成立时认足缴足。《商业银行法》第十三条规定"注册资本应当是实缴资本"。国务院银行业监督管理机构根据审慎监管的要求可以调整注册资本最低限额，但不得少于前款规定的限额。

3. 其他条件

（1）有符合任职资格的高级管理人员，这里的高级管理人员主要是指银行的负责人，即董事长、副董事长、行长、副行长。

（2）有健全的组织机构和管理制度。组织机构主要是指商业银行的董事会、经理会、监事会所形成的决策、管理、执行和监督三大机构的有机整体。管理制度包括公司章程及各种业务规则、财务管理制度等。

（3）有符合要求的营业场所、安全防范措施和与业务有关的其他设施。同时，在审查设立申请时，应当考虑经济发展的需要和银行业竞争的状况。对"经济发展的需要和银行业竞争的状况"应从以下几方面理解：①是否有利于合理竞争，防止银行垄断；②是否可以保障银行的安全运作，防止银行倒闭；③是否能够注意合理规模，降低管理费用，提高服务质量。

（三）商业银行设立的形式要件（设立程序）

（1）确定申请人。这与有限责任公司的国有独资公司有异曲同工之处。

（2）提出筹建申请。申请时应递交下列有关文件：①申请书；②可行性研究报告；③中国人民银行规定提交的其他文件、资料，如财务报表、财务情况说明书等。

（3）国务院银行业监督管理机构对筹建申请自收到申请文件之日起 6 个月内作出批准或者不批准的书面决定；决定不批准的，应当说明理由。

（4）筹建期限为 6 个月，期满未达到开业标准，原批准文件自动失效。特殊情况经人行批准可延长到 1 年，筹建期内不得从事金融业务。

（5）开业申请应提交下列文件：①章程草案；②拟任职的高级管理人员资格证明；③法定验资机构出具的验资证明；④股东名册及其出资额、股份；⑤持有注册资本 5% 以上的股东的资信证明和有关资料；⑥经营方针和计划；⑦营业场所、安全防范措施和与业务有关的其他设施的资料；⑧国务院银行业监督管理机构规定的其他文件、资料。

（6）办理登记、领取营业执照。由国务院银行业监督管理机构颁发《金融机构法人许可证》，由工商行政管理部门颁发营业执照。

四、商业银行的组织形式、组织机构和能力范围

（一）组织形式

商业银行的组织形式一般有股份有限公司、有限责任公司两种形式，在我国，主要是股份有限公司形式。

（二）组织机构

商业银行的组织机构包括：股东大会、董事会、各种常设委员会、监事会、行长及总稽核。

（三）能力范围

《商业银行法》第二十二条对商业银行的能力范围作了如下规定：

（1）商业银行对其分支机构实行全行统一核算，统一调度资金，分级管理的财务制度。

（2）商业银行分支机构不具有法人资格，在总行授权范围内开展业务，其民事责任由总行承担。

五、商业银行的分立、合并和相互参股

（一）商业银行的分立

银行的分立是指商业银行依据公司法之规定分立为两个或两个以上银行的法律行为。其分立程序如下：

（1）股东会作出决议；

（2）股份有限公司形态的商业银行，必须向人行提出申请并报经国务院授权的部门或者省级人民政府批准；

（3）商业银行分立，必须作相应的责任分担和财产分割协议，如支付存款的本金和利息等债务清偿计划等。

（二）商业银行的合并

商业银行的合并是指两个或两个以上的银行订立合并协议，按照公司法规定组成一个新银行的行为。银行的合并程序与分立大致相同。

（三）商业银行的参股

银行的参股是指一个银行持有或购买其他金融企业的行为。《商业银行法》第二十八条规定：任何单位和个人购买商业银行股份总额的5%以上，应当事先经国务院银行业监督管理机构批准。

六、商业银行的接管和撤销

（一）商业银行的接管

1. 概念

根据《商业银行法》第六十四条的有关规定，接管是指当商业银行已经或者可能出

现信用危机，严重影响存款人的利益时，国务院银行业监督管理机构对其采取的旨在保护存款人利益、恢复商业银行正常经营能力的特殊干预措施。

2. 法律特征

（1）接管是中央银行或银行业监督管理机构的权力干预行为。各国法律大多规定当商业银行出现信用危机时，中央银行可对其实施监管活动，如《德国银行法》第四十五条、《意大利银行法》均有类似规定。在我国，接管由国务院银行业监督管理机构决定，并组织实施。

（2）接管是中央银行或银行业监督管理机构的主动性干预行为。在我国，这反映于：①是否符合接管的条件由银行业监督管理机构自主判断（即是否已经出现信用危机，严重影响存款人的利益）；②即使认定符合接管的条件，但是否决定采取接管措施，其决定权仍在银行业监督管理机构；③接管并不改变商业银行的债权债务关系；④接管不是破产清算的必需程序。

3. 接管条件和目的

商业银行的接管条件主要有：①商业银行已经发生信用危机，严重影响存款人的利益；②商业银行可能发生信用危机，严重影响存款人的利益。

建立商业银行接管制度的目的在于：①保护存款人的利益；②恢复商业银行的正常经营活动。

4. 接管程序

商业银行的接管由银行业监督管理机构决定并组织实施。商业银行被接管后，由接管组织实施商业银行的经营管理权力。接管实施期限最长不超过两年。

根据《商业银行法》第六十八条的规定，有下列情形之一者，即可导致接管终止：①接管决定规定的期限届满或国务院银行业监督管理机构决定的接管延期届满；②接管期限届满前，该商业银行已恢复正常经营能力；③接管期限届满前，该商业银行被合并或者被依法宣告破产。

（二）商业银行的撤销

1. 概念

商业银行的撤销是指银行因某种违法行为的出现而导致其主体资格的强制消灭。

2. 条件

《商业银行法》第二十三条和第七十四条作了如下规定：

（1）未经批准设立分支机构的；

（2）未经批准分立、合并或者违反规定对变更事项不报批的；

（3）违反规定提高或者降低利率以及采用其他不正当手段，吸收存款，发放贷款的；

（4）出租、出借经营许可证的；

（5）未经批准买卖、代理买卖外汇的；

（6）未经批准买卖政府债券或者发行、买卖金融债券的；

（7）违反国家规定从事信托投资和证券经营业务、向非自用不动产投资或者向非银行金融机构和企业投资的；

（8）向关系人发放信用贷款或者发放担保贷款的条件优于其他借款人同类贷款的条件的；

（9）商业银行及其分支机构自取得营业执照之日起无正当理由超过 6 个月未开业的，或者开业后自行停业连续 6 个月以上的，由国务院银行业监督管理机构吊销其经营许可证。

3. 程序

（1）国务院银行业监督管理机构作出决定；

（2）组成清算组进行清算；

（3）主体资格消灭（终止）。

第四节　商业银行和客户

一、概述

（一）法律特征

1. 商业银行和客户之间是一种凭要求偿还的特殊借贷合同

"凭要求偿还"是区别于一般借贷合同的显著特征。如系一般借贷合同，期限届满时，银行就有自己找客户偿还欠债的义务，或采取提存方式使债的关系消灭。但在银行和客户之间，若期限届满或客户未曾要求银行付款，银行不能主动消灭债的关系。在绝大多数国家，客户银行存款不受价格时效的限制。

2. 商业银行和客户之间的关系具有多样性和复杂性

借贷合同关系是最基本的法律关系，但由此关系的成立而派生出其他法律关系，如根据客户签发的支票而给付款项于持票人时，银行这时即为出票人的代理人。另外，银行办理"保险箱"业务时，其法律关系便是一种保管合同关系。如果账户出现透支时，银行与客户关系正好颠倒。

3. 商业银行和客户的关系具有一定的信托特征

处于受托者地位的人不得使自己的利益与其责任相冲突，因此不得利用这种地位为自己谋取利益，也不得持有因此而获取的利益，除非相对方同意。商业银行与客户之间的关系就具有一定的信托特征。

值得指出的是，银行对客户的信托责任并不存在银行与客户法律关系的始终。从国外判例来看，一般认为，在特定业务中，当银行为客户提供咨询义务而且客户又信赖银行意见并且按照银行意见行事时，银行对客户就产生了信托义务。

4. 商业银行和客户之间的关系具有保密性

由于银行和客户之间的关系具有代理的性质和信任的特征，因而银行应当对客户的有关信息、资料负有保密的义务，非依法律、法规的规定，不得违反此项义务。

（二）商业银行和客户关系的开始和终止

1. 开始

客户一旦在银行开立账户，银行和客户之间的契约关系即行产生。

（1）账户的开立行为是一种双方行为，其过程亦可用要约与承诺来分析。

（2）账户的开立是一种复合行为，基础关系是契约关系，但附带委托授权。一般情况下，银行均须从客户处取得委托书，包括客户的签名样本、客户的详细地址以及给予的透支便利和在该行其他支行提款权的详细情况。

（3）账户的开立行为所建立的关系是一种标准契约关系，有固定的格式和固定内容。

（4）账户开立以后，客户存入银行的钱便成为银行自己的钱，客户成为银行的一个无担保权益的普通债权人。

2. 终止

终止是银行和客户法律关系的解除。具体情形有：

（1）协议终止。银行和客户之间彼此达成协议，认为有终止关系的必要，即可将彼此所欠债务还清，关系即告终止。

（2）单方终止。包括：①客户单方终止。如客户取出账户上的全部金额，账户自动取消。但是，客户账上有透支余额时，客户不能单方面结束账户。②银行单方终止。香港《银行业条例》规定，如果客户利用银行账户从事违法活动，银行可以在 24 小时内单方面结束账户。

二、客户的权利和义务

（一）客户的权利

1. 要求偿还的权利

存款是银行对客户的负债，当客户按照存款协议提取存款时，银行不得以任何理由拒绝。

2. 取得利息的权利

一般而言，除某些国家规定对活期存款不支付利息外，对其他存款账户，银行都要支付利息。客户有获取利息的权利。需要说明的是，目前客户取得利息的权利因部分国家实施负利率而有所限制。

3. 开立支票的权利

在往来账户（基本账户）的贷方余额额度内，客户有权开立支票（目前正在试行开办个人支票账户），银行有义务兑付支票。

客户开立支票权利的限制：①如果客户的账户余额不够支付支票，银行无义务付款或满足其他条件，除非有透支协议；否则，不得超过其最高额。②支付客户的支票的义务限于向开立往来账户的分支行签发的支票，客户无权要求另一家分支行付款，但双方另有协议的除外。③必须在营业时间进行。

（二）客户的义务

1. 合理开立支票的义务

客户开立支票时必须尽合理谨慎之义务。从法律角度而言，客户开立的支票，是委托银行按支票条款付款的委托书，因而必须合理而谨慎开立，以免银行误解。若银行因客户开立支票的方式不当而导致欺诈，其损失应由客户负责。

2. 揭示伪造的义务

如果客户发现自己支票上的签名系属伪造，该客户有及时通知银行的责任，若银行没有接到这样的通知，则对其支付的虚假签名支票的款项不负法律责任。

三、商业银行的权利和义务

（一）商业银行的权利

1. 收费的权利

商业银行为客户开办业务和提供其他服务，有向客户收取手续费的权利。有些国家在法律上规定银行对吸收的活期存款不准支付利息，这实际上是一种间接性保护银行收费权利的规定。银行收取费用的数额取决于明示的约定或银行与客户在日常往来业务中推定的约定，此外，银行收费的权利也受到国家对商业银行收费价格管制的影响。

2. 收取利息的权利

银行贷款给客户，除了有权到期索取贷款本金外，还有权按照贷款合同中的规定收取贷款利息。按照惯例，银行向客户收取的利息以复利计算。在英国，清算银行每3个月把利息加入本金内，其他银行则每个月加计1次。

如果客户因开出支票而透支，银行有权对透支账户收取利息。

3. 保护资产完整的权利

当客户只能归还一部分贷款，或有意拖延还款，或无力偿还贷款时，银行有权通过法律程序，向客户追回贷款，或向客户要求赔偿，以保护自己的合法收益。

4. 抵销的权利

银行的抵销权是指在银行与客户的契约关系中，当客户的一个账户上有存款，而另一个账户上欠银行资金时，银行可以在它应付还客户的负债中减除客户所欠它的钱。

实现抵销权应具备的条件有：①客户所欠的是金钱债务；②双方债务均已到期，不能用到期的存款账户抵销将来的贷款；③双方并无其他相反的明示或暗示的约定。

（二）商业银行的义务

（1）基本管理义务。这是指银行在从事合同规定的业务时，有义务在整个业务过程中采取必要的管理措施，使顾客能及时和便利地享受银行所提供的服务的权利。

（2）代理客户收款的义务。银行有义务代客户收款或代收票据，对于支票收款，一般惯例是，银行在客户存入支票而款项并未收妥之前，即视同现金贷记其账户，若未收妥的支票后来遭到拒绝，银行相应地保留借记其账户的权利。如果款项是由客户以外的第三者存入的，而且该第三者没有得到客户的明确授权，则无提回该款项的权利。

（3）兑付客户支票的义务。

（4）投资咨询的义务。这是指当投资咨询已成为投资活动的一个组成部分时（如项目融资），银行负有提供咨询的义务。

（5）保密的义务。这是指银行对其所能获知的任何有关客户的秘密都不能泄露的义务，如果违反该项规定而导致客户蒙受损失，银行应承担法律责任。

银行对客户资信的保密包括：①客户在银行的往来账户及其他存款账户的活动情况；②按照惯例客户向银行提交的各种财务报表；③每笔贷款的具体数额及投向。

按照我国《商业银行法》第二十九条、第三十条的有关规定，对个人储蓄存款，商业银行有权拒绝任何单位或者个人查询、冻结、扣划，但法律另有规定的除外。对单位存款，商业银行有权拒绝任何单位或者个人查询，但法律、行政法规另有规定的除外；有权拒绝任何单位或者个人冻结、扣划，但法律另有规定的除外。

此外，以下情形属商业银行履行保密义务之例外：①公众利益。如在战争期间，对敌对方账户的公开。②银行自身的利益。典型情况是银行对客户提起诉讼，追讨贷给客户的金额，因而必须在诉讼文件上披露客户账户的现状。③经客户的同意披露信息。如客户授权银行向其委托的会计师提供情况，以协助会计师处理某些事宜，其他如商业惯例中的资信情况的提供，除非客户明确表示不允许；否则，应视为客户已默示同意。

本章重点

应了解银行法的主要内容；重点掌握中央银行的法律地位，金融监管的法律特征，中国银行业监督管理委员会的职责，商业银行的组织形式及其业务范围和接管制度。尤其要重视将新修改的《中国人民银行法》《商业银行法》与新颁布的《银行业监督管理法》三法结合在一起进行学习。

本章思考题

1. 简述中国人民银行的法律地位。
2. 简述金融监管制度的特征。
3. 简述中国银行业监督管理机构的职责。
4. 简述商业银行的接管制度。
5. 简述商业银行的特点及其法律特征。
6. 简述商业银行的设立条件。

本章参考书目

1. 徐孟洲. 金融监管法研究［M］. 北京：中国法制出版社，2008.
2. 常健. 金融稳定视阈下中央银行法律制度研究［M］. 北京：法律出版社，2019.
3. 朱大旗. 金融法［M］. 3 版. 北京：中国人民大学出版社，2015.